应用型本科院校规划教材 / 经济管理类

Business Negotiation

商务谈判

主　编　杜　宇
副主编　王立民　马　翔

哈尔滨工业大学出版社
HARBIN INSTITUTE OF TECHNOLOGY PRESS

内容提要

本书为应用型本科院校国际经济与贸易、国际商务等专业主要课程教材。全书抓住当今中国及世界经济活动的特点，系统介绍了国际商务谈判的基本知识，着重介绍了国际商务谈判的实践方法和技巧。

本书可作为应用型本科院校国际经济与贸易、国际商务、经济学、工商管理、电子商务等专业国际商务谈判课程教材，也可作为企业培训的教材。

图书在版编目(CIP)数据

商务谈判/杜宇主编. —哈尔滨：哈尔滨工业大学出版社，2011.7
（应用型本科院校规划教材）
ISBN 978-7-5603-3300-7

Ⅰ.①商… Ⅱ.①杜… Ⅲ.①商务谈判 Ⅳ.①F715.4

中国版本图书馆 CIP 数据核字(2011)第 111053 号

策划编辑	赵文斌　杜　燕
责任编辑	苗金英
出版发行	哈尔滨工业大学出版社
社　　址	哈尔滨市南岗区复华四道街10号　邮编150006
传　　真	0451-86414749
网　　址	http://hitpress.hit.edu.cn
印　　刷	哈尔滨市石桥印务有限公司
开　　本	787mm×960mm　1/16　印张 22.25　字数 484 千字
版　　次	2011年7月第1版　2011年7月第1次印刷
书　　号	ISBN 978-7-5603-3300-7
定　　价	38.80元

（如因印装质量问题影响阅读，我社负责调换）

《应用型本科院校规划教材》编委会

主　任　　修朋月　　竺培国

副主任　　王玉文　　吕其诚　　线恒录　　李敬来

委　员　　（按姓氏笔画排序）

丁福庆　　于长福　　王凤岐　　王庄严　　刘士军

刘宝华　　朱建华　　刘金祺　　刘通学　　刘福荣

张大平　　杨玉顺　　吴知丰　　李俊杰　　李继凡

林　艳　　闻会新　　高广军　　柴玉华　　韩毓洁

藏玉英

序

哈尔滨工业大学出版社策划的"应用型本科院校规划教材"即将付梓,诚可贺也。

该系列教材卷帙浩繁,凡百余种,涉及众多学科门类,定位准确,内容新颖,体系完整,实用性强,突出实践能力培养。不仅便于教师教学和学生学习,而且满足就业市场对应用型人才的迫切需求。

应用型本科院校的人才培养目标是面对现代社会生产、建设、管理、服务等一线岗位,培养能直接从事实际工作、解决具体问题、维持工作有效运行的高等应用型人才。应用型本科与研究型本科和高职高专院校在人才培养上有着明显的区别,其培养的人才特征是:①就业导向与社会需求高度吻合;②扎实的理论基础和过硬的实践能力紧密结合;③具备良好的人文素质和科学技术素质;④富于面对职业应用的创新精神。因此,应用型本科院校只有着力培养"进入角色快、业务水平高、动手能力强、综合素质好"的人才,才能在激烈的就业市场竞争中站稳脚跟。

目前国内应用型本科院校所采用的教材往往只是对理论性较强的本科院校教材的简单删减,针对性、应用性不够突出,因材施教的目的难以达到。因此亟须既有一定的理论深度又注重实践能力培养的系列教材,以满足应用型本科院校教学目标、培养方向和办学特色的需要。

哈尔滨工业大学出版社出版的"应用型本科院校规划教材",在选题设计思路上认真贯彻教育部关于培养适应地方、区域经济和社会发展需要的"本科应用型高级专门人才"精神,根据黑龙江省委书记吉炳轩同志提出的关于加强应用型本科院校建设的意见,在应用型本科试点院校成功经验总结的基础上,特邀请黑龙江省9所知名的应用型本科院校的专家、学者联合编写。

本系列教材突出与办学定位、教学目标的一致性和适应性,既严格遵照学科体系的知识构成和教材编写的一般规律，又针对应用型本科人才培养目标及与之相适应的教学特点，精心设计写作体例，科学安排知识内容，围绕应用讲授理论，做到"基础知识够用、实践技能实用、专业理论管用"。同时注意适当融入新理论、新技术、新工艺、新成果，并且制作了与本书配套的PPT多媒体教学课件，形成立体化教材，供教师参考使用。

"应用型本科院校规划教材"的编辑出版，是适应"科教兴国"战略对复合型、应用型人才的需求，是推动相对滞后的应用型本科院校教材建设的一种有益尝试，在应用型创新人才培养方面是一件具有开创意义的工作，为应用型人才的培养提供了及时、可靠、坚实的保证。

希望本系列教材在使用过程中，通过编者、作者和读者的共同努力，厚积薄发、推陈出新、细上加细、精益求精，不断丰富、不断完善、不断创新，力争成为同类教材中的精品。

黑龙江省教育厅厅长

2010年元月于哈尔滨

前　言

商务谈判既是一门有着丰富内涵的、融多方面知识为一体的综合性学科，又是一项充满艺术魅力和技术性的人类活动。随着经济全球化的发展和各国之间经济贸易的联系及依赖的紧密，随着我国社会主义市场经济的不断发展完善以及市场竞争的加剧，商务谈判已经成为当今社会经济生活中普遍存在的活动，更是现代企业日常经营管理中不可或缺的重要部分。

各种商业活动的实现、商业目标的达成，都离不开商务谈判活动，商务谈判的效果在一定程度上直接影响企业整体系统的运行。加强对商务谈判活动的理论研究，总结人们在长期谈判实践中积累的经验，探讨和揭示其内在规律和理论发展，在方法上、策略上和技巧上为规范商务谈判行为提供基本的理论依据，对我国实现经济持续发展有极其重要的作用。

商务谈判是一门技能性很强的应用型课程，具有较强的实用性和可操作性。为了适应应用型本科院校人才培养目标，遵循"基础理论够用、专业知识适用、实践能力强、综合素质高"的编写要求，我们针对经管、财经类应用型本科院校的市场营销、国际贸易、工商管理以及其他经济管理专业的学生编写了这一教材。

本书在论述商务谈判的理论基础、基本观点的基础上，着重介绍有关商务谈判的策略和技巧，引用大量的案例，以期增强实用性和可操作性，帮助读者提高谈判理论与实践能力。本教材有以下几个特点：

1. 突出特色，内容实用

教材编写遵循培养目标，结合教学改革，借鉴和吸收国内外相关教材之精华，融入最新的案例和学科发展成果，注重整合相关知识信息，体现自身特色，力求做到先进性和实用性的综合体现。

2. 体例规范，合理配套

教材在内容上认真贯彻国家教材编写标准及规范要求，抓住重点，合理配套；每章前有导读、后有小结；章后有思考题、案例分析题和实训题，并提供相关阅读资料，以帮助学生对理论知识的消化理解。

3. 精选资料，操作性强

本教材由来自不同学院、教学经验丰富的教师共同合作编写，为了保证质量和体现实用与可操作特色，各位编者精心选择典型案例，收集最新的信息资料，通过引导案例传达和诠释相关章节的难点和重点，有益于学生提高实际操作能力。

本教材由杜宇（哈尔滨德强商务学院）任主编，由马翔（哈尔滨德强商务学院）、王立民（东北农业大学成栋学院）任副主编，由潘丹丹（哈尔滨广厦商务学院）、迟雪（哈尔滨德强商务学院)、王洋(东北农业大学)和王旭(哈尔滨德强商务学院)参与编写。具体分工如下:杜宇(第一章、第四章、第十章和第十一章);马翔(第六章);王立民(第三章和第五章);潘丹丹(第二章和第八章);迟雪、王旭(第九章);王洋(第七章)。

  国内外经济迅猛发展,促使商务谈判这门应用性极强的课程发展不断地与时俱进。由于编写水平有限,本教材又是应用型本科规划教材改革的一个探索性、阶段性的成果,教材中难免存在疏漏和不足,恳请各位专家、读者批评指正,以便于我们进一步修改与完善。

编 者

2011 年 4 月

目 录

第一章 商务谈判概论 ... 1
- 第一节 商务谈判的内涵与特征 ... 2
- 第二节 商务谈判的理论简介 ... 11
- 第三节 商务谈判的原则 ... 25
- 第四节 商务谈判的类型 ... 27
- 本章小结 ... 41
- 思考题 ... 42

第二章 商务谈判的准备 ... 43
- 第一节 商务谈判信息的准备 ... 44
- 第二节 商务谈判人员的组织准备 ... 53
- 第三节 商务谈判方案的准备 ... 59
- 第四节 商务谈判地点与环境的准备 ... 66
- 本章小结 ... 69
- 思考题 ... 70

第三章 商务谈判的过程与法律规范 ... 71
- 第一节 商务谈判的过程 ... 74
- 第二节 商务谈判的法律规范 ... 91
- 本章小结 ... 99
- 思考题 ... 100

第四章 商务谈判各阶段的策略 ... 101
- 第一节 商务谈判策略概述 ... 102
- 第二节 开局阶段策略 ... 105
- 第三节 报价阶段策略 ... 109
- 第四节 磋商阶段策略 ... 114
- 第五节 成交阶段策略 ... 131

本章小结 ··· 135
　　思考题 ··· 136
第五章　商务谈判的心理与思维 ··· 139
　　第一节　商务谈判的心理 ··· 142
　　第二节　商务谈判的思维 ··· 154
　　本章小结 ··· 159
　　思考题 ··· 160
第六章　商务谈判僵局与风险的处理 ··· 161
　　第一节　商务谈判的僵局 ··· 162
　　第二节　僵局的规避、处理与利用 ··· 168
　　第三节　商务谈判风险的预防与控制 ······································· 178
　　本章小结 ··· 188
　　思考题 ··· 188
第七章　商务谈判中的技巧 ··· 191
　　第一节　商务谈判技巧的概述 ··· 192
　　第二节　商务谈判技巧的内容 ··· 193
　　本章小结 ··· 209
　　思考题 ··· 209
第八章　商务谈判的语言沟通 ··· 211
　　第一节　商务谈判语言的概述 ··· 212
　　第二节　商务谈判中的语言沟通 ··· 216
　　第三节　商务谈判中的非语言沟通 ··· 229
　　本章小结 ··· 240
　　思考题 ··· 241
第九章　商务谈判中的礼仪与礼节及文化的影响 ······························· 242
　　第一节　商务谈判的礼仪 ··· 242
　　第二节　商务谈判的礼节 ··· 250
　　第三节　商务谈判中文化的影响 ··· 262
　　本章小结 ··· 275
　　思考题 ··· 275

第十章　商务谈判常用文书···277
第一节　商务谈判文书概述···278
第二节　商务谈判方案···282
第三节　商务谈判备忘录···286
第四节　商务谈判意向书···289
第五节　商务谈判纪要···292
第六节　合同书···295
本章小结···302
思考题···303

第十一章　国际商务谈判···305
第一节　国际商务谈判概述···308
第二节　亚洲国家和地区商人谈判风格·······················315
第三节　欧洲国家商人谈判风格···································322
第四节　美洲国家商人谈判风格···································329
第五节　大洋洲与非洲国家商人谈判风格···················335
本章小结···337
思考题···337

参考文献···339

第一章 Chapter 1

商务谈判概论

【学习要点及目标】

通过本章的学习,了解商务谈判的基本理论并充分认识谈判在社会经济生活中的重要作用;掌握商务谈判的内涵和特征、商务谈判的基本原则;熟悉商务谈判的各种类型。

本章的重点是要求学生掌握商务谈判的含义、特征和基本原则,熟悉商务谈判的类型。

本章的难点是如何树立正确的商务谈判理论和在谈判过程中正确运用谈判理论的能力。

【引导案例】

你就是一个谈判者!

当你呱呱坠地时,就用哭声同你的父母谈判,来争取你想要得到的食物、温情和爱抚。你已经在用你的感情武器来同别人谈判。

到上学的年龄,你也许与同学商量课桌上的"三八线"应当怎样画,最后你们在桌子上画了一条线。你还说:"如有越界,将罚违约者擦桌子一个星期。"你是用恐惧唤醒术在进行谈判。

步入青春年华,你准备结婚了,未来的岳母提出的购买清单超出了你的预算,你必须拒绝。你说:"妈妈,你的想法很对,我也想把婚事办得好一些,可是……"最后,你在不失未来岳母欢心的前提下避免了你的财政赤字。你这是在运用赞赏拒绝术与未来的岳母谈判。

建立家庭后,你可能是一个贤妻良母或模范丈夫,你必然要经常上集市,经常同商贩讨价还价。商贩对你说:"少一分也不卖!"你对他说:"不卖就算了!"并且故意装作一副无所谓的样子,抬腿就要走。就在你将跨出这一步的时候,老板让步了,按照你的要价卖给了你。你应该意识到,这就是最后通牒术的威力。

在单位里，为了让领导和同事们了解和支持你的工作、你的计划，你游说、你鼓励，甚至还要耍些"小手腕"。如果你能成功运用谈判中的众多策略，你将迎接胜利。

如果你想成为一名产品推销员，那么谈判对你来说就是家常便饭。你向任何一个顾客推销产品的过程，就是一个谈判的过程。你说这台电视机确实不贵，它可以无故障工作25 000小时，平均每小时只花1角钱，顾客便感到2 500元的电视机不贵。你就是在运用除法报价术。

如果你想在某一天成为一名企业家，那么首先学习谈判吧！它是你踏入企业家之门的第一个阶梯。因为，如果你不能说服董事会任命你为厂长或经理，纵然你有满腹经营之道，也无从施展自己的才能。如何说服董事会的董事们？这是一种"推销自己"的谈判！

如果你是一名私营业主，那么谈判是你经营致富的必备素质。你作为买主，与批发商苦磨硬泡、吹毛求疵，以最低廉的价格取得商品。摇身一变，你又成为卖主，与消费者谈判，鼓励你的顾客以较高的价格买下你的商品。

如果你想成为一名政治家，那么谈判对于你来说更是一门必修课！你将要和你的选民们谈判——满足他们的合理要求，让他们投你的票。你将要和其他的政治家谈判，寻求必要的支持。你允诺、拒绝、你发怒、大笑，使出浑身解数……

不管你从事什么工作，你天天都在进行着一场又一场的谈判。不管你是否意识到，谈判已经成了我们生活中不可缺少的一部分。说句毫不夸张的话，人生就是谈判，谈判构成了人生的重要部分。

（资料来源：朱凤仙. 商务谈判与实务[M]. 北京：清华大学出版社，2006.）

第一节　商务谈判的内涵与特征

一、谈判的内涵

谈判不仅有悠久的历史，而且是由丰富的实践抽象总结而形成的理论。谈判作为一门科学，既有抽象性又有规律性，它是理论与实践、历史和逻辑的统一。因此，谈判是一门集科学性、技术性和艺术性为一体的独具魅力的学科。

（一）谈判是一门科学

谈判学作为一种理论体系，它为各类谈判者提供方法论的指导，从理论和实践上探讨：①谈判的基本要素——谈判的主体和客体；②谈判活动的一般过程——怎样构成一个完整的谈判；③谈判的一般方法——谈判的各种技能和技巧；④谈判者应具备的素质和修养——谈判者文化的、心理的准备。

（二）谈判是一门技术

谈判具有某些操作过程中的规范和要点，在具体操作过程中，谈判者必须掌握必要的谈判技术，进行谈判技术方面的训练。如：①调查研究的方法；②语言表达的方式；③谈判过程中策略与技巧的运用与安排；④对整个谈判过程节奏的掌握与风险的规避；⑤双方签约的各种谈判文书的书写规范与法律条款的约束等。这些都是谈判中最基本的技术。

（三）谈判是一门艺术

谈判和许多艺术形式有着十分相似的特点。同一个谈判者可以采取不同的方法来达到自己的目的。不能硬性规定谈判者在某场谈判中必须采取哪种方法才是最正确的。在实际谈判中，是用强硬的方法，还是用以柔克刚的方法，抑或两者兼而有之，这要依据谈判者对所遇到的具体问题做出正确的分析和判断而决定。在谈判实践中，通常以实践检验为标准，即只要能够达到一个正当的、合法的、符合商业道德的共同目的，那么谈判者采用什么策略手段、技巧方法都是很灵活的。

二、谈判的特征

谈判的基本要素包括：谈判的主体、谈判的客体和谈判的目标。作为人类一种有意识的社会活动，谈判具有以下五个方面的主要特征。

1. 谈判参与各方的主体性

谈判是谈判主体之间的主体性行为，反映谈判主体的主观意愿。谈判必须在两个或两个以上的谈判主体之间进行，任何个人或组织都无法独自进行。任何参与谈判的当事人都是谈判的平等主体。

2. 谈判具有明确的目的性

谈判是一种目的性很强的活动，即谈判各方均有明确的目标。谈判的产生是因为有需求出现，且需要通过他人的"给予"才能满足。可见，谈判的最终目标是获取某种利益以满足自身的需求。正如尼尔伦伯格所言："谈判的目的在于得到我们需要的，并寻求对方的许可。"当然，在对"利益"的理解上，不同的谈判者会有不同的理解方法，有的是为了直接的眼前利益，有的是为了以后的潜在利益；有的是纯经济性的，有的是纯政治性的。

3. 谈判过程的互动性

谈判是一种沟通交流，是一个双方或多方互动的过程，它既是一个说服与被说服、争取与妥协的过程，也是一个"给"与"取"、"施"与"受"兼而有之的过程。

所谓沟通交流是指参与各方信息的相互传递与影响，即一方面通过谈判将己方的需求目标、需求理由及需求代价通过信息载体（口头语言、书面语言、网络语言或体态语言）向对方做出完整传达；另一方面通过获取对方信息，了解对方实质性的需求目标，并逐步调整自身的预期目标和具体谈判对策，通过直接交锋，最终双方达成共同目标。要注意的是，当你身处谈判过程中,你的言行、举止乃至穿着打扮都有可能成为一种影响双方抉择的信息,切不可大意。

所谓"给"与"取"、"施"与"受"兼而有之,这也是谈判的基本要求。纯粹的"给"与"取"都不是谈判的研究范畴,前者是慈善行为,后者要么是掠夺,要么是乞讨。真正的谈判是"有得必有失",谈判双方都期望对方会对其公开陈述的要求或需求做出某种程度的修改或让步,尽管谈判初期双方都会尽力为自己的利益与对方争议,每一方都希望对方先做出让步,但通常到最后双方都会改变立场,每一方都会向对方做出让步。在这里需要指出的是,许多人都会对这项特征产生误会:"有得必有失",那就是在得到的同时必然忍痛放弃一些难以割舍的其他利益。这显然是误解了得与失的利益概念,换句话说,谈判绝不能理解成像分比萨饼那样对既得利益的简单分割。至少,这里有两层重要含义:

(1)处于不同环境中的不同谈判者对利益的理解是不一致的。如我国改革开放初期,引进外资、先进的生产技术和管理经验,同时获取适当的利润,这是我国企业的重要利益目标;而对发达国家而言,拓展海外市场、提高品牌的国际性、建成跨国性集团企业则是他们所注重的利益目标。两者合作的结果是皆大欢喜,我国企业以市场空间换取发展的时间,对方则赢得了发展的市场空间。

(2)通过谈判,互相依存的双方在满足预期需求的同时,往往会产生更大的利益空间。如在我国改革开放的过程中,通过引进外资及先进的管理经验与先进的生产技术,迅速缩短了与发达国家之间的距离,使产品更有竞争力,并能与之相抗衡,有实力抢占国内外同类市场;而另一方面,发达国家通过市场拓展,拥有更充裕的资金研发更先进的技术,制造更先进的产品,拓展更广大的市场空间。

显然,真正意义上的谈判应该是"双赢"的谈判。

4. 谈判各方的合作性与冲突性

谈判各方各自需求的实现都离不开各方的合作,这是谈判的必要性所在,也是为什么谈判各方能坐下来协商的唯一理由。这就是谈判的合作性,它又称相互依存性,而这种相互依存关系又是十分复杂的。"谈判双方都知道,他们可以影响对方的谈判结果。同样,对方也可以影响他们的结果。当双方都在设法影响对方时,整个谈判就是在双方对谈判计划达成预期方案的不断协调中进行的。"这里的相互影响就是指谈判的"合作"与"冲突"。"为了让谈判能达成协议,参与谈判的各方均需具备一定程度的合作性。但是,为了各自利益需求能获得较大满足,参与谈判的各方势必处于利害冲突的对抗状态,尽管在不同的谈判场合下,合作程度与冲突程度各不相同,但可以肯定的是,任何一种谈判均含某种程度的合作与某种程度的冲突。"

这种"合作"与"冲突"共存的局面正是谈判的实质所在,纯粹的合作无需谈判,单一的冲突更无谈判的必要。严格意义上说,大多数谈判都是由合作中的冲突成分所引起并促成的。曾有专家指出,影响谈判的四个最重要因素是:某些感到的矛盾冲突、相互之间的依赖性、潜在的机会以及达成协议的可能性。其中,冲突与合作并存是关键。不过,在一些小型商务谈判中,双方的直接利益冲突与妥协还是显而易见的。为了成交价格上升或下降几个百分点,双方往往要进行多轮谈判,这时就需要参与各方学会对利益含义的更多理解,客观评价最后的谈判结果。

5. 谈判结果的不可预知性

正因为谈判具有合作成分,所以通过谈判双方都能达成一定的利益目标,都能通过协议实现预期收益(至少是部分实现),但其结果则可以肯定地说是"不平等"的,即有的谈判者获得好处多,有的获得好处少。原因就在于谈判的参与方所拥有的实力(包括政治背景、市场背景、企业背景及技术背景等)和技巧(包括谈判者的能力、水平、谈判策略的运用等)各不相同。我国"入世"首席谈判代表龙永图先生曾说过:"我国'入世'谈判历时十几年,能获得成功,国家经济实力的迅速增强是关键。"

谈判的结果是不可预知的,即谈判的当事人即使拥有同样的谈判条件,如果谈判技巧或谈判过程的处理不同,那么,谈判的结果可能会有很大的差异。虽然在谈判以前可以大致了解谈判双方优势的大小,但对于谈判结果却是无法判定的。谈判的这一特征导致谈判的艺术性和技巧性在谈判中占据了重要的位置,使得谈判成为少数人所拥有的特殊技能。

【案例 1.1】

谈判——最赚钱的商业策略

美国通用汽车(GM)是世界最大的汽车公司之一,早期曾启用了一位叫罗培之的采购部经理,他上任半年,就帮通用创造了 20 亿美元的经济效益。他是如何做到的呢?

汽车由许许多多的零部件组成,且大多是外购件。罗培之上任的半年时间里只做了一件事,就是把通用所有的配件供应商请来谈判。他说,我们公司信用这样好,用量这样大,所以我们认为,现在要重新评估价格,如果你们不能给出更好的价格,我们打算更换供应的厂商。这样的谈判反复进行,结果就是,罗培之先生用半年的时间为通用省下了 20 亿美元。与此同时,供货商在产品质量、供货时间、售后服务等方面也有了很大的改善。罗培之先生因此成为对通用公司有特别贡献的一位管理者。

谈判不是战斗,但其过程就像一场战争,它几乎运用了所有能够在战争中运用的策略;同时,谈判与战争有根本区别,战争是毁灭性的,谈判是创造性的。谈判的胜利不是任何一方会有损失,而是共同获利。谈判是最赚钱的一种商业策略。中国自古就有"财富来回滚,全凭舌上功"的说法。从事商业活动,无法逃避谈判。只有学习和掌握谈判这门科学,才能做到在商务谈判中挥洒自如、游刃有余。

(资料来源:朱凤仙. 商务谈判与实务[M]. 北京:清华大学出版社,2006.)

三、商务谈判的内涵

(一)商务的含义

要理解商务谈判,首先要明确商务的含义。商务的一般理解即"做生意",是法人在市场上从事的一切有形资产与无形资产的交换或买卖活动的泛指或总称。商务行为具有特定的内涵,它是指经法律认可,以社会分工为基础,以提供商品或劳务为内容的营利性的经济活动。按照国际惯例的划分,商务谈判涉及如下四种商务行为。

(1) 商务谈判是直接进行商品的交易活动。如批发、零售业直接从事商品的收购与销售活动等,称为"买卖商务"。

(2) 商务谈判是直接为"买卖商务"服务的商业活动。如运输、仓储、加工整理等,称为"辅助商务"。

(3) 商务谈判是间接为商业活动服务的交易。如金融、保险、信托、租赁等,称为"媒介商务",或称为"第三商务"。

(4) 商务谈判是劳务及信息产业活动。如宾馆、饭店、旅游、影剧院、娱乐厅及商品信息咨询、广告等劳务,称为"润滑商务",或称为"第四商务"。商务谈判的内容涉及了上述商务行为中的各个方面。但这里要重点研究的是买卖商务,主要是商品的买卖、交换活动中有关交换的条件,如交换的价格、品质、数量、包装、运输、保险、商检、付款方式等项目。

(二) 商务谈判的内涵

商务谈判,一般指一切与有形或无形商品的交换、买卖有关的协商洽谈行为。商务谈判有其特定的经济内涵,并不是任何一项经济活动之间的谈判都能称之为商务谈判。这里讲的商务谈判指的是个人与个人之间、个人与组织之间、组织与组织之间、国家与国家之间,在商务(或商贸、贸易、商事)活动中,以经济利益为目的,就双方(或多方)的商务往来关系而进行的谈判。具体来讲,商务谈判是指买主和卖主之间为了促成买卖成交,或是为了解决买卖双方的争议、争端,并取得各自的经济利益而进行的一种人际协商行为。

商务谈判是商品经济的产物。商品经济是交换经济,在商品交换中,买方希望以较少的货币,获取较多、较好的商品,而卖方则希望同样的商品较快、较多地换回货币,买卖双方各自的需要与欲望及其相互矛盾产生了商务谈判。现代经济社会离不开商务谈判,商务谈判有促进商品经济的发展、加强企业间的经济联系和促进对外贸易的发展等作用。

商务谈判在人类生活中占有的地位越来越重要,从某种意义上讲,谈判贯穿了生活的全部细节。在现代商业活动中,谈判已是交易的前奏曲,是销售的主旋律,是解决纠纷的重头戏。大多数商业成功者能言善辩,善于把握谈判的整体趋势。

商务谈判作为一种主要的谈判类型,既具有一般谈判的特点,又具有商务活动的本身特性。理解商务谈判这一特殊的谈判活动,应着重把握其以下内涵:

(1) 商务谈判的主体是相互独立的利益主体。只有在谈判主体的利益相互独立的条件下,他们才会为了自己的利益而进行磋商。利益的独立性是商务谈判发生的基础。

(2) 商务谈判的目的是获得经济利益。双方谈判的目的就是满足自身的某种经济利益,而做出的让步也通常是经济利益方面的。经济利益是谈判双方的核心利益与谈判目的所在。

(3) 商务谈判的核心议题是价格。以经济利益为核心必然决定了谈判的中心议题是价格问题。因为价格的高低直接关系到实际获得经济利益的大小。其他条件也都可以通过价格的变化表现出来,这也使得价格成为商务谈判的核心条件和核心议题。

(4) 商务谈判的主要评价指标是经济利益。商务谈判与其他类型的谈判相比,更为重视谈判的经济利益,因为商务谈判本身就是一种经济活动。当然,这并不仅仅局限于短期的经济利益,还要从经济利益是否有长远的发展等方面看。

(三) 商务谈判的特点

商务谈判是一项集政策性、技术性、艺术性于一体的社会经济活动,它除了具有一般谈判的特征和一系列经济活动的特点以外,还具有商务谈判自身的特征。

谈判的种类有很多,有外交谈判、政治谈判、军事谈判、经济谈判等。而商务谈判是经济谈判的一种,一般包括:货物买卖、工程承包、技术转让、融资谈判等涉及群体或个人利益的经济事务。商务谈判具有下面几个特点:

1. 以获得经济利益为目的

不同的谈判者参加谈判的目的是不同的。例如,外交谈判涉及的是国家利益,虽然这些谈判都不可避免地涉及经济利益,但常常围绕着某一种基本利益进行,其重点不一定是经济利益。而商务谈判则十分明确,谈判者以获取经济利益为基本目的,在满足经济利益的前提下再涉及其他非经济利益。所以,人们通常以获取经济效益的好坏来评价一项商务谈判的成功与否,不讲求经济效益的商务谈判就失去了价值和意义。

2. 以价值谈判为核心

商务谈判涉及的因素很多,谈判者的需求和利益表现在众多方面,但价值几乎是所有商务谈判的核心内容。这是因为在商务谈判中价值的表现形式——价格最直接地反映了谈判双方的利益。谈判双方在其他利益上的得与失,在很多情况下或多或少都可以折算为一定的价格,并通过价格升降得到体现。在商务谈判中,一方面要以价格为中心,坚持自己的利益;另一方面又不能仅仅局限于价格,应该拓宽思路,设法从其他利益因素上争取应得的利益。因为,与其在价格上与对手争执不休,还不如在其他利益因素上使对方在不知不觉中做出让步,这是从事商务谈判的人需要注意的。

3. 注重合同条款的严密性与准确性

商务谈判的结果最终是由双方协商一致的合同来体现的。合同条款实质上反映了各方的权利和义务,合同条款的严密性与准确性是保障谈判获得各种利益的重要前提。有些谈判者在商务谈判中花了很大气力,好不容易为自己获得了较有利的结果,对方为了得到合同,也迫不得已做了许多让步。这时谈判者似乎已经获得了这场谈判的胜利,但如果在拟订合同条款时掉以轻心,不注意合同条款的完整、严密、准确、合理、合法,反而会被谈判对手在条款措辞或表述技巧上引你掉进陷阱。这不仅会把到手的利益丧失殆尽,而且还要为此付出惨重的代价,这种例子在商务谈判中屡见不鲜。

4. 同时含有"合作"与"冲突"两种成分

商务谈判的合作性表现在通过谈判而达成的合同对双方都有利,各方利益的获得是互为前提的。谈判的冲突性则表现为谈判各方都希望自己在谈判中获得尽可能多的利益,为此要进行积极的讨价还价。尽管在不同的谈判场合,合作程度与冲突程度各不相同,但可以肯定的是,任何一种谈判均含有一定程度的"合作"与"冲突"。

5. 商务谈判具有平等性

商务谈判一定要遵循价值规律并根据等价交换的原则进行。参加商务谈判的各方不论组织规模大小还是实力强弱,在价值规律面前都是平等的,这是商务谈判的平等性。当然,这并不是说,在商务谈判中双方利益的分配是绝对平均,而是要达成平衡,只要一方的要求得到满足,而另一方也得到相应补偿,双方相互满意,就是达到了平衡。

6. 环境的多样性和复杂性

在商务谈判中,能够对谈判产生影响的一切外部因素构成了谈判环境。谈判环境是谈判不可缺少的组成部分,是影响谈判结果和成败的重要因素。谈判环境主要包括:政治环境(政治与法律因素)、经济环境(经济与市场状况)、人际关系环境(谈判双方的人际关系)、时间环境(谈判的时间选择与时间安排)和空间环境(谈判的地点选择与场所布置)等。这些环境因素是复杂多样和不断变化的,因此,要求商务谈判人员广泛地搜集各种环境信息,与企业外部保持良好的协作关系,灵活调整谈判中的交易条件,有针对性地采取谈判策略和技巧。

【阅读资料1.1】

中国复关谈判的艰难历程

2001年11月10日,世界贸易组织(WTO)第四次部长级会议做出决定,接纳中国加入WTO。这意味着历经15年的奋争与期待,中国终于昂首跨入WTO的大门。

15年,相对于人类历史长河实在是极短的一瞬间,而对于所有参与或关注这场马拉松式谈判的人来说,15年又是一次十分漫长曲折,甚至带有戏剧性色彩的征程。15年来,伴随着"复关"和"入世"谈判,中国现代化、市场化进程又向前迈出了一大步,社会面貌和经济生活发生了沧桑巨变,成为21世纪全球经济舞台上举足轻重的一员。

中国"入世"谈判为什么如此艰难?弄清这些问题,不但能够帮助我们加深了解中国加入世界贸易组织的原因,而且更有助于我们从中学习谈判的一些知识和技巧。

1. 中国为什么要"入世"

世界贸易组织、世界银行和国际货币基金组织,并列为现今全球最具广泛性的三大国际经济组织。世界贸易组织的前身是"关税与贸易总协定(GATT)",其主要职能有三项:①制定并监督执行国际经贸规则;②组织各成员方进行开放市场的谈判;③建立成员方之间的争端解决机制。因而被喻为"经济联合国"。

近20年来,尤其是冷战结束后,经济、科技全球化进程的加快,逐渐成为世界经济发展的主流。绝大多数国家虽然社会制度、意识形态、发展水平各有不同,但都相继选定了市场经济之路,并纷纷投身于新技术革命。跨国公司打破国界的生产经营活动,实现了资源在全球范围内的优化配置。信息技术、知识经济日新月异,大大缩短了时空距离,你只要轻点鼠标就可以拥抱世界。世界贸易组织(WTO)奉市场经济为圭臬,在推进经济全球化中扮演着主角。20世纪80年代中期以来,是否参加GATT的多边贸易体制,成为衡量一国是否负责任地加入国际社会、该国经济是否与世界经济衔接的重要尺度。目前,WTO 中 142 个成员之间的贸易额占世界贸易总额的 95%以上,投资额占全球跨国投资总量的 80%以上。获得 WTO 的一个席位,等于拿到了国际市场的多张通行证。

中国需要 WTO。邓小平同志早就指出:"中国的发展离不开世界"、"关起门来搞建设是不能成功的"。经济全球化对发达国家和发展中国家在收益和风险上并不均等,但发展中国家若不想长期落后、被动挨打,就必须顺应潮流,积极融入经济全球化的浪潮。加入 WTO,中国不仅有分享经济全球化成果的权利,还能够参与制定相关"游戏"规则。在建立国际经济新秩序中把握主动权,并且可以利用 WTO 争端解决机制在国际贸易战中占据有利地位。另外,正如著名经济学家吴敬琏教授所言,市场经济是一种开放经济,中国百折不挠地争取入世,从根本上讲是国内市场化改革必然导致的抉择。从更深广的层面上来看,WTO 是中国加入的最后一个重要的国际组织,这是中国自立于世界民族之林的一次重大政治经济行动,也是中国全面重返国际经济舞台的显著标志和强烈信号。

当然,WTO 也需要中国。作为世界上最大的发展中国家,中国拥有占世界 1/5 多的人口,经济总量和进出口贸易总值均跃居世界第七位,外汇储备达到 2 000 多亿美元,排在世界第一;吸引外资连续 8 年居发展中国家之首(以上数据为截至 2001 年底的统计值)。显然,没有中国的加入,WTO 将有失完整,不能真正体现其世界性。"入世"后,中国巨大的需求潜力将转化为现实的购买力,为全球提供一个最诱人的大市场,这是中国将要对人类做出的突出贡献。

2. 谈判为何长达 15 年

毫无疑问,中国的"入世"谈判是多边贸易体制史上最艰难的一次较量,在世界谈判史上也极为罕见。自 1986 年 7 月 10 日中国正式向 WTO 的前身——GATT 提交"复关"申请起,谁也不曾预料到,由于谈判逐步被"政治化"及其本身的艰巨性、复杂性、特殊性和敏感性,这一谈就是 15 个春秋。中国代表团换了 4 任团长,美国换了 5 位首席谈判代表,欧盟换了 4 位。从 1987 年就担任 GATT(后改为 WTO)中国工作组主席的瑞士人吉拉德说,当初履新伊始,有人戏称他这个主席也许得干 10 年,吉拉德不以为然地大笑,岂知到头来竟干了 14 年半!

中国"复关"和"入世"谈判大致可分为三个阶段:第一阶段从 20 世纪 80 年代初到 1986 年 7 月,主要是酝酿、准备复关事宜;第二阶段从 1987 年 7 月到 1992 年 10 月,主要是审议中国经贸体制,中方要回答的中心题目是到底要搞市场经济,还是计划经济;第三阶段从 1992 年 10 月到 2001 年 9 月,中方进入实质性谈判阶段,即双边市场准入谈判和围绕起草中国"入世"法律文件的多边谈判。

1994 年年底,因以美国为首的一些发达国家成员漫天要价、无理阻挠,中国复关未果。1995 年 1 月,WTO 取代 GATT;同年,中方决定申请"入世",并根据要求,与 WTO 的 37 个成员开始了拉锯式的双边谈判。从 1997 年 5 月与匈牙利最先达成协议,到 2001 年 9 月 13 日与最后一个谈判对手墨西哥达成协议,直至 2001 年 9 月 17 日 WTO 工作组第十八次会议通过中国"入世"法律文件。这期间起伏跌宕、山重水复,而最难打的硬仗,莫过于中美谈判,其次是中欧谈判,中美谈判进行了 25 轮、中欧谈判进行了 15 轮。

中国"入世"谈判的整个历程,充分体现了以江泽民同志为核心的中国第三代领导集体的高瞻远瞩和正确决策。江泽民总书记亲自给这场谈判确定了三条原则:①WTO 没有中国参与是不完整的;②中国必须作为发展中国家加入;③坚持权利和义务的平衡。这些原则对入世谈判具有重大深远的指导意义。

备受瞩目的中美谈判范围广、内容多、难度大,美国凭借其经济实力,要价非常高,立场非常强硬,谈判又不时受到各种政治因素干扰。对此,党中央、国务院以大局为重,审时度势、运筹帷幄。朱镕基总理等在最后一轮中美谈判中亲临现场,坐镇指挥。我方代表坚持原则,经过6天6夜的艰苦谈判,这场最关键的战役取得双赢的结果,于1999年11月15日签署了双边协议,从而使我国"入世"谈判取得突破性进展,为谈判的最终成功铺平了道路。那么,我国的"入世"谈判为什么会谈得这么细、这么苦、这么久?

　　我国外经贸部首席谈判代表、中国代表团团长龙永图坦率地说,谈了15年,我们在原则问题上坚持了15年。如果我们什么条件都答应的话,谈判早就结束了。谈判过程之难,时间之长,正说明我国为维护自身根本利益所付出的巨大努力。另一方面,谈判进行几个回合,也为国内产业和企业争取了固本强体的缓冲期。面对一个又一个WTO的成员,中方力争的焦点是什么?外经贸部部长石广生说,经过20多年的改革开放,尽管我国综合国力和企业抗风险能力日益增强,但总体上国内产业素质和企业竞争力与国外相比差距甚大。所以,我们"入世"谈判的核心就是市场开放的速度和力度必须与我国的经济发展水平相一致,这是我们的底线。双边谈判的核心问题是确保我国作为发展中国家加入;多边谈判的核心是确保权利与义务的平衡,具体内容包括关税、非关税措施、农业、知识产权、服务业开放等一系列问题,而农业和服务业又是双方相持不下的难点。寸步不让的意志比拼,唇枪舌剑的讨价还价。15年的每一场谈判,中方"从来不打算减少1美元,从来没想少说一个字来求得妥协"。经过艰苦斗争,美欧等发达国家不得不同意"以灵活务实的态度解决中国的发展中国家地位问题",中方最终与所有WTO成员就我国加入WTO后若干年市场开放的领域、时间和程度等达成了协议。双边谈判的结果是平衡的,符合WTO的规定和我国经济发展的水平。最终的结果是:第一,我国赢得了过渡期和市场开放的主导权;第二,我国在经济可以承受的范围内做出了必要的灵活反应;第三,迫使谈判对方在谈判中满足了我方一些最根本的要求。例如,美国承诺给予我国永久正常贸易关系(即最惠国待遇),放弃一般保障条款(即在我国加入WTO后美国随时可与我方中断WTO关系的条款),同意放宽高新技术对华出口限制等。从长长的"入世"谈判清单上也不难发现,中方代表为国内产业发展赢得了宝贵的调整时间和必要的保护手段。既是谈判,双方必定有得有失,天下没有免费的午餐。在取得长远好处的同时,也要按照WTO规则承担相应的义务。这不能视为简单的让步,遵循规则是每一个负责任的成员的义务。倘若要说让步,那么加入WTO的所有成员都曾做出了让步。让步是为了进步,我们对国际社会的开放,换来的将是国际社会对我们更大的开放。中国入世做出两项庄严承诺:承诺遵守国际规则办事;承诺逐步开放市场。这不但有助于消除"中国威胁论",为我国对外开放营造良好的国际环境,也有助于增强国外投资者的信心,不断完善投资环境,使中国经济成为世界经济的有机组成部分。在这里,我们不该忽视曾为中国入世谈判呕心沥血、牺牲自我的人们,正是他们坚决捍卫国家民族的根本利益,才使这场谈判画上了圆满的句号;也正是他们的无私奉献和锲而不舍,才使这场谈判的结果显得格外来之不易。15年的谈判,几代人为之奋斗,有的业已作古,有的两鬓染霜。壮志未酬寻常事,风烟踏尽自从容。中国代表团几经更替,薪火相传,一串长长的名单后面,是一份沉甸甸的记忆,是一个个鲜活感人的故事。面对不同的对手,他们"寸利"必争;面对某些非议,他们默默承受;面对谈判久拖不决的压力,他们从不放弃任何一点努力;面对谈判结束后来自各方的赞誉,功不可没的他们报之以平常心……中国代表团前秘书长李仲周曾赋诗言志:"磨难莱蒙(注:即日内瓦湖,此处指WTO总部)终不悔,感时当在国荣昌。"代表团最后一任也是时间最长的一任团长龙永图笑言,他为"复关"和"入世"谈判去WTO总部不下50次,按航空公司的里程奖励计划,他们从航空公司拿到的免费机票足以飞往月球。

　　2001年11月10日掀开了中国经济的崭新一页,按照正常程序,我国在2001年年底正式成为WTO的一员。"青山遮不住,毕竟东流去。"一个敢于向全球开放自己的国家,永远不会沦为世界经济的孤岛。站在WTO的门槛上,面对未来十年、百年,我们满怀憧憬与信心:在竞争中发展,在风浪中搏击,是发展中成员实现经济腾飞、后来居上的必由之路。中国的目标绝不仅仅是加入世界贸易组织,而是在经济全球化浪潮中找到更有利的位置,拥有更重要的发言权,获取更快速、更健康的发展。让历史铭记这风雨15年。让我们谱写更辉煌的明天!

(资料来源:http://post.baidu.com.)

第二节　商务谈判的理论简介

一、商务谈判理论概述

人类很早就开始了谈判的历史。最早的谈判,大概是形成于原始的人类为了某种生存目的而达成的协议过程中。人们为了某块牧场、某处水源的归属展开了你死我活的争斗,争斗了很久,双方都死了不少人,双方都无心、无力再争斗下去了,于是谈判就开始了。谈判结果是双方共享这块牧场或这处水源。在以后的私有制社会中,这种争斗不成就转而谈判、谈判不成又转而争斗的事情是屡见不鲜的。同时,随着原始社会的产品经济逐渐转为私有制社会的商品经济的发展,为达成某种契约的谈判活动也日益增多。在现代社会中,商品经济打破了人们在经济活动中的狭隘的界限,商品交换从过去那种主要是自给自足的自然经济中解放出来。商品经济的原则渗透到人们生活的一切领域:雇佣工人和企业主就劳动时间、工资收入等问题进行谈判;原料供应商和工厂主就原料价格、质量、规格、供货时间和地点进行谈判;零售商和批发商就商品的价格等进行谈判……在政治生活中,商品经济的发展促进了资本主义民主制度的形成,党派之间的谈判、在野党和执政党的谈判、党派内部各个派系之间的谈判等。各种各样的谈判活动大量涌现,使得对这些谈判活动进行概括和抽象的谈判学的形成有了可能性。而大量从事谈判活动的人们又希望进行卓有成效的谈判活动,又使谈判学的形成有了必要性。于是,谈判作为一门科学就应运而生了。

成功的商务谈判,离不开正确理论的指导。正确的谈判理论,对谈判实践有重要的指导作用。下面介绍几种最典型和最有意义的谈判理论。

(一)温克勒的谈判实力理论

美国谈判学家约翰·温克勒在《谈判技巧》一书中,明确地提出"谈判实力理论"。该理论认为,谈判技巧运用的依据和成功的基础是谈判实力,建立并加强自己谈判实力基础又在于谈判的充分准备和对对方的充分了解。技巧的运用与实力的消长有极为紧密的关系。通过恰当的语言和交往方式,在对手面前树立或制造己方的印象,探索彼此的力量,采取一切可能的措施增强己方实力,为谈判技巧更加主动、灵活地运用打下基础。在商务谈判中,温克勒提出了具有普遍适用性的"价格—质量—服务—条件—价格"逻辑循环谈判的法则,即在谈判中,如果对方在价格上要挟你,就和他们谈质量;如果对方在质量上苛求你,就和他们谈服务;如果对方在服务上挑剔你,就和他们谈条件;如果对方在条件上逼迫你,就和他们谈价格。温克勒的理论具有很强的实践性,尤其是在经营管理方面有较高的应用价值。他根据对谈判过程的研究成果,提出了谈判实力理论的十大原则。

1. 不轻易给对方讨价还价的余地

如果遇到的某些问题大致是确定性的,就应努力使自己处于一种没有必要进行谈判的地位,或至多只能在枝节问题上交涉,核心问题是不可谈判的。

2. 在没有充分准备的情况下应避免仓促参与谈判

在条件许可时应事先进行一些调查研究工作,努力了解对方,其现状如何、利益何在、关键问题是什么、谁是对方做决策的人物等。特别是在谈判的初始阶段,双方的接触对整个谈判的影响极大,那些进行了充分准备和调查研究的谈判者,他的亮相将分外有力。反之,如果谈判者不懂得这种博弈知识,那么在未来的谈判中他们的地位将是极其脆弱的。

3. 要通过给予对方心理上更多的满足感来增强谈判的吸引力

这一原则对谈判各方都存在着若干约束条件:当谈判出现争执或僵局、谈判的核心问题与枝节问题相互纠缠或一个老练的谈判者与初涉谈判的新手交涉时尤为有效。要采取一切措施使对方对谈判保持极大的兴趣,要让对方感觉到他的成功,增加其自我满足感。

4. 向对手展示自己的实力时不宜操之过急,而应采取暗示的方式

如通过让对方感到内疚、有愧的形式,或把对方邀请至你的办公室(而不是去对方办公室)来谈判,或通过第三方的影响或舆论的压力等形式,都是有效的暗示实力的方法。

5. 要为对手制造竞争气氛,让对手们彼此之间竞争

在商务谈判中,竞争是必然的,在谈判中要善于制造合理的竞争气氛。因为,卖方的竞争越激烈,买方的获利就越大;而买方的竞争越激烈,卖方的地位就越强。对于自身的竞争者,不要惊慌失措。

6. 给自己在谈判中的目标和动机幅度留有适当余地

当你要获取时,应提出比你最初预想的目标还高些的要求;当你要付出时,应提出比你最初预想的目标低些的要求。无论在何种情况下,让步要稳、要在明处、要小步实施、要大肆渲染、要对等让步。这就是谈判领域中常见的所谓"色拉米香肠"谈判法。

7. 注意信息的搜集、分析与保密

谈判者是处于特定社会环境下的人,不会轻易把自己的要求与条件透彻地告诉对方。这就要求在进行谈判的时候,尽可能多地搜集对方的信息,只有在十分必要的情况下才能将有关的想法一点一滴地透露出来,不要轻易暴露自己的信息。

8. 在谈判中应多听、多问、少说

谈判虽然在一定程度上包括了演讲,但它毕竟不能等同于演讲。演讲的目的是要把自己的主张与想法告知听众,而谈判的目除此之外,还要通过与对方的交涉实现自己的目标,这就要求尽可能多地了解和熟悉对方。多听、多问有助于对谈判者之间的相互关系施加某些控制,迫使其改变原定的策略、措施、方法等。

9. 要与对方所希望的目标保持接触

谈判者无论提出什么样的要求,都应与对方希望的目标保持恰当的接触。如果你的要求与对方的要求之间的差距越大,你需要发出的信号也应该越多。比如,通过你与旁人的闲谈故意把信号传给对方,通过寻找借口、通过变通的形式、通过交换条件、通过中间人的联系等。

10. 要让对方从开始就习惯于你的大目标

谈判者不应一遇困难就轻率地背弃自己所期望的目标,应逐步学会利用公共关系等手段让对方适应己方的大目标,尤其是当你的地位很有利而且对方很需要你时更应如此。

温克勒极为强调谈判行为对谈判的作用,他认为:"谈判过程是一种社会交往的过程,与所有其他社会事务一样,当事人在谈判过程中的行为举止、为人处世的方式,对于谈判的成败至关重要,其意义不亚于一个高妙的谈判策略……谈判者在谈判中的行为,将被看作是他所代表的组织的素质中最具有说服力的标志。"

(二)尼尔伦伯格的谈判需要理论

谈判是人类的一项活动,人们之所以要进行谈判,是因为人们有一定的需要必须通过谈判才能获得满足。谈判的过程也就是满足人们需要的过程。人们在谈判过程中所表现来的各种行为和动机,都是由于人们存在某种需要,是由需要引起和驱动。因此,要参加一项谈判并争取成功,必须首先对人类的需要有一个较全面的了解。

1. 人类的七种需要

美国著名社会心理学家马斯洛教授对人类的行为进行了研究分析,发现驱动人们行为的是人的需要。一定的行为来自于一定的需要,而需要又具有层次性。

马斯洛将人的需要划分为七个层次:①生理的需要;②安全与寻求保障的需要;③爱与归属的需要;④获得尊重的需要;⑤自我实现的需要;⑥认识与理解的需要;⑦美的需要。上述7种人类基本需要按重要程度逐层展开。

2. 谈判的三个层次

尼尔伦伯格根据马斯洛的人类行为的七大基本需要的理论,并以此为基础把各种谈判分为三个层次,即:①个人间——个人与个人之间的谈判;②组织间——组织与组织之间的谈判;③国家间——国家与国家之间的谈判。

任何组织离开了人就不能谈判。假如你是与组织的代表人谈判的话,你就会发现有两种不同的需要出现:一个是组织的需要;另一个是个人的需要。通常,个人会超越自己的需要而变成组织需要的一部分。因此,在某些情况下,组织的某些较高层次的需要反而比其他较低层次的需要要优先考虑。例如,组织的尊严比安全要优先考虑。绝大部分国家的人民都不喜欢战争,但由于民族主义的影响,国家尊严比人民的安全优先考虑而引发战争或冲突,造成危机。因此,当人们宁愿为国家的荣誉(尊严的需要)甘冒死亡的危险时(安全的需要),不能说前面提到的那些需要层次是不正确的。在那种情况下,尊严的需要比安全的需要要优先考虑。但这是由于认识的作用,不是普遍状况。

3. 需要应用的种类

严格的分析表明,每一种需要的谈判技巧都以一定形式出现,称之为"需要应用的种类",可将它们分成六大类:①谈判者服从对方的需要;②谈判者使对方服从自己的需要;③谈判者兼及对方和自己的需要;④谈判者违背自己的需要;⑤谈判者损害对方的需要;⑥谈判者同时损害自己和对方的需要。这是根据有效控制程度的难易排列的,换句话说,谈判者能够为对方的需要着想,比让对方为自己的需要着想更容易加以控制,即第一种比第二种的控制力更大,依此类推,第六种控制力最低。第一种到第六种,危机依次增加。

尼尔伦伯格在《谈判的艺术》一书中,运用行为科学、心理学等原理和知识,总结了自己不下数千次的谈判经验,提出了谈判的需要理论。他认为,任何谈判都是在人与人之间发生的,他们之所以要进行谈判,都是为了满足人的某一种或几种"需要",这些"需要"决定了谈判的发生、进展和结局。他把谈判行为中人的需要、人的动机和人的主观作用作为理论的核心。"需要"和对"需要"的满足是谈判的共同基础,要是不存在尚未满足的需要,人们就不会进行谈判。谈判的前提是谈判双方都要求得到某些东西,否则他们就会彼此对另一方的要求充耳不闻,双方也就不会有什么讨价还价发生了。

【案例1.2】

美国著名的谈判大师荷伯·科恩在他的谈判经历中,有一件以满足需要为策略而成功的事例。荷伯·科恩曾代表一家大公司到俄亥俄州去购买一座煤矿。矿主是个强硬的谈判者,开口要价2 600万美元,荷伯还价1 500万美元。"你在开玩笑吗?"矿主粗声吼道。"不!我们不是开玩笑,请你把实际售价告诉我们,我们好做考虑。"矿主坚持2 600万美元不变。在以后的几个月时间里,买方的出价逐渐提高:1 800万美元、2 000万美元、2 100万美元、2 150万美元。但是卖主毫不心动。2 150万美元与2 600万美元对峙起来,谈判形成僵局。如果就价格问题继续谈判下去,而不从对方需要方面考虑,肯定不会有所进展。那么,卖主为什么固守己见,不接受这个显然是公平的还价呢?还真是个谜。荷伯一次接一次地请矿主吃饭,反复向矿主解释自己的还价合理,可是矿主总是环顾左右而言他。一天晚上,矿主终于对荷伯的反复解释搭腔了。他说:"我兄弟的煤矿卖了2 550万美元,而且还有一些附加利益。"荷伯明白了:"这是他固守2 600万美元的理由。他有别的需要,我们显然忽略了。"有了这点信息,荷伯马上跟公司的有关经理人员联系。荷伯说:"我们首先要搞清楚他兄弟究竟得到多少,然后我们才能商量我们的建议。显然我们应该处理好个人的重要需要,这跟市场价格并无关系。"公司的官员同意了,荷伯按这个思路进行工作。不久,谈判就达成了协议。最后的价格并没有超过公司的预算,但是付款方式和附加条件却使矿主感到自己干得远比他的兄弟强。

(资料来源:朱凤仙.商务谈判与实务[M].北京:清华大学出版社,2006.)

(三) 比尔·斯科特的谈判三方针

英国谈判专家比尔·斯科特精心挑选了"谋求一致"、"皆大欢喜"、"以战取胜"三个词汇来表达他的谈判理论。他极力推崇在友好、和谐的气氛下执行"谋求一致"的谈判方针;但也积极主张在谋得己方最大利益的前提下给对方以适当满足的"皆大欢喜"的谈判方针;他力主避免多种类型的"以战取胜"的方针。

1. 谋求一致

谋求一致是一种为了谋求双方共同利益、创造最大可能一致性的谈判方针。可比喻为双方共同制作更大的蛋糕,分享更多、更好的蛋糕。美国西方石油公司董事长兼首席执行官哈默博士,他早年曾帮助列宁同新生的苏维埃政权进行过粮食贸易。他同中国也进行了卓有成效的经济合作,1988年9月28日晚,国家领导人接见哈默博士,感谢他10年来给予中国的帮助和支持,并希望与他继续合作。哈默博士这次来华,除解决有关已投资建设的平朔安太堡露天煤矿的一些具体问题外,他还希望尽快与中国签订合作建设一座设计能力为1 500万吨大型煤矿的意向书,与中国海洋石油总公司洽谈进一步合作的问题。类似这类谈判成功的实例,都是双方在谋求一致的大前提下进行的。

2. 皆大欢喜

皆大欢喜是一种使谈判双方保持积极的关系、各得其所的谈判方针。与"谋求一致"相比,不是把蛋糕做得尽可能大,而是根据不同需要、不同价值观,分割既定的一块蛋糕。

3. 以战取胜

以战取胜是一种陈旧的谈判方针。把谈判看成一场尖锐的冲突,施展各种手腕和诡计,争个你死我活,结果往往是两败俱伤。奉行"以战取胜"谈判方针的人,其目的是打败对方,其实质是牺牲他人的利益,以取得自己的最大利益。其危害是:①失去友谊;②失去今后与对方合作的机会;③会遭到对方的抵抗和反击,冒可能失败的风险;④对方屈从的话,也不会积极履行协议;⑤在社会上失去信誉。因此,谈判高手极少使用此方针。只有在一次性谈判和一方比另一方实力强大得多这两种情况下,可能有的谈判人员会采取"以战取胜"的方针。应了解这种方针的危害性,防止受到侵害,并掌握识别和抵抗的技巧。

(四)哈佛的原则谈判法

美国哈佛大学进行过一项"哈佛谈判研究方案"的调研,并与麻省理工学院等大学的知名学者、谈判理论专家一起研讨,提出了新的谈判理论——原则谈判法。原则谈判法可称之为价值谈判法,是根据价值来达成协议,而不是通过双方讨价还价的过程来做最后的决定,以寻求双方各有所获的方案。当双方的利益发生冲突时,应根据公平的原则来做决定,而不是双方意志力的比赛。原则谈判法所强调的是价值,它不采取诡计也不故作姿态;它使你既能得到想要的又能不失风度;它使你能保持公平而别人却无法占你便宜。

原则谈判法适用性很广,从国际谈判到个人之间的谈判、从一个问题到多个问题的谈判、从双方到多方谈判、从固定谈判到突发情况的谈判。不管谈判对手有无经验,风格各异,原则谈判法都可适用。一般的谈判策略如被对方识破,就很难继续谈下去。原则谈判法则完全相反,如果对方懂得此法,则更容易谈判。

原则谈判法有四个基本要点:

1. 人与问题：把人与问题分开

由于商务谈判所涉及的是有关双方利益的问题，如价格、成本等而不是谈判者。参加谈判的人只是问题的载体，谈判桌上发生冲突与碰撞的是问题。所以，对问题应是强硬的、当仁不让、坚持原则，而对人则应是友好的、温和的，关系是融洽的，这就是人与问题分开的理念。

在商务谈判过程中，当双方互不了解，出现争执乃至动怒，以及因人论事时，想解决问题达成协议是极其困难的。这是因为参加谈判的是有血有肉、有感情、有自我价值的人，而不是抽象的"代表"。人与人之间可以由信任、了解、尊敬和友谊建立起良好的关系，从而使一项谈判活动变得顺利、有效。相反，发怒、沮丧、疑惧、仇视和抵抗心理，会将个人的主观感觉与现实问题结合在一起，使之产生沟通障碍，从而导致双方相互的误解加深，强化成见，最后使谈判破裂。因此，将谈判个人的因素与谈判所涉及的标的物分离开来，是使商务谈判获得成功的重要法宝之一。要把人与问题分离开来，需做到下面五点：

（1）应将谈判者的两种利益区分开来。从商务谈判的实践来看，每位谈判者参加谈判都想取得两个方面的利益：①能达成满足自身利益的协议，这是谈判的实质利益，也是谈判者进行谈判的直接动机；②想谋求谈判双方的合作关系，这是谈判的关系利益。从谈判的眼前利益看，为了能达成满足自身利益的协议，每位谈判者至少会与对方处理好目前的工作关系；从谈判的长远利益看，为了谋求长期的合作关系，仅搞好一次谈判是远远不够的，还必须注意维护持久的关系，这就要求双方以公平的原则相处，并从公正的立场看问题，以加强双方的互相沟通、了解，融洽双方的关系。

（2）谈判双方应做到相互信任。相互信任是双方合作的前提，在交往中，你对别人越信任，别人也会给你更多的信任。建立信任关系应从谈判前做起，善于抓住非正式会晤的机会，通过平时社交，建立信任，如双方谈一些共同感兴趣的话题，便能引起共鸣，有利于创造一种和谐气氛，为相互信任打下基础。一般说来，人们都乐于同自己有相似点的人交往，利用双方相似点的因素，既能有效地减少对方的恐惧与不安，解除戒备，缩短彼此心理距离，启发继续交谈的愿望，又能发出可以共同接受的信息，有相同、相似的理解而产生相同、相近的情绪，进而在感情上产生共鸣，建立相互信任的关系。当然，在谈判中仍应继续加强这种信任，注意言辞与态度，努力克服对方疑虑心理，创造信任感。

（3）解决好双方"想法"的分歧。由于各人的经历、水平和所接触的信息不同，思考问题的角度不同，导致双方矛盾或有不同的看法。在对待外界事物时，人们总是倾向于自己想象的东西，而忽视不符合自己想法的东西。这样，在谈判中各方都将好处归到自己一方，而把坏处留给对方，这些"分歧"都是由于双方的"想法"不同引起的。要解决双方想法的差异，就必须互相设身处地去考虑，并适当调整自己的想法。需要注意的是，理解对方的观点并不等于完全同意其观点。通过理解对方的观点，逐步修正自身的看法，这不是只付出代价，而是一种收益，它有利于缩小冲突范围，促使自身利益的尽快实现。消除双方的分歧，还应将问题提出来讨论，并以坦诚的态度来对待，这样就会得到对方的理解。同时，在适当的时候向对方发出与其想法不同的信息,或采取出乎对方意料之外的行动,常常能够改变对方的想法。另外,在谈判中还应注意照顾对方的面子,即使改变原来的看法也应给其台阶,对方觉得不丢面子有利其作出让步。

(4)处理好情绪问题。在商务谈判中,特别是在双方激烈的争执较量中,控制情绪特别重要。因为,双方若把精力都放在情绪对立上,无助于问题的解决,谈判易陷入僵局,或导致破裂。处理好谈判中的"情绪"问题,应注意以下四点:①在商务谈判中若出现情绪激动、心烦意乱、跟对方赌气的迹象,应及时分析原因并设法加以控制。②当对立情绪表露出来时,应坦诚与对方开展讨论,进行相互交心,以消除谈判阻力。只有双方从对立情绪中解脱出来,才能建立起和谐的谈判气氛,使谈判迈向成功。③容许对方宣泄怨气,不宜做出对抗反应。在商务谈判中,处理发怒、气愤和其他消极情绪的最有效方法是让其发泄出来,最佳策略是静闻其言而不是出口反击。让对方把话说完,注意倾听对方意见,往往有助于其怒气全消。④善于运用象征性的友好姿态。在商务谈判的实践中,为消除对方不满情绪往往并不需付出什么代价。一副同情的表示、一句谦逊的言辞、一次礼节性的拜访、一种友好的微笑,一场欢悦的聚会,都可能会是以最小的代价改善对立情绪的好机会,在许多场合表示歉意,也可以有效地使不满情绪烟消云散。

(5)注意双方意见的"沟通"。商务谈判本来就是双方为了达成一致协议而进行的意见沟通的过程,没有沟通就没法进行谈判,但在现实中沟通并非易事。因此,为处理好双方的沟通问题必须注意以下三点:①认真倾听对方的谈话,了解对方的意图。在谈判中,认真倾听对方的谈话,至少有两个好处:一是能全面地了解对方的观点、需要和利益;二是能表示诚意和友好,使对方感到有一种受尊重的心理满足。洗耳恭听是谈判中最廉价的让步方式,它有助于增加获得谈判成功的机会。②要使对方相信你已理解了他们的想法,同时向对方充分阐明自己的观点,以获得对方的理解。当对方认为你还没有领会他们的意思,而你又想阐明自己的观点时,对方就不会愿意听你的意见。因此,应首先向对方表示你已理解他们的意思,然后再向对方阐述自己的观点,以获得对方的理解,从而减少或消除可能产生的误解,达到沟通的目的。③谈话要有的放矢,要具有目的性。即说话以前既要知道自己说的是什么,又要知道说出的话会起到什么效果,要达到什么目的,否则就会容易引起对方的误解,给沟通与交流带来人为的障碍。

【阅读资料1.2】

沟通在谈判中的价值

有一个女士把一个橙子给了邻居的两个孩子,这两个孩子便讨论起来如何分。两个人吵来吵去,最终达成了一致意见,由一个孩子负责切橙子,而另一个孩子先挑选橙子。结果,这两个孩子按照商定的办法各自取得了一半橙子,高高兴兴地拿回家去了。第一个孩子把半个橙子拿到家,把皮剥掉扔进了垃圾桶,把果肉放到榨汁机上榨果汁喝。另一个孩子回到家把果肉挖掉扔进了垃圾桶,把橙子皮留下来磨碎了,混在面粉里烤蛋糕吃。

从上面的情形可以看出,虽然两个孩子各自拿到了看似公平的一半,但就商务谈判实务而言,他们各自得到的东西却没有物尽其用。这说明,他们事先并未做好沟通,也就是两个孩子并没有申明各自利益所在。没有事先申明价值导致了双方盲目追求形式上和立场上的公平,结果,双方各自的利益并未在谈判中达到最大化。如果设想,两个孩子充分交流各自所需,或许会有多个方案和情况出现。可能的一种情况,就是遵循上述情形,两个孩子想办法将皮和果肉分开,一个拿到果肉去榨汁;另一个拿皮去做烤蛋糕。然而,也可能经过沟通后是另外的情况,恰恰有一个孩子既想要皮做蛋糕,又想喝橙子汁。这时,如果二人能够就各自的目的和利益进行良好的沟通,就可以通过商务谈判去创造更大的、潜在的经济价值。

（资料来源：张炳达，周琼琼.商务谈判与实务[M].上海：上海财经大学出版社,2009.）

2. 利益与立场：重点放在利益上，而不是立场上

商务谈判中常常会出现双方固执地站在自身的立场上各持己见、互不让步的情况。其实,谈判中的基本问题不在于双方立场上的冲突,而是双方需要上的冲突。在商务谈判中,双方大都习惯于以坚持立场的隐蔽方式来表达自身所要获得的利益,利益是立场争执后面的默默推动者,立场是各方做出的某种决定,而促使其做出决定的则是利益,利益是商务谈判的原动力。因此,处理谈判立场对立的明智之举是调和双方的利益,而不是调和双方的立场。所以,谈判的重点应放在利益上而非立场上,这就是通常所说的利益至上理念,即重利益而轻立场。为了贯彻这个理念应注意以下两点：

（1）确认双方的利益。因为利益常常隐藏于立场的背后,相对而言,谈判双方的立场是具体而明确的,但双方追求的利益则往往是不明朗、不具体的。为了解和认识双方在谈判中的利益,应把自身放到对方的位置上,站在对方的立场上来考虑问题,理解对方的真正需要。同时,还应想到双方都存在着多重利益,并注意把所有人的基本需要作为双方利益的重点。

（2）磋商双方的利益。谈判的目的在于设法获取双方各自的利益,如果谈判双方能在确认彼此利益的基础上,就双方利益进行坦诚的沟通,则达到目的和得到满足的机会便会增加。在磋商时应注意：①要显得重视对方的利益,并把它作为解决问题的一部分。要想使对方注意并满足自身所期望的利益,首先就应表明我方是很重视和理解对方利益的。②磋商时为想让对方考虑我方的利益,就应先说出理由后提出建议,以使对方了解我方的利益是合情合理的。为使对方乐意倾听和了解我方的理由,还应善于首先倾听和了解对方的理由。③应用长远的观点看问题。谈判双方在谈判中出现分歧和争论是常有的现象,但是为维护和发展友好合作关系,双方都应当向前看,而不是向后看,着眼于长远利益是最佳选择,有利于达成协议。④磋商时应准备多种具体而灵活的方案。由于谈判中不确定的因素较多,因此,在谈判前应准备多个可达到利益的方案,以便随时根据谈判的具体情况而进行调整。当"确认利益"转到"拟定具体选择方案"时,应保持弹性态度,保持选择的灵活性。⑤对利益硬,对立场软。在谈判磋商时把自身放到难以改变的立场而坚持自身的利益则是明智之举。但一定要注意对事不对人,对人则应充满友好、善意和理解,这样做能以最小的损失获得最大的收获。双方强硬地追求各自的利益,有利于促使双方积极地寻找一个能同时满足双方利益的方案。

【案例1.3】

某房客在租用房东的房子期间,发现由房东提供的电暖气坏了。按租约的规定,室内原有设备如果不是故意损坏的,由房东负责修理、更换。但现在房东说没有钱买新的设备。拖了一段时间后,房东仍不肯让步。最后,房客找到房东说:"我今天来通知你,我准备下星期就搬出你这儿,你必须在下周一前,把我预交的三年租金如数退还。如果你下周一前不退钱,我将采取其他方式迫使你退钱。"房东心想,预收的房租已经用来盖楼房了,退不了租金可能就要被告到法庭上去。最终房东做了让步,电暖气得到更换,问题得到解决。

这个问题之所以得到解决,是因为在他们对立的立场背后,既存在着冲突性利益,又存在着共同的利益。

房东与房客的共同利益是:

(1)双方都希望关系稳定。房东希望有一个长久的房客;房客希望有一个长久的住所。

(2)双方都希望房子得到良好的维护。房客希望住条件好的房子;房东希望提高房子的价值和好的名声。

(3)双方都希望与对方搞好关系。

他们之间的冲突性利益体现在以下三个方面:

(1)房客因为房子太冷,要求房东修理电暖气;房东则不愿意负担修理或更换的费用。

(2)房客希望退回预交的租金;房东则已把钱移作他用,不能马上拿出这笔钱。

(3)房客说要"采取其他方式"迫使房东退钱;房东则不愿把事情闹到法庭上去。在双方权衡了这些共同利益和不同利益之后,更换电暖气的问题就容易处理了。

(资料来源:陈福明,王红蕾.商务谈判[M].北京:北京大学出版社,2006.)

3. 意见与选择:在决定如何做之前,先构思各种可能的选择

在日常谈判中,由于以下四个方面的原因,双方很难达成一个彼此有利的互惠方案:①不成熟的判断;②只寻求一种唯一的方案;③固定的分配模式(少的给你,多的给我);④双方都关心自己眼前的利益,认为解决问题是对方的事。

为了创造性地选择方案,寻求彼此有利的互惠方案时,应注意以下几点:

(1)将构思方案与评论决定方案分开。为了使构思过程能产生尽可能多的解决问题的方案,应鼓励创新。提出方案时,不要急于评论,否则会断送创造性的思维。构思过程结束后,再留出一点时间来评估各个方案,最后决定哪些方案可以在谈判中使用。

(2)在谈判桌上应增加备选方案,而不是寻求唯一方案。为此,要与对方坦诚商讨,有哪些方案能满足彼此利益。只有共同协商才有利于产生共同解决问题的气氛,使各方都充分考虑对方的想法。仅有一种构思方案就应对谈判是不明智的做法。

(3)应寻求彼此有利的解决方案。①应确认双方的共同利益,提出对双方都有好处,能满足共同利益的方案。在实践中,基本方法可以通过协调双方分歧利益来发现。②提出自身能接受的几种选择,询问对方更喜欢哪一种。也可以对某个选择方案进行再加工,再询问对方倾向哪一种。这样就能使方案尽可能满足双方共同的利益。

(4)使对方容易做出决定。一般说来,谈判的成功取决于对方做出自身所期望的决定。因此,应设法尽可能使对方易于做出决定,不应将事情弄得使对方难以选择,难以做出决定。

一位推销员对你说:"如果我能把你钟爱的款式提供给你,你能否考虑今天就购买?"你可以不直接回答,反而这样问:"你需要多长时间才能把货提出来,并送货上门?"这样你既没有做出任何承诺。反倒问了对方一个问题,而对方对这个问题的回答,将有助于为你做出购买的决定提供重要的信息。当你谈判购买某件东西时,若还没有决定购买就不要承诺什么,这样会使你在谈判中处于更加有利的地位。

如果别人在你身上使用这一策略,最好的反策略是尽你所能把问题回答好,并保证对方会接受你的答复。等你们达到某种一致或者相互谅解后,再问一个封闭性的问题,以使对方做出购买的承诺。例如,你可以这样问:"如果我周末就能送货上门,你是否同意今天就购买?"

4. 标准与公平:坚持最后结果要根据某些客观标准

在商务谈判中,无论有多少解决问题的方案,最终达成协议的依据应是独立于各方主观意志之外的切合实际的客观标准,这就是通常所说的依据客观标准的理念。我们经常可以看到,无论你多么充分理解对方、多么巧妙地协调冲突、多么高度评价彼此间的关系,谈判双方始终都会面临着利益冲突的严酷现实,即双方都希望尽可能多得和尽可能少失。因此,只有运用公正、科学的客观标准,双方才能消除分歧达成和谐而有效的协议。依据这一客观标准的理念,谈判时应注意以下两个问题:

(1)确定客观标准。双方所寻求的客观标准应是独立于各方主观意志之外,而且应合情、合理、合法、切合实际,为双方都能接受的标准。

(2)运用客观标准。确认了客观标准和公平程序之后,如何运用呢?需注意以下几点:①用其矛,攻其盾。对方提出的每个标准,都可以成为用来说服对方的工具,如果采用对方提出的标准作为客观标准,那么,对方一般是很难予以拒绝或反对的。②注意用理性决定哪种标准最合适。在谈判中,坚持协议应根据客观标准,并不意味着只以一方所提出的标准为基础。一个合情、合理、合法的标准,往往又有其他可以取而代之的合法标准。如果双方提出的标准不同,就会寻求更为公正的客观标准,例如,双方过去曾经用过的标准,或普遍都在应用的标准,或采取折衷的方式。若最后双方仍不能达成一致协议,则可共同邀请双方认定的公证人进行裁决,请其提出哪种标准最公平、最切合实际。③坚持原则,不屈服于压力。谈判中的压力有许多表现形式:贿赂、威胁、求助于信任或拒绝让步等。对此,应坚持原则,让对方说明理由,并提出己方所能适用的客观标准。除非以此为基础,否则不予让步。绝对不能屈服于压力,而又屈服于原则。如果对方企图采用压力达到目的,同时又不愿意为自己的主张提出令人信服的根据,那就没有必要再与之谈判了,否则就难达成对双方都有利的公正、明智、富有效率的协议。

这四个基本要点构成了一种几乎可以在任何情况下,都能加以运用的直截了当的谈判方法,应贯彻于商务谈判过程的始终。

(五)商务谈判的系统理论

商务谈判的系统理论就是将系统及系统工程的基本原理运用于商务谈判的理论。

1. 系统及系统工程

系统是事物和过程的集合,是由两个以上各不相同、互相制约、互相依存的具有特殊功能和共同的要素组成的综合体系。综合体系并不只是各个部分的简单组合:①必须有两个以上不同的要素构成;②必须有共同的对外部环境影响作出反应的能力;③必须有共同的目的,即系统目标。系统具有集合性、相关性、目的性、整体性和环境适应性等特征。系统的概念反映了客观世界多要素、多变量、多层次交互作用的复杂关系以及系统内在的辨证因果关系、结构与功能关系、质量互变关系等。

系统工程是以科学的观点和现代数学的方法,在充分调动人的积极因素基础上,对系统进行组织和管理,使其在总体上达到最优目标的管理方法。它的一些基本理论和思想对商务谈判这样的系统活动有着重要的指导意义。

2. 商务谈判战略决策的目标系统

商务谈判的战略决策是一个系统。在系统中,战略决策目标是由多重目标结合而成的。当提出己方的目标任务时,必须同时强调对方能诚意合作的前提;当己方力求实现一定的利益目标时,又必须保证对方对此有足够的接受能力;当谋划实现某种目标的手段时,还必须考虑如何使对方抗击这些手段的作用力达到最小等。因此,战略决策活动是一种协调各种利益目标的系统活动。

3. 商务谈判系统理论的思想方法

系统及系统工程原理应用于商务谈判,主要体现在必须将商务谈判视为一个系统。这个系统是任何谈判的主体整体商务活动系统的分系统,而这个分系统又是由若干个商务谈判活动的子系统组成。它们之间相互制约、相互联系。必须从总体上按系统及系统工程的原理进行科学筹划,才能使商务谈判达到总体最优的目标。

(1)全局性观点。即整体化研究问题的方法。系统工程是以系统为研究对象,它不是研究系统的各元素的一般性质,而是从整体出发,研究各元素在系统中所能表现的特性和功能。即将元素的属性转化为系统的属性,从而使系统处于最佳的运行状态,实现总体效果最优的系统目标。系统工程不仅将研究对象视为一个整体,同时还必须把研究过程看作一个整体,把系统作为若干子系统结合的整体来设计。商务谈判活动是一个整体,内部各方面、各环节均应服从整体系统的要求。同时,商务谈判又是企业经营管理活动大系统的子系统,必须服从大系统的要求。

(2)综合性观点。首先,是知识综合。完成商务谈判系统任务时,要综合应用各个领域的知识,如经济、法律、社会、科技、语言、礼仪等,使它们默契配合,达到整体系统最优化;其次,是人才的综合。与知识综合相适应,综合运用各方面的人才;再次,是方法途径的综合。谈判方法很多,途径各异,综合就是要通过对各种方案的分析和评价,选定一个最满意的方案。

(3)满意性观点。满意性观点实际上是如何设计谈判系统目标、评价系统方案的问题。系统工程的最终目的是要实现系统的最优化。对商务谈判来说,系统最优化应怎样理解呢?商务活动纷繁复杂,受许多条件的限制,同时又面临着许许多多不确定的随机因素。因此,那种理想化的最优方案实际上是不存在的,只能制定和选择一个在满足各方要求前提下的最优方案,也就是相对满意的方案。

(4)可行性观点。即必须从实际出发来制定商务谈判的目标和实施方案。为此,就要弄清内部和外部环境的各种制约因素,掌握环境变化的规律,使目标和方案切实可行。

(六)商务谈判的平衡理论

1. 平衡原理

在一个系统内,当众多要素在比例关系上达到并维持在一定值上时,就表现出协调、适应和均衡的关系,这种系统的均衡状态称为平衡。平衡状态是要素间比例关系协调的表现,所以,寻求系统的平衡,根本出路在于比例关系的协调。

2. 平衡原理在商务谈判中的运用

平衡是任何情况下商务谈判得以进行的必备前提,失去了平衡,谈判就会失败。同时,它也是谈判所努力追求的目标。在商务谈判这样的经济对抗场合下,追求的平衡状态有两种含义:①要保持己方力量系统的平衡,这可以通过系统内力量要素间的正确比例关系来达到;②谈判双方力量在对抗格局中达到平衡状态。因此,将平衡原理应用于商务谈判,必须注意下面几点。

(1)平衡是相对的。在商务谈判的战略决策中,绝对的平衡状态是不存在的,只能是相对平衡。因此,谈判中涉及的任何一个绝对量都必须根据与相关量的比例关系来确定。在一般的交易谈判中,我方产品价格的上升要和对方获利的满意度保持一定的比例关系。只考虑绝对量变动的可能性,不顾及与相关量的比例,必然导致系统紊乱。

(2)平衡是一个过程。平衡不是某一谈判阶段的结果,而是一个过程,是很难达到且谈判双方锲而不舍追求的目标。它只能在一连串的谈判活动中,通过此消彼长和此长彼消来实现。因此,平衡也可以说是谈判的一个必然趋势。谈判就是在这样一个从不平衡达到相对平衡,又从相对平衡走向不平衡,再从不平衡走向新的相对平衡中进行的。

(3)要抓住关键性比例。谈判中涉及众多的比例关系,它们之间相互联系、相互制约。在谈判决策过程中,必须抓住关键性的比例关系,慎重地加以安排,切不可顾此失彼,造成一招不慎,全盘皆输的局面。

【案例1.4】
　　中国上海工业仪表公司和美国福克斯波罗公司之间所进行的合作谈判,从20世纪80年代初期开始至1982年4月12日双方才在北京签订了为期20年的合资协议。上海福克斯波罗有限公司(SFCI)作为这一谈判的成功结晶,成为美国和中国最早成立的技术转让合资企业之一。而且,更值得一提的是,它是首家涉及高新技术转让的中美合资企业。
　　应该说,这场谈判从一开始双方谈判的实力与地位的差距是悬殊的。美国福克斯波罗公司创建于1908年,到1985年它已成为在各种型号和不同复杂程度的气动和电子操纵仪器,以及计算机控制系统方面领先的全球供应商之一。1984年福克斯波罗公司销售额超过5亿美元,业务范围遍及全球100多个国家,是一家规模巨大的跨国公司,在世界生产过程中控制设备市场拥有最大份额。而20世纪80年代初期的中国,刚刚走上改革开放的道路,市场机制还很不健全,在高新技术机械产品领域尚处于初步发展状态。而且,由于这一谈判涉及极为敏感的高新技术转让,美国出口管理部门严格限制福克斯波罗公司向中国转让的产品和技术的种类。因此,对于中方谈判者来说,谈判对手的实力是强大的,谈判中存在的阻力与障碍又将使谈判的进行困难重重,要想取得谈判的成功是非常不容易的。
　　为了将这场谈判一步步向成功的方向引导,中方谈判者在充分了解对手和分析对手需要的基础上,首先向美方抛出了第一个"香饵":中国国家仪表和自动化局与美方进行初步接触,并向美方发出邀请,请他们组成代表团到中国进行实地考察。在考察过程中,中国方面巧妙地利用各种方式向美方展示了中国机械和汽车产品领域的光明前景。中国力求使美方确信,双方如果合作成功,将使福克斯波罗公司顺利占据世界上最后一个,同时也是最大一个在电子操纵设备和计算机控制系统等业务方面尚未被开发的市场,而这一点则是福克斯波罗公司所迫切需要的。通过考察,他们已被这一诱人的"香饵"深深地吸引。紧接着,中方谈判者又不失时机地抛出了第二个"香饵":为了表示合作的诚意,中方为美方特意选择了一个最佳的合资伙伴——上海仪表工业公司。这使美方既省去了进行选择的成本费用,又深感满意。随着谈判进入到实质性磋商阶段,中方谈判者又拿出了第三个"香饵":根据中国的有关法律,合资公司将享受最优惠的税收减免待遇。
　　正是这一系列"香饵"的作用,才使中方逐渐扭转了谈判中期的被动局面,并把这一历史性的谈判一步步推向成功。送出了"香饵",得到了"大鱼",通过成立合资公司,中方获得了先进的"过程-控制"仪器生产技术。这将使中国在高新技术机械产品方面达到一个新的水平,从而缩短赶超世界先进水平的过程。
　　如果从谈判对手福克斯波罗公司的角度出发,再来考察这一谈判过程,就会发现,美方在谈判中也同样巧妙地采用了这一策略。在双方刚刚接触的时候,福克斯波罗公司也不是没有竞争者。当时的赫尼威尔、费舍控制公司以及其他同行业的跨国公司也正在虎视眈眈地盯着中国市场,其原因一方面当然是由于该公司在技术方面的领先地位和丰富的专业化管理经验;另一方面是由于该公司抛出了诱人的"香饵":福克斯波罗公司使中方确信,美方将保证使合资企业获得最先进的数字技术(而这恰恰是中方所梦寐以求的,并且美方向合资企业提供的"学习产品",即最初转让的产品,是投入应用仅九年且仍处于更新换代中的先进产品)——电子模拟生产线200型。正是这些针对中方迫切需要的诱人"香饵",才使福克斯波罗公司最终甩开了其他竞争对手,获得了中国大陆这一富有潜力的巨大市场,为该公司的长远发展开辟了道路。

(资料来源:石永恒.商务谈判案例与实务[M].北京:机械工业出版社,2008.)

(七)商务谈判的弹性理论

1. 弹性原理

弹性是物理学中的一个概念,通常是指某物体在外力作用下发生形变,若外力取消则物体的变形随之消失恢复原状的特性。该原理引用到社会生活领域,主要指人们在处理问题时,为争取主动而留有余地或宽容度的现象。从战略决策的角度思考,弹性就是刚柔结合、刚柔相济。

2. 弹性原理在商务谈判中的应用

谈判决策追求精确,但这种精确是相对的,因为影响谈判的因素是多方面的、复杂的,并且具有不同程度的不确定性。只有让每一局部保持一定的宽容度,才能保持整体的确定性。因此,商务谈判中各方允许一定宽容度、留有合理伸缩余地的原理,就是商务谈判的弹性理论。

弹性原理运用于商务谈判,主要体现在下面两个方面。

(1)谈判决策需要思维弹性。谈判决策思维保持一定的弹性,目的是调动谈判决策系统各层次人员的主观能动性,使其思维创造力得到尽情发挥。因为,谈判决策的主体是人,人的思想活动的因素是一个不确定的因素,它随着环境、情绪的变化而变化。

思维自由度是表示思维弹性的重要指标。人们在思考问题时,往往受到诸多因素的影响,而使思维限制在一定的框架中,这就使思维失去了弹性。影响思维自由度的因素有:自己以往的经验所形成的思维定式;环境造成人的思维视野狭窄,只见树木不见森林;完全按上级规定行事,不敢越雷池一步;不会灵活地改变思考的前提,只知一味地沿着寻常的思维轨迹循环。

上述诸因素使人的思维自由度很小,甚至完全丧失。在此情况下,人就变成了按程序处理问题的机器人,从而失去思维弹性,因而也就必然失去主观能动性。

保持或增强思维弹性的途径是冲破思维定式,把问题"模糊化"。切勿盲目地追求精确,特别是谈判决策活动,有许多难以量化的东西,一味地追求精确,非但难以做到,反而作茧自缚。聪明的谈判者在进行决策时,都会谨慎地思考所有的选择途径,不时地盘算着各种途径的利弊得失,给谈判留有充分的余地,使成功的机会大大增加。

(2)防止弹性失当。弹性失当就是弹性过大或过小。弹性过大,往往造成己方目标不明确,致使谈判陷入被动;弹性过小,往往会使对方觉得无法合作而使谈判失败。所以,弹性必须合理。一般而言,对出现机会较多的事件应留有余地,对出现机会极少的事件不应留有余地。这要求谈判者对事物发展有相当高的预见力。

第三节　商务谈判的原则

商务谈判的原则是指在商务谈判过程中各方应当遵循的指导思想和基本准则,是商务谈判内在的、必然的行为规范;是商务谈判的实践总结和制胜规律。认识和把握商务谈判的原则,有助于维护谈判各方的权益,提高商务谈判的成功率和指导商务谈判策略的运用。

一、相容原则

相容就是谦让、容忍、豁达。相容是与谈判者的修养和平等、独立的地位相关的,没有较好的修养以及平等、独立的地位,相容就无从谈起。一般说来,自信心与相容度存在着正比关系,自信心强的人,相容度就大,自信心弱的人,相容度就小。相容原则要求谈判者在谈判过程中要心胸宽广,遇到难题时,主动让步,以退为进。当形势发生转机时,再主动进攻,以对方易于接受的方式避开冲突,达到目的。

在商务谈判过程中,在一定条件下适当妥协让步并非坏事,而是以退为进,最终实现谈判目标。相反,该让步的不让步,该容忍的不容忍,贻误良机,反而会给商务谈判带来损失。商务谈判的实践表明,一旦陷入僵局(这是在谈判中经常发生的),这时就要求双方能有诚意地适当调整自己的目标,作出必要的妥协和让步,使谈判继续下去。因为,一旦谈判破裂,以后再举行第二次谈判,那时双方所存的戒心就很不利于谈判的气氛了。而且,谈判破裂对于双方原有的计划一般具有相当大的影响。

商务谈判既然是为了最大限度的合作,也就不能不给对方留有余地。当然,相容原则并非无原则地妥协、忍让,而是要将谈判的原则性和灵活性妥善地、有机地结合起来,以便更好地实现谈判目的。

二、互利原则

互利原则也称平等互利原则。所谓平等是指谈判双方不分国籍、不分性别、不分肤色,一律平等;不分国家强弱,不论企业大小,不按职位高低,一律平等。所谓互利是指谈判双方"有给有取",利益均沾,双方都获益。一场成功的谈判,每一方都是胜者,这是由市场经济规律所决定的。市场经济讲求等价交换,即平等互利、自愿让渡。如果谈判的一方总是竭力想压倒对方,以达到自己单方面所期望的目标,这样的谈判是难以成功的。即使这次勉强谈成,也只能是"一锤子买卖"。

当然,谈判者也应该清醒地认识到,绝对的平等互利是没有的,只能是双方经过艰苦的谈判后都感到自己有所得,虽然不是平分秋色,但整个格局应是各有所得。在这种情况下,双方都会感到满足。在实践中,商务谈判的结果有四种可能:即你赢我输;你输我赢;你输我输;你赢我赢。前两种结果实际上是一方侵占了另一方的利益;第三种结果说明双方由于相互争夺,导致都受损失;第四种结果表明双方达到了互利互惠,这是商务谈判双方在谈判中应当努力争取的结果。

> **【案例1.5】**
> 美国"旅店大王"希尔顿曾经有过这样一件令他终生引以为豪的事情。
> 当年,希尔顿计划在达拉斯建造一座耗资数百万美元的新旅店,以实现他的"以得克萨斯州为基地,每年增加一座旅馆"的发展计划。但由于资金短缺,不得不中途停工。
> 希尔顿决定去见卖给他地皮的大商人杜德,他开门见山地告诉杜德,旅店工程无法继续。杜德听后不以为然,认为此事与他无关。希尔顿接着说:"杜德先生,我来找您是想告诉您,旅店停工对我来讲固然不是一件好事,但您的损失会比我更大。""我不明白您在说什么。"杜德说。希尔顿向他解释其中的道理:"如果我公开透露一下,旅店停工是因为我想换一个地方建旅店,那么旅店周围的地价一定会暴跌,这样的结果对您来讲是十分不利的,您看是不是呢?"杜德听后,经仔细权衡利弊,最终同意了希尔顿的要求。由杜德出钱将那家旅店盖好然后交给希尔顿,待赚了钱再分期偿还给杜德。两年后,由杜德出钱盖成的达拉斯希尔顿大旅店正式营业,希尔顿又向"旅店大王"迈进了一大步。
> (资料来源:刘文广,张晓明.商务谈判[M].北京:高等教育出版社,2005.)

三、信实原则

信实原则即守信与诚实原则。进行商务谈判,诚实、守信至关重要,这也是参加商务谈判的一项重要原则。所谓守信即是言必行、行必果;所谓诚实是指任何谈判必须诚心实意,不能言而无信、决而不行、出尔反尔、朝令夕改,这样势必失信于人,破坏双方的合作,谈判必将失败。俗话说"诚招天下客",这在商务谈判中尤其重要。诚心实意、坦率守信,这既是一条谈判原则,又是谈判成功的有效法宝之一。

为了在谈判中遵循这一原则,谈判者应该做到:

(1)讲信用。遵守谈判中的诺言,实践诺言,所谓"一诺千金",此乃取信于人的核心。

(2)信任对方。此乃守信的基础,也是取信于人的方法。只有信任对方,才能得到对方的信任。

(3)不轻诺。此乃守信的重要保障,轻诺寡信,必将失信于人。

(4)诚实。以诚相待,此乃取信于人的积极方法。诚实跟保守业务机密并不矛盾,诚实的要义在于不欺诈,这对于商务人员尤为重要。

四、守法原则

守法原则是指在商务谈判及其合同签订的过程中,应遵守国家的政策、法律。在对外贸易谈判中,还应当遵守国际法则和对方国家的有关法规。

我国的法律、政策是体现全体人民意志,由全国人民代表大会及国家机关制定,并由国家强制执行的行为准则。在国内商务谈判中,双方在谈判的内容、方法、技巧等方面,只有符合我国的政策、法律,才能促进社会主义市场经济的发展。凡是与我国政策、法律有抵触的谈判,即使是出于双方自愿,并且意见一致,也是不允许的。在国际商务谈判中,如果不遵守国际法规或对方国家的有关法规,也会受到法律的制裁。

守法原则主要表现在守法和用法两个方面。长期以来,不少企业守法和用法观念淡薄。一方面,一些企业有意或无意地触犯和违反了政策、法律。例如,生产销售假冒劣质产品,任意涨价、哄抬物价,扰乱市场;另一方面,有些企业的利益受到侵犯,却不知依法向对方追究责任,尤其是在与外方交易时更是如此。这实际上是助长了对方的不法行为,于国于民,于己于彼,都是不利的。随着我国社会主义市场经济和对外开放的进一步发展,国内国际的商务活动将会越来越多地受到法律的约束,离开交易法规,任何交易将寸步难行。因此,坚持守法原则是商务谈判合法、健康进行的基本保证,也是协议与合同有效执行的前提。

五、利益优化原则

利益优化原则是指在维护和发展合作的前提下,在平等互利的基础上追求自身尽可能大的利益的原则,亦称利益最大化原则。它体现了合作与竞争的统一,由于谈判是使双方都获得利益,最终达到各自目的的一种协商行为。因此,在满足对方利益的同时,谈判双方运用正当的谈判策略与技巧展开利益争夺,尽可能使自身取得最大的利益,这是无可非议的,但决不能采取非法手段(如欺诈、坑骗行为)来谋求自身的单独利益,也不能强求对方牺牲其利益来换取自身的最大利益。因为这样做,很难实现利益优化。

六、竞争原则

竞争原则是指谈判双方为了取得自身的利益或占有优势而采取的对立性的竞争手段。竞争是商品经济中特有的经济现象。尽管商务谈判是双方为了达成某种协议而进行的心平气和的讨论、磋商,但由于双方都有各自相对独立的经济利益。因此,在满足对方基本利益的前提下,总是想尽办法获取自身尽可能多的利益,这样就必然存在着彼此的竞争,甚至是激烈的竞争。竞争原则要求谈判双方处理好合作与竞争的关系,在合作的基础上进行正当的竞争。同时,应注重提高自身的竞争能力,即提高谈判者的素质和谈判技能。只有这样,才能在商务谈判中取得更大的利益。

第四节　商务谈判的类型

商务谈判的类型复杂多样。不同类型的谈判,其谈判工作的组织、谈判策略技巧的运用和磋商洽谈的特点都不相同。研究商务谈判的分类,可以有的放矢地组织谈判,提高谈判人员分析问题的能力,增加能动性,减少盲目性,争得谈判的主动权。分类的方式有:按谈判方式分类、按谈判人员分类、按目标分类、按交易地位分类、按所属部门分类、按谈判地点分类、按谈判内容分类。

一、按谈判方式分类

根据谈判方式不同而划分的谈判类型,可分为纵向谈判与横向谈判。

(一)纵向谈判

纵向谈判是指在确定谈判的主要问题后,逐个讨论每一问题和条款,讨论一个问题,解决一个问题,一直到谈判结束。例如,一项产品交易谈判,双方定出价格、质量、运输、保险、索赔等几项主要内容后,开始就价格进行磋商。如果价格确定不下来,就不谈其他条款。只有价格谈妥之后,才依次讨论其他问题。

这种谈判方式的优点是:①程序明确,把复杂问题简单化;②每次只谈一个问题,讨论详尽,解决彻底;③避免多头牵制、议而不决的弊病;④适用于原则性谈判。

但是这种谈判方式也存在着不足,主要有:①议程确定过于死板,不利于双方沟通交流;②讨论问题时不能相互通融,当某一问题陷于僵局后,不利于其他问题的解决;③不能充分发挥谈判人员的想象力、创造力,不能灵活变通地处理谈判中的问题。

(二)横向谈判

横向谈判是指在确定谈判所涉及的主要问题后,开始逐个讨论预先确定的问题。在某个问题上出现矛盾或分歧时,就把这个问题放在后面,讨论其他问题,如此周而复始地讨论下去,直到所有内容都谈妥为止。例如,在资金借贷谈判中,谈判内容要涉及货币、金额、利息率、贷款期限、担保、还款以及宽限期等问题,如果双方在贷款期限上不能达成一致意见,就可以把这一问题放在后面,继续讨论担保、还款等问题。当其他问题解决之后,再回过头来讨论这个问题。这种谈判方式的核心就是灵活变通,只要有利于问题解决,经过双方协商同意,讨论的条款可以随时调整。也可以采用这种方法:把与此有关的问题都一起提出来,一起讨论研究,使谈判的问题相互之间有一个协商让步的余地,有利于问题的解决。例如,贷款期不能确定,可与利率及还款宽限期一起讨论磋商,促进问题的解决。

横向谈判的优点是:①议程灵活,方法多样。不过分拘泥于议程所确定的谈判内容,只要有利于双方的沟通与交流,可以采取任何形式;②多项议题同时讨论,有利于寻找变通的解决办法;③有利于更好地发挥谈判人员的创造力、想象力,更好地运用谈判策略和谈判技巧。

但是,这种谈判方式的不足之处是:①加剧双方的讨价还价,容易促使谈判双方作出对等让步;②容易使谈判人员纠缠在枝节问题上,而忽略了主要问题。

总之,在商务谈判中,不是横向谈判,就是纵向谈判,至于采用哪一种形式,主要是根据谈判的内容、复杂程度,以及谈判的规模来确定。一般来讲,大型谈判、涉及双方较多人员参加的谈判大都采用横向谈判的形式;而规模较小、业务简单,特别是双方已有过合作历史的谈判,则可采用纵向谈判的方式。

二、按谈判人员所处的地域范围分类

根据谈判人员的地域范围,可分为国内商务谈判和国际商务谈判。

（一）国内商务谈判

国内商务谈判是国内各种经济组织及个人之间所进行的商务谈判。它包括国内的商品购销谈判、商品运输谈判、仓储保管谈判、联营谈判、经营承包谈判、借款谈判和财产保险谈判、争端谈判等。国内商务谈判的双方都处于相同的文化背景中,这就避免了由于文化背景的差异可能对谈判所产生的影响。由于双方语言相同,观念一致,所以谈判的主要问题在于怎样调整双方的不同利益,寻找更多的共同点。这就需要商务谈判人员充分利用谈判的策略与技巧,发挥谈判人员的能力和作用。

从我国的实际情况来看,人们比较重视国际商务谈判,而对国内商务谈判则缺乏应有的认识,比较突出的问题就是双方不太注意对合同条款的协商和履行。许多应该明确写入合同条款中的内容,双方却没有考虑到,或者认为理所当然就应该这么做。结果,当出现纠纷时,无以为据。自然,也就难以追究违约一方的法律责任以及赔偿责任。还有许多企业签订合同之后,并不认真履行,甚至随意撕毁合同或单方终止合同。出现这种情况的原因有:①由于商务谈判人员的准备工作不充分、不细致、不清楚哪些问题应成为合同的条款,以及对方如不履约将给己方带来的损失;②商务谈判人员法律观念淡薄,认为谈判只是把双方交易的内容明确一下,交易靠的是双方的关系、面子甚至交情,合同条款过于琐碎、细致,反倒伤了感情、失了面子。事实证明,这不仅不利于谈判双方关系的维系,使合同失去应有的效用,长此以往,会影响双方的合作。这是谈判人员应该坚决避免和克服的。

（二）国际商务谈判

国际商务谈判,是国际商务活动中不同的利益主体,为了满足各自经济利益的需要,而就所涉事项进行协商的过程。谈判中利益主体的一方,通常是外国的政府、国际组织、企业或公民(在现阶段,还包括中国香港、澳门和台湾地区的企业和商人);另一方,是中国的政府、企业或公民。国际商务谈判是对外经济贸易工作中不可缺少的重要环节。它是对外经济贸易活动中一项普遍存在的、重要的经济活动,是调整和解决不同国家和地区政府及商业机构之间不可避免的经济利益冲突必不可少的一种手段。国际商务谈判包括:国际产品贸易谈判、易货贸易谈判、补偿贸易谈判、各种加工和装配贸易谈判、现汇贸易谈判、技术贸易谈判、合资经营谈判、租赁业务谈判和劳务合作谈判等。不论是从谈判形式,还是从谈判内容来讲,国际商务谈判远比国内商务谈判复杂得多。这是由于谈判人员来自不同的国家,其语言、信仰、生活习惯、价值观念、行为规范、道德标准乃至谈判的心理都有着极大的差别,而这些都是影响谈判进行的重要因素。

三、按谈判规模分类

根据谈判的规模,可分为:一对一谈判、小组谈判和大型谈判。

(一) 一对一谈判

一对一谈判是指谈判双方各由一位代表出面谈判的方式。它有多种形式,包括采购员与推销员的谈判、推销员与顾客的谈判、采购员与客户的谈判等。采用这种谈判形式大多是基于以下原因:

(1) 供需双方有着长期的合作关系,谈判双方都比较熟悉,对交易的条款、内容也都比较明确。

(2) 推销员或采购员拜访客户。双方各自有权决定在什么条件下售卖或购买商品。

(3) 续签合同的谈判。由于具体内容及条款在以往的谈判中都已明确,只需在个别地方地行调整与修改。所以,谈判内容简单、明确。

(4) 在许多重要的、大型的谈判过程中,对于某些具体细节的讨论,不需要所有人都参加谈判;或者是从更好地解决问题的角度出发,双方主要代表单独接触比较好,也会采取一对一的谈判形式。

一对一的谈判形式的优点如下:

(1) 谈判规模小。因此,在谈判工作的准备和地点、时间安排上,都可以灵活变通。

(2) 由于谈判双方人员都是自己所属公司或企业的全权代表,有权处理谈判中的一切问题,从而避免了己方意见不统一、无法决策的不利局面。

(3) 谈判的方式可灵活选择,气氛也比较和谐随便,特别是当双方谈判代表比较熟悉、了解时,谈判就更为融洽,有利于双方代表的沟通与合作。

(4) 一对一谈判克服了小组谈判中人员之间相互配合不力的状况。如果相互间不能很好配合,反而会暴露己方的弱点,给对方以可乘之机。许多重要的谈判采取小组谈判与一对一谈判交叉进行,正是基于这一原因。

一对一谈判既有利于双方沟通信息,也有利于双方封锁消息。当某些谈判内容高度保密,或由于时机不成熟、不宜外界了解时,那么,一对一谈判是最好的谈判方式。

(二) 小组谈判

小组谈判是指每一方都是由两个以上的人员参加协商的谈判形式。小组谈判可用于大多数正式谈判。特别是内容重要、复杂的谈判,非小组谈判不行,这是由小组谈判的特点决定的。小组谈判主要包括如下特点:

(1) 每个人由于经验、能力、精力等多种客观条件的限制,不可能具备谈判中所需要的一切知识和技能。因此,需要小组其他成员的补充和配合。

(2)集体的智慧与力量是取得谈判成功的保证。这在谈判双方人员对等的情况下,表现可能不太明显。但如果双方人数有差别,人多的一方就很可能在气势上占了上风,人少的一方可能寡不敌众,甚至自己丧失了自信心,败下阵来。

(3)采用小组谈判方式,可以更好地运用谈判谋略和技巧,更好地发挥谈判人员的创造性、灵活性。

(4)小组谈判有利于谈判人员采用灵活的形式消除谈判的僵局或障碍。可以采用小组人员相互磋商的办法,寻找其他的解决途径,避免一对一的谈判中要么"不",要么"是"的尴尬局面。

(5)经小组谈判达成的合同具有更高的履约率。因为双方都认为这是集体协商的结果,而不是某个个人的物产。集体的决定对其成员有更大的约束力,经由集体讨论产生的合同具有极大的合理性,因此,没有理由不执行。

由此可见,小组谈判最大的优点是发挥了集体的智慧。所以,正确选配谈判小组成员是十分重要的。如小组领导人的选配,主要成员与专业人员的选配等。

(三)大型谈判

国家级、省(市)级或重大项目的谈判,都必须采用大型谈判这种类型,由于关系重大,有的会影响国家的国际声望;有的可能关系到国计民生;有的将直接影响到地方乃至国家的经济发展速度、外汇平衡等。所以在谈判全过程中,必须准备充分、计划周详,不允许存在丝毫破绽、半点含糊。为此,就必须为谈判班子配备阵营强大的、拥有各种高级专家的顾问团、咨询团或智囊团。这种类型的谈判程序严密、时间较长,通常分成若干层次和阶段进行。

四、按谈判目标分类

按谈判目标分类可分为如下几种:

(一)不求结果的谈判

不求结果的谈判主要表现在:一般性会见、技术性交流和封闭性会谈。从这三件表现形式看,有不求结果的情况,也有准备未来结果的情况。

(1)一般性会见。这是谈判的初级阶段或准备阶段。会见可以是高层次的,也可以是中低级层次的;可在行政人员之间进行,也可在技术人员之间进行。

(2)技术性交流。这是交易的前奏,它的表现形式也较丰富,如报告会、讨论会、演示或展示等。

(3)封闭性会谈。无论是主动约请还是应约会谈,就是想"封闭",即堵死某项交易的可能性,或了结正在进行中的谈判。它具有的一个特征是"外交委婉性";另一个特征是开"远期空头支票"。为了不伤对方的友谊,谈判人在封闭时,经常做远期的、有条件的许诺,使对手可望而不可即,犹如画饼充饥。

(二) 意向书与合同书的谈判

为了明确双方交易的愿望,保持谈判的连续性,交易的可靠性,谈判双方提出要求签订意向书或合同书。这可以是一场谈判的目标,也可能是结果。这两个文件有许多共同的特点。

从法律角度讲,这两种文件作为初步谈判结果的记录时,具有同样的效果,起到总结与展望的作用,但无约束力。但如文件中包括了"明确的许诺",即对合作或交易标的、价格条件、实施期限比较具体地予以规定时,文件的性质就具有契约性,同时具有约束力。尤其是"合同书",更具有两重性。究竟是意向书、备忘录或是准合同式,还是合同式,主要取决于写法。不过,应提醒的是"合同书",有时亦有契约性的法律约束力,关键在于写的内容。

(三) 准合同与合同的谈判

准合同是带有先决条件的合同。该先决条件是指决定合同要件成立的条件。例如,许可证落实问题、外汇筹集、待律师审查或者待最终正式文本的打印、正式签字(相对草签而言)等。

合同的谈判,是为实现某项交易并使之达成契约的谈判。所谓合同,即应具有最基本的"要件",包括商品特性、价格、交货期。倘若不是商品买卖,那么广而概之,可理解成"标的、费用、期限"。一旦就这几个要件达成一致,合同的谈判也就"基本"结束。

准合同与合同从形式上无根本区别,内容格式均一样,只有定为草本或正式本之别。但从法律上说,它们是有根本区别的。准合同可以在先决条件丧失时自动失效,而无需承担任何损失责任;而合同则必须执行,否则叫"违约"。因为这二者均是在交易诚意下所进行的谈判,所以从谈判的角度讲,二者无本质区别,它们所表现的谈判特征也相似。

合同谈判具有以下特点:

1. 谈判直冲目标

双方谈判人都需对经上级或自己多次广泛洽谈协商以后,选定的交易目标负责并进行谈判,因此会谈中的议题十分明确。

2. 谈判争议力强

商业交易是以利益贯穿始终,更何况商业的主旨就是获利。所以在合同的谈判中,必然要围绕责任与义务、给予与收益、利益与风险之类问题争论。

3. 谈判中手法多变

因为合同性的谈判,是围绕"权利与义务"、"利益与风险"等具体利益问题进行,对双方均十分敏感。整个谈判过程,虽说是在"诚实、光明"的旗帜下进行,但双方人员决不会简单从事,他们会采取各种攻防措施,如"攻心战、强攻战、迂回战、蚕食战"等谈判中的策略,来赢得尽可能多的利益。

4. 多以"批准"手续为回旋

在合同类的谈判中,除了简单商品或交易涉及面窄外,多在谈判结束时明确留有申请批准的余地。尤其是复杂的、大型的交易,即便谈判人地位较高,也常留此条件作为保护手段;当时间紧迫、谈判人地位较低时更用此"法宝"以防大意失误。

(四)索赔谈判

索赔谈判是在合同义务不能或未能完全履行时,合同当事双方进行的谈判。在众多的合同履行中,各种原因违约或部分违约的事件屡见不鲜,因此,就给商业谈判形成了一种特定的谈判——索赔谈判。无论是数量、质量、期限、支付等,还是生产、运输、索赔等的谈判,均有以下特点:

1. 重合同

违约是相对守约而言,"违与守"均以"约"(即合同)为依据。合同是判定违约的唯一基础条件。

2. 重证据

违约与否除了依合同判定外,许多时候需要提供证据来使索赔成立。如质量问题,需技术鉴定证书;数量问题,要商检的记录;还有些索赔问题需要电传、传真、信件、照片等证据,"证据"是确立索赔谈判的重要法律手段。

3. 注意时效

不论是什么商品、服务或合作项目,"索赔的权利"均不是无限期的。出于"公平",也出于"安全或减少风险",交易人视不同合同目的,均设定"有效索赔期",过期则不负责任。任何合同签订时,都要注意索赔期。

4. 注重关系

索赔总不是件令人愉快的事。谈判双方均处在问题的两端,十分难受。所以在谈判时"关系"的影响也不可忽视。

五、按交易地位分类

(一)买方地位的谈判

买方是指一切求购商品、证券、服务、不动产的一方。在实际中,业务员以"卖方"的身份承担其谈判任务时,买方谈判者应注意以下几个特点。

1. 情报性强

大凡买主采购的谈判,首先要大量搜集情报——技术水平与市场价格,以确定自己的谈判目标。这种"搜集情报"的工作主要反映在谈判的准备阶段,甚至贯穿在整个过程中。

2. 压价

没有买方在买卖谈判中是不压对方价格的,即使是老商品、老供货渠道,买方谈判均会以"新形势下"、"新的时代"或"新的用途"等词语来追求更优惠的价格。若是"初次"交易,就更是如此。

3. 度势压人

因为买方不想或不愿轻易掏大钱,谈判中总会度量双方的地位强弱,来调整自己的谈判态度和压力的强度。

(二)卖方地位的谈判

卖方是指所有提供商品、证券、服务、不动产的一方。作为卖方谈判主要有以下几个特点:

1. 虚实相映

在谈判时,诚恳与强硬态度并用。介绍的情况真真假假,似明若暗(为了拉住对方,介绍些真情,可又掺着水分,让人感到说不清实际价值,而退到自己权衡"有用否"的立场上来)。

2. 紧疏结合

为了应付买方谈判者的重压,克服客地谈判的不便,卖方的谈判常表现为一时"紧锣密鼓",似急于求成;一时又"偃旗息鼓",但又留下"再见的可能",待观察一阵买方动静后,再返回客地或恢复谈判。采取这种形式,对卖方来讲,可以加强谈判地位,也利于考虑各种方案或结果的细节。

3. 主动性强

由于卖方总是身系企业、职工就业、市场占有率、投入的再回收等问题,所以其谈判的主动性较强。

(三)代理地位的谈判

代理谈判,是指受人委托参与某项交易或合作的谈判。代理有两种情况:只有谈判权、无签约权与全权代理资格。两者在谈判中有共同点,也有不同点。

1. 姿态超脱

因为代理人不是物主,谈判中较为超脱、客观。代理谈判人的一种策略是以"貌似公允"来迷惑、说服对手,常以"第三者身份"来评论买卖双方条件。

2. 代理人的谈判十分注重自己的授权范围

因为代理人不是交易主人,一旦超过授权范围而应允什么,今后合同也无法兑现,他也负不起责任。所以绝大多数有常识的代理人,总是谨慎地、准确地在委托范围内行事。

3. 态度积极

由于代理人地位居中,是受某一方委托,不是物主,客观上决定其态度进取、积极。因为,若代理人不采取进取、积极态度,就不可能让委托人产生信心,从而给予他更大的谈判余地,这可能让对方感到他的实力地位(至少心理上感觉)和易于接近的态度。

4. 目标不同

有签约权与无签约权的代理人谈判,还有一个谈判目标不同的特点,前者谈判直奔成交签字,后者则仅到成交为止。故两者谈判的能动性与冲击力不同。谈判中要区别两者,并采取不同的谈判策略。

(四)合作者地位的谈判

合作者是指经济活动中的各方,愿以人力、智力(管理或技术)、财力及物力来协作完成某个共同制定的目标,并按其协作的分量,分享实现预定的目标所带来的利益。

1. 共同语言多,对抗性小

由于合作双方均是因为"有心而无力"的形势所迫才寻求伙伴,自然就具有共同语言。为了把对方拉住,不可能一开始就咄咄逼人,必然要以甜言蜜语来相劝。

2. 谈判面广而深

合作人谈判首先注意的是合作目标的可行性。为研究可行性,合作方的谈判员"几乎"(说几乎,是因为双方在信息中仍会有保留)坐在"一条板凳上",分析研究双方专家提出的政策、经济、能源、地理文化、劳动力、资源、市场等方面的文件和资料。但是要去伪存真,归纳运用各种数据,最终得出双赢或多赢的结论,也并非易事。

3. 谈判直接性强

合作方的谈判不喜欢中间环节多。一则不易直接了解合作对方的意图;二则合作复杂程度高,中间环节会破坏对合作的直接控制权;三则也会在实际合作经营中加重费用支出,进而影响高效益。在合作方的谈判中,双方可以带顾问、律师,但不要代理人。

4. 影响面大

合作谈判涉及层次深。"深"可以理解为"高层与低层",也可归咎于"客观与主观"。

六、按所属部门分类

(一)民间谈判

民间谈判,是指参加谈判的代表所属企业为私营企业,是企业本身业务活动,而不涉及政府活动,交易的内容纯属两个或多个私营企业的经济利益谈判。

1. 灵活性

由于私营企业是老板当家,谈判中的条件,可以很快由个人决定,而不必经过复杂的讨论程序。这种谈判灵活性较大,尤其是价格条件,关键在于企业的赚钱目标或支付水平,由企业代表决定即可。

2. 重私交

在谈判中,注重企业之间、领导人或谈判者之间的私交。关系深则交易谈成的希望大,反之则难。例如,私营企业的领导决策时常说:"若是某先生这么说,那我们就采纳。"或者,"只要是您在负责谈交易,我们一定努力配合"等,就反映了"私交"对决策的影响。

3. 计较多

民间企业以生存为大,而生存在于争取更大、更多的利益,所以在民间谈判中第一位是双方的得失。唇枪舌剑中均斤斤计较得失。

(二)官方谈判

由政府出面组织的谈判或交易,企业属政府管辖(资本和法人代表来自政府)且有政府代表参加(来自政府主管部门或外交官员)的谈判,以及所有执行政府间科技合作和经济贸易合作项目下的谈判,均属官方谈判。

1. 谈判级别高

因为官方谈判多为要事、大事才进行谈判。政府机构系政权代表,要处理的问题必然与国家的政治、经济、国防、外交等有关。所以,参加或主持谈判的人均有一定的行政级别。

2. 保密性强

由于利益攸关,官方谈判的各方对谈判的保密性要求很严。因为商业性谈判涉及国际市场利益问题,无论是进还是出,对第三者必有影响。所以,为了避免第三方的干扰,官方代表们均会在谈判开始前,就明确保密要求及保密的具体条文。

3. 节奏快

官方谈判的成员素质高,谈判人员所属的部门级别高,均决定了其谈判速度快。加之谈判人员日理万机,即便可以集中时间谈判,也只能在短时间内,所以官方性的商业谈判节奏快。往往是连续作战,一气呵成。

4. 随谈随写

在官方性谈判中,双方的主谈者和助手,都十分注重将双方意见及时写成文字,并译成相应的语言。往往口头介绍、解释某种方案后,助手们马上就将此形成译文,或转译成本国文字以供研究。

5. 用语礼貌

官方代表身系重任,位居高职,其见识、修养均决定了其自控能力很强。为了体现政府的形象,均会很谨慎地参与或引导谈判。

(三)半官半民的谈判

半官半民的谈判,是指谈判人所负担的谈判任务涉及政府和私营企业的利益,或者在我国公有制的条件下,有关政府关注的企业经济活动(主要是涉外经济贸易活动)的利益;或指有政府代表和企业代表共同参加的谈判。

1. 制约条件多

因谈判的内容涉及企业和政府的利益,或受托时要兼顾两级意图,谈判代表深感束缚,须瞻前顾后,两头掂量。而且谈判人来自企业或来自政府均会有不同侧重,这样也给谈判人的行为带来阻力。

2. 回旋余地大

由于有两方面的代表参加或代表了两方面态度(官方与民间)的代理人参加,虽然增加了谈判的复杂与制约因素,但也给解决谈判中的困难增加了回旋余地。

3. 表达方式要求兼顾官民两方

作为谈判代表,在陈述理由的过程中,或在处理与对手的礼仪中,以及对每场谈判做出的小结,均要兼顾到"官方"与"民商"代表的反应和他们各自的地位及要求。谈判中忽略此点就会带来矛盾。

七、按谈判地点分类

(一)客座谈判

客座谈判,是指在谈判对手的所在地组织有关贸易的谈判。"客座"在某种意义上讲,也可以说在"海外或国外"。当然,从广义的角度讲,在同一国家不同城市,在同一城市不同的办公地点,只要不是在自己企业所在地或办公楼内谈判,均可以视之为"客座"。作为国际商业谈判,"海外"的客座谈判更具代表性。

1. 语言过关

在海外谈判首先是语言问题。不仅要会说当地语言,也要会写,否则就要双方达成一个统一的工作语言。

2. 客随主便与主应客求

身处异国会有拘束感,若系初次出征或初到该国,许多陌生的东西造成无形阻碍。刚开始谈判多为"客随主便",较多地尊重主人的方便。

3. 易坐冷板凳

客居他乡的谈判人,受着各种限制的束缚,如客居时间、上级授权的权限、国内同事的要求、远距离通讯的困难等;面对顽强的谈判对手,可以施展的手段有限;除了市场的竞争条件外,就是让步或者坚持到底。

4. 审时度势、反应灵活

出国谈判并非易事,谈判代表的行为是关键。所有派出海外谈判的代表,均应具备审时度势、反应灵活的特点。

(二)主座谈判

主座谈判指在自己所在地组织谈判。主座包括在自己所居住的国家、城市或办公所在地。总之,主座谈判不远离自己熟悉的工作环境、生活环境,不离谈判人为之服务的机构或企业,是在自己做主人的情况下组织的商业谈判。

1. 谈判底气足

由于在自己企业所在地,从谈判的时间表、各种谈判资料的准备、新问题的请示均比较方便,从而给主座谈判人壮了胆、保了底,谈起来很自如,自觉底气很足。

2. 以礼待客

东道主一般总是以"礼节"来表现自己,无论是"表演"还是"真情",都必须礼貌待客。

3. 内外线谈判

因为,谈判战场在自己的家门口,客座谈判人就有条件了解主座谈判人内部的情况,以及对方如何支持其谈判立场的辅助行动。所以,主座谈判人在谈判中总是要兼顾内外许多方面,尤其是向助手们讲明谈判意图,向上级及时汇报谈判中的问题。也只有做到内外兼顾,才可以有效发挥主座谈判的优势。

(三)客主座轮流谈判

客主座轮流谈判是指在一项商业交易中,谈判地点互易的谈判。可能开始在卖方;继续谈判在买方;结束在卖方或买方的谈判。

1. 时间与效益相应

客主座轮流情况的出现,说明了交易的不寻常,准确地讲,至少不会是单一、小额的商品买卖。它可能是大宗的商品买卖,也可能是成套项目的买卖,这些复杂的谈判,持续的时间较长,对交易效果影响也较大。因此,当交易谈判进入客主座谈判的状态时,双方主谈人必然会考虑时间表对双方的利益。时间表有时会促使人们决定是否取消客主座谈判形式的问题。

2. 阶段利益目标

如果客主座轮流谈判情况出现,即说明双方所从事的交易复杂,每一次换座谈判必会有新的理由和目标。

3. 换座不换帅

主客座轮换,也可能引起将帅的更换。在谈判中易人,尤其是易主谈人是不利于谈判的,但在实际谈判中仍经常发生。从谈判的复杂性上讲,这种谈判应强调主谈人的连贯性。由于公司的调整、个人的升迁、时间的安排等客观原因,会导致中间易帅。另外,出于谈判策略也会易帅。

八、按谈判内容分类

(一)商品购销业务谈判

商业企业的商品购销业务,包含商品购进和商品销售两个主要环节。

1. 商品购进业务

商业企业在购进商品业务中,应当注意保证销售业务的需要,适应消费者的需求,积极购进适销对路的商品,不断扩大商品的花色品种。这就要求加强调查研究工作,加速信息传递,力求做到"五知",即知己、知彼、知货、知人、知势。还应当注意精打细算,讲究经济效益。要求掌握好进货价格,减少进货中介环节,合理选择进货地点,选择适当的进货时机和确定适当的进货批量。

2. 商品销售业务

在市场经济条件下,商品销售是商品流通的重要环节,也是商业企业经营的中心内容。具

体来说,商品销售的意义主要表现在以下两个方面:

(1)商品销售是搞活商业经营的关键。商品流通过程包括:收购、运输、储存、核算、定价、管理、批发、零售等许多具体环节,其中买和卖是两个最基本的环节。购进商品实现了货币转化为商品,还需要通过销售,使商品转化为货币。这样,一次流通才告结束,商品流通才能继续下去。买是为了卖,卖不出去就不能再买。因此,要想把企业经营搞活,一定要做好商品销售工作。

(2)商品销售是促进商业企业改善经营管理,提高经济效益的重要手段。影响商业企业经济效益的因素很多,正常情况下,只有销售的扩大,才能促进收购的扩大,促进企业经营规模的扩大,从而取得更多的盈利。在条件不变的情况下,销售快,资金周转就快,费用水平就低,经济效益就好。

(二)对外加工装配业务谈判

对外加工装配业务,称为来料加工装配,它是来料加工和来件装配的总称。其主要含义是,由外商提供一定的原材料、零部件、元器件,由我国的工厂按对方要求的品质、规格和款式进行加工装配,成品交由对方处置,我方按照约定,收取工费作为报酬。它是一种简单的国际劳务合作的形式。

对外加工装配业务具有以下特点:

(1)交易双方不是买卖关系,而是委托加工关系。

(2)承接对方来料来件,一般不拥有所有权,只有使用权,即只能对来料来件进行加工装配,并收取一定的加工费。

(3)委托方承担接受全部加工装配合格的成品和支付约定的工缴费的责任。

(三)技术贸易谈判

技术贸易,是指技术拥有方,把生产所需要的技术和有关权利,通过贸易方式,提供给技术需求方加以使用。它把技术当作商品一样,按商业交易的条件和方式,进行有偿的转让,这是在市场经济条件下,技术转让的最主要方式。

技术作为特殊的商品进行买卖,有其独有的下面四个特点。

(1)技术贸易多数是技术使用权的转让。由于同一技术同时可供给众多生产企业使用,所以国际上绝大多数的技术贸易都是技术使用权的转让,而不是技术所有权的转让,技术拥有方并不因为把技术转让给他人而失去所有权。他自己仍可使用或转让给其他企业使用这项技术(技术贸易合同规定不得使用的除外)。

(2)技术贸易是一个双方较长期的密切合作过程。技术转让,是知识和经验的传授,其目的是使技术引进方消化和掌握这项技术并用于生产。因此,签订技术贸易合同后,履行合同一般要经过提供技术资料、技术人员培训、现场指导,以及进行技术考核、验收,乃至继续提供改进技术等过程,这就需要技术贸易双方建立较长期的密切合作关系。

(3)技术贸易双方既是合作伙伴,往往又是竞争对手。技术贸易双方往往是同行,技术转让方想通过转让技术获取收益。同时,又担心接受方获得技术后,制造同一类产品,成为自己的竞争对手。因此,技术转让方一般不愿把最先进的技术转让出去,或者在转让时可能附加某些不合理的限制性条款,以束缚技术接受方的手脚。

(4)技术贸易的价格较难确定。技术贸易中技术的价格,不像商品价格那样主要取决于商品的成本;另外技术转让后,技术转让方并不失去对这项技术的所有权,他仍可使用这项技术或可多次转让,以获取更多的经济效益。因此,决定技术价格的主要因素,是接受方使用这项技术后所能获得的经济效益。而接受方所获得的经济效益,在谈判和签订合同时往往是难于准确预测的,这就形成了确定技术贸易价格的复杂性。

(四)租赁业务谈判

租赁业务是指出租人(租赁公司)按照契约规定,将他从供货人(厂商)处购置的资本货物,在一定时期内租给承租人(用户)使用,承租人则按规定付给出租人一定的租金。在租赁期间,出租人对出租的设备拥有所有权;承租人享有使用权和受益权;租赁期满后,租赁设备则退还出租人或按合同规定处理。

租赁业务从其性质上来讲,它是典型的贸易与信贷、投资与筹资、融资与融物相结合的综合性交易,它既有别于传统的商品买卖,又不同于传统的企业筹资与信贷。租赁业务具有自身的特点,具体表现在下面三个方面。

(1)租赁业务具有鲜明的融资性质。承租人所需的机械设备,由出租人提供或垫款购买。承租人不需付款购买,即可取得机械设备的使用权,等于出租人向承租人提供了信贷便利;承租人在设备正式投产后,以租金的形式支付租赁设备费用。这样企业可以在资金不足的情况下,提早使用设备,使生产早日开始,早获经济效益。

(2)租赁设备的财产所有权与使用权截然分开。设备所有权属于出租人,承租人仅享有使用权和受利权,在法律上,出租人的所有权不可侵犯。

(3)租赁业务往往是三边交易,即租赁双方和供货人。租赁公司介于供货人和用户之间,租赁业务由销售合同和租赁合同共同完成。

(五)合资经营谈判

合资经营,是由两个或两个以上国家或地区的公司、企业、经济组织或个人按一定资金比例联合投资,共同兴建企业的一种生产经营形式。

合资经营企业具有如下特点:

(1)合资经营企业以货币计算各自投资的股权和比例,并按股权比例分担盈亏和风险。

(2)合资经营必须建立具有法人地位的合营实体,合资经营的组织形式为有限责任公司。即合资企业仅以自己公司的财产承担责任,投资者对企业债务所负的责任,也仅以自己的投资额为限,股东之间互相不负连带责任,债权人不能追索股东投资以外的财务。

(3)合营各方实行共同投资、共同经营、共担风险、共负盈亏。投资各方共同组成董事会,聘任总经理,组成经营管理机构,共同负责企业的生产经营活动。

(六)合作经营谈判

合作经营,是由两个或两个以上的国家或地区的公司、企业、经济组织或个人,通过双方协商同意,按照双方所签合同和合同所规定的投资方式,共同兴办契约式企业的生产经营形式。其主要特点如下:

(1)有关各方应以法人身份共同签订经营企业合同。它可以是具有法人资格的企业,也可以是不具有独立法人资格的合营实体。

(2)合作各方提供的合作条件,一般不以货币折算为投资股金、不以合作各方的投资额计股分配利润。合作各方对收益分配或风险、债务的分担、企业经营管理方式以及合作期满的清算办法,均应在合作经营企业合同中规定。

(3)合作经营企业,可以加速折旧还本或以其他方式提供收回投资。如何保证还本后至合营期满一段时期内,合作各方仍对合作经营企业出现的经营风险承担责任,合同中也应有明确的规定。

(4)合作经营企业的注册资本,可采用下面三种选择:①仅以外国合作者无息提供的资金、设备(当己方合作者无现金投入时)为注册资本;②以外国合作者无息提供的资金、设备,加上己方少量投入的现金,为注册资本;③将双方提供的合作条件均折算为投资本金,作为注册资本。其中,以第三种选择最为普遍。

本 章 小 结

商务谈判是指从事商务活动的组织或个人,为了满足各自的需求,经过协商对话以争取达到意见一致的行为和过程。现代经济社会离不开商务谈判,商务谈判有促进商品经济的发展、加强企业间的经济联系和促进对外贸易的发展等作用。

商务谈判的目的:一是寻求合作,合作是谈判成功的基础;二是谋取利益,各方利益的获取是商务谈判的直接动机。

商务谈判按不同的分类标准有多种类型,不同类型的商务谈判,其策略、技巧也不尽相同。

商务谈判应遵循一定的原则进行,在商务谈判中主要遵循相容原则、互利原则、诚信原则、守法原则、利益化原则和竞争原则。

商务谈判的经济功能主要有:商务谈判是企业获取市场信息的重要途径;商务谈判是协调商务矛盾的有效方式;商务谈判是实现商品交换的重要手段;商务谈判是企业提高经济效益的可靠保证。

谈判需要科学的理论,正确的谈判理论对谈判实践有重要的指导作用。商务谈判要根据双方的实际情况灵活地运用商务谈判的理论。商务谈判的理论是本章的重点内容。本章主要介绍了温克勒的谈判实力理论、尼尔伦伯格的谈判需要理论、比尔·斯科特的谈判三方针、哈佛的原则谈判法、商务谈判的系统理论、商务谈判的平衡理论、商务谈判的弹性理论。

思 考 题

一、本章思考题

1. 商务谈判的概念和特征是什么？
2. 为什么要在谈判区谈判？谈判区的作用是什么？
3. 商务谈判的原则是什么？可分为哪些类型？
4. 商务谈判各环节应注意哪些问题？

二、案例分析题

叶莺的谈判策略

柯达全球副总裁、大中华区副主席叶莺是柯达与国内感光业整合的关键人物，她出色的谈判技巧撮合了柯达公司与中国政府的全方位合作，最后缔造了一个"柯达模式"，被视为跨国公司与中国政府合作的典范。在回忆这段往事的时候，叶莺说，当时内地感光行业的效益很低，多家感光厂商虽然在中央政府的安排下要与柯达合作，但如何达成共识的确存在很大的困难。"谈判不能忘记自己的原则，但又不能一厢情愿，只顾自己的利益。谈判成功在乎大家的共同点，就好像两个圆形叠在一起，中间便有一个交集，双方务求把互惠互利的交集尽量放大。接着再根据这个共同点，作为与另一个厂方谈判的基础，如试着一个一个地去谈，最后便找到一个各方面都愿意接受的一点"。在这种思想的指导下，在1998年，"98合同"面世，厦门福达、汕头西元、无锡阿尔梅与柯达合资，上海、天津、辽阳三家企业在合资公司三年基建期内，不与其他外商合资合作，柯达在这个合同的基础上，成功地获准在华投资12亿美元，建立感光材料生产基地。叶莺还透露，合同签署后，当时的柯达首席营运官邓凯达仍担心中国政府不能遵守三年承诺。叶莺对邓凯达说，中国人很讲诚信的，还跟他打赌。三年后那一天，邓凯达找人送给叶莺几张美钞，表示他彻底认输。看了以后，叶莺马上给他送回去，跟他的秘书说，邓必须在美钞上写"服输"。邓凯达于是在那五张100元美钞上写上"我输给了叶莺"，还签上自己的名字。这五张美钞均被叶莺裱起，其中三张成为送给中央领导人的礼物，而其余的两张则分别挂在柯达在上海和北京的办事处。

问题：

结合"柯达模式"的诞生，说明商务谈判具有哪些特征，应该遵循哪些重要原则。

第二章
Chapter 2

商务谈判的准备

【学习要点及目标】

通过本章的学习,要求学生了解商务谈判准备的主要环节,学会商务谈判信息调查的搜集、调查、整理、分析的方法。理解商务谈判人员组织准备工作,掌握商务谈判计划的制订和谈判地点、谈判环境的安排。

本章重点是商务谈判中信息调查的准备、谈判计划的制订、谈判地点的选择。本章的难点是谈判计划的制订。

【引导案例】

"谈判女杰"的智谋

中国经济改革初期,广东省珠海特区光纤公司与美国 ITT 公司进行了一场成功的国际谈判,双方正式签署了一份重要的合同。根据这份合同,珠海光纤公司引进的 ITT 型光导纤维成套设备及购买的技术专利达到同期的世界先进水平,更为引人注目的是把美方的报价压到 186 万美元的最低价,中方谈判代表庄敏女士也因此被港澳商界誉为"谈判女杰"。为了获得谈判成功,庄敏及光纤公司的有关人员,对谈判过程中的各种环境都作了精心而周密的准备和安排。为了掌握行情,庄敏及同伴先后同 12 家公司进行了试探性谈判,在此基础上最后选定与 ITT 进行实质性谈判。ITT 代表团的业务能力相当高,特别是主谈莫尔先生,谈判几乎全部用数字,而非文字语言。并且所有关于计算的数据极其精确、无一差错。由于谈判双方精心策划和准备,一场复杂而重大的国际商务谈判圆满完成。

(资料来源:马克态.商务谈判理论与实务[M].北京:中国国际广播出版社,2004.)

第一节　商务谈判信息的准备

商务谈判信息是指与商务谈判活动有密切联系的各种情况、情报、资料等信息。在进行正式国际商务谈判之前,谈判人员需要对谈判对手有全方位、多角度的了解,这就要求谈判人员做大量的调查、准备工作,做到"知己知彼,百战不殆"。谈判人员通过谈判前的调查研究,掌握与本次谈判有关的各种客观环境因素的状况和变动趋势,并对这些情况进行分析,为制订谈判方案提供依据;通过谈判前的调查研究,对谈判对手做尽可能多的了解,做到心中有数;通过谈判前的调查研究,可对己方的谈判实力做客观的评价,理清自己的思想,分析己方在谈判中的优势和薄弱环节,使己方谈判人员在谈判中能够目标明确,思路清晰。

一、信息的概述

(一)信息的概念及信息类型

信息作为一种客观存在,它一直都在积极地发挥着人类意识或没有意识到的重大作用。随着科学技术在近两个世纪所取得的空前进步,人们越来越清楚地认识到信息的重要性——信息与物质、能源共同成为社会发展的三大资源。

信息就是力量,谈判中一方获得的信息越多,就越容易推测出对手的谈判方案、要害和意愿。正如国际著名谈判大师基辛格说:"谈判的秘诀在于知道一切、回答一切。"

1. 宏观信息

从宏观方面看,外部环境在很大程度上影响着谈判的成败。经济全球化使各国之间的经济往来更加复杂、更加彼此依赖和相互竞争,这些外部环境给谈判双方带来了机会的同时也带来了挑战。因此,谈判人员必须准确把握外部环境信息,制订和实施适应外部环境变化的谈判计划和方案,保证谈判进程的顺利进行。

PEST分析法是一种常用的分析工具,PEST是英文单词政治(Politics)、经济(Economic)、社会(Society)和技术(Technology)的首写字母的缩写。在进行谈判环境分析时,可借助这四个方面的因素从总体上分析宏观环境,并判断这些因素对商务谈判目标和商务谈判计划的影响。

(1)政治因素是指对企业经营活动具有实际与潜在影响的政治力量和有关的法律、法规等因素。国际商务谈判人员应该充分了解谈判对手国家政治制度与体制、政府对企业所经营业务的态度,政府发布的对企业经营具有约束力的法律、法规,除此还要考虑谈判对手当局政府的稳定性,在谈判项目实施期间,政局是否会发生变动,总统大选的日期是否在谈判期间,总统大选是否与所谈项目有关,谈判国与邻国关系如何,是否处于敌对状态,有无战争风险,等等。由此可见,良好的国家关系和稳定的政治环境,会更有利于商务谈判工作的开展。

(2)经济因素是指一个国家的经济制度、经济结构、产业布局、资源状况、经济发展水平以及未来的经济走势等。构成经济环境的关键因素包括 GDP 的变化发展趋势、利率水平、通货膨胀程度及趋势、失业率、居民可支配收入水平、汇率水平等。商务谈判人员需要分析谈判对手所在国家的经济现状,了解当地企业的商业做法,掌握全球经济状况发展和变化趋势,从而制订适当的谈判计划和策略。例如 2008 年的金融危机对气候谈判产生的一定影响。金融危机导致石油价格暂时下降,从而使绿色能源的价格竞争力下降;一些大型可再生能源项目的融资也可能受影响,进而影响有关国家的减排努力和承诺。

(3)社会因素是指企业所在社会中成员的民族特征、文化传统、价值观念、宗教信仰、教育水平以及风俗习惯等因素。

宗教与社会的关系微妙、复杂而深远。世界上主要的宗教包括基督教、印度教、伊斯兰教、佛教和儒教。在进行商务谈判时,不仅要了解在对方国家何种宗教信仰占主导地位,更要尊重谈判对手的宗教信仰和习惯。

除了宗教信仰,了解对方的社会文化习俗也是不可忽视的环节。俗话说"入乡随俗",在进行商务谈判时,要注意当地的文化习俗。例如世界各国、各民族的名字都有一定的格式,这种格式遵从一定的社会文化习俗。欧美人的姓名的特点是名在前,姓在后,如"威廉·琼斯",威廉是名,琼斯是姓。俄罗斯人的名字则由三个部分构成,次序如下:本人名+父名+姓,如"亚历山大(本人名)·谢尔盖耶维奇(父名)·普希金(姓)"。姓名格式反映了一定的社会文化心理,欧美人在整体上比较强调个性发展,个人具有至高无上的权利,这种思维特征表现在名字格式上,自然就形成名在前,姓在后。

在谈判之前,谈判人员还有必要弄清对方国家的法律制度、法律的执行程度及法律受理案件的时间长短等情况。在商业往来中,发生贸易争端是很常见的事,所以在谈判阶段就把解决贸易争端的方式说清楚是非常必要的。

(4)技术要素。技术要素不仅仅包括那些引起革命性变化的发明,还包括与企业生产有关的新技术、新工艺、新材料的出现和发展趋势以及高水准的科研组织和高素质技术人才。

当然,除了在上述 PEST 分析法中提及的四个宏观因素外,还有两个影响因素也值得考虑,即人口因素和自然因素。人口因素主要包括人口数量、人口分布、年龄结构、职业构成、居住环境等。一般认为,在与当地的宗教信仰和风俗习惯不相冲突的前提下,庞大的总人口数量再加上较高的购买力(有较多的个人可支配收入)就会形成一个巨大的市场。自然因素主要包括地理位置、气候条件、资源状况、生态环境、自然资源和环境保护等。例如,气候条件对人们的消费习惯和贸易谈判都会产生一定的影响。日本汽车之所以能在东南亚和香港等地打败欧洲厂商,原因在于日本汽车在进入市场时,考虑到当地气候炎热,在汽车上配有制冷设备,而欧洲汽车没有这些设备,不能适应市场的需要。所以,商务谈判人员应该关注自然环境变化的趋势,并从中分析企业发展的机会和面临受到的威胁,制订相应的谈判对策。

2. 微观信息

根据调查的目的,在进行微观信息调查和分析时,可以从己方信息、对方信息、第三方信息、市场信息四方面进行。

(1) 己方信息。古人云："欲胜人者,必先自胜;欲论人者,必先自论;欲知人者,必先自知。"谈判人员应正视有竞争者存在,客观公正地评估自己的实力,找出自己的优势。在这里,可以采用SWOT分析法进行分析。"SWOT分析法"最早是由旧金山大学管理学教授于20世纪80年代提出的。SWOT分别代表优势(Strengths)、劣势(Weaknesses)、机会(Opportunities)、威胁(Threats)。所谓SWOT分析,即态势分析,就是将与研究对象密切相关的各种主要内部优势、劣势、机会和威胁等,通过调查列举出来,并依照矩阵形式排列,然后动用系统分析的思想,把各种因素相互匹配起来加以分析,从中得出一系列相应的结论,而结论通常带有一定的决策性。在谈判准备阶段,可以运用这种方法,针对己方所处的情景进行全面、系统、准确的研究,找出对自己有利且值得发扬的因素,和对自己不利需要回避的因素,发现问题并找出解决办法,从而制订有利于己方的谈判计划。

一是我方的优势。明确我方在谈判时拥有明显优势的方面,可以使我方谈判人员树立谈判信心,发挥这些优势,有利于取得良好的谈判效果。

例如,如果我方在主场进行谈判,就占有明显的"地利"优势,我方谈判人员在熟悉的工作和生活环境中进行谈判,有利于谈判的各项准备工作的开展、便于谈判人员请示和磋商问题等。所以,在谈判准备阶段要尽可能挖掘我方的优势所在,创造一切有利于发挥我方优势的条件。

二是我方的劣势。在谈判中我方的劣势是不可避免却又不可忽视的问题。在进行自身调查时,要注意准确定位我方劣势,并事先准备相应的应对措施。

三是我方的机会。机会只留给有准备的人,当外部环境发生改变时,谈判人员应该充分发挥其敏锐的市场嗅觉,结合自身因素,找出机会并抓住机会,运用灵活的谈判手段,占尽谈判的先机。

四是我方可能遇到的威胁。通过对环境和谈判对手进行分析,结合自身因素,找出谈判中对己方的威胁因素及其产生原因,采取应对措施,减少威胁可能产生的不良后果。

除此之外,还要认清己方的需求,如:①希望借助谈判满足机房哪些需要;②各种需要的满足程度;③需要满足的可替代性;④满足对方需要的能力鉴定。

总之,对己方各方面条件进行客观的分析,有助于弄清己方在谈判中的优势和薄弱环节,有针对性地制订谈判策略,以便在谈判时扬长避短,取得良好的效果。

【案例2.1】

沃尔玛(Wal-Mart)SWOT分析

优势分析:沃尔玛是著名的零售业品牌,它以物美价廉、货物繁多和一站式购物而闻名。

劣势分析:虽然沃尔玛拥有领先的IT技术,但是由于它的店铺布满全球,这种跨度会导致某些方面的控制力不够强。

> 机会分析:采取收购、合并或者战略联盟的方式与其他国际零售商合作,专注于欧洲或者大中华区等特定市场。
>
> 威胁分析:所有竞争对手的赶超目标。
>
> (资料来源:http://www.yeeyan.org.)

(2)对方信息。英国著名哲学家弗朗西斯·培根在《谈判论》一文中说:"与人谋事,则须知其习性,以引导之;明其目的,以劝诱之;清其弱点,以威吓之;察其优势,以钳制之。与奸猾之人谋事,唯一刻不忘其所图,方能知其所言;说话宜少,且需出其最不当意之际。于一切艰难的谈判之中,不可存一蹴而就之想,唯徐而图之,以待瓜熟蒂落。"培根的这段论述,清晰地表明谈判准备中越是对对手深入了解,越能掌握谈判的主动性,从而赢得谈判的先机。在商务活动中,谈判对手信息既包括对方派出的谈判人员的相关信息,也包括对方企业及其产品的相关信息。

对谈判对手情况的调查主要可以从如下几个方面展开,如表2.1所示。

表2.1 对谈判对手情况的调查内容

调查项目	具体内容
合法资格	调查对方的法人资格:是否具有独立的法人资格,是否具有签订合同的合法资格;审查对方谈判代表资格和签约资格
资产状况	审查对方的注册资本、资产负债表、收支状况、销售状况、资金状况等
信用状况和履约能力	调查对方的经营历史、经营作风、产品在市场中的信誉度和美誉度以及银行的信用等级和履约表现
谈判者的权限和时限	调查对方的权限大小,若对方不是决策人物,只是一般的工作人员,应了解对方是否得到了授权以及决策范围和程度;调查对方谈判时间的安排情况
谈判对手的需求	调查对方的谈判目标和期望、感兴趣的话题及原因、谈判禁忌,常见的问题包括:价格、数量、质量、交货期、付款、折扣、培训、售后服务等
其他信息	对方主谈人员的个人背景(包括其履历、信念、性格、家庭成员、兴趣爱好)以及对方谈判风格、思维方式、惯用策略和技巧等

(3)第三方信息。第三方信息也可称作竞争者信息。就卖方而言,竞争者就是与本企业存在资源和市场争夺关系的其他同类企业,这类企业提供的产品和服务与本企业相似,价格差别不大,目标客户也基本类似。对于谈判人员来说,主要应搜集竞争者的类型、数量、目标、产品性能、服务措施、营销手段等方面的信息。

一般来讲,了解竞争者的状况是比较困难的,因为无论是买方还是卖方,都不可能完全了解自己的所有竞争对手及其情况。因此,对于谈判人员来说,最重要的是了解市场上占主导力量的竞争者。

(4) 市场信息。包括客户的购买动机、购买习惯及市场需求状况(品种、规格、数量、质量)、市场需求潜力等方面的信息。

综上所述,可以将这些信息分类汇总,制成商务谈判信息调查表(表2.2),为后续工作提供信息支持。

表2.2 商务谈判信息调查表

	调查项目	调查内容	调查目的	调查方法
宏观信息	政治 经济 社会 技术 其他			
微观信息	己方信息 对方信息 第三方信息 市场信息			

(二) 信息的作用

科学地了解和认识谈判中信息的作用,才能更好地把握信息,使信息更好地为商务谈判人员服务。商务谈判中信息的基本作用主要体现在以下几个方面。

1. 信息是商务活动的先导

企业经营过程中,无论是对于企业的经营目标、发展方向等战略问题的决策,还是对于企业的产品、定价、销售渠道、促销措施等战术问题的决策,都必须在准确地获取市场信息的基础上,才可能得到正确的结果。如进口外国的设备、技术,就必须了解有关客户的资信情况,设备、技术的先进程度,价格是否合理,进行必要的比较、选择。有的企业在进口设备时,其价格常常超出合理范围,甚至超出国内外市场价格控制范围的数倍。

2. 信息是现代企业的重要战略资源,也是企业管理的基础

随着信息技术在整个社会范围内的推广,企业获得信息的能力迅速提升,企业获得信息的数量也随之急速膨胀。信息对企业赢利影响的扩大,使信息的地位逐渐提高并成为一种和人力资源、资金资源、物质资源、社会关系等同等重要的战略资源。

科学有效的管理是现代企业赖以生存和发展的重要基础。企业管理就是对企业的人、财、物等方面进行有效的管理,使企业的各种资源达到合理有效的配置。企业管理的核心是决策,而决策的过程实际上是对信息掌握的过程。因此,企业管理的本质就是对信息的掌握、控制和有效利用。在网络经济时代,一个企业对信息掌控能力的高低,将成为企业竞争力强弱的重要标志。

3. 信息是制订商务谈判方案的依据

商务谈判方案是指企业最高决策层或上级领导就本次谈判的内容所拟定的谈判主体目标、准则、具体要求和规定。商务谈判方案是商务谈判中谈判人员行动的具体纲领和指南。有序、有效的商务谈判有赖于谈判前的方案策划工作,即在获取信息的基础上,对商务谈判活动进行全面的规划,包括对商务谈判整体形势的判断、人员组织、地点选择,以及解决问题的多种可选择方案等。这正如企业在决定采购某种设备之前,必然要从资金、技术、生产、市场等几个方面,对所要采购设备进行全方位综合分析,然后根据综合分析情况,制定设备采购的最终方案,并确定设备采购清单和采购计划。

4. 信息是商务谈判成败的重要因素

谈判就像下棋,不但要客观地分析双方的实力,还要准确地把握对自己有利的情势。不但要随机应变,还要算无遗策。

对于每一场商务谈判,其主体、标的、议题都可能不一样,受影响和制约的因素也不一样,但都包含三个决定性变数:权力、时间、信息。其中,信息是步入谈判的巨大筹码,是决定商务谈判成败的因素。当一方谈判人员不理解另一方传达的信息时,谈判可能就会陷入僵局。当谈判双方表明了各自的利益立场,而那些利益又得到了尊重,双方便开始在互重互惠的基础上建立信任的关系。如果没有互惠,那么泄露了最多信息的谈判方就有可能得到最坏的结果。

【阅读资料2.1】

进口旧机电设备能耗问题不容忽视

有些外资企业将国外设备直接转移到我国用以扩大生产规模或新设立三资企业将国外设备整厂搬迁至国内,这些行业基本上属于高能耗、在国外受严格限制或禁止的行业。

在旧机电产品的进口中出现了将一些高能耗、低效率的旧机电设备或将国外旧的高能耗的生产线引进国内的情况。这些进口旧机电设备普遍存在结构设计笨重,材料、制造技术和工艺落后,维护保养状况不佳,机械传动部件磨损明显,电源和电控部分严重老化,使用电压、频率与我国标准不同等现象,这些因素直接导致使用时性能下降和能耗急剧上升。

(资料来源:中国质量新闻网.)

(三)收集信息的原则

1. 准确性原则

准确性原则是信息收集工作的最基本的要求。该原则要求所收集到的信息要真实、可靠。为达到这样的要求,信息收集者收集信息时,必须本着实事求是的态度,不能凭主观臆断,而且在收集的过程中,就应对获取的数据、资料尽可能地及时进行鉴别、分析、核实、检验,尽可能减小误差。

2. 时效性原则

信息的利用价值取决于该信息是否能及时地提供，即它的时效性。客观事物是不断变化发展的，每次变化都会产生新的信息，信息的价值、效用的大小要受到时间的制约。信息只有及时、迅速地提供给它的使用者才能有效地发挥作用。特别是决策对信息的要求是"事前"的消息和情报，而不是"马后炮"。所以，只有信息是"事前"的，对决策才是有效的。

3. 经济性原则

收集信息是一件费时、费力、费财的活动。它不仅需要人的体力和脑力的支出，同时还要利用一定的物质手段，以确保调查工作顺利进行和调查结果的准确。因此，要讲求收集信息的投入产出比，即应在保证收集工作质量的前提下，力求以尽可能低的耗费取得尽可能多的产出，也就是收集到足以能满足需要的信息。由于各企业的财力的情况不同，因此需要根据自己的实力去确定调查费用的支出，并制订相应的信息调查方案。此外，在收集信息工作上要有预见性，充分认识到信息的无形价值，必须舍得对其进行投资。因舍不得投入，而使搜集到的信息缺乏利用价值，同样也是非经济性的表现。

4. 全面性原则

全面性原则要求全面地、连续地进行市场信息搜集工作，并且要求所搜集到的信息全面、完整。首先，搜集的信息越全面，越有利于形成对问题的完整认识与把握，因此，在搜集信息时，要对现实的及潜在的信息来源进行全方位的扫描、甄别；其次，搜集市场信息不是一时一事的工作，而是一个连续不断的过程。因此，要求有坚持不懈的精神，注意积累，随时随地搜集，只有这样，才能完整地反映调查对象发展的全貌，为谈判的顺利进行提供保障。当然，实际所搜集到的信息不可能做到绝对的全面完整，因此，如何在不完整、不完备的信息下整合信息资源，做出科学的判断，是值得谈判人员长期学习和研究的问题。

5. 目的性原则

在信息爆炸的时代，若没有目的性的搜集信息，就犹如在茫茫大海中漂泊，很容易迷失方向。在商务谈判中，搜集信息是为解决某类或某个谈判问题而进行的活动。这就要求搜集信息时要目的明确，搜集来的信息要针对性强。

6. 全员性原则

信息搜集、处理、贮存和传递，不只是高层管理者或信息专家的工作，更重要的是，赋予全体员工，尤其是在流通或营销领域的职工以一种责任，积极展开信息活动。信息作为一种"力量"，最深厚的源泉是全体员工。全体员工，通过工作本身，产生信息、搜集信息、处理信息、使用信息和传递信息，使员工既是"信息源"又是"信息流"。

7. 现场性原则

真正有价值的信息源，在交换或流通现场。企业流通或销售系统中，最重要的内容是在流通中的情报体系，在顾客层、商业圈和营销队伍之间，建立情报网络，把信息搜集、处理和传递，尽可能地置于流通或交换现场。

8. 建立科学的信息管理系统

在企业信息管理中,信息和信息活动是企业信息管理的主要对象。企业所有活动的情况都要转变成信息,以"信息流"的形式在企业信息系统中运行,并建立相应的管理方法和管理制度,以便实现信息传播、存储、共享、创新和利用。商务谈判离不开信息,企业要获得高质量的信息,就必须建立科学的信息管理系统,加强信息的搜集、整理、分析、评价、反馈和传递各环节的工作,让信息管理系统像车轮一样向前滚进,从而满足决策者和谈判人员依靠信息进行判断和决策的需要。

二、商务谈判调查的方法

(一)信息搜集的方法

商务谈判前市场调研信息搜集的目的是谋求取得一个良好的谈判结果,搜集谈判信息资料所应遵循的原则是以事前调查、重点调查、自行调查、文案调查为主。搜集谈判信息资料的方法有很多种,下面介绍几种常用的方法。

1. 问卷法(Questionnaire Survey)

问卷法是指调查者事先根据谈判重点调查内容,以书面提出问题的方式搜集信息的一种方法。调查者将期待解决的问题编制成问题表格,以邮寄方式、当面作答或者追踪访问方式填答,从而了解被调查对象的相关信息,所以问卷法又称问题表格法。问卷法的优点是节省时间、人力、经费,采用匿名调查时搜集到的信息较真实,便于进行定性分析和定量分析,可避免信息搜集者的主观偏见,减少人为误差等。其缺点是回收率低,对被调查者选择要求高。在商品购销谈判中采购方有时利用问卷法先行调研消费者需求信息后再根据消费者需求采购商品。

2. 观察法(Observational survey)

观察法又称实地法,指调查者亲临现场搜集与谈判相关的情报信息。一般利用眼睛、耳朵等感觉器官去感知观察对象。由于人的感觉器官具有一定的局限性,观察者往往要借助各种现代化的仪器和手段,如照相机、录音机、显微录像机等来辅助观察。观察法的优点主要包括直观性、可靠性、更接近真实,不受被观察者的意愿和回答能力影响,而且简便易行,灵活性强,可随时随地进行。观察法的缺点是,通常只有行为和自然的物理过程才能被观察到,而无法了解被观察者的动机、态度、想法和情感。只能观察到公开的行为,然而这些行为的代表性又将影响调查的质量。观察人员可以通过观察消费者的行为来测定品牌偏好和促销的效果,也可以通过观察对方谈判人员的行为姿态,获取无声的语言信息。

3. 访谈法(Interview Survey)

访谈法是指工作人员通过与访谈对象进行面对面的交流,了解并获取相关信息的一种方法。访谈法的优势明显,由于访谈调查搜集信息资料,主要是通过访谈员与被访者面对面直接交谈的方式实现的,具有较好的灵活性和适应性,访谈调查的方式简单易行,即使被访者阅读困难或不善于文字表达,也可以用口头回答,因此适用面较广。访谈法的缺点是调查所需的时间较长,缺乏隐秘性,记录困难,处理结果难,对调查者素质要求较高,费用也较高。在商品购销谈判中采购方多采用电话访谈或书面访谈了解销售方的相关信息资料,销售方常采用当面访谈了解采购方信息资料。

4. 专家调查法(Expert Survey)

专家调查法也称专家评估法,是以专家为获取信息的对象,组织各领域的专家、教授运用专业方面的知识和经验,通过直观的归纳,对调查对象过去和现在的状况、发展变化过程进行综合分析与研究,找出调查对象变化、发展规律,对调查对象未来的发展趋势做出判断。在商务谈判信息调查阶段,这是一种积极、有效的方法。

5. 网络搜寻法(Internet Survey)

网络搜寻法指通过互联网收集与谈判相关的信息的方法。随着互联网技术的不断发展与完善,互联网的普及使得在网上搜索信息变得十分方便。商务谈判人员借助互联网的强大搜索引擎如 Google、Baidu、Yahoo、Sohu 等,可以搜寻到大量的信息。

【阅读资料2.2】

信息搜集公司争相开掘网络数据金矿

互联网用户个人信息市场正在蓬勃发展,发展最快的领域之一便是"信息搜集"。许多企业都提供获取在线聊天内容的服务,以及从人们可能谈论其生活的社交网站、简历网站和在线论坛上搜集个人详细信息的服务。

网络信息搜集这种新兴业务为迅速扩张的数据经济提供了良好的支撑。根据纽约管理咨询公司 Winterberry Group 公布的数据,2009 年,营销人员购买在线数据和离线数据花费的金额为 78 亿美元。2012 年购买在线数据花费的金额将是 2009 年的两倍多,从 4.10 亿美元增长到 8.40 亿美元。

《华尔街日报》(The Wall Street Journal)调查了跟踪人们在线活动并出售有关其行为和个人兴趣详细信息的业务,信息搜集——该业务涉及个人信息,也涉及其他多类数据——是该项调查的一个部分。

有些公司搜集个人信息以做出关于个人详细背景的报告,这些信息包括社交网站上的电邮地址、手机号码、照片和帖子等。

还有些公司提供的是侦听服务,这种服务可以实时监听成千上万的新闻来源、博客和网站,以了解人们对特定产品或问题的意见。

《华尔街日报》的出版商道琼斯公司(Dow Jones & Co.)就提供此类服务。道琼斯公司从网络上搜集信息——其中可能也包括个人信息,用来帮助确定新闻报道、博客和讨论板上企业客户的覆盖情况。

(资料来源:http://www.clbiz.com Julia Angwin / Steve Stecklow.)

(二)谈判信息搜集的渠道

商务谈判信息搜集渠道有正式渠道和非正式渠道两种。

1. 正式渠道

正式渠道指通过正式和相对公开的媒介刊载和传递信息的渠道。主要有:

(1)统计资料。主要包括我国、对方国家及国际组织的各类统计月刊或统计年鉴,以及各国有关地方政策的各类年鉴或月刊。

(2)平面媒体。包括报纸杂志和专业书籍。如我国的"国际商务研究"、"国际经贸消息"、"外贸调研"等杂志都刊登有与贸易谈判活动有关的资料。

(3)电波媒体。广播、电视中的新闻、市场及经济动态、广告等。

(4)各专门机构的资料。政府机关、金融机构、市场信息咨询中心、对外贸易机构等提供的资料。

(5)谈判对方公司的资料。经对方专任会计师签字的资产负债表、经营项目、报价单、公司预算财务计划、公司出版物和报告、新闻发布稿、商品目录与商品说明书、证券交易委员会或政府机关的报告书、官员的公开谈话与公开声明等。

(6)商情资料。各种会议、展览会、交易会、订货会、展销会发布的信息。

2. 非正式渠道

非正式渠道指通过组织之间、人与人之间的私人关系而获得信息的渠道。例如,企业要协调好与外部的关系,在公众中树立良好的形象,以便得到他人的信息,使企业搜集信息由传统的单向搜集,变为由企业搜集和他人主动向企业提供信息相结合的双向搜集,从而获得更多的、更有用的商业信息。企业可以通过奖励的办法,鼓励用户或社会上的有关人员向企业提供信息。

(三)信息加工、整理的方法

商务谈判信息加工、整理的主要目的是鉴别信息资料的真实性和可靠性,分析所搜集的信息资料与谈判内容的相关性,并根据其重要性对信息资料进行选择,为制订有针对性的谈判方案提供依据。商务谈判信息加工、整理主要有筛选审查、分类评价、选用保存三个阶段。

1. 筛选审查

筛选就是检查资料的适用性,这是一个去粗取精的过程;审查就是识别资料的真实性、合理性,这是一个去伪存真的过程。

2. 分类评价

分类就是按一定的标志对资料进行分类,使之条理化;评价就是对资料进行比较、分析、判断,得出结论,供谈判活动参考。

3. 选用保存

对筛选、分类、评价完的信息资料,选择需要的并妥善保管。保存时需分类并放置到专门的资料箱中(电子信息要建立专门的资料文件夹),以方便随时查找和使用。

第二节 商务谈判人员的组织准备

商务谈判是一项有组织的经济活动,要确保谈判成功,就要做好谈判人员的选用、谈判小组的人员配备,以及谈判人员的组织与管理。商务谈判从某种意义上说是双方谈判人员的各种实力的较量。商务谈判的过程是考验谈判人员的综合素质的过程。素质是个人身心条件的综合表现,是个人生理结构、心理结构及其机能特点的总和。优秀的商务谈判人员应从多方面培养和塑造符合谈判要求的职业素质。

一、谈判人员素质的构成

(一)思想品德

古人云:"有德无才不足以堪大任,无德有才足以售其奸。"可见,在人的整体素质中,德是人的灵魂,有德无才可能会误事,但有才无德则会坏事。所谓"德"指的是人的品行人格。是一个人通过所受的教育而后天形成思想"道德"观念。观念支配人的信念和行为。在社会主义市场经济条件下,一切商务谈判都必须在道德规范中进行。商务谈判人员要具有如下几方面的素质和意识:

1. 政治思想素质

商务谈判人员必须维护国家主权、民族尊严,严格执行保密规定,正确处理好国家、企业和个人三者利益关系。

2. 信誉意识

商务谈判人员应诚实守信、高度重视并维护企业良好形象。

3. 合作意识

合作是一切谈判的基础,以互惠互利为谈判原则,善于将竞争与合作有机统一。

4. 团队意识

谈判人员具备对企业的认同感、归属感和荣誉感,谈判组织人员之间应具备向心力、凝聚力,团结一致、齐心协力。

5. 效率意识

现代社会提倡"时间就是金钱,效率就是生命",商务谈判人员可以通过不断改进工作方式,尽量缩短完成单位工作的时间,争取在同样的时间内完成更多的工作的方法,尽量减少谈判时间和精力的投入,以期取得最好的谈判结果。

(二)心理素质

谈判是人的精力、智力和心理的较量。谈判人员在谈判过程中会遇到各种阻力、对抗、甚至突变,这必然使谈判者心理承受很大的压力,只有具备良好的心理素质,才能承受各种压力和挑战,取得最后的成功,良好的心理素质包括:

1. 自信心

自信心对于商务谈判人员尤其重要,要坚信自己企业的实力和优势,当然这种自信是建立在对谈判双方实力的科学分析基础上的,而不是盲目自信。

2. 自制力

自制力是在谈判中遇到激烈矛盾冲突时能保持冷静，克服心理障碍，控制情绪和行动的能力。如果自制力差，在双方利益冲突时，就会破坏气氛，举止失态，使谈判中止。

3. 尊重

这里包含了两层含义，一方面要尊重自己，即不以出卖尊严换取交易，另一方面要尊重对方，包括尊重对方的利益、意见、习惯、文化观念等。

4. 坦诚

坦率表明自己的立场和观点，真诚与对方合作，这是双方谈判的前提，也是长期合作的重要保证。但是，需要注意的是为了维护己方的合理利益，提倡坦诚并不等于没有自己的机密和对策。

一个成熟的谈判者应集这些素质于一身，善于在激烈的论辩中与对手周旋，在随时变化的局势中驾驭自己的情绪，控制自己的行为。处难不乱，遇暴不怒；不因顺利而喜形于色，不因挫折而心灰意懒；沉着镇定地应对一切，显示出岿然不动的英雄本色。

（三）业务素养

商务谈判人员的业务素养包括知识素养和谈判能力两方面。

1. 知识素养

商务谈判涉及的问题方方面面，丰富的知识，文雅的谈吐是谈判者控制谈判局面、掌握主动权的坚实基础。不同类型的谈判对人员的知识结构有不同的要求，但从总体上看，合格的商务谈判者应该具备"T"型知识结构，即在横的方面有广博的知识面，在纵的方面有精通的专业知识。知识的广度是人的才能和智慧的基石，往往决定一个人的修养、风度和适应能力，而专业知识的深度则往往决定一个人的本职工作的能力。所以，商务谈判人员必须掌握以下知识：

（1）商务知识

包括国际贸易、市场营销、国际金融、商检、海关、国际商法等方面的知识。

（2）技术知识

与谈判密切相关的专业技术知识，如商品学、工程技术知识，各类工业材料学知识、计量标准、食品检验、环境保护知识等。

（3）人文知识

包括心理学、社会学、民俗学、语言学、行为学等方面的知识，商务谈判人员要了解对方的风俗习惯、宗教信仰、商务传统和语言习惯。

2. 谈判能力

（1）语言表达能力

包括文字表达和口语表达能力。精通与谈判有关的各种公文、协议、合同、报告书的写作，电脑技术的掌握，同时善于言谈、口齿清晰、思维敏捷、措辞周全，善于驾驭语言，有理、有利、有节地表达己方观点。国际商务谈判人员还要熟练掌握外语的听、说、写、译能力。

(2)双向思维能力

谈判人员要具有双向思维能力。在考虑怎样向对手提问的时候,也要考虑如何回应对手的提问。这与下棋类似,看着这一步,一定要想着下一步怎么走,以及对方可能的出棋步骤。这就是双向思维能力。

(3)分析判断能力

注重短时间内或及时的分析判断,分析判断的主要内容是分辨对方陈述内容的真假。只有及时做出正确的分析判断,才能及时选择合适的对策,采取有效的行动。

(4)交流沟通能力

谈判人员应该善于跟不同的谈判对手交流沟通,这就要求谈判人员要有良好的个人形象,熟练掌握各种社交技巧和社交礼仪知识。

(5)组织协调能力

谈判是一项需要密切配合的团队活动,每个团队的成员都要发挥自己的专长,完成相应的角色任务。团队组织要严格管理、协调一致,将成员牢牢凝聚在一起,齐心协力发挥最大的战斗力,获取最丰厚的胜利果实。

(6)创新应变能力

谈判中会发生各种突发事件和变化,谈判人员面对突变的形势,要淡定、从容,冷静地分析思考,快速做出决断,善于将原则性和灵活性有机结合,机敏地处理好各种矛盾,变被动为主动,变不利为有利。此外,谈判人员还应具有丰富的想象力和不懈的创造力,开拓创新,拓展商务谈判的新思路、新模式,创造性地提高谈判工作水平。

二、谈判队伍的规模

一个谈判小组的理想规模一般为4人左右,这是因为4人左右的谈判小组工作效率最高,具有最佳的管理幅度和跨度,还能满足一般谈判所需的知识范围,而且小组成员间调换较方便。

上述谈判小组4人的规模,只是就一般情况而言。谈判队伍规模的大小是从谈判的规模、复杂程度、时间长短和对人员素质要求的高低决定的。小型谈判配备1~2人即可,综合素质相对要求要高一些。中型谈判一般配备8~10人,其中包括1名首席谈判负责人,3名主谈人员和专业技术人员。有些大型的谈判,队伍可能达到20人左右。在这种情况下,可以进行合理的分工,大致由4人组成正式谈判代表,与对方展开磋商,其余人只在谈判桌外向他们提供建议和服务。

三、谈判团队的组织

(一)谈判团队的组织原则

1. 性格协调

谈判团队中的成员性格要互补协调,将不同性格的人的优势发挥出来,互相弥补其不足,才能发挥出整体队伍的最大优势。性格活泼开朗的人,善于表达、反应敏捷、处事果断,但是性情可能比较急躁,看待问题也可能不够深刻,甚至会疏忽大意;性格稳重沉静的人,办事认真细致,说话比较谨慎,原则性较强,看问题比较深刻,善于观察和思考,理性思维比较明显,但是他们不够热情,不善于表达,反应相对比较慢,处理问题不够果断,灵活性较差。这两类性格的人组合在一起,分别担任不同的角色,就可以发挥出各自的性格特长,优势互补,协调合作。

2. **知识互补**

知识互补包含两层含义:一是谈判人员各具备自己专长的知识,都是处理不同问题的专家,在知识方面相互补充,形成整体的优势。例如,谈判人员分别精通商业、外贸、金融、法律、专业技术等知识,就会组成一支知识全面而又各自精通一门专业的谈判队伍;二是谈判人员书本知识与工作经验的知识互补。谈判队伍中既有高学历的学者,也有身经百战具有丰富实践经验的谈判老手。高学历学者专家可以发挥理论知识和专业技术特长,有实践经验的人可以发挥见多识广、成熟老练的优势,知识与经验互补,有利于提高谈判队伍整体战斗力。

3. **分工明确**

谈判班子里的每个人都要有明确的分工,担任不同的角色。每个人都有自己特殊的任务,不能工作越位、角色混淆。遇到争论不能七嘴八舌争先恐后发言,要有主角和配角,要有中心和外围,要有台上和台下。谈判队伍要分工明确、纪律严明。当然,分工明确的同时要注意,大家都要为一个共同的目标而通力合作,协同作战。

(二)谈判团队的人员构成

谈判人员的组织应包括谈判队伍领导人、熟悉贸易行情的商务人员、知悉有关生产技术的技术人员、财务人员、法律人员以及当语言不通时所需要的翻译等。这些精通本专业的人员组成了一个素质过硬、知识全面、配合默契的谈判队伍。每个成员不仅精通自己专业方面知识,对其他领域知识也比较熟悉。

1. **谈判队伍领导人**

有时也是主谈人,负责整个谈判工作,领导队伍,有领导权和谈判权。

2. **商务人员**

由熟悉商业贸易、市场行情、价格形势的贸易专家担任。要负责合同条款和合同价格条件的谈判,帮助谈判方理出合同文本,负责经济贸易的对外联络工作。

3. **技术人员**

由熟悉生产技术、产品标准和科技发展动态的工程师担任,负责对有关产品技术、产品性能、质量标准、产品验收、技术服务等问题的谈判,也可为价格决策作技术顾问。

4. **财务人员**

由熟悉财务会计业务知识和金融知识,有较强的财务核算能力的财务人员担任,能对谈判中的价格核算、支付条件、支付方式、结算货币等与财务相关的问题把关。

5. 法律人员

由精通经济贸易各种法律条款,以及法律执行事宜的专职律师、法律顾问或本企业熟悉法律的人员担任。做好合同条款的合法性、完整性、严谨性的把关工作及涉及法律方面的谈判。

6. 翻译

由精通外语、熟悉业务的专职或兼职翻译担任,主要负责口头与文字翻译工作,沟通双方意图,运用语言策略配合谈判,在涉外商务谈判中,翻译的水平将直接影响到谈判双方的有效沟通和磋商。

此外,还可配备一些辅助人员,但要适当,尽量避免不必要的人员设置。

(三)谈判人员应分工与合作

在谈判之前将各谈判人员负责的工作分配好,同时要求大家在谈判中通力合作。包括主谈和辅谈以及台前人员与幕后人员的分工与合作等。要注意选好主谈人,在已拟定的谈判方针和方案前提下,给予其足够的授权,以让他随机应变,运用自如。

【案例2.2】

某公司要招聘一名营销人员,经过业务考试、面试等招聘环节,对数百名应试者进行挑选,最后从中挑出3位,准备接受总经理的面试。这3位优秀者,分别被请到总经理办公室,总经理给他们布置了一个相同的任务:在总经理出差的3天时间内,把总经理买的一双有一个毫不起眼的疵点的皮鞋,退还给某个商店。显然谁能出色地闯过这最后一关,谁就能从3人中胜出。3天后,总经理分别把3人请到办公室。A先生汇报说:"我第一天找到这家鞋店,一位年轻漂亮的小姐很有礼貌地接待了我,当她明白了我的意图后,她表示我退鞋的要求完全合理,但很抱歉,她做不了主,因为她的老板不在,请我明天再去。第二天我到了店里,那位小姐很热情地招待我,请坐奉茶,但满怀歉意地对我说,老板还没有来,不知道什么时候会来。我等了好长时间,不见老板的踪影,只好告辞。回到家里,我仔细检查那双皮鞋,发现那双鞋的疵点在鞋后跟,不仔细看不会被发现,而且这鞋的尺寸我正合适,所以我决定买下了。"说完他把钱递给了总经理。B先生的汇报和A先生的差不多,不同的是他第三天去的时候,碰到了老板,他终于把鞋退了。C先生的表现看来最差了,他一连去了3天,但还是没有把鞋退掉。他向老板请求,允许他明天再去退鞋。最后,老板宣布,C先生被公司录取了。A先生和B先生对此表示不满。总经理对他们说:"3个鞋店的老板都是我的朋友,是我要求他们帮我的忙。B先生去了3天,都没有退掉鞋,鞋款是从哪里来的呢?"B先生听后,红着脸走掉了。"A先生去了两次,人家对他越来越热情,他没能坚持再去,而是找了个容易解决问题的办法。这种办法在以后遇到困难时仍可以用吗?"A先生听后无言以对。"至于我们录取C先生,是因为他有诚实、坚定、不怕挫折的品质,这正是营销员所需要的品质。"

(资料来源:林逸仙,蔡峥,赵勤. 商务谈判[M]. 上海:上海财经大学出版社,2004.)

第三节　商务谈判方案的准备

商务谈判方案是商务谈判人员在充分收集、分析有关信息资料的基础上,对谈判主题、谈判目标、谈判议程、谈判策略和谈判人员等所做的规划和安排。商务谈判方案是商务谈判中谈判人员行动的具体纲领和指南。

一、商务谈判方案的要求

(一)合理性

包括各类谈判追求目标的合理性、谈判交易条件、谈判策略、谈判人员分工等各方面的合理性。这个合理性需要从三个方面把握:

(1)与客观实际情况相符合,不违背客观规律。

(2)与公司追求的利益相符合,在可能的情况下能够为公司争取最佳谈判结果。

(3)与谈判对手的情况相符合,谈判对手能接受己方条件,谈判对手具备满足己方需要的能力。

(二)实用性

易于理解、便于操作,内容简单明确,切合实际,具有正确的指导意义和具体的实施方法。

(三)灵活性

谈判方案首先要具备权威性和严肃性,任何人不能违背计划准则随意变化。但是谈判面临的情况是复杂多变的,因此,制订方案要充分考虑可能发生的变化,使计划能够在突遇变化时灵活变通。比如:谈判目标可以制订出上、中、下三种;交易条件要有较大的上、下浮动的余地;要有多种策略方案,根据情况变化灵活地确定某种方案进行谈判。

二、商务谈判方案的内容

商务谈判方案的主要内容包括:确定商务谈判的主题、商务谈判人员、商务谈判目标、商务谈判的议程、商务谈判的策略、商务谈判地点与环境准备、商务谈判合同及可替代方案等,商务谈判方案应简明和具体,有一定的灵活性,也要紧密结合商务谈判的内容。商务谈判方案计划书如图2.1所示。

```
谈判议题:
谈判标的:1._____
         2._____
谈判期限:_____
谈判方:
甲方:_____
主要谈判人员:1._____ 2._____ 3._____ 4._____
乙方:_____
主要谈判人员:1._____ 2._____ 3._____ 4._____ 5._____
谈判目标:
最高目标:_____
可接受目标:_____
最低目标:_____
谈判议程安排:1._____ 2._____
             3._____ 4._____
备注:
```

图2.1　商务谈判方案计划书

(一)商务谈判主题

任何商务谈判都会围绕着谈判双方所共同关心并希望解决的问题而展开。商务谈判主题是指此次谈判所要解决的问题和要达到的目的。商务谈判主题既可以属于基本利益方面的，也可以属于行为方式方面的。一般在商务谈判中一次谈判只为一个主题服务，此主题也是己方在谈判中的公开观点。为保证谈判人员牢记主题，在进行谈判主题表述时应言简意赅，通常都是用一句话来表述，例如"以最优惠的价格购进空调"。

(二)商务谈判目标

在确定了商务谈判主题后，就要进入下一个环节——制订出具体的谈判目标。谈判目标是指谈判要达到的具体目标，它指明谈判的方向和要达到的目的、企业对本次谈判的期望水平。任何一种谈判都应以既定谈判目标为导向，谈判目标的内容依谈判类别、各方需求的不同而不同。商务谈判目标可分为最低限度目标、最高期望目标和可接受目标三个层次。

1. 最低限度目标

要确定一个最低限度目标，这个目标是谈判成交的最低标准，最低目标是衡量商务谈判成败的标准。如果达不到此目标，谈判不可能成交，这就需要重新考虑谈判的基本情况或选择终止谈判。如果进入此目标，谈判有可能成交。最低限度目标要严格保密，不能泄露给谈判对手。

2. 最高期望目标

期望目标是在谈判中所要追求的最高目标水平，这个目标可以最大限度地满足公司利益。

这个目标也许不能完全实现,必要时可能会放弃这个目标,但是制订这个目标可以确定谈判努力的方向,激励谈判人员在谈判过程中充分发挥自身才能。

3. 可接受目标

在以上两个目标之间确定可以接受的目标。可接受目标是一个区间范围,是在谈判过程中可以努力争取或可让步的范围,这个目标有一定的弹性。谈判人员分析各种影响因素后,经过客观论证,而预测确定的谈判目标,实际上商务谈判的结果往往就是在可以接受的目标上达成协议。

各项目标的制订要合理,要在周密调查和科学论证的基础上研究确定。在确定谈判目标时既要综合考虑谈判的性质及领域、谈判的对象及客观环境、谈判项目所涉及的业务目标要求、各种谈判条件变化等影响因素,也要注意谈判目标并不是一成不变的,而是随着谈判进程的展开有一个不断优化的过程,谈判人员应灵活掌握,力求在可行的条件下追求最佳目标。

【案例2.3】

撒切尔夫人就擅长于"好高骛远",把自己的期望目标定得很高。在谈判中,她意志顽强,不达目的决不罢休,迫使对方妥协,以保证自己的目标顺利实现。这种谈判策略被称为"撒切尔夫人谈判法"。也许她深谙中国的一句古话:"取法乎上,得乎其中;取法乎中,得乎其下。"目标越高,实现的可能就越大。

1975年12月,欧共体各国首脑会议在柏林举行,讨论各国对欧共体经费的负担问题。撒切尔夫人在会谈中提出:"英国负担费用过高,然而并未享有各项利益。"所以要求削减英国承担的费用,她提出了一个惊人的数字:"逐年减少10亿英镑。"一言既出,举座皆惊,各国首脑面面相觑。其他各国首脑预计本次会议将使英国削减3亿英镑的负担,所以只提出2.5亿英镑的削减额。他们深信,撒切尔夫人肯定会以3亿英镑妥协。谁知撒切尔夫人毫不退让,坚持要削减10亿英镑。谈判陷入僵局,撒切尔夫人早就料到会出现僵局,所以毫无惧色,充分展现了她铁娘子的风范,态度强硬,语气咄咄逼人,把10亿英镑称为"英国的钱"。这让欧共体其他首脑,尤其是法国、德国、丹麦等大为恼火。

面对欧共体其他国家的威胁,撒切尔夫人针锋相对,她告诉下议院,原则上依照她所提出的方案执行,没有选择的余地,并把该意思警示各国。这让法国难以下台,因为法国曾因禁止英国小麦进口,违反了欧共体的章程。于是,各国开始动摇、退让。这次会议达成协议:"英国每两年削减8亿英镑,如果欧共体经济不景气,则须每3年削减一次。"当然,高起点并不是无限制地高,而必须把握一个"变"。在谈判过程中,必须以"铁腕"作为"配套"手段,同时要把握对手的心理承受能力。

(资料来源:李品媛.现代商务谈判[M].大连:东北财经大学,2005.)

(三)谈判议程的安排

商务议程的安排对谈判双方非常重要。商务谈判议程是指商务谈判议事日程,主要说明谈判时间和谈判内容的安排。谈判议程包括通则议程和细则议程两方面。通则议程由谈判双方共同使用,细则议程供己方使用。由于议程本身也是一种谈判策略,所以必须高度重视这项工作。

1. 谈判时间的安排

"时间就是金钱,效益就是生命",精心安排好谈判时间是非常重要的,它是议程安排中的重要环节。谈判时间的安排是谈判开始进行的时间和谈判时间的长短。

(1)谈判何时开始,多长时间

这要看谈判准备情况,不能毫无准备匆忙上阵;还要看当时谈判面临的政治、经济形势,不能错过有利时机;也要考虑谈判人员的身体和心理状况,如果谈判人员长途奔波后马上就开始进入紧张的谈判,就有可能由于反应变慢、思维能力下降,在谈判时出现错误。

谈判时间长短要考虑谈判内容的多少和市场形势变化。对于多项议题的大型谈判,短时间很难解决问题,所以谈判时间会长一些;对于单项议题的小型谈判,没有必要耗费时间,力争在短时间内达成协议。能够在尽量短的时间内达成各项协议当然是最佳方案,但如果己方有较宽裕的时间,无疑在谈判中会占有主动权,为己方争取更大的权益。

(2)谈判进程中时间的安排

对于不太重要的议题,可以放在谈判开始阶段或结束阶段,从而集中精力和时间商榷关键性问题。对于主要议题或争议较大的焦点问题往往安排在总谈判时间的五分之三时提出,这样时机比较成熟。

双方最后达成共识往往在谈判临近结束时才会实现,因为双方都想坚持到最后一刻。所以己方的具体谈判期限要在谈判开始前保密,如果对方掌握了己方的谈判期限,就会在时间上用各种拖延方法,逼迫对方在谈判即将结束的时候匆忙接受不甚理想的谈判结果。

考虑到谈判的时间限制,己方需要选择最佳的谈判时机,合理安排好谈判人员的出场顺序和发言时间,尤其是关键人物的出场时间和关键问题的提出时间,同时也不要忽视对方的发言,要给对方留出足够的提问和叙述的时间。

2. 确定谈判议题

确定谈判议题是指确定谈判的内容、项目及各项目的谈判次序和所用时间。凡是与本次谈判相关的、需双方讨论的问题,都是谈判的议题。商务谈判议题安排有所有议题一起谈的水平式和各个问题分别谈的垂直式等方式。安排议题是先易后难还是先难后易,中间可能充满着玄机。确定双方谈判议题,应建立在充分考虑己方和对方的谈判目标、谈判策略和谈判人员能力等基础上。谈判议题的确定可遵循如下步骤:

(1)确定议题的第一步应将与本谈判有关的所有问题罗列出来,尽可能不要遗漏。因为在谈判的每一个问题上,都可能存在谈判双方的利益冲突,而在谈判中问题与问题之间往往是相互联系的。

(2)根据对本方利益是有利还是不利这一标准,将所列出的问题进行分类。

(3)尽可能将对本方有利的问题列入谈判的议题,而将对本方不利的问题排除在谈判的议题之外,或者,只选择那些对本方不利但危害不大的列入议题,而将危害大的问题排除在外。这样做的目的,是使谈判的议题安排有利于自己。比如,在技术转让谈判中,有时,转让方把接受方在技术上的使用、产品的销售与技术转让费的支付等方面的问题一一列入谈判议题中,这些方面显然都属于接受方的责任和义务,将之列入议题,无疑是对转让方有利的,但同时技术转让方却竭力避免将其应承担的责任,如技术保证条款及内容列入谈判的议题中,目的是在谈判中逃避责任。

3. 通则议程和细则议程的内容

(1)通则议程:通则议程是谈判双方共同遵照使用的日程安排,一般要经过双方协商同意后方能正式生效。在通则议程中,通常应确定以下内容:

①谈判总体时间及各分阶段时间的安排;

②双方谈判讨论的中心议题,尤其是第一阶段谈判的安排;

③列入谈判范围的各种问题、问题讨论的顺序;

④谈判中各种人员的安排;

⑤谈判地点及招待事宜。

(2)细则议程:细则议程是对己方参加谈判的策略的具体安排,只供己方人员使用,具有保密性。其内容一般包括以下几个方面:

①谈判中的统一口径:如发言的观点、文件资料的说明等。

②对谈判过程中可能出现的各种情况的对策安排。

③己方发言的策略:何时提出问题?提什么问题?向何人提问?谁来提问?谁来补充?谁来回答对方问题?谁来反驳对方提问?在什么情况下要求暂时停止谈判,等等。

④谈判人员更换的预先安排。

⑤己方谈判时间的策略安排、谈判时间期限。

(四)商务谈判的策略

商务谈判策略是指为实现谈判目标而制定并运用的基本纲领或指导原则,是通过调查分析谈判双方的实力及需要而制定出来的,是谈判人员的行为方针和行为方式。

在商务谈判开始前,商务谈判人员应根据谈判前市场调研和双方实力分析,对谈判中双方可能发生的情况做出正确的估计,制订出有针对性的谈判策略。主要包括谈判时己方文件、资料说明,阐述观点时的口径和策略;谈判时提哪些问题、提问的时机,谁来提问、谁来作答的策略,一旦谈判过程中出现突发情况,应该如何应对;谈判人员、时间安排的策略,要根据谈判过程中对谈判对手的观察、分析灵活运用。

(五)商务谈判合同

一般的商品购销谈判中,对于买卖合同书面形式没有特定的限制,可采用具有一定格式的正式合同。如果双方没有特殊的约定,大多数企业都使用本企业所印制的固定格式合同,双方协商确定后,在谈判前提前准备好。

(六) 商务谈判可替代方案

商务谈判可替代方案在谈判准备工作中非常重要。当谈判双方分歧严重无法弥合时,如果没有其他可替代的解决方案,就会使己方陷入被动,也可能会使谈判陷入僵局甚至破裂,因此,在谈判前应准备好最佳的和最差的可替代方案。

准备可替代方案时应首先针对商务谈判环境、双方实力、竞争状况、双方可接受程度,对方的可替代方案等方面,列出双方具体的量化指标,并进行评定分析。同时也要注意,最佳替代方案不能与主选方案有太大的差距。

(七) 模拟谈判

所谓模拟谈判,就是正式谈判前的"彩排"。它是商务谈判准备工作中的最后一项内容。它是从己方人员中选出某些人扮演谈判对手的角色,提出各种假设和臆测,从对手的谈判立场、观点、风格等出发,和己方主谈人员进行谈判的想象练习和实际表演。

具体操作方法:

将自己的谈判人员分成两组,一组作为己方的谈判代表,一组作为对方的谈判代表;也可以从企业内部的有关部门抽出一些职员,组成另一谈判小组。但是,无论用哪种办法,两个小组都应不断地互换角色。这是正规的模拟谈判,此方式可以全面检查谈判计划,并使谈判人员对每个环节和问题都有一个事先的了解。

【案例2.4】

西部MBA教师参加中美商务谈判模拟对抗赛实录

2001年5月21日,北大国际MBA和美国马里兰洛约乐大学赛灵格商学院的EMBA学员举行了商务谈判模拟对抗赛。西部教师作为北大国际MBA的特殊群体,参加了本次对抗赛。

本次对抗赛共分5组,10位西部教师组成第五组,代表中国Teggart公司与美国Cameron公司(由洛约乐大学EMBA学员模拟)进行谈判,按照案例的背景,Teggart公司原为Cameron公司在中国的经销商,此次谈判是关于双方确定今后的合作方式的内容。两个小时的谈判意想不到的艰难和激烈,使西部老师真正感受到了国际商业竞争的火药味。

一、实力对比

美方的谈判小组由5名洛约乐大学的EMBA学员组成,其中1人为具有丰富咨询经验的大学教授,2名为美国公司的CFO,1名为销售主管,另1名为美国最大的调味品制造商的生产主管。所有成员都具有丰富的工商管理经验。事后了解到,美方为此次谈判做了精心准备。学员们准备了两套方案,第一套方案是分阶段进入中国市场。先给对方以中国市场的代理权,待中方的销售量达到一定数量之后,再给中方生产许可证,最后建立合资企业。第二套方案是直接与中方谈判建立合资企业,底线是谁也不控股,各占50%的股份。

中方谈判小组由10名来自西部高校的教师组成。部分成员具有企业管理咨询的经验。很明显,在商业实践经验上,中方处于劣势。中方谈判小组事前也做了许多准备工作,设计了一套谈判策略:先与对方谈判获得生产许可证的条款,以使双方在Cameron公司的专利技术的估价问题上达成共识,然后进一步与对方谈判建立合资企业,预期的结果是对方以技术入股,占25%股份。

对比双方的谈判策略,美方有两个备选方案,中方只有一个。这一缺陷,使得中方在后来的谈判中处于极为被动的地位。

二、激烈交锋

谈判尚未正式开始,双方就有了一次交锋,中方向对方介绍了小组每个成员在谈判中所扮演的角色之后,对方却不肯透露小组成员的身份,主持谈判的老师开始意识到,对方不仅有一套谈判策略,而且在谈判技巧上也做了准备。

在接下来的谈判过程中,美方在谈判中处处掌握了主动权,西部老师们虽然也做了许多努力去摆脱被动的局面,希望能够转向既定策略,但却始终没有成功。美方以非常理性、符合逻辑的方式赢得主动。美方一边通过良好的发问与沟通技巧让中方表明合作的意愿,一边借机对我们公司的情况进行摸底,而且在重要的方面,总是巧妙地用我们自己的观点来否决我们的提议。

一个小时过去了,中方始终未能将谈判引导到自己设定的轨道上来。这种局面使小组内部出现了混乱,每个人都急于扭转谈判的趋势,却使情况越来越糟。虽然利用短暂的休会,暂时统一了一下思想,但很快又被急躁的情绪所支配。

事后西部老师们意识到:模拟谈判的目的就是让我们从实践中学习,特别是从磨炼中学习,在谈判中遭受到这些挫折,可以使自己从对手身上学到了更多的东西,反之,如果在谈判中一帆风顺,那将使对手学到更多,或者双方得益都不大。通过模拟,每个人都了解到了谈判中可能会出现的各种错误,对谈判中所涉及的各种因素,例如组织、策略、技巧、经验、谈判人员的知识结构、心理素质等都有了更深刻的认识。

三、谁是赢家

谈判进行到最后30分钟,美方抛出了最后的合作方案:Cameron公司将其专利产品在中国市场的销售权交给中方,同时将供货条款由原来的离岸价改为到岸价。经过双方讨价还价,最后达成如下协议:

(1)美方将FOB条款改为CIF条款,承担原来由中方承担的海运和保险费用;

(2)美方将供货价格降低5%,并保证按中方要求供货;

(3)中方取得美方专利产品在中国市场独家代理权,中方在与美方建立合资企业之前,销售额必须达到2 000万美元。

> 这一协议达成以后,中方小组大多数成员都认为谈判失败了,美方是赢家,但细细想来这个结论似乎有些武断。
>
> 从美方的角度来看,这次谈判的确是成功的,他们掌握了谈判的主动权,并达成了预期的结果。即保护其技术专利,降低在中国市场直接投资的风险,同时打入中国市场。
>
> 从中方的角度来看,尽管谈判过程比较被动,也没有实现自己预先设计的方案。但谈判的结果却是十分诱人的。与原来作为Cameron公司的经销商相比,中方取得了Cameron公司专利产品在中国市场的独家代理权,并降低了20%的采购成本。这也正是中方CEO最后决定签订这一协议的主要原因。
>
> 实际上,这是一个双赢的谈判结果,美方通过让利来降低其进入中国市场可能会面临的技术和资本方面的风险。中方则通过放弃潜在的投资收益,获得了现实的销售利润。但从另一个角度来说,美方的谈判技巧和在谈判中的组织确实更胜一筹。
>
> (资料来源:http://www.bimba.org.)

第四节 商务谈判地点与环境的准备

商务谈判地点、环境的选择有时也是一种谈判策略,谈判地点、环境会对谈判双方的心理产生影响。谈判地点选择主要有主场、客场和中立场地三种,不同的谈判地点有不同的优势与劣势,谈判人员应充分利用谈判环境发挥自身的才能。

一、商务谈判地点准备

选择主场、客场还是中立场地进行谈判应根据己方的具体情况,经双方协商,并综合考虑主、客场和中立场地优缺点后确定。

(1)主场谈判的优点是谈判时可以以逸待劳,能充分、及时地准备资料,能及时与上级沟通,也能充分利用各种场所等,其缺点是易受干扰等。

(2)客场谈判的优点是己方谈判人员可以全身心投入,不受干扰,可实地考察对方等。其缺点是需要适应新环境、与上级沟通较难、准备资料不便等。

(3)选择在中立场地进行谈判兼具主、客场谈判的部分利弊。

谈判地点安排有时候可以反映出谈判双方谈判意愿和需求强度。如果己方对谈判的需求强度更大,己方有可能屈尊去对方的城市谈判,也就是客场谈判,反之亦然。

二、商务谈判环境准备

谈判环境准备主要是指选择、布置谈判场地和安排谈判座位。谈判环境应根据己方的谈判的需要和策略进行安排。

1. 商务谈判场所的选择

商务谈判场所的选择总体来说应满足以下要求。谈判所在地交通、通信方便,便于有关人员来往,便于满足双方通信要求。环境优美安静,避免外界干扰。谈话设施良好,使双方在谈判中不会感觉到不方便、不舒服。医疗卫生、保安条件良好,使双方能精力充沛、安心地参加谈判。作为东道主应当尽量征求客方人员的意见,让客方满意。

2. 商务谈判场所的布置

谈判场地的选择与安排一般应满足:谈判室的光线应柔和、色调偏冷、湿度偏低、温度适中,具有良好的通风和隔音设备;房间宽大、装饰舒适,摆设和座位适宜,方便谈判人员行动;谈判室的周围环境肃静、幽雅,令人心情愉快;谈判场地的交通、通信条件较为方便;谈判场地的办公设施齐全,除了有主谈室、备用谈判室外,还应安排休息室,方便谈判人员在疲劳的时候休息或磋商事情。

3. 谈判双方座位的安排

常用的商务谈判桌的形状有长方形、椭圆形、圆形。双方谈判通常采用长方形或椭圆形谈判桌,看起来比较正规。选择长条桌时,双方各坐一边。在气氛比较好的情况下,选用圆桌,双方距离相等。如果气氛更融洽,可以坐在沙发上谈。

根据谈判桌摆放的形式不同,双边谈判的座次排列,主要有两种方式:

一是横桌式,指谈判桌在谈判室内横放,客方人员面门而坐,主方人员背门而坐。除双方主谈者居中就座外,各方的其他人士则应依其具体身份的高低,各自先右后左、自高而低地分别在己方一侧就座。双方主谈者的右侧之位,在国内谈判中可坐副手,而在涉外谈判中则应由翻译人员就座。

二是竖桌式,指谈判桌在谈判室内竖放。具体排位时以进门时的方向为准,右侧由客方人士就座,左侧则由主方人士就座。在其他方面则与横桌式排座相仿。

根据双方谈判人员数量的不同,双边谈判的座次排列有以下几种主要方式:

(1)一对一座位的安排

在一个谈判桌上,如果是两个人谈话,不要面对面,最好隔角坐,因为隔角坐最轻松。如图2.2(a)所示。如果两个人在一张圆桌上谈怎么坐呢?两个人排排坐,中间空一个位置,如图2.2(b)所示。中间空一个位置,可以拉开一些距离。

(2)二对二谈判座位的安排

在谈判桌上,如果双方是两个人对两个人,该怎么坐呢?应该如图2.2(c)所示排座,白的跟白的讨论,白的跟黑的谈判,谈判还是隔角谈。最好不要正对着自己人,如图2.2(d),因为自己人面对面的时候,被对方隔离的太远,彼此没有默契,不利谈判。

(3)多对多谈判的座位安排

圆桌是理想的选择桌型。它的好处是谈判气氛比较和谐,谈判人员除了自己以外能看清在座所有人的表情。在人数较多的情况下,如何安排座位呢?五人对五人的情况下,一般按图

2.2(e)所示安排。七人对七人的情况下,要按图 2.2(f)所示安排。如果是长方形桌,则可参照图 2.2(g)所示安排。11 人对 11 人的座位安排可以参考图 2.2(h)和图 2.2(i)。

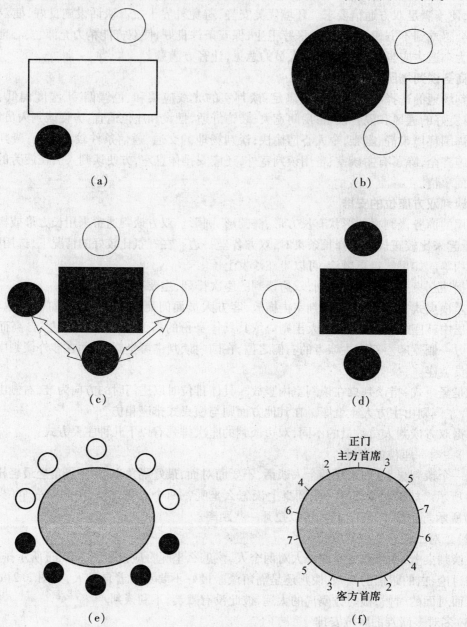

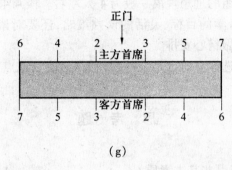

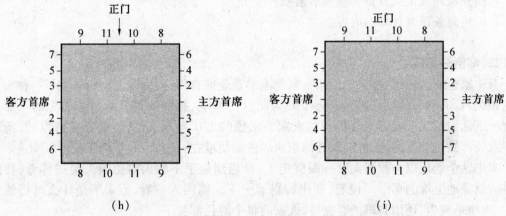

图 2.2 双边谈判的座次排列

本 章 小 结

本章主要讲述了商务谈判的信息调查、人员组织准备、商务谈判计划的制订及谈判地点和谈判环境的安排,对进一步学习商务谈判的相关技巧有铺垫作用,对课程实践和商务谈判能力的提高有很好的引领作用。

商务谈判信息是指与商务谈判活动有密切联系的各种情况、情报、资料等信息。根据调查的目的,在进行信息调查和分析时,可以从谈判者自身、谈判对手、谈判环境三方面进行。

收集谈判信息资料的方法有很多种,主要有观察法、询问法、问卷法、检索法和网络法。商务谈判信息搜集渠道有正式渠道和非正式渠道两种。商务谈判信息分析整理的主要目的是鉴别信息资料的真实性和可靠性,分析所搜集的信息资料与谈判内容的相关性,并根据其重要性对信息资料进行选择,为制订有针对性的谈判方案提供依据。

商务谈判的人员应具备良好的思想品德素质、心理素质和业务素质,熟练掌握与谈判有关的知识和经验。谈判队伍规模的大小是由谈判的规模、复杂程度、时间长短和对人员素质要求的高低决定的,一个谈判小组的理想规模一般为 4 人左右。谈判组织的构成要合理、精干。

商务谈判计划要确定科学的目标、灵活的谈判策略,还要对谈判主题、谈判目标、谈判议程、谈判合同以及替代方案做精心安排。

商务谈判地点、环境的选择有时也是一种谈判策略,谈判地点、环境会对谈判双方的心理产生影响。

思 考 题

一、本章思考题
1. 商务谈判人员应具备哪些基本素质?
2. 简述商务谈判计划的内容。

二、案例分析题
有一家企业老板跟我讲,他们跟一家德国的企业谈合作,因为他们自行研发了一种很不错的生物肥料。介绍完以后,德国人听了颇为动容:"好啊,你们的科技水平蛮领先的。那带我参观一下你们的工厂吧。"老板没想到人家会来他的工厂参观,因为他们是做研发的,所以没有注意到产品包装的问题,他们做好的东西居然随便堆在一边,上面布满了灰尘。

本来这个老板以为德国人看一眼就走了,没想到他手下的人对德国人说:"你看,我刚给你讲的就是地上堆的那个。"说着,还用脚踢了一下。德国人一看,原来不是什么高档的东西呀,上面净是灰尘,还用脚踢。看完后,人家的整个脸色都变了。

问题:阅读上诉案例说明,该谈判前的准备工作中有哪些错误?

三、实训题
假设学校春季要召开运动会,要求各班同学统一着装,本班同学商议后决定一起购买运动服参加运动会,并选派你为采购代表。请你根据采购任务,调研预购买运动服的款式、数量、型号等信息,收集运动服代理商的相关信息,结合本章所学内容,制作一个供需调研信息表。

第三章
Chapter 3

商务谈判的过程与法律规范

【学习要点及目标】

通过本章的学习,了解商务谈判的基本程序;掌握各阶段谈判工作的基本内容;了解商务谈判的法律规范,为培养谈判能力奠定良好的基础。

本章的重点是要求学生掌握商务谈判的基本程序、各阶段谈判工作的基本内容,熟悉商务谈判的法律规范。

本章的难点是熟悉商务谈判的法律规范并在谈判过程中具备正确处理法律纠纷的能力。

【引导案例】

四名大学生为开一家精品时尚外贸店,与前店主进行了一场谈判,看似并不复杂的谈判过程,实则充满了技巧和智慧。

1. 谈判背景

在阳光城商业中心闪耀着一家名叫DEMON的精品时尚外贸店,他出生于2007年6月1日,合伙人有本校市场专业的Sofia、阿梅以及统计系的李棵和胖子。他们亲切的称DEMON为"自家的儿子",他诞生前的孕育过程虽然短暂但是相当富有戏剧性。

盘店,是从前店主处接手店铺进行租用的行话,店铺转让的下家必须向原店主交盘店费(店铺之前的装修成本等),租金另算。值得注意的是,如果前任店家的租用期到了,无人向其租用,只能退出,新店主向房东直接租门面只准备房租即可。

DEMON店的前任店主秦鹏等人正面临房租到期的状况,铺面急于出手。买家于2007年5月中旬向卖家提出盘店意向,双方谈判在即。

2. 谈判过程

2007年5月18日，双方在现DEMON店铺中开始谈判。

一开始，卖家具体介绍了店内的基本状况和装修情况，包括面积、水电、墙面、地板、货架、付款台以及其他重金属装饰品，装修成本近2万。卖家以行业熟手的姿态，为开价说明了事实根据，算是恰倒好处地拉开了谈判序幕。买家并未被卖家高屋建瓴的气势所影响，而是提出质疑："店面装修的确是有特色和个性，但是我们无从考证装修的成本，更何况目前的装修风格不一定会利用到将来我们店的营业中（事实是我们差不多没变风格）。所以请介绍一下该店铺的其他方面。"

卖家看出了买家虽然是初来乍道，但并不是冲动情感型的租铺者，于是开口询问我们对于开店的想法。买家谈判者李棵实事求是的说："我们都是跳街舞的，开店也主要是搞街舞用品和轮滑用品之类的时尚产品。"卖家对这一关键信息立即做出反应"你们跳街舞的最重要的就是服饰，这店以前就是做服饰的，你们接手以后可以直接做。并且不是每个人都喜欢那种夸张风格，你们还是应该卖一些比较大众的外贸服装，现在店里的货你们就可以直接拿去卖。"买家明白，这是卖家打算把店铺卖给我们的同时，再让买家把货盘下来。卖家继续："我在广东和成都等地都有货源，开店以后，可以帮你们拿货，渠道短，保证最低价。"

此时，买家就其他方面发表意见："不过这里位置太偏了，在整条街的尾巴上，而且是个拐角怎么会有客流？"秦鹏解释说："后面的金巴黎，3期工程10月份就完工。到时玛利影院、德克士等会入驻进来，这里将会成为商业中心，不用担心客流。"

"不，在做生意时我们要把一切考虑清楚，如果有那么长一段时间的萎靡期，我们为什么不选择一个开店就能赢利的地理位置呢？"买家摆明态度，双方在认定铺面价值上陷入僵局。卖家坚持说买家疑虑过多，该铺面是个黄金口岸，买家有待做更多的考察。

"那这个店子，你打算卖多少钱？"买家成员试探性地询问。

卖家拿出早就拟好的价单说："渠道+现货+铺子的价格为5 500元；现货+铺子的价格为4 500元；只租铺子的价格为3 500元。"了解了价格之后，买家表示要再做商量。

买家要求卖家重报一次价并对价格所含内容进行解释。卖家回应："如果付渠道费，那我将最低成本给你们供货；如果付了货款店里一切物品都是你们的；如果只是铺款，就只给你们空铺。"买家立即做出反应："首先，我们不能保证你供的货是否符合我们的要求；其次，我们无法确定你拿货的价格水平；第三，我们不认为铺子的价值值3 500元那么多，并且马上就是6月份，有些学校已经放假了，到7、8月份暑假根本就没有利润，我们认为你的价格太高了。"

卖家反问道："你们认为多少钱合适？"买家不紧不慢地说："目前最多拿出2 000元，并且我们十分想要你的渠道……"

买房淡然一笑说："到哪里2 000元也找不到一个像样的铺子。"买家不依不饶："如果那么贵的价钱，我们可以找其他地理位置更好的铺子。"

这一招很奏效,顿时把卖家将住了。卖家自知铺租即将到期转而以恳切的态度征询:"你们最多能给多少钱? 2 000 元真的太低了。"

买家看出卖家的软肋,毫不退让。卖家无奈只能说答应2 000 元给我们空铺。

买家见形势不对,立即阻挠,表示要求留下货品,最好再把渠道给我们。卖家濒临崩溃的边缘,说"如果加货品和渠道,最低3 500 元。"买家答应并表示,目前还是只有2 000 元,1 500元于1个月后支付。

双方签订协议,谈判结束。

(资料来源:http://www.qncye.com.)

案例分析:

首先,我们来分析一下这场谈判是在怎样的背景下进行的:

卖家:DEMON 店的前任店主秦鹏等人正面临房租到期的状况,铺面急于出手。

买家:在众多选择中可以择优选择。

限制条件:如果前任店家的租用期到了,无人向其租用,只能退出,新店主向房东直接租门面只准备房租即可。

从整个谈判的大背景下,我们就可以看出双方所处的优劣位置,那么接下来重要的就是双方如何在谈判过程中获得对方的真实情况。

开场陈述:谈判开始时,由于卖家开门见山式专业的讲解,给对方压力,似乎可以挽回自己的一些优势,而买家很有耐心,并未被卖家高屋建瓴的气势所影响,而是提出质疑,这样本来就处于劣势的卖家的优势一下子消散很多。转而卖家开始改变策略,开始询问对方开店的想法,试图从中收集情报。得知对方的开店想法后,卖家马上抛出一连串的信息,来向买家说明自己的优势,但是过多的信息似乎在对买家透露出急于出手的信息,这样无形中将自己的真实信息透露给了对方。

接着双方进入相互试探:此时,买家决定不再听卖家的"商品"推销,开始转换策略,把问题转移到铺面上。其实这只是买家的推脱之词,只是为后面的价格协商做铺垫,以便自己处于有利的地位。而此时卖家也明白这层意思,所以用有力的根据反驳了买家。

然后谈判进入价格磋商:此时我们应该注意到,是买家首先询问卖家价格,买家处于有利的地位,而卖家的反应是马上抛出自己已经计划好的价格,却没有预留给自己足够的空间以便对方压价。于是初次谈判就结束了,但是买家意识到真正的较量还在后面,盘店金额的谈判才是根本性的。

讨价还价:买家要求卖家重报一次价并对价格所含内容进行解释。买家再一次抓住主动权。然后就是价格的妥协,当卖家询问买家能给出的价格时,买家不紧不慢地报出了一个与卖家提出价格相差甚多的价格,而且顺带了一个附加条件。这时买家已经收集足够多对方的信息,只是在不断地探视对方的价格底线,而自己只是从中做出判断和选择最优的价格。卖家继续挣扎,买家却早已洞悉,并指出对方的软肋,逼迫卖家做出价格让步。卖家努力去试探,希望可以提高价格,而买家以静制动,毫不退让。

成交:在磋商过程中,卖家做出了非常不明智的决定,那就是完全向买家提出的条件进行妥协,而不懂得让步时一定要求对方回报。充分向买家昭示自己的弱点,更加处于被动的局面。买家乘胜追击,最终大获全胜,而且获得分期付款的好处。

第一节　商务谈判的过程

谈判双方在进行了各种准备工作以后,就要开始面对面地进行实质性的谈判工作了。对于大型的谈判,可能要经过多轮的磋商洽谈,谈判过程可能也要重复多次才能达成一致。但是在谈判开始阶段,谈判双方都要提出自己的交易条件和意愿,然后对相互间的分歧进行磋商,最后消除分歧达成一致。这就是一个完整的商务谈判过程,即谈判开局阶段—报价还价阶段—磋商让步阶段—成交签约阶段。

一、开局阶段

"良好的开端是成功的一半",这说明开局非常重要。谈判的开局是谈判过程的开始,是谈判双方最初接触的阶段。因此,开局的好坏影响整个谈判过程,甚至对交易的成败都有重要的影响。开局如果非常成功,常常能掌握谈判的主动权,从而使谈判朝着有利于本方利益的方向发展。

在谈判过程中,开场阶段也被称为"破冰期"。互不相识的人坐在一起,很容易出现冷场和停顿,所以不要在一开始就进入正题,可以谈一些业务外的、轻松的话题。虽然这些内容表面上和谈判毫不相关,但可以起到缓和尴尬气氛的作用。中性话题轻松且具有非业务性,容易引起双方共鸣,有利于创造和谐气氛,最为合适。中性话题的内容通常有四种:一是彼此的业余爱好,如骑马、钓鱼等;二是各自的旅途经历,如游览活动、旅游胜地及著名人士等;三是目前社会流行的事物,如电影、球赛等;四是对于彼此有过交往的老客户,可以叙谈双方以往的合作经历和个人的成就。注意选题要新颖、巧妙,不落俗套。

谈判开局处理不好,会导致两种弊端:一是目标过高,使谈判陷入僵局;二是要求太低,达不到谈判预期的目的。所以,在谈判开局阶段,我们应做好以下几方面的工作:

(一)创造良好的谈判气氛

要想获得谈判的成功,必须创造出一种有利于谈判的和谐气氛,任何一方谈判都是在一定的气氛下进行的,谈判气氛的形成与变化,将直接关系到谈判的成败得失,影响到整个谈判的根本利益和前途,成功的谈判者无一不重视在谈判的开局阶段创造良好的谈判气氛。

谈判者的言行,谈判的空间、时间和地点等都是形成谈判气氛的因素。谈判者应把一些消极因素转化为积极因素,使谈判气氛向友好、和谐、富有创造性方向发展。

要想形成一个和谐的谈判气氛,要把谈判的时间、环境等客观因素与谈判者自身的主观努

力相结合,应该做好以下几方面的工作:

(1)谈判者要在谈判气氛形成过程中起主导作用。形成谈判气氛的关键因素是谈判者的主观态度,谈判者积极主动地与对方进行情绪、思想上的沟通,而不能消极地等待对方的态度。例如,当对方还板着脸时,你应该率先露出微笑,主动地握手,主动地关切,主动地交谈,这都有益于创造良好的气氛。

(2)心平气和,坦诚相见。谈判之前,双方无论是否有成见,身份、地位、观点、要求有何不同,一旦坐到谈判桌前,就意味着双方共同选择了磋商与合作的方式解决问题。因此,谈判之初就应心平气和,坦诚相见,这才能使谈判在良好的气氛中开场。这就要求谈判者抛弃偏见,全心全意地效力于谈判,切勿在谈判之初就以对抗的心理出发,这只能不利于谈判工作顺利进行。

(3)不要在一开始就涉及有分歧的议题。谈判刚开始,良好的气氛尚未形成,最好先谈一些友好的或中性的话题。如询问对方的问题,以示关心;回顾以往可能有过交往的历史,以密切关系;谈谈共同感兴趣的新闻;幽默而得体地开开玩笑,等等。这些都有助于缓解谈判开始的紧张气氛,达到联络感情的目的。

(4)不要刚一见面就提出要求。如果这样,很容易使对方的态度即刻变得比较强硬,谈判的气氛随之恶化,双方唇枪舌战,寸步不让,易使谈判陷入僵局。由此可见,谈判尚未达成必要的气氛之前,不可不讲效果地提出要求,这不仅不利于培养良好的谈判气氛,还会使谈判基调骤然降温。

(二)重视开局阶段的过渡期

过渡期是指谈判涉入问题前的准备时间。谈判各方见面、寒暄、握手、笑谈等都是在此期间进行的。

过渡期是谈判进入开始阶段的短暂准备,那么,这种准备时期应该把握在多长时间为宜呢?这需要根据谈判的具体情况而定,通常情况下,过度期一般可控制在全部谈判时间的2%~5%。长时间或多轮谈判,过度期可以相对延长,例如,谈判双方在异地的大型会谈,可用整天的时间组织观光,沟通感情,增进了解,为正式谈判创造良好的气氛。

在过渡期,应注意如下几个问题:

(1)行为、举止和言语不要太生硬,感情应自然流露。谈判双方的言行、举止都应当是随和而流畅的,切不可语言生硬、举止失度,如说话粗俗、拉拉扯扯等不良行为,都不利于创造过渡期的和谐气氛。

(2)不要紧张。许多性格内向,或初涉谈判者,由于心情紧张,在面对谈判对手时,手足无措,不知说什么好,结果使对方也很不自然。谈判者必须力克心情紧张,特别是在一些涉外谈判中,不可唯唯诺诺、缩手缩脚。

(3)说话不要唠叨。有些谈判者虽然快言快语,但却唠唠叨叨。一句话重复很多遍,这在惜时如金的谈判桌前是最惹人反感的,特别是在谈判的一开始,即刻会给人留下不好的印象,谈判者在过渡期内的用语必须注意效果,要简洁、精练。

(4)不要急于进入正题。"欲速则不达",谈判者初见面时不宜急于切入正题,而应首先沟通感情、增进了解、循序渐进。

(5)不要与谈判对方较劲。过度期内的交谈,一般都是非正式的,通常采用漫谈的形式。因此,语言并不要求严谨。谈判者不可对对方的每一句语都仔细琢磨,这会影响感情交流。如对方有哪句出言不周,切不可耿耿于怀,立即回敬,这只能弄巧成拙。

(6)不要举止轻狂。过渡期是展示双方气质、姿态的第一回合。谈判是一种文明竞争的方法。谈判举止的第一印象,是影响对方对你所持态度的关键因素,如果谈判者在谈判的一开局就举止轻狂,甚至锋芒毕露地炫耀自己,这在富有经验的谈判者面前就是一个初涉谈判的小丑形象。此外,不要忘了微笑。

(三)做好开场陈述

在报价和磋商之前进行开场陈述,即双方分别阐明自己对有关问题的看法和原则,开场陈述的重点是己方的利益,但它不是具体的,而是原则性的。

陈述的内容通常包括:己方对问题的理解;己方希望通过谈判取得的利益;哪些方面对己方来讲是至关重要的;己方可向对方做出的让步和商谈事项;己方可以采取何种方式为双方共同获得利益做出贡献;己方的原则,等等。

概述时要注意言辞和态度,不要因出言不慎或态度欠佳引起对方的反感。这样就会在谈判双方之间筑起无形的墙,失去对方的配合。

概述要简明扼要,内容要尽可能广泛,但要注意内在联系,以有利于创造合作机会。

概述的时间不宜太长。因为人们开始谈判时,精力充沛,思想集中,效率高。概述时间拖得太长,会使人们在进入正题后精神欠佳,效率降低。

结束语需特别斟酌,其要求是应表明己方陈述只是为了使对方明白己方的意图,而不是向对方挑战或强加给对方接受。

陈述是很正式的,商业味十足,所以,要以真挚而轻松的方式表达出来。

双方分别陈述后,需要做出一种能把双方引向寻求共同利益的陈述,即倡议。倡议时,双方提出各种设想和解决问题的方案,然后在设想和符合商业标准的现实之间,搭起一座通向成交道路的桥梁。

例如,我国某公司的一位经理在与外商谈判小麦出口业务时,首先做了这样的陈述:"诸位先生,我方约定由我向各位介绍我们对这批小麦交易的看法。我们对这笔交易很感兴趣,在此之前,我们已收到多方递盘。但我们与贵方是老朋友了,彼此有着愉快的合作经历。因此,我们想首先与贵方进行实质性的接触。这笔小麦的交易我们期望贵方能以现汇支付,并希望通过这次合作加深我们的友谊。这就是我方的基本想法,我把话讲清楚了吗?"作为回复,外商也做了简短的陈述:"我们与贵方的想法是一样的,也希望把这笔买卖做成,我们认为最好的支付方式是用我们的橡胶,这在贵方也很需要。当然了,如果贵方的小麦在价格上很有竞争力,我们也可以考虑现汇支付。别的不多谈了,有需要澄清的吗?"外商通过陈述,表明了合作的态度。明确提出了对支付方式的要求及让步的条件,简洁明了,顺利地导入了谈判。从谈判双方的陈述中,可以看到本方短短的几句话,就将本方的立场、观点、双方的利益所在、面临的问题、合作的前景等都做了详尽的阐述,使对方清楚地了解了我方的意图。

(四)探测对方情况,了解对方虚实后提出倡议

当双方都已经把自己的想法陈述出来以后,就要讨论哪种方案最可行。一个谈判高手,如果认为自己的方案优于对方,会努力抓住这个机会,极力说服对方以达到自己的目的。这时可提出倡议,先讨论什么问题、哪种方案。在提出倡议时应以协商式开始为好。因为用协商式的口吻提出倡议,争取对方的同意,可以让对方有一致的感觉,可以为谈判营造愉悦的气氛。因此,在提出倡议时要注意讲话的用词和语气。例如"我们先确定会谈的议程,行吗?"这句话如果换成"我们先确定会谈的议程,您觉得合适吗?"意思虽然一样,但后一句更客气一些。这些用词,能影响对方对本方主谈人或陈述人的印象,进而影响谈判双方的关系。

老练的谈判者一般在谈判的开局阶段都以静制动,用心观察对手的一举一动,即使发言也是诱导对方先说。如果谈判者不想在谈判之初尽多地暴露弱点,就不要急于发表己见。尤其不可早下断语,否则极易陷入被动。

正确的策略是:在谈判之初最好启示对方先说,然后再察颜观色,把握动向;对尚不能确定,或需进一步了解情况进行探测。

第一,要想启示对方先谈谈看法,可采取几种策略,灵活、得当地使对方说出自己的想法,又表示了对对方的尊重。

(1)征询对方意见。这是谈判之初最常见的一种启示对方发表观点的方法。如"贵方对此次合作的前景有何评价";"贵方认为这批冰箱的质量如何";"贵方是否有新的方案",等等。

(2)诱导对方发言。这是一种开渠引水、启示对方发言的方法。如"贵方不是在传真中提到过新的构想吗";"贵方对市场进行过调查,是吗";"贵方价格变动的理由是……",等等。

(3)激将的方法。激将是诱导对方发言的一种特殊方法,因为运用不好会影响谈判气氛,应慎重使用。如"贵方的销售情况不太好吧?""贵方是不是对我们的资金信誉有怀疑""贵方总没有建设性意见提出来",等等。在启示对方发言时,应避免使用能使对方借机发挥其优势的话题,否则,易使己方陷入被动。

第二,当对方在谈判开局发言时,应对对方进行察颜观色。因为注意对方每一句话的意思和表情及研究对方的心理、风格和意图,可为己方所作的第一次正式发言提供尽可能多的信息依据。在谈判桌上,不仅要注意观察对方发言的语义、声调、轻重缓急;还要注意对方行为语言,如眼神、手势、脸部表情,这些都是传递某种信息的符号。优秀的谈判者都会从谈判对手起始的一举一动中,体察对方的虚实。

第三,要对具体的问题进行具体的探测。在有些情况下,察颜观色并不能解决问题,这就要进行一些行之有效的探测了。例如,要探测对方主体资格和阵容是否发生变化,可以

问:"××怎么没来?"要探测对方出价的水分,可以问:"这个价格变化了吧?"要探测对方的资金情况,可以问:"如果C方要我们付现金呢?"要探测对方的谈判诚意,可以问:"据说贵方有意寻找第三者?"要探测对方有否决策权,可以问:"贵方认为这项改变可否确定?"此外,谈判者还可以通过出示某些资料,或要求对方出示某些资料等方法来达到探测的目的。

(五)防止两种倾向

第一切忌保守。谈判的开局阶段,谈判者通常是竞争不足,合作有余,容易保守,唯恐失去一个合作的伙伴或一个谈判的机会,如果因此一味迁就对方,不敢大胆坚持己方的主张,结果必然会被对方牵着鼻子走。开局阶段的保守,将会导致两种局面:一是一拍即合,轻易落入对方大有伸缩的利益范围,失去己方原来应该得到的利益;二是谈判一方开局就忍让,迁就对方,使对方以为己方的利益要求仍有水分,而把己方的低水平的谈判价值保守点作为讨价还价的基础,迫使己方做出更大的让步。

所以,在谈判的开局阶段要敢于正视对方,放松紧张心理,力戒保守。必须坚持谈判的高目标。谈判目标定的高低,将直接影响谈判的成果,只有将谈判的目标定在一个努力弹跳能摸到的位置,才是恰当的。在谈判开局中,坚持在一个高目标的基础上进行,就会避免出现不利情况,使谈判者在以后的谈判中获得适合的利益。

第二切忌激进。谈判的开局要有一个高目标,但高目标不是无限度地高,更不能把己方的高目标建立在损害对方利益的基础之上。否则会出现两种不利的局面:一是对方会认为你方没有诚意以至破坏了谈判的气氛,二是对方为了抵制过高的要求,也会"漫天要价",使谈判在脱离现实的空中楼阁中进行,只能导致徒劳无功浪费时间,使谈判陷入僵局。

在谈判的开局阶段,谈判者既要有一个高目标,又要防止不切实际的"漫天要价"。在处理谈判开局阶段中的竞争与合作、索取与退让的关系以及把要求的目标限定在一个科学、适度的范围内的过程中,我们应科学地分析和预测彼此价值要求的起点、界点、争取点,从而找到谈判的协作区,控制利益要求的限度。

(六)营造谈判气氛的方法

创造良好的谈判气氛的方法有情感法、赞扬法和问题法。

1. 情感法

情感法是指在谈判中,谈判人员有意识地利用某一特殊事件来引发人们心中的情感,并使这种感情迸发出来,从而达到营造谈判气氛的目的。

【案例 3.1】

巧妙的气氛营造

中国一家生产企业准备从日本引进一条生产线,于是与日本一家公司初步洽谈。双方分别派出了一个谈判小组就此问题进行谈判。谈判那天,中方主谈发现在与日本企业的以往接触中,日本人总板着面孔谈判,造成一种冰冷的谈判气氛,给中方谈判人员造成一种心理压力。于是,在谈判时,双方谈判代表刚刚就坐,中方主谈就站了起来,他对大家说:"在谈判开始之前,我有一个好消息要与大家分享。我的太太在昨天夜里为我生了一个大胖儿子!"此话一出,中方职员纷纷站起来向他道贺。日方代表也纷纷站起来向他道贺。整个谈判会场的气氛顿时高涨起来。这位主谈机智地想出了用自己的喜事来打破日本人的冰冷面孔,营造了一种有利于己方的谈判气氛。

(资料来源:赵素洁.商务谈判[M].北京:冶金工业出版社,2008.)

2. 赞扬法

赞扬法是通过赞扬让对方产生一种心理上的认同感,从而削弱对方的心理防线,调动对方的情绪,激发起对方的谈判热情,营造良好的谈判气氛。

采用赞扬法时应该注意以下几点:

(1)选择恰当的称赞目标。选择称赞目标的基本原则是投其所好,即选择那些对方自己深感自豪的目标去赞扬。

(2)选择恰当的称赞时机。如果时机选择得不好,可能会适得其反。

(3)选择恰当的称赞方式。选择别人值得赞扬的地方去称赞,态度要真诚,方式要自然。让对方觉得你是发自内心地认同他,否则会引起对方的反感。

3. 问题法

问题法是指谈判一方提出问题以引导对方与之争论,通过争议使对方逐渐进入谈判角色。这种方法有些类似于"激将法",通常是在对方故意表现冷漠、不热情时采用。但是,这种方法很难把握好火候,在使用时应慎重一些,以免激怒对方。

二、报价还价阶段

报价并不仅指双方在谈判中提出的价格条件,而是泛指谈判一方主动或根据另一方要求向对方提出自己的所有要求。当然,在所有要求中,价格条款最为显著,地位最为重要。

报价标志着商务谈判进入实质性阶段,也标志着双方的物质性要求在谈判桌上"亮相"。价格虽然不是谈判的全部,但毫无疑问,有关价格的讨论依然是谈判的主要组成部分,在任何一次商务谈判中价格的协商通常会占据 70% 以上的时间,很多没有结局的谈判也是因为双方价格上的分歧而最终导致不欢而散。

(一)报价的原则

报价应遵守以下几项原则:

（1）对卖方来讲，报价起点要高，即"可能的最高价"；相应地，对买方来讲，报价起点要低，即"可能的最低价"，这是报价的首要原则。

因为：

①卖方的开盘价实际上是确定了价格谈判区间的一个上限。

②开盘价会影响对方对我方提供的商品或劳务的印象和评价。

③开盘价高，能为以后的讨价还价留下充分的回旋余地，使己方在谈判中更富于弹性。

④经验证明，开盘价对最终成交水平具有实质性的影响。开盘价高，最终成交的水平也就比较高。

（2）开盘价必须有根有据，合乎情理。

（3）报价的表达应该坚定、明确、完整，不加解释和说明。

（4）报价的解释应坚持不问不答、有问必答、避虚就实、能言不书的原则。

（二）开盘价的确定

开盘价是指在商务谈判中，买卖双方根据本方既定的目标和谈判策略，结合产品和市场的具体情况，向谈判对手报出的最初价格。

由于开盘价将影响最终的成交价格，因此它的确定必须合情合理。开盘价报出以后，不能更改，它等于买方给出的最低价，或者卖方开出的最高价。因此，开盘价不能随心所欲地报出，它要依据一定的因素。

1. 影响开盘价的因素

（1）产品的成本。产品成本是构成价格的最重要因素，无论买方或卖方的开盘报价，都必须考虑产品的成本费用情况。那种脱离成本的报价是不现实的，对谈判双方都是不负责任的。

（2）产品的市场行情。包括市场上同类产品的供求状况、产品的价格走势等因素。开盘价必须考虑市场行情，虽然在商务谈判中，卖方出高价、买方出低价是人之常情。但价格水平的高低并不是任何一方随心所欲决定的，需要考虑市场行情因素。只有这样才不至于影响双方的谈判诚意，同时也可以节省谈判时间。

（3）谈判对方的价格心理。谈判的对象是具体的人，因此在制定开盘价格时必须考虑谈判对象的价格心理。一般来讲，谈判者的价格心理有三种：一是谈判者对产品需求迫切的时候。此时谈判者最关心的是交货数量、品质和交货期，对价格的关心程度反而较低。在这种情况下，开盘价可制定得稍高一些。二是谈判者对价格的预期心理，即谈判者对未来一定时期价格走势的判断和预测对其心理产生的影响，我们经常说的"买涨不买落"就是这种预期心理的影响。谈判者在制定开盘价时，就可以根据对方对该产品价格的预期做出决策。三是高质高价的心理。对于那些质量难以判别的产品，谈判者一般会通过价格判断产品的质量。这时，可以为迎合对方的心理把开盘价定得高一些。

（4）企业的知名度和产品的声望。在商务谈判中，知名企业或名牌产品有很强的竞争能力，其开盘价往往定得较高。买方也经常有"一分价，一分货"的观念，在很多时候也愿意接受这种高价的产品。这种利用企业或产品的声望制定高价的行为,已经得到了谈判界的普遍认可。

此外,与价格相关的支付方式也会影响买卖双方的开盘报价。

(二)报价的种类

1. 积极价格与消极价格

产品以及其他条件越能满足对方的要求或主观愿望,对方就越觉得产品价格便宜,这个报价就是积极价格。如果对方对产品以及其他条件都很不满意,那么这个报价就是消极价格。

积极价格与消极价格带有浓厚的主观色彩,不同的人在不同的环境下有不同的判断。那么,谈判者所推销的产品价格是"积极价格"还是"消极价格"？如果是"消极价格",怎样通过谈判的方式将其转变为"积极价格"呢？谈判者只有正视这个问题并采取相应的价格谈判策略,才能有助于做好讨价还价的准备工作。

2. 实际价格和相对价格

单纯的产品标价即为实际价格,与产品的有用性相对应的价格即为相对价格。作为谈判者应努力做到,不让对方的精力关注在产品的实际价格上,而是将他的注意力吸引到产品的相对价格上。这样才能有助于对方顺利接受己方的报价。

3. 欧美式报价和日本式报价

在国际商务谈判活动中,有两种比较典型的报价战术,即欧美式报价战术和日本式报价战术。

欧美式报价的一般模式:欧美式报价是指事先报出一个有较大回旋余地的价格,然后根据谈判双方实力对比情况与该笔交易的国际市场竞争等因素,通过不同程度的价格优惠,如价格折扣、数量折扣、佣金或交易条款上的优惠等,慢慢软化谈判对手的立场和条件,最终达到成交的目的。实践证明,这种报价方法只要能稳住对方,往往会有一个不错的结果。

日本式报价的一般模式:日本式报价是指报价时先报出最低价格,以吸引买主的谈判兴趣。但是这种最低价格是以对卖方最有利的结算条件为前提的,而且这种最低报价相应的交易条件很难全部满足买方的需要。例如,当卖方报出一套技术设备的最低价格时,其附带条件可能有不派技术人员指导、缩短免费维修期限、由卖方选择计价货币、运输方式等。若买方要求变动有关交易条件,卖方就会趁机提高价格。因此,其成交价格往往高于初始报价。

日本式报价在处于多个竞争对手时,是一种极具竞争力和艺术性的报价方式。这种报价有助于卖方在众多的竞争对手中捷足先登,控制客户顺利签约。

(三)讨价还价方法

在商务谈判过程中,一方报价以后,另一方总会针对报价做出相应的反应,而不会无条件地接受对方的报价,也就是说所谓的"一口价"在谈判桌上是不存在的。谈判双方总要经过多次的价格解释,向对方充分说明自己报价的合理性和报价依据,并根据对方的合理要求和可接受的条件做出适当的妥协和让步。经过双方的相互妥协,才能最终达成一个双方都接受的价格。这个过程就是谈判双方的讨价还价过程。

讨价还价由两个环节构成,一是讨价,二是还价。

1. 讨价

讨价是指谈判中的一方首先报价之后,另一方认为离自己的期望目标太远,而要求报价方改善报价的行为。

讨价一般分为两个阶段:

第一阶段,由于谈判刚开始,还不太了解卖方价格的具体构成情况,因而,讨价没有针对性,只能要求对方从总体上改善报价。

第二阶段,随着谈判的不断深入,已经掌握了对方价格的具体情况,这时可找出对方报价中明显的不合理成分,要求对方重新报价。

在讨价时,若首次讨价,就能得到对方改善报价的反应,这就说明对方价格中所含的水分较多,报价中虚报部分可能较大,也可能表明对方成交心切。但是,在多数的情况下,报价者一般会在对方第一次讨价时固守自己的立场,反复解释自己报价的合理性,不会轻易做出改善报价的表示。另外,也要防止对方实施模糊让步术,即口头表示会考虑你的要求,让你盲目乐观,其实他根本没做出实质性的让步。只要对方的报价没有什么实质性改善,讨价方就应继续抓住报价中的实质性内容或关键的谬误不放,不要为卖方的"表演"所感动。同时,应依据对方的权限、成交的决心继续实施讨价策略。

应注意的问题是,在讨价时,要坚持人事两分的原则,努力做到对人和蔼,对事坚决,无论对方如何顽固,语言一定要委婉,不能因为对方的坚持而使谈判陷入僵局。

【案例3.2】

一位电气开关供应商被要求向中西部某承包商提出供货报价,但他按价格目录报价却遭到了对方的坚拒。

他被激怒了,质问对方:"你为什么这样顽固,非要我按目录价格再打折扣?"

对方回答:"因为你去年向我的下属公司供货时就打过九折。"

他说:"那是因为双方是第一次打交道,我为了拉下回生意才打折的,是可一不可再啊。"

对方说:"那好,咱俩也有下回交易要做,就请也按第一次打交道的规矩打个折吧。"

分析内容:僵局产生的原因,如何走出僵局?

分析:单方面做出的"善意让步",不但不能"软化"对方的立场,相反,只能使之更加僵硬。

(资料来源:[英]盖温 肯尼迪.谈判是什么[M].陈述,译.北京:中国宇航出版社,2004.)

2. 还价

为了使谈判进行下去,卖方在做了数次调价以后,往往会要求买方还价,买方报出自己目标价格的行为就叫还价。

一般来讲,还价的方式有总体还价和目标分解还价两种。

(1)总体还价。总体还价,又叫"一揽子"还价,是指不分报价中各部分所含水分的差异,均按同一个百分比还价。

(2)目标分解还价。在谈判过程中,双方如果机械地把还价盯在一个大目标上,很可能对目标的实现没有任何帮助。一个总价格是由许多项目构成的,如一些技术转让或其他大型的谈判项目其价格的构成可能包括很多内容,诸如专利权、人员培训、专有技术、技术资料、图纸交换等。因此,在对方报价时,如果价格水分较大,而我们在还价时不做分解,只笼统要求对方做出让步,就显得比较盲目,效果也不会很理想。比较好的做法是,把对方报价的目标分解,从中寻找出哪些技术是我们需要的,价格应是多少,哪些是我们不需要的,哪部分价格水分较大,这样,还价要求就会比较有说服力。

【案例3.3】

"目标分解"在还价中的巧妙运用

我国一家公司与德国仪表行业的一家公司进行一项技术引进谈判。对方向我方转让时间继电器的生产技术,价格是40万美元。德方依靠技术实力与产品名牌,在转让价格上坚持不让步,双方僵持下来,谈判难以进展。最后我方采取目标分解策略,要求德商就转让技术分项报价。结果,通过对德商分项报价的研究,我方发现德商提供的技术转让明细表上的一种时间继电器元件——石英振子技术,我国国内厂家已经引进并消化吸收,完全可以不再引进。以此为突破口,我方与德方洽商,逐项讨论技术价格,将转让费由40万美元降至25万美元,取得了较为理想的谈判结果。

(资料来源:赵素洁. 商务谈判[M]. 北京:冶金工业出版社,2008.)

三、磋商让步阶段

在商务谈判中,所谓的磋商是指谈判双方为了实现各自的目的,寻找双方合作的共同点,就双方提出的条件进行切磋和商讨。它是面对面地说理、讨论和论战的过程,因此,这个阶段也被称为交锋阶段。交锋磋商的目的是使双方的立场趋于一致,为最后的成功签约打下基础。可以说没有交锋,就没有真正意义上的谈判。

(一)谈判中的分歧

在谈判时谈判双方由于立场相异,谈判双方各自提出的交易条件必然会存在着某些分歧和对立。磋商的目的就是要解决这些分歧和对立,所以磋商要从了解和判断分歧入手。一般来讲,谈判中的分歧有真正的分歧、沟通障碍导致的分歧、谈判者故意制造的分歧三类。

1. 真正的分歧

即使谈判双方确有合作的诚意,但由于谈判双方的立场不同,都想通过谈判为己方争取更多的利益,就必然会造成双方对某一问题有不同的看法和主张,而且均各自准备好了似乎难以驳斥的理由,这样谈判就变成了一种意志力的较量。当双方互不相让时,就变成了谈判中的分歧。例如,在中美恢复外交关系的谈判中,双方在公报如何表述台湾的问题上发生了分歧。中方认为台湾是中国领土的一部分,而美方不想得罪台湾当局,双方谈判代表为此相持不下。最后,在"上海公报"里,使用了"台湾海峡两边的中国人"这种巧妙的提法,使双方的分歧得到了缓解,"上海公报"得以诞生。

2. 沟通障碍导致的分歧

沟通障碍就是谈判双方在沟通、交流时由于主观或客观的原因所造成的理解上的不一致而产生的障碍。尤其是在国际商务谈判时,由于双方文化背景的差异,一方语言中的某些习惯表述难以用另一种语言准确无误地表述出来,更容易产生误解。某跨国公司总裁访问一家中国著名的制造企业,商讨合作发展事宜。中方总经理很自豪地向客人介绍说:"我公司是中国二级企业……"此时,翻译人员很自然地用"Second-Class Enterprise"来表述。不料,该跨国公司总裁闻言,原本很高的兴致突然冷淡下来,敷衍了几句立即起身告辞。在归途中,他抱怨道:"我怎么能同中国的一个二流企业合作?"可见,一个小小的沟通障碍,会直接影响到合作的可能与否。美国商人谈及与日本人打交道的经历时说:"日本人在会谈过程中不停地'Hi'、'Hi',原以为日本人完全赞同我的观点,后来才知道日本人只不过表示听明白了我的意见而已,除此之外,别无他意。"由此可见,不同的文化背景导致人们不仅在语言习惯上,甚至在行为举止上,差异均是非常明显的。不了解对方的文化习俗,容易产生理解上的偏差而形成误会。

3. 谈判者故意制造的分歧

这是一种带有高度冒险性和危险性的谈判战略,即谈判的一方为了试探出对方的决心和实力而有意给对方出难题,混淆视听,甚至引起争吵。这种故意制造的分歧,目的是迫使对方放弃自己的谈判目标而向己方目标靠近,使对方屈服,从而达成有利于己方的交易。

(二) 磋商中的让步

谈判本身是一个利益重新分配的过程,也是一个理智的取舍过程。由于谈判双方存在着利益的差异,不经过讨价还价就无法达成协议。若双方始终坚持自己的初始立场,利益的分配也就无从谈起。在讨价还价的过程中,让步是必然的。一个高明的谈判者应该知道在什么时候抓住利益,在什么时候放弃利益。想什么都不失去是不现实的。有得有失,才可能使谈判达成协议。因此,让步是谈判者不得不采取的策略。

1. 让步策略的原则

让步策略的使用在商务谈判中起到了非常重要的作用。成功让步的策略和技巧表现在谈判的各个阶段,成功的让步策略可以起到以局部小利益的牺牲来换取整体利益的作用,甚至在有些时候可以达到"四两拨千斤"的效果。但是,要准确、有价值地运用好让步策略,必须服从以下原则:

(1) 不要做太大的让步,让步节奏不宜太快,以免提高对手的期望水平。

(2) 让步的方式与幅度具有不可测性,以免让对手根据你的让步方式来判断你的类型。

(3) 设法使对手对重要问题先做让步;而我方可以对较次要的问题先做让步。

(4) 双方让步要同步进行。
(5) 不要做无谓的让步。
(6) 要让对方懂得,我方每次做出的都是重大的让步。
(7) 谈判中最严重、最愚蠢的让步是:毫无异议地接纳对手首次提出的要求。
(8) 尽量提出毫无损失,甚至是有益的让步。
(9) 要注意让步的时机选择和时间效果。
(10) 不要承诺做出与对方同等幅度的让步。

2. 让步策略的模式

美国的谈判学家霍华德·雷法称让步过程为"谈判舞蹈"(negotiation dance),即交易双方在讨价还价的交换中,同时也做出一些必要的让步,不断地把双方价格差距缩小,直至在价格谈判的合理范围之内确定一点,"谈判舞蹈"的舞步方告停止。最终形成的双方满意的成交价,实现谈判目的。

假设,卖方制定的目标价格为150美元,其对买方的初始报价是210美元,则卖方的最大可让值是60美元,假定卖方共进行了四次让步,则可以有以下7种让步方式,见表3.1。

表3.1 价格谈判中的让步模式

序号	让步的方式	第一次	第二次	第三次	第四次
1	最后一次到位让步方式	0	0	0	60
2	均衡让步方式	15	15	15	15
3	递增式让步方式	8	13	17	22
4	递减式让步方式	22	17	13	8
5	有限式让步方式	26	20	12	2
6	快速让步方式	59	0		1
7	满足式让步方式	50	10	−1	+1
8	初次一步到位让步方式	60	0	0	0

(1) 最后一次到位。这是一种较坚定的让步方式。它的特点是在谈判的前期阶段,无论对方作何表示,己方始终坚持初始报价,不愿做出丝毫的退让。到了谈判后期或迫不得已的时候,却做出大步的退让。当对方还想要求让步时,己方又拒不让步了。这种让步方式往往让对方觉得己方缺乏诚意,容易使谈判形成僵局,甚至可能因此导致谈判的失败。因此,可把这种让步方式概括为"冒险型"。

(2) 均衡让步。这是一种以相等或近似相等的幅度逐轮让步的方式。这种方式的缺点在于让对方每次的要求和努力都得到满意的结果,因此很可能会刺激对方要求无休止让步的欲望,并坚持不懈地继续努力以取得进一步让步,而一旦让步停止就难说服对方,从而有可能造成谈判的中止或破裂。但是,如果双方价格谈判轮数比较多、时间比较长,这种"刺激型"的让步方式也可以显出优越性,每一轮都做出微小的但又带有刺激性的让步。把谈判时间拖得很长,往往会使谈判对手厌烦不堪、不攻自退。因此,可把这种让步方式称为"刺激型"。

(3) 递增让步。这是一种让步幅度逐轮增大的方式。在实际的价格谈判中应尽力避免采取这种让步方式,因为这样做的结果会使对方的期望值越来越大,每次让步之后,对方不但感到不满足,并且会认为己方软弱可欺,从而助长对方的谈判气势,诱发对方要求更大让步的欲望,使己方很有可能遭受重大损失。这种让步方式可以概括为"诱发型"。

(4) 递减让步。这是一种让步幅度逐轮递减的方式。这种方式的优点在于:一方面让步幅度越来越小,使对方感觉己方是在竭尽全力满足其要求,也显示出己方的立场越来越强硬,同时暗示对方虽然己方仍愿妥协,但让步已经到了极限,不会再轻易做出让步;另一方面让对方看来仍留有余地,使对方始终抱着把交易继续进行下去的希望。因此,可以把这种让步方式称为"希望型"。

(5) 有限式让步。这种让步方式的特点是:开始先做出一次巨大的退让,然后让步幅度逐轮减少。这种方式的优点在于:它既向对方显示出谈判的诚意和己方强烈的妥协意愿,同时又向对方巧妙地暗示出己方已尽了最大的努力,做出了最大的牺牲,因此进一步的退让已近乎不可能,从而显示出己方的坚定立场,这种方式可称为"妥协型"。

(6) 快速式让步。这是一种巧妙而又危险的让步方式。开始做出的让步幅度巨大,但在接下来的谈判中则坚持己方的立场,丝毫不做出让步,使己方的态度由骤软转为骤硬,同时也会使对方由喜变忧,又由忧变喜,具有很强的迷惑性。开始的巨大让步将会大幅度地提高买方的期望,不过接下来的毫不退让和最后一轮的小小让步会很快抵消这一效果。这是一种很有技巧的方法,它向对方暗示,即使进一步的讨价还价也是徒劳。但是,这种方式本身也存在一定的风险性。首先,它把对方的巨大期望在短时间内化为泡影,可能会使对方难以适应,影响谈判顺利进行。其次,开始做出的巨大让步可能会使卖主丧失在高价位成交的机会。这种方式可称为"危险型"。

(7) 满足式让步。这种方式代表一种更为奇特和巧妙的让步策略,因为它更加有力地、巧妙地操纵了对方的心理。第一轮先做出一个很大的让步,第二轮让步已经到了极限,但在第三轮却安排小小的回升(对方一般情况下当然不会接受),然后在第四轮再假装被迫做出让步,一升一降,实际让步总幅度未发生变化,却使对方得到一种心理上的满足。这种方式可称为"欺骗型"。

(8) 初次一步到位。这是一种比较低劣的让步方式。在谈判一开始,就把己方所能做出的让步和盘托出,这不仅会大大提高对方的期望值,而且没有给己方留出丝毫的余地。接下来的完全拒绝让步显得缺乏灵活性,又容易使谈判陷入僵局。这种让步方式只能称为"低劣型"。

四、成交签约阶段

商务谈判经过激烈的唇枪舌剑之后转入了最后阶段,即拍板成交阶段。这是谈判最关键的阶段。成交阶段商务谈判的主要目标:一是力求尽快地达成交易;二是尽量保证西方已取得的谈判成果不要丧失;三是争取获得最后的利益收获。

(一)判断对方的成交迹象

在商务谈判过程当中,对手可能会随时流露出成交迹象。谈判人员要善于判断对方发出的成交信号,及时提出成交建议,以巩固前期的谈判成果,节省谈判时间,提高谈判效率。

成交迹象是指谈判对手在语言、表情或行为上的肯定反应,是暗示谈判终结,缔结协议的行为和提示。在商务谈判过程中,如果对手对谈判标的感兴趣,他总会有自觉或不自觉的行为流露,一旦谈判对手流露出这种信息,就应该认为这是要求成交的最佳时机。

谈判对手的成交迹象有以下几种情况:

1. 谈判对手从对一般问题的关注转到了对细节问题的讨论上

如对方在详细了解产品的品质、功能以后,对产品本身的问题已不再讨论,而将重点转移到成交以后的问题上,诸如产品的保养、维修等售后问题和交货期、付款方式等一系列具体问题,这说明对方已经有了明确的合作意向。当你解答了对方的上述问题以后,就可以明确提出成交建议。

【案例3.4】

情景一:

客户:"我还从来没有用过这种产品。那些使用过的客户感觉用起来方便吗?"

销售人员:"当然了,操作简单、使用方便是这种新产品的一个重要特点。以前也有一些客户在购买之前怕使用起来不方便,可是在购买之后他们觉得这种产品既方便又实用,所以已经有很多客户长期到我们这里来购买产品了,您现在就可以试一试,如果您也觉得用起来方便的话,就可以买回去好好享用了……"

情景二:

客户:"你们在服务公约上说可以做到三年之内免费上门服务和维修,那么我想知道,如果三年以后产品出现问题该怎么办?"

销售人员:"您提的这个问题确实很重要,我们公司也一直关注这个问题。为了给客户提供更满意的服务,我们公司已经在各大城区都建立了便民维修点,如果在保修期之外出现问题,您只要给公司总部的服务台打电话说明您的具体地址,那么我们公司就会派离您最近的便民维修点上门服务,服务过程中只收取基本的材料费用而不收取任何额外的服务费……"

(资料来源:王爱国,高中玖.商务谈判与沟通[M].北京:中国经济出版社,2008.)

2. 谈判者提出自己的最后要求或发出最后通牒

谈判双方在某个问题上相持不下时,谈判出现短暂的停顿或冷场,这时谈判一方提出最后的要求，如："如果你们承担运费的50%，我们就成交。"或发出最后通牒："如果贵方再不做决定的话，我们只好另找合作对象了。"对方的这种做法，正说明了他们希望快速成交。

3. 谈判对方成员的情绪由紧张转为松弛

如用眼睛相互示意，传递会意的表情。这说明对方成员对交易基本赞同，这时可将话题方向引向对对方的成交提示，这样有利于加速成交的进程。

【案例3.5】

在一次与客户进行谈判的过程中，刚开始我发现那位客户一直紧锁着眉头，而且还时不时地针对产品的质量和服务提出一些反对意见。对他提出的问题我都一一给予了耐心、细致的回答，同时我还针对市场上同类产品的一些不足强调了本公司产品的竞争优势，尤其是针对客户比较关心的服务品质方面着重强调了本公司相对完善的客户服务系统。在我向对手一一说明这些情况的时候，我发现他对我的推荐不再是一副漠不关心的模样，他的眼睛似乎在闪闪发亮，我知道我的介绍说到了他的心坎儿上，于是我便趁机询问他需要订购多少产品，他告诉了我他们打算订购的产品数量，我知道这场谈判很快就要成功了……

（资料来源：王爱国，高中玖．商务谈判与沟通[M]．北京：中国经济出版社，2008．）

4. 某些反对意见表露出的成交信号

有时，对手会以反对意见的形式表达他们的成交意向，比如他们对产品的性能提出质疑、对产品的某些细微问题表达不满等。对手有时候提出的某些反对意见可能是他们真的在某些方面存在不满和疑虑，谈判人员需要准确识别成交信号和真实反对意见之间的区别，如果一时无法准确识别，那么不妨在及时应对反对意见的同时，对他们进行一些试探性的询问以确定对手的真实意图。

【案例3.6】

客户："这种材料真的经久耐用吗？你能保证产品的质量吗？"

谈判人员："我们当然可以保证产品的质量了！我们公司的产品已经获得了多项国家专利和各种获奖证书，这一点您大可以放心。购买这种高品质的产品是您最明智的选择，如果您打算现在要货的话，我们马上就可以到仓库中取货。"

客户："不不，我还是有些不放心，我不能确定这种型号的产品是否真的如你所说的那么受欢迎……"

谈判人员："这样吧，我这里有该型号产品的谈判记录，而且仓库也有具体的出货单，这些出货单就是产品谈判量的最好证明了……购买这种型号产品的客户确实很多，而且很多老客户还主动为我们带来了很多新客户，如……这下您该放心了吧，您对合同还有什么疑问吗？"

（资料来源：王爱国，高中玖．商务谈判与沟通[M]．北京：中国经济出版社，2008．）

5. 及时捕捉对方语言提示的成交信息

在商务谈判的过程中，有时对方对成交迹象的流露非常含蓄，这就要求谈判者及时分析谈判对手的语言，从中捕捉成交迹象。如两家公司正在谈判，当双方讨价还价时，一方报价单件商品 115 元,价格刚一报出,对方马上反应到:"你们报价也太高了,我们是不会接受单价超过 100 元的商品的"。这句话一出等于透露了两个信息,一是对方已经有了成交意向;二是对方能接受的成交价位的上限为 100 元。

以上内容都是对手流露的成交迹象,它显示成交时机已经到了,这时,即使你对商品的推荐还没有完结,也已经没有了再进行下去的必要。

总之,成交迹象是多种多样的,要求谈判人员要及时、准确地捕捉各种成交迹象,正确理解对手的意思,大胆提出成交要求。如:"对这批交易的各项事宜我们都谈过了,大家的意向也基本一致,我看咱们还是把协议签了吧"。

（二）推动成交的最后让步

通过谈判,双方交易的内容、条件都已大致确定,谈判已经到了签订协议的紧要关头。这时,精明的谈判人员往往会再给对方做一些小的让步,用这最后的让步使得对方更加满足,从而使签约、履约更加顺利,为今后的合作奠定良好的基础。在做最后的让步时要注意以下三点。

1. 要把握让步的最好时间

谈判者如果让步的时间过早,对方会认为这是前期讨价还价的结果,而不认为这是你做的最后让步,对方往往认为还有讨价还价的余地;如果让步的时间过晚,对方已准备签约或正在签约,这时对方会对你的让步行为感到很不理解。所以,谈判人员一定要把握好最后让步的时机。最后的让步时机应该是对手通过讨价还价,需求已经在一定程度上得到了满足,已有意结束谈判缔结协议,这时做出最后的让步以推动对方尽早签约。

2. 要把握好让步的幅度

谈判者在做出最后让步的决定以后,接下来要考虑的就是让步的幅度问题。最后让步的幅度不宜过大,否则对方会理所当然地认为,你在此次谈判中获利过多,谈判结果不公平,因而会节外生枝,造成不必要的麻烦;如果让步幅度过小,对方会认为微不足道,难以满足其要求。因此,让步的幅度的大小,决策者要考虑和前期所做的让步相协调,同时要考虑对方谈判人员的身份、地位等因素,让接受者有一种尊严感、成就感。

3. 不做无条件的最后让步

无论在什么情况下,无条件让步都是谈判中的禁忌。谈判者在做最后让步的时候,要同时提出己方的最后要求,这样可以让对方感觉到,我方做出这最后让步的不易,这样可以消除他提出尽一步要求的想法。

（三）缔结谈判协议

谈判的最主要阶段是双方的交流与沟通。当谈判双方对谈判的交易条款互相赞同,达成一致的时候,"谈"的阶段就已经结束了。但是记录谈判成功果实的经济合同还没有签订,为防止谈判功亏一篑,巩固谈判成果,谈判双方必须立下书面凭据,即签订经济合同。

经济合同记录了谈判的最终成果,它一经双方谈判代表签字,就具有法律效力。在执行合同时,任何一方违约都要受到法律的制裁。这样商务谈判的成果就得到了有效的法律保护。草拟经济合同的重要依据是谈判备忘录。在谈判过程中,谈判双方讨论的细节很多,为防止漏记和遗忘,谈判者应该随时把双方讨论的问题和达成的共识记录下来,这就是谈判备忘录。备忘录一经双方签字,就成了一份重要的文件,在一般情况下,双方都不得自行改变。自此双方交易已基本完成。

【阅读资料3.1】

谈判的记录方法

(1)通读谈判记录或条款,以表明双方在各点上均一致同意。通常在谈判涉及商业条款及商品规格时使用。

(2)每日的谈判记录,由一方在当晚整理就绪,并在第二天作为议事日程的第一个项目宣读,后由双方通过,只有这个记录通过后才再继续进行谈判。

(3)如果只需进行两三天的谈判,则由一方整理谈判记录后,在谈判结束前宣读通过。

(资料来源:赵素洁.商务谈判[M].北京:冶金工业出版社,2008.)

谈判备忘录是撰写经济合同的基础,但经济合同的撰写更为具体,它包括的内容有标的条款、品质条款、数量条款、货款和支付方式、履约期限、地点和方式、违约责任等。

合同拟订好以后,应和谈判备忘录加以对照,以免遗漏某些条款,然后由双方法人代表或合法代理人签字,并加盖公章,这样合同才具有法律效力。至此谈判双方经过长时间努力而达成的共识才有了法律保障。

(四)善后工作

参加商务谈判的双方,通过自己的努力最终达成了协议,但这并不等于谈判的彻底完结,谈判者还有许多具体的事情要做。

1.适时分手

合同签订以后,双方谈判者应首先向对方表示感谢,感谢对方的合作;然后赞扬对方的购买决策,祝贺他们做了一笔好生意;还要告诉对方怎样操作和保养产品。在很多情况下,由于卖方对自己的产品非常熟悉和了解,因此他们很容易认为不用饶舌介绍,对方也能很快掌握操作和保养的方法,而买方由于自尊心太强,也不愿主动去咨询。卖方应理解对方的这一心理,主动及时地给对方做介绍,以避免以后由于对方使用不当造成损坏而引起双方的纠纷。最后要重复交易条件的细节和其他一些注意事项,这样做可以防止订货后感到后悔。做完这一切以后,友好地与对方分手。

2.执行合同

谈判结束回到企业后,买方要积极筹集货款,以便按期支付,同时要做好验货、接货的准备。卖方应着手执行谈判合同,认真检验商品,安排运输,以确保合同的绝对执行和商品的安全送达。

第二节　商务谈判的法律规范

一、商务谈判的法律规范

商务谈判不仅是一种经济行为,而且是一种法律行为,因而在进行商务谈判时,首先要求必须符合有关的法律规定,才能称为合法行为或有效行为,才能得到法律的承认和保护。可以说,谈判中熟练运用法律是取得成功的基本保证之一。

我国宪法规定:"一切国家机关和武装力量,各政党和各社会团体、各企事业组织都必须遵守宪法和法律。一切违反宪法和法律的行为,必须予以追究。任何组织和个人都不得有超越宪法和法律的特权。"这就表明了在商务谈判中依据和运用法律的极端重要性。

(一)商务谈判程序中的法律规范

1. 商务谈判全过程必须贯彻反不正当竞争法

商品经济的发展,使商业竞争以更多的形式、更大的范围,在更广泛的时空中展开。整个谈判过程,就是一场当事人之间的激烈竞争——从经营内容、经营要素、经营手段、经营信誉到经营素质的竞争。因此,在商务谈判中贯彻反不正当竞争法,成为商务谈判中处于核心地位的法律要求。这既是由我国市场经济发展现状决定的,也是商务谈判中处于核心地位的法律要求。竞争是商贸的本质属性,但商贸竞争在促进经济效率的同时,也不可避免地存在着负面作用,主要是由于竞争主体极易出于自身利益而背离自愿公平、等价互利、文明经商等市场规则和商业道德,采取不正当手段牟取暴利,侵犯他人合法权益,从而扰乱商贸秩序。因此,只有在对不正当竞争的限制、禁止和打击的基础上,要求商务谈判当事人以反不正当竞争法规范自己的行为,才能树立起一个公开、公正、有序而充分的竞争环境,以推动商务谈判的正常进行。

2. 签订经济合同的程序和应注意的问题

合同的订立必须基于当事人的合意,即意见表示一致。我国《合同法》第十三条对订立合同的方式进行了规定:"当事人订立合同,采取要约、承诺方式。"

(1)要约

①要约的含义及其必要条件。要约,在商务活动和对外贸易中又称为报价、发价或者发盘。所谓要约,根据《合同法》第十四条的规定,就是希望他人订立合同的意思表示。具体地说,就是当事人一方向另一方提出合同条件,希望另一方接受的意思表示。发出要约的一方称为要约人,要约所指向的一方则为受要约人。要约取得法律效力,应当具备下列条件:

第一,要约必须是特定的合同当事人的意思表示。一项要约可以由合同当事人任何一方发出。但是,发出要约的人必须是特定的合同当事人。所谓特定的当事人,应是为外界所能客观确定的人,至于这一特定的人是自然人还是法人,是本人还是代理人,并不重要。

第二,要约必须能够反映所要订立合同的主要内容。要约的目的在于取得相对人的承诺,建立合同关系。因此,要约除必须表明要约人订立合同的愿望外,还须表明拟订立的合同的主要内容或条款,如标的、数量、质量、价款或者报酬、履行期限、地点和方式、违约责任、解决争议的方法以及要求对方答复的期限等,以供被要约人考虑是否承诺。

第三,要约必须是向相对人发出的意思表示。要约的相对人可以是特定的人,也可以是不特定的人。向特定的人发出的要约,通常是某一具体的法人或自然人。向不特定的人发出的要约,一般是指向社会公众发出的要约,如商店柜台中陈列的商品,悬赏广告等,可以视为向不特定的人发出的要约。当然,关于要约是否可以向不特定的人发出的问题,大陆法系与英美法系意见不同。大陆法系国家一般认为可以向不特定的人发出要约,而英美法系国家则持否定态度,因此,英美法系国家法律不认为商品标价陈列是一种要约行为。

第四,要约必须表明一经受要约人承诺,要约人即受该意思表示约束的意旨。由于要约的目的在于取得被要约人的承诺,从而缔结合同关系,所以,要约人必须向被要约人表明订立合同的真实意愿,表明要约一旦被受要约人承诺,合同即告成立,要约人即受到约束的意旨。

②要约的形式。要约作为一种意思表示,可以书面形式做出,也可以对话形式做出。所谓书面形式,就是以信件、数据电文(包括电报、电传、传真、电子数据交换和电子邮件)等文字形式进行要约,一般应用于法人之间数额较大或距离较远的交易合同。所谓对话形式,就是要约人以直接对话或者电话等方式进行要约,一般应用于自然人为满足日常生活需要而订立的合同,或法人之间数额不大且能即时清结的合同。当然,究竟采取什么形式进行要约,应根据法律规定或具体合同而定。法律规定采用书面形式的,应当采用书面形式。法律未做规定,当事人可视合同具体情况,自由选择要约形式。

③要约的效力。第一,关于要约的生效时间,《合同法》规定:"要约到达受要约人时生效。"第二,关于要约效力。从理论上说,一般包括对要约人的拘束力和对被要约人的拘束力。但在事实上,要约通常对于受要约人没有拘束力。受要约人接到要约后,只是在法律上取得承诺的权利,并不因此承担必须承诺的义务。要约的拘束力,一般是指在要约的有效期间内,要约人不得随意改变要约的内容,更不得随意撤回要约。否则,因此而给受要约人造成损害的,必须承担赔偿的责任。

但是,属于下列情况之一的,要约对要约人不再具有拘束力:要约在生效前被要约人撤回的;以书面形式做出的要约,指定承诺期限而要约人在指定的期限内没有收到承诺的;以对话形式做出的要约,受要约人没有立即承诺的;虽未指定承诺期限,但要约人在合理的期限内没有收到承诺的;要约人死亡或丧失民事行为能力或作为法人的要约人被撤销的。

(2)承诺

①承诺的含义及其必要条件。所谓承诺,是指受要约人同意要约的意思表示。在商务活动中,承诺又称为接受。一项有效的承诺,必须具备如下条件:

第一,承诺必须由受要约人做出。要约和承诺是一种相对人的行为,因此,承诺必须由受要约人做出。受要约人以外的任何第三人即使知道要约的内容并对此做出同意的意思表示，也不能认为是承诺。受要约人，通常是指受要约人本人，但也包括其授权的代理人。代理人在授权范围内所做的承诺与受要约人的承诺具有同等效力。

第二，承诺必须在有效期间内做出。所谓"有效期间内"是指要约指定承诺期限的，所指定的期限内即为有效期间；要约未指定承诺期限的，通常认为合理的时间内即为有效期间。

第三，承诺必须与要约的内容完全一致。换言之，承诺必须是无条件地接受要约的所有条件。

当然，关于承诺的必备条件各国法律规定不完全一致。一般说来，大陆法系各国要求较严，非具备上述三要件者不为有效。而美国法律对此则采取了比较灵活的规定。例如，在承诺须与要约内容相一致的问题上，美国《统一商法典》规定，商人之间的要约，除要约中已明确规定承诺时不得附加任何条件或所附加的条款对要约做了重大修改外，如果受要约人在承诺中附加了某些条款，承诺仍可有效，这些附加条款得视为合同的一个组成部分。

②承诺的形式。作为意思表示的承诺，其表现形式应与要约相一致，即要约以什么形式做出，承诺也应以什么形式做出。还应注意三个问题：

第一，对于以对话形式做出要约的承诺，除要约有期限外，一般应即时做出，过后承诺的，要约人有权拒绝。

第二，依法必须以书面形式订立的合同，其承诺必须以书面形式做出。

第三，除有特别规定或约定外，沉默不能视为承诺的形式。

③承诺的生效时间

承诺的生效，也就意味着合同成立。因此，承诺时间至关重要。关于承诺的生效时间，英美法系与大陆法系法律规定是不同的，就是大陆法系各国，其规定也有所不同。英美法系规定，在以书信、电报做出承诺时，承诺一经投邮，立即生效，合同即告成立。这种承诺生效的时间规定，称为"投邮主义"。属于大陆法系的德国，在承诺生效时间问题上，采取了与英美法系不同的原则，其法律规定，承诺必须是在到达相对人即要约人时才发生效力。这种承诺生效时间的规定，称为"到达主义"。法国民法典对承诺生效时间虽然没有做出具体规定，但法国最高法院认为，关于承诺生效的时间完全取决于当事人的意思，但"当事人的意思"往往推为适用"投邮主义"。在我国，刚颁布施行的《合同法》第二十六条对承诺的生效时间做了明文规定："承诺通知到达要约人时生效。承诺不需要通知的，根据交易习惯或者要约的要求做出承诺的行为时生效。"采用数据电文形式订立合同的，承诺到达的时间适用合同法第十六条第二款的规定，即采用数据电文形式订立合同，收件人指定特定系统接收数据电文的，该数据电文进入该特定系统的时间，视为到达时间；未指定特定系统的，该数据电文进入收件人的任何系统的首次时间，视为到达时间。

(二)商务谈判合同中的法律规范

1. 商务谈判合同有效成立的条件

一切商务活动都是以契约为中心进行的。商务合同也称商务契约,在我国则称为经济合同,它是两个或两个以上的当事人之间,为了实现一定的经济目的,依照法律规定,通过协商所达成的明确双方权利义务的协议。合同一经依法成立,当事人就要承担履行合同所规定的义务的责任,否则就构成违约行为,各国法律对此都有相应的规定。

一项经济合同的依法有效成立,应当具备以下几方面的条件:

(1)当事人必须具备订立经济合同的行为能力。如为自然人,应当是成年人,而且不是被法院剥夺或限制行为能力的人。在我国,按现行规定,自然人无权订立涉外经济合同。如为法人,则应当由法人代表或经法人代表授权的人出面订立合同。只有经过批准享有进出口经营权的法人才有权订立对外经济贸易合同。

(2)合同的内容和目的必须合法。许多国家的法律一方面允许当事人自行商定经济合同的内容,另一方面又都做出一些限制性规定,凡是不符合法律要求的合同无效。例如,大陆法系国家的民商法中一般都规定,凡属违法、违反公共秩序和善良风俗的合同无效。英美法系国家的法律中则规定,凡属违法和违反公共政策的合同无效。我国涉外经济合同法规定,违反国家法律、政策、国家利益或者社会公共利益的合同无效。

(3)订约的程序、形式和手续必须符合法律的规定。各国法律一般都规定,订立经济合同应当是由双方当事人在自愿基础上,经过意思表示协商一致,才能有效成立。首先强调双方都是在自愿的基础上进行协商,亦即双方的意思表示都是真实的、无瑕疵的,如果有一方采用了欺诈或胁迫手段,则所订立合同无效,具体协商的过程通常分为要约和承诺两个环节。关于经济合同的形式,各国法律的要求有所不同,多数国家的法律把订立经济合同分为要式合同和非要式合同两类,但具体到哪些合同属要式的,哪些合同属非要式的,各国的规定又不一样。我国涉外经济合同法则强调,订立涉外经济合同都必须采用书面形式。

(4)合同双方应当是等价有偿的。一般来说,经济合同是双方合同,双方当事人之间,既都享有一定的权利,也都承担着一定的义务,我国经济合同法把等价有偿原则列为订立经济合同必须贯彻的原则之一,在国外,有些国家的法律则规定经济合同的成立必须以对价或约因为要件。对价是英美法中的概念,对价又称代价或相对给付,意指双方当事人都是给付者,都承担一定的给付的责任。例如,在买卖合同中,卖方要交付货物,而买方则要付给货款。约因则是某些大陆法系国家的概念,它是指合同当事人在允诺负担义务时所希望达到的目的。例如,买卖合同的约因是以商品换取价金。总之,经济合同的双方应当是等价有偿的。

2. 无效经济合同的确认及处理

(1)对无效经济合同的确认。一般而言,凡缺少经济合同成立的有效条件的经济合同均属无效经济合同。按照我国经济合同法的规定,下列四类经济合同为无效经济合同。

①违反国家法律、政策法令的经济合同。例如,超越经营范围、违反法定形式、主体不合格

等均属违法的合同;非金融单位以合同形式对外从事放贷款业务等也属违反国家政策的合同。

②采取欺诈、胁迫等手段签订的经济合同。欺诈,一般是指当事人一方故意制造假象或隐瞒真相,使对方当事人在造成错觉后签订的合同。从现象看,此种合同似乎合乎双方当事人的自由意志。从本质上讲,个别人、个别企业在签订合同过程中使用"托儿"的行为,即属欺诈行为。胁迫是指当事人一方使用暴力或威胁手段,强迫对方签订合同的一种行为。

③代理人超越代理权或以被代理人的名义同自己或同自己所代理的其他人签订的合同。代理关系是一种法律关系,代理人与被代理人之间相互享有权利和承担义务;代理人享有代理权,其代理权以授权范围以内的事项为限,代理人的行为有不得超越代理权的义务。基于维护被代理人的合法权益,防止代理人以代理身份为己谋私,凡以被代理人的名义同他自己签订的合同,属无效经济合同。此外,同一个代理人同时以两个被代理人的名义签订的合同,也属无效经济合同。

④违反国家利益或社会公共利益的经济合同。国家利益和社会公共利益从本质上讲是一致的,但严格讲,两者又并非完全相同。国家利益具有全局性、整体性的特点,如以合同形式倒卖出口许可证,即属违反国家利益的行为。

经济合同无效的确认权,属于人民法院和工商行政管理部门,其他单位无权确认经济合同无效。经济合同一旦被确认无效,经济合同所规定的权利及义务即为无效,没有履行的不得履行,正在履行的要立即终止履行,部分无效的经济合同其无效部分终止履行。

(2)对无效经济合同的处理

对无效经济合同有两方面的问题需要处理:一是对无效经济合同所引起的财产后果的处理;二是对无效经济合同中的违法行为者及其个人的处理。

①对无效经济合同所引起的财产后果的处理,应区分情况,采取财产返还对方、赔偿对方损失、追缴财产收归国库所有和代理人自行负责等方法处理。

一是返还财产。经济合同被确认无效后,当事人依据该合同所取得的财产是不合法的,法律不承认也不保护,所以应返还给对方。如原物不存在时,则应赔偿损失。

二是赔偿损失。经济合同被确认无效后,要根据过错责任原则,有过错的一方应赔偿对方因此而受到的经济损失。如果双方都有过错,则各自承担相应的责任。

三是追缴财产收归国库所有。这是指将故意违反国家利益或社会公共利益所签订的经济合同的当事人已经取得或约定取得的财产,收归国库所有。这一处理方法只适用于违反国家利益或社会公共利益的经济合同,因其性质较严重,故处罚也较重,如果属于一方故意,故意的一方应将从对方所取得的财产返还给对方,非故意的一方已经从对方取得或约定取得的财产,则应收归国库所有。如果双方都是故意的,应追缴双方已经取得的或约定取得的财产。

四是代理人自行负责。代理人违反法律要求而代订的经济合同,其财产后果由代理人自己承担,被代理人不承担责任。

②对无效经济合同中的违法行为者及其个人的处理。首先,是对违约责任的确定。经济

合同法规定,由于当事人一方的过错,造成经济合同不能履行或者不能完全履行的,由有过错的一方承担违约责任;如属双方的过错,根据实际情况,由双方分别承担各自应付的违约责任。如果是由于上级领导机关或业务主管机关的过错,造成经济合同不能履行或者不能完全履行的,上级领导机关或业务主管机关应承担违约责任。明确违约责任是解决经济合同纠纷的基础。也就是说,在处理经济合同纠纷时,应首先确定究竟是谁有过错,是谁违约。这个问题有三种可能:一是一方当事人的过错;二是双方当事人均有过错;三是上级领导机关或业务主管机关的过错。违约责任应当由发生过错者承担。与此同时,经济合同法又对违约责任的免除做了规定,如果当事人一方是由于发生不可抗力的原因,致使不能履行经济合同时,允许延期履行、部分履行或不履行经济合同,并可根据情况,部分或者全部免于承担违约责任。但应注意的是,发生不可抗力事故的一方应及时向对方通报不能履行或者需要延期履行或者只能部分履行合同的理由,并须取得有关主管机关的证明。其次,根据经济合同法的有关规定,对无效经济合同所涉及的违法或犯罪行为的单位和个人,应区分不同情况,采取不同的方式予以处理。一是对有一般违法行为的单位和个人,给予经济上的制裁或行政上的处分;二是对于订立假经济合同,或倒卖经济合同,或利用经济合同买空卖空、转仓渔利、非法转让、行贿受贿,其他危害国家利益和社会公共利益的违法行为以及无照经营、擅自扩大经营范围、违反国家政策和计划,错误性质严重,但尚未构成犯罪的违法行为,应予以停业、罚款、吊销许可证或执照等行政处罚;三是对严重危害国家利益和社会公共利益,已触犯刑律的个人,应移送公安、检察机关查处。

二、商务谈判法律约束对象

(一)对谈判者行为的法律规范

1. 参与谈判的各方当事人必须具有合法资格

当事人的合法资格,是指社会组织和个人,具有以自己的名义对外进行谈判、订立合同的能力。根据《中华人民共和国合同法》关于"合同是平等主体的自然人、法人、其他组织之间设立、变更、终止民事权利义务关系的协议"的规定,自然人、法人、其他组织都可以订立合同,换言之,都可以进行商务谈判活动。在我国,所谓"自然人",是指中华人民共和国领域内的一切具有自然生命形式、依法享有权利、承担义务的人。不仅包括中国公民,而且包括外国公民和无国籍人。

所谓法人,在我国,一是指按照法定程序设立、有一定组织机构和独立的(或独立支配的)财产,并能以自己名义享有民事权利、承担民事义务的社会组织;二是指经当地工商行政管理部门批准、登记,取得营业执照的个体工商户;三是指按照所在农村集体经济组织的安排或指导,从事一定的农副业生产经营活动,并有合法的身份证明和明确的生产经营范围的农村居民。这条原则,一方面要求谈判者以此规范自身,在没有合法的法人身份之前,不进行任何商务谈判活动;另一方面要求一方谈判者以此规范、制约对方,要在对方的法人资格,以及签订合同、履行合同的权利能力和行为能力得到确认后,才与对方开始谈判。应当指出的是,法人内部或下属单位,如果是实行独立核算,本身也具备法人各项条件的,同样有权订立经济合同。法人在订立经济合同时,一定要由法人的法定代表或合法代理人出面签订,否则合同无效,且法人的法定代表在签订经济合同时,必须是在本人职责范围之内活动(合法代理人则须是在法人代表的授权范围之内),才能看成是法人的行为,即使行为中有过错,也应由法人承担法律责任。

无论是自然人,还是法人或其他组织,进行商务谈判,都必须既具有民事权利能力,也具有民事行为能力。具体说来,作为自然人,不仅应当具备法律赋予的从事民事活动,享受民事权利和承担民事义务的资格,而且应当具备法律确认的通过自己的行为从事民事活动,参加民事法律关系,取得民事权利和承担民事义务的能力。作为法人,不仅应当具备法律赋予的参加民事法律关系,取得民事权利和承担民事义务的资格,而且应当具备法律确认的独立进行民事活动、取得权利并承担义务的能力。法人必须依照法律规定成立,必须有必要的财产或经费,有自己的名称、组织机构和场所,必须能够独立承担民事责任。

总之,参与谈判的当事人只有同时具备了民事权利能力和民事行为能力,即具备了合法资格,其所进行的谈判、订立的合同才是有效的;否则,即使通过谈判签订了合同,也不受法律保护。因此,在进行商务谈判、签订经济合同时,一定要详细了解对方是否具有合法资格,是否具有进行商务谈判、签订合同、履行合同的权利能力和行为能力,以免上当受骗,使国家、集体以至个人遭受损失。

2. 谈判合同的签订必须贯彻平等互利、协商一致、等价有偿的原则

所谓平等互利,是指法律地位平等的当事人各方相互享有权利和承担义务,只有做到平等,才能实现互利。有合法资格的当事人之间进行谈判及签订合同时,不论企业大小、是国有还是集体,也不论双方拥有财产和资金多少,更不论彼此间在行政上或业务上是否处于隶属地位,它们的法律地位都是平等的。任何一方不得把自己的意志强加给对方,任何单位和个人不得非法干预,特别是当事人的上级领导机关、业务主管机关或其负责人,不得以上压下,强令当事人签订显失公平的"不平等条约"。同时,经济实力雄厚、技术设备先进或占有产品紧俏等优势条件的一方,也不能采取威胁、欺诈等非法手段迫使对方签订合同。只有在平等互利的基础上,才可能协商一致。作为商务谈判的法律原则,协商一致原则是在遵守国家法律、符合国家政策、法令要求的前提下进行充分协商。违反国家法律、政策、法令要求的谈判所订立的合同,即使"协商一致"也得不到国家的承认和保护,甚至还要追究其法律责任。"等价有偿"原则是指参与谈判与签订合同的当事人,在物质利益关系上必须是相对应的、有代价的。当事人在签订合同时,必须把商品或非商品收费金额、收费方式,列入合同内容。取得商品或接受劳务的一方,必须按照合同规定,认真履行支付价款或酬金义务。

3. 涉外商务谈判要遵守国家法律,维护国家主权

结合我国现时实际情况看,在涉外商务谈判中,不能不防止和警惕一些人为了本企业或本地区以至某些实权人物的利益,而不顾国格、人格,在谈判及合同的签订中,一味迁就外商,不仅不维护国家主权,甚至损害国家利益。因此,必须强调在涉外商务谈判中应做到三不:①不撇开法规就项目谈项目,就合同谈合同;②不超越法定权限确定合同中的义务权利,代替国家立法机关、行政机关做超越权限的承诺;③不以感情、友好、谅解等作为谈判签订合同的指导思想,甚至用其作为合同条款的内容。"三不"的基本精神,就是要遵纪守法,依法行商。政策和法规犹如一张精心编织的网,把合同的各环节恰到好处地概括起来。因此只有把我国现行法规作为涉外谈判的依据,才能有效维护国家主权。从政府颁发的法令来看,主要有五类政策性的法令规定,即国别政策、产品政策、外汇管理、税收政策与商检法令。如果不顾上述五类政策性法令去就项目谈项目,在其中任何一项上的疏忽都会损害国家的经济主权,给国家造成巨大损失。

另外,涉外商务谈判应贯彻平等互利,民主协商原则。涉外商务谈判,涉及中外双方当事人的权益,不论双方当事人所在国的政治经济制度与我方有何不同,经济实力有何强弱之分,双方在谈判中以及在谈判合同签订中的法律地位是平等的,双方的权利义务也都是对等的。因此,平等互利、民主协商是我国经济合同法规定的基本内容。双方所签订的合同,履行结果也必须对双方有利,不能使得益和损失悬殊,任何采取欺诈或者胁迫手段订立的合同都将无效,情节严重者,还要受到法律的制裁。

(二)对商务谈判内容的法律规范

1. 商务谈判内容必须合法,符合国家现行政策

所谓合法,包括合乎宪法、法律、法令和其他规范性文件,诸如有关国家权力机关或行政机关在其职权范围内制定的,要求人们必须普遍遵守的,具有强制力作用的法律文件。签订的经济合同,不但要遵守经济合同法,还应遵守包括宪法在内的其他有关法律,以及中央和地方发布的有关规范和条例。例如,有人利用经济合同进行买卖、出租或者以其他形式转让土地的活动,那就违反了宪法与国家现行政策。虽然有可能合同当事人两厢情愿彼此交易,但这仍属违法行为。因为宪法代表了包括合同当事人在内的广大人民群众的长远利益和根本利益,而国家政策是国家在一定历史时期内为完成一定任务而制定的调整各种社会关系的行动依据。

2. 签订的协议内容结构应科学合理

经济合同法规定,经济合同包含购销、建设工程承包、加工承揽、货物运输、仓储保管、财产租赁、借款、财产保险、科技协作以及其他有关经济方面的合同。这些合同各有特点,内容也会有很大的不同,各种经济合同都应具备的主要条款包括标的、质量和数量、价款或酬金、履行的期限、地点和方式以及违约责任等。

(1)当事人的名称或者姓名和住所。当事人是法人或其他组织的,要载明名称,当事人是自然人的,则要载明姓名。无论是法人、其他组织还是自然人,都应载明住所。

(2)标的。标的是合同法律关系的客体,是当事人权利义务所共同指向的对象。它是任何合同都不可缺少的条款。合同标的可以是货物,也可以是劳务,还可以是技术成果或工程项

目等。

（3）数量。任何协议仅有标的，而无数量的规定，是无法履行的。缺少数量条款，权利义务的大小就难以确定。

（4）质量。质量也是衡量标的的重要尺度。任何协议，缺少质量条款，也是无法履行的，因此，质量也是协议的主要条款。

（5）价款或者报酬。价款或者报酬，亦统称"价金"，是取得标的物或接受劳务的一方当事人所支付的代价。价金在不同的合同中称呼不一，在以物为标的的合同中，这一代价叫价款；在以劳务和工作成果为标的的合同中，这种代价则称报酬。价金体现了合同当事人应遵循的等价有偿原则。

（6）履行的期限、地点和方式。合同的履行期限，是指享有权利的一方要求对方履行义务的时间范围；履行的地点，是指合同当事人履行合同规定义务和接受合同规定义务的履行的地点；履行的方式，是指当事人采取什么方法来履行合同规定的义务。三者之中，以履行期限最为重要。

（7）违约责任。违约责任，即因有过错而违反合同应当承担的民事责任。违约责任条款的设定，对督促当事人自觉而适当地履行合同，保护非违约方的合法权益具有重要的意义。但是，违约一方之所以必须承担违约责任，并非由于违约条款的设定，而是由合同的法律效力决定的。换言之，没有违约条款，当事人违约时，仍应依法承担民事责任。

（8）解决争议的方法。解决争议的方法，是指一旦争议发生之后，如何进行解决。根据《合同法》第一百二十八条规定："当事人可以通过和解或者调解解决合同争议。"

当事人不愿和解、调解或者和解、调解不成的，可以根据仲裁协议向仲裁机构申请仲裁。涉外合同的当事人可以根据仲裁协议向中国仲裁机构或者其他仲裁机构申请仲裁。

当事人没有订立仲裁协议或者仲裁协议无效的，可以向人民法院起诉。

当事人应当履行发生法律效力的判决、仲裁裁决、调解书；拒不履行的，对方可以请求人民法院执行。

本 章 小 结

商务谈判有四个特定的阶段，即谈判的开局阶段、报价还价阶段、磋商阶段和成交阶段，每个阶段都有其特定的谈判任务。

开局阶段的主要任务在于营造适宜的谈判气氛，并通过开场的交流与沟通陈述双方的谈判意图并观察对方的真实意图，为谈判顺利进行奠定基础。

报价还价阶段主要是通过开盘价的确定和策略性的报价，以影响对方的谈判心理，并通过一定的策略进行讨价还价。

磋商阶段的主要任务是准确判断谈判中的分歧，使用一定的策略去解决谈判中的分歧，并根据具体情况实施让步。

成交阶段是谈判的关键阶段，在这个阶段，作为谈判者应能准确判断出对方流露的成交迹象,并实施一定的策略以促使谈判双方尽早达成谈判协议。

商务谈判不仅是一种经济行为,而且是一种法律行为,因而在进行商务谈判时,首先要求必须符合有关的法律规定,才能称为合法行为或有效行为,才能得到法律的承认和保护。可以说,在谈判中熟练运用法律是取得成功的基本保证。

思 考 题

一、本章思考题
1. 开盘价是如何确定的?
2. 如何营造适宜的谈判气氛?
3. 报价的原则有哪些?
4. 如何判断成交迹象?
5. 签订合同应注意的问题有哪些?
6. 无效合同如何确定与处理?

二、案例分析题

某时装区,一位女顾客在一个服装摊前驻足,并对穿在模特身上的一件连衣裙多看了几眼,早已将这一切看在眼里的摊主马上前来搭话说:"您的身材这么好,穿这件裙子一定非常漂亮。"察觉到顾客无任何反对意见时,他又继续说:"这衣服标价150元,看你是真心喜欢,就对你优惠点,120元,要不要?"这时女顾客没有表态,摊主又说:"你今天身上带的钱可能不多,我也想开个张,就按本钱卖给你,100元,怎么样?"女顾客此时还有些犹豫,摊主又接着说:"好啦,这条裙子很配你的身材,就像是为你订做的一样。算了,你不要对别人说,我就以120元卖给你。"早已留心的女顾客马上接过话说:"你刚才不是说卖100元吗?怎么又涨了?"摊主面带懊悔的表情说:"是吗?我刚才说了这个价吗?啊,这个价我可没什么赚啦。"稍做停顿,又说,"好吧,就算是我错了,那我也讲个信用,除了你以外,不会再有这个价了,你也不要告诉别人,100元,你拿去好了!"话说到此,那位女顾客也爽快地掏出钱来,这笔生意就这么成交了。

(资料来源:李昆益.商务谈判技巧[M].北京:对外经济贸易大学出版社,2007.)

问题:
(1)在这次谈判中,服装摊主是如何开局的?
(2)服装摊主运用了何种方法来探测并验证顾客的购买需求?
(3)假如你是这位服装摊主,除了使用上述方法外,还能不能用其他的方法对顾客进行探测呢?

三、实训题

学生个人或有组织地到商场购物,并运用所学的谈判技巧练习价格谈判的能力。

Chapter 4

第四章

商务谈判各阶段的策略

【学习要点及目标】

通过本章学习,了解商务谈判从正式开局到达成协议所经历的四个阶段,即开局阶段、报价阶段、磋商阶段、成交阶段,掌握各个阶段中有关的谈判策略和技巧,在今后的谈判工作中能够灵活地运用这些策略和技巧,以求达到谈判的战略目标。要求学生能熟练地根据谈判不同阶段合理运用相应策略。

【引导案例】

美国谈判专家史帝芬斯决定建一个家庭游泳池,建筑设计的要求非常简单:长30英尺(1英尺=0.3米),宽15英尺,有温水过滤设备,并且在6月1日前竣工。隔行如隔山。虽然谈判专家史帝芬斯在游泳池的造价及建筑质量方面是个彻头彻尾的外行,但是这并没有难倒他。史帝芬斯首先在报纸上登了一则建造游泳池的招商广告,具体写明了建造要求。很快有A、B、C三位承包商前来投标,各自报上了承包详细标单,里面有各项工程的费用及总费用。史帝芬斯仔细地看了这三张标单,发现所提供的抽水设备、温水设备、过滤网标准和付钱条件等都不一样,总费用也有不小的差距。

4月15日,史帝芬斯约请这三位承包商到自己家里商谈。第一个约定在上午9点钟,第二个约定在9点15分,第三个则约定在9点30分。三位承包商如约准时到来,但史帝芬斯客气地说,自己有件急事要处理,一会儿一定尽快与他们商谈。三位承包商只得坐在客厅里一边彼此交谈,一边耐心地等候。10点钟的时候,史帝芬斯出来请一个承包商A先生进到书房去商谈。A先生一进门就介绍自己承包的游泳池工程一向是最好的,建史帝芬斯家庭游泳池实在是胸有成竹、小菜一碟。同时,还顺便告诉史帝芬斯,B先生通常使用陈旧的过滤网;C先生曾经丢下许多未完的工程,现在正处于破产的边缘。

接着，史帝芬斯出来请第二个承包商B先生进行商谈。史帝芬斯从B先生那里又了解到，其他人所提供的水管都是塑胶管，只有B先生所提供的才是真正的铜管。

后来，史帝芬斯出来请第三个承包商C先生进行商谈。C先生告诉史帝芬斯，其他人所使用的过滤网都是品质低劣的，并且往往不能彻底做完，拿到钱之后就不认真负责了，而自己则绝对能做到保质、保量、保工期。

不怕不识货，就怕货比货，有比较就好鉴别。史帝芬斯通过耐心地倾听和旁敲侧击地提问，基本上弄清楚了游泳池的建筑设计要求，特别是掌握了三位承包商的基本情况：A先生的要价最高，B先生的建筑设计质量最好，C先生的价格最低。经过权衡利弊，史帝芬斯最后选中了B先生来建造游泳池，但只给C先生提出的标价。经过一番讨价还价之后，谈判终于达成一致。就这样，三个精明的商人，没斗过一个谈判专家。史帝芬斯在极短的时间内，不仅使自己从外行变成了内行，而且找到了质量好、价钱便宜的建造者。

这个质优价廉的游泳池建好之后，亲朋好友对其赞不绝口，对史帝芬斯的谈判能力也佩服得五体投地。史帝芬斯却说出了下面发人深省的话："与其说我的谈判能力强，倒不如说用的竞争机制好。我之所以成功，主要是设计了一个公开竞争的舞台，并请这三位商人在竞争的舞台上做了充分的表演。竞争机制的威力，远远胜过我驾驭谈判的能力。一句话，我选承包商，不是靠相马，而是靠赛马。"

（资料来源：http://shunmor.blog.163.com/blog/static/12152797520098131021333761.）

第一节　商务谈判策略概述

一、商务谈判策略的含义

商务谈判策略是对谈判人员在商务谈判过程中，为实现特定的谈判目标而采取的各种方式、措施、技巧、战术、手段及其反向与组合运用的总称。它依据谈判双方的实力，纵观谈判全局的各个方面、各个阶段的关系，规划整个谈判力量的准备和运用，指导谈判的全过程。

商务谈判策略是一个集合概念和混合概念。一方面它表明，商务谈判中所运用的单一方式、技巧、措施、战术、手段等，都只是商务谈判策略的一部分。对于策略，谈判人员可以从正向来运用，也可以从反向来运用，既可以运用策略的一部分，也可以运用其几部分及其多部分的组合。另一方面，它还表明商务谈判中所运用的方式、技巧、措施、战术、手段等是交叉联系的，难以再深入分割与分类。

使用策略的关键在于准确把握谈判对手的心理活动特点，分清对手的优势与劣势、长处与短处，抓住对手的劣势与短处，掌握好进攻的时机，攻心斗智，施计用策，从而实现对谈判活动的控制，争取谈判活动中的最大利益。

二、商务谈判策略的意义

(一)谈判策略是在谈判中扬长避短和争取主动的有力手段

商务谈判的双方都渴望通过谈判实现自己的既定目标,这就需要认真分析和研究谈判双方各自所具有的优势和弱点,即对比双方的谈判"筹码"。在掌握双方的基本情况之后,若要最大限度地发挥自身优势,争取最佳结局,就要靠机动灵活地运用谈判策略。例如,工业品的制造商在与买方的谈判中,既要考虑买方的情况,又要关注买卖双方竞争对手的情况。要善于利用矛盾,寻找对自己最有利的谈判条件。若不讲究谈判策略,就很难达到这一目的。

(二)谈判策略是企业维护自身利益的有效工具

谈判双方关系的特征是,虽非敌对,但也存在着明显的利害冲突。因此,双方都面临如何维护自身利益的问题,恰当地运用谈判策略则能够解决这一问题。在商务谈判中,如果不讲究策略或运用策略不当,就可能轻易暴露己方意图,以致无法实现预定的谈判目标。高水平的谈判者应该能够按照实际情况的需要灵活运用各种谈判策略,达到保护自身利益、实现既定目标的目的。

(三)灵活运用谈判策略有利于谈判者通过谈判过程的各个阶段

有的谈判过程包括准备、始谈、摸底、僵持、让步和促成六个阶段。谈判过程的复杂性决定谈判者在任何一个阶段对问题处理不当,都会导致谈判的破裂和失败,尤其是始谈阶段更为重要,其理由如下。

谈判者要想营造一个良好的开端,使谈判能顺利发展,达到预期的谈判目标,就必须重视和讲究谈判的策略和技巧。只有这样,才能克服谈判中出现的问题和困难,将谈判逐步推向成功。

(四)合理运用谈判策略有助于促使谈判对手尽早达成协议

谈判的当事双方既有利害冲突的一面,又有渴望达成协议的一面。因此,在谈判中合理运用谈判策略,及时让对方明白谈判的成败取决于双方的行为和共同的努力,就能使双方求同存异,在坚持各自基本目标的前提下互谅互让,互利双赢,达成协议。

三、商务谈判策略的类型

(一)预防性策略

其目标是使双方避免发生较大的冲突,或防止双方的矛盾激化。预防性策略的具体方式包含澄清问题、探讨可能性、避免反击和共同决策等。

(二)处理性策略

其目标是使已经发生的矛盾或问题能得到比较合理的解决,这类策略的具体方式包含无为、安抚妥协、强迫和两全等。

(三) 综合性策略

其目标兼含前二者,既着眼于预防矛盾的产生和激化,又着眼于处理好已经产生的矛盾和问题。综合性策略的具体方式有以肯定与开放心态面对冲突的问题、以非对抗态度与对方合作解决冲突、参与沟通解决澄清误会、共同研究明确冲突焦点之所在以及选定双方都能接受的解决方式等。

四、制订商务谈判策略的步骤

制订商务谈判策略的步骤是指制订商务谈判策略所应遵循的逻辑顺序,其主要步骤包括以下几个方面:

1. 了解影响谈判的因素

谈判策略制订的前提是对影响谈判的各因素的了解和掌控。影响谈判的各因素包括谈判的背景、谈判的主次问题以及双方的分歧、态度、趋势、事件或情况等,这些因素共同构成一套谈判组合。首先,谈判人员将这个"组合"分解成不同的部分,并找出每部分的意义。然后,谈判人员进行重新安排,观察分析之后,找出最有利于自己的组合方式。

2. 寻找关键问题

在对相关现象进行科学分析和判断之后,要求对问题特别是关键问题做出明确的陈述与界定,弄清楚问题的性质,以及该问题对整个谈判的成功会造成什么障碍等。

3. 确定具体目标

根据现象分析,找出关键问题,调整和修订目标,或确定一个新目标。

4. 形成假设性方法

根据谈判中不同问题的不同特点,逐步形成解决问题的途径和具体方法,这需要谈判人员对不同的问题进行深刻分析,突破常规限制,尽力探索出既能满足自己期望的目标又能解决问题的方法。

5. 深度分析假设方法

在提出了假设性的解决方法后,对少数比较可行的策略进行深入分析。依据"有效"、"可行"的原则,对这些方法进行分析、比较,权衡利弊,并从中选择若干个比较满意的方法与途径。

6. 形成具体的谈判策略

在进行深度分析得出结果的基础上,对拟定的谈判策略进行评价,得出最终结论。

7. 拟定行动计划草案

形成具体的谈判策略,接下来要考虑谈判策略的实施。要从一般到具体提出每位谈判人员必须做到的事项,把它们在时间、空间上安排好,并进行反馈控制和追踪决策。

以上谈判步骤仅仅是制订谈判策略时所应遵循的逻辑思维,应灵活运用,不能机械地排列,在具体实施的过程中,可以根据实际情况适当进行调整。

五、选择谈判策略的基本原则

无论是选择何种类型的谈判策略都必须注意以下几项基本原则:

(一)周密计划

谈判中,谈判人员和谈判对手为了各自的利益斗智斗勇,这就要求谈判人员必须有胆有识、有勇有谋,对谈判策略必须全局在胸,进行周密谋划。谋划谈判策略,必须紧紧围绕谈判目标来进行,既要谋划实现总体目标的策略,又要谋划实施各个具体目标的策略。谋划谈判策略还必须根据掌握的谈判双方的信息及特点来进行,不能闭门造车、主观臆断。

(二)灵活性

谈判的形势变幻莫测,纷繁复杂,谈判中可运用的策略多如牛毛而且变化多端,这就要求谈判人员必须足智多谋,敏于应变。对各种变化的情况要反应灵活,能机智灵活地运用谈判策略。

(三)讲究艺术

在与客户谈判中,最大的成功是"双赢",即达成的协议或签订的合同是双方彼此获益的,并且是被各方认可的合同。这就要求谈判人员具有较高的谈判艺术,也就是在策略的运用过程中做到有理、有利、有节。有理,即有充分的说理内容;有利,即充分利用有利的因素;有节,即掌握"火候",适可而止。

(四)维护信誉

有谈判就不能不使用策略,在谈判桌上运用策略技巧,这是不言而喻的事。对双方的信誉而言,谈不上有什么损害。谈判者的信誉高低,往往与在谈判桌上是否占了上风有关。如果能在谈判中灵活自如地运用谈判策略,达成交易,合同签订后,会因为受到敬佩而建立极好的信誉,甚至与谈判对手成为好朋友。

(五)注意效果

所选择的策略必须对谈判的成功有一定的作用,否则,策略的选择也就失去了它本来的意义。如果在谈判中运用某种策略效果不明显,或是出现了相反的效果,说明策略的选择或运用是不合适的,就应根据变化的形势,灵活地调整谈判行为和策略。

第二节 开局阶段策略

在谈判的开局阶段,不仅要为转入正题营造气氛,做好准备,更重要的是,谈判的双方都会利用这一短暂的时间,进行事前的相互探测,以了解对方的虚实,所以,这段时间也被称为探测期。在这一期间,主要是借助感觉器官来接受对方通过行为、语言传递来的信息,并对其进行分析、综合,以判断对方的实力、风格、态度、经验、策略以及各自所处的地位等,为及时调整己方的谈判方案与策略提供依据。当然,这时的感性认识还仅仅是初步的,还需在以后的磋商阶段加深认识。

一、策划开局策略应考虑的因素

(一)考虑谈判双方之间的关系

(1)如果双方在过去有过业务往来,且关系很好,那么这种友好的关系应作为双方谈判的基础,在这种情况下,开局阶段的气氛应是热烈、真诚、友好和轻松愉快的。

(2)如果双方有过业务往来,但关系一般,那么开局的目标是要争取创造一个比较友好、和谐的气氛。

(3)如果双方过去有过一定的业务往来,但我方对对方的印象不好,那么开局阶段谈判气氛应是严肃、凝重的。

(4)如果过去双方人员并没有业务往来,那么第一次的交往,应力争创造一个真诚、友好的气氛,以淡化和消除双方的陌生感以及由此带来的防备,为后面的实质性谈判奠定良好的基础。

(二)考虑双方的实力

(1)双方谈判实力相当,在开局阶段,仍然要力求创造一个友好、轻松、和谐的气氛。

(2)如果我方谈判实力明显强于对方,在开局阶段,在语言和姿态上,既要表现得礼貌友好,又要充分显示出本方的自信和气势。

(3)如果我方谈判实力弱于对方,开局阶段,在语言和姿态上,一方面要表示出友好,积极合作;另一方面要充满自信,举止沉稳,谈吐大方。

二、常用开局策略

谈判开局策略是谈判者谋求谈判开局中有利地位和实现对谈判开局的控制而采取的行动方式或手段。

正常情况下,谈判双方都是本着在谈判中达到己方合理受益的目的而进行谈判的。即双方都希望在和谐的气氛中谈判。事实上,谈判对手各不相同,其目标也各不相同。由于谈判者的个性或策略等原因,开局并不总是那么和谐。这时要针对情况,采取适当的策略对其加以控制。必要时,可用非常手段对付蛮横无理的对手,使谈判顺利进行。

(一)一致式开局策略

所谓一致式开局策略,是指在谈判开始时,为使对方对自己产生好感,以"协商"、"肯定"的方式,创造或建立起对谈判的"一致"的感觉,从而使双方在友好愉快的气氛中不断将谈判引向深入的一种开局策略。

一致式开局策略的运用还有一种重要途径,就是在谈判开始时以问询方式或补充方式诱使谈判对手步入己方的既定安排,从而在双方间达成一种一致和共识。所谓问询方式,是指将答案设计成问题来询问对方。所谓补充方式,是指借以对对方意见的补充,使自己的意见变成对方的意见。

运用一致式开局策略的方式还有很多,比如,在谈判开始时,以一种协商的口吻来征求谈判对手的意见,然后对其意见表示赞同和认可,并按照其意见开展工作。运用这种方式应该注意的是,用来征求对手意见的应该是无关紧要的问题,对手对该问题的意见不会影响己方的利益。此外,在赞成对方意见时,态度不要过于献媚,要让对方感觉到自己是出于尊重,而不是奉承。

(二)保留式开局策略

保留式开局策略是指在谈判开局时,对谈判对手提出的关键性问题不作彻底、确切的回答,而是有所保留,从而给对手造成神秘感,以吸引对手步入谈判。

保留式开局策略适用于低调气氛和自然气氛,而不适用于高调气氛。

在采取保留式开局策略时不要违反商务谈判的道德原则,即以诚信为本,向对方传递的信息可以是模糊信息,但不能是虚假信息。否则,会将自己陷于非常难堪的局面之中。

(三)坦诚式开局策略

坦诚式开局策略是指以开诚布公的方式向谈判对手陈述自己的观点或想法,从而为谈判打开局面。坦诚式开局策略比较适合于有长期的业务合作关系的双方,以往的合作双方比较满意,双方彼此又互相比较了解,不用太多的客套,减少了很多外交辞令,节省了时间,直接坦率地提出自己一方的观点、要求,反而更能使对方对己方产生信任感。

坦诚式开局策略可以在各种谈判气氛中应用。这种开局方式通常可以把低调气氛和自然气氛引向高调气氛。

(四)进攻式开局策略

进攻式开局策略是指通过语言或行为来表达己方强硬的姿态,从而获得谈判对手必要的尊重,并借以制造心理优势,使得谈判顺利进行下去。进攻式开局策略通常只在这种情况下使用,即:发现谈判对手在刻意制造低调气氛,这种气氛对本方的讨价还价十分不利,如果不把这种气氛扭转过来,将损害本方的切实利益。

进攻式开局策略可以扭转不利于己方的低调气氛,使之走向自然气氛或高调气氛。但是,进攻式开局策略也可能使谈判陷入僵局。

采用进攻式开局策略一定要谨慎,因为,在谈判开局阶段就设法显示自己的实力,使谈判开局就处于剑拔弩张的气氛中,对谈判进一步发展极为不利。

进攻式开局策略通常只在这种情况下使用:发现谈判对手在刻意制造低调气氛,这种气氛对己方的讨价还价十分不利,如果不把这种气氛扭转过来,将损害己方的切身利益。

进攻式开局策略可以扭转不利于己方的低调气氛,使之走向自然气氛或高调气氛。但是,进攻式开局策略也可能使谈判一开始就陷入僵局。

(五)挑剔式开局策略

挑剔式开局策略是指开局时,对对手的某项错误或礼仪失误严加指责,使其感到内疚,从而达到营造低调气氛,迫使对手让步的目的。

巴西一家公司到美国去采购成套设备。巴西谈判小组成员因为上街购物耽误了时间。当他们到达谈判地点时,比预定时间晚了45分钟。美方代表对此极为不满,花了很长时间来指责巴西代表不遵守时间,没有信用,如果老这样下去的话,以后很多工作很难合作,浪费时间就是浪费资源、浪费金钱。对此,巴西代表感到理亏,只好不停地向美方代表道歉。谈判开始以后美方代表似乎还对巴西代表来迟一事耿耿于怀,一时间弄得巴西代表手足无措,说话处处被动,无心与美方代表讨价还价,对美方提出的许多要求也没有静下心来认真考虑,匆匆忙忙就签订了合同。合同签订以后,巴西代表冷静下来,才发现自己吃了大亏,上了美方的当,但为时已晚。

这是一个挑剔式开局策略的运用,美国谈判代表在一开始的时候对巴西谈判代表的迟到严加指责,使其感到内疚,从而迫使巴西谈判代表自觉理亏,在来不及认真思考的情况下匆忙签下对美方有利的合同。

三、常用摸底策略

谈判的摸底,是一项基本的工作。其要义在于考察对方是否诚实、正直,是否值得信赖,能否遵守诺言,其次了解对方对这笔交易到底抱多大的诚意与合作意向,这笔交易对方的真实需要到底是什么。再次,要努力了解对方的谈判风格以及对方的优势与劣势。通过摸底,及时调整己方的谈判计划与策略。

常用的摸底策略有以下几种。

(一)坦诚交换式摸底

有时,在开局交换4P活动之后,就可以直接坦诚表达己方合作意图,并期望对方的合作。比如表达事实、介绍公司的资料、表达一些客观存在的事情。这段时间不宜过长。

比如:"请问贵方还需要我方提供哪些售后服务?""贵公司对我方产品质量有什么看法?"等等。这些坦诚交换式的沟通,属于开放式的询问,友好地表达己方情谊,主动向对方传达善意的信息。

(二)发问式摸底

在谈判伊始,人们往往会对己方的情况藏而不露,不轻易亮出底牌。恰如聪明的拳击运动员上场比赛,一般不会主动出击,而是在对方的攻势中寻找破绽或者软肋,后发制人。

老练的谈判高手往往不急于在谈判中表态,特别是在数目、期限、条件和价格诸问题上,故意让对方先行。这样做的目的,一是出于礼貌,显示对对方的尊重。二是有意要在对方的语言中窥视对手的心理活动,分析其谈判策略并调整自己的谈判思维和调节自己的谈判计划。

(三)迂回式摸底

谈判人员根据对手的不同个性及不同心理,有时会采取一定的战术性迂回式摸底方法借以打探对手的谈判底线,以便采取相应的对策。

当然,谈判的摸底战术不是某一种确定的技巧,有时是正式谈判前的市场调查与分析,有时则是谈判桌前的各种心理较量,需要谈判人员具有机敏的思维和灵活多变的方法。

第三节 报价阶段策略

商务谈判的双方成功地导入谈判以后,接着就要对实质性的问题进行磋商了。在商务谈判中,实质问题就是价格问题,它体现了双方真正的利益冲突。价格问题往往是焦点,是协议达成的关键。

作为卖方希望以较高的价格成交,而作为买方则期盼以较低的价格合作,这是一个普遍规律,它存在于任何领域的谈判中。达到双赢的局面却是一件不简单的事情,这需要谈判技巧和胆略。其中,第一次报价尤为关键。

一、报价策略

(一)报价时机策略

报价时机策略是依靠谈判者根据自己的经验,选择适当的时机并提出报价,以促成成交的策略。

价格谈判中,报价时机也是一个策略性很强的问题。有时,卖方的报价比较合理,但并没有使买方产生交易欲望,原因往往是此时买方正在关注商品的使用价值。所以,价格谈判中,应当首先让对方充分了解商品的使用价值和为对方带来的实际利益,待对方对此产生兴趣后再来谈价格问题。

经验表明,提出报价的最佳时机,一般是对方询问价格时,因为这说明对方已对商品产生了交易欲望,此时报价往往水到渠成。

有时,在谈判开始的时候对方就询问价格,这时最好的策略应当是听而不闻。因为此时对方对商品或项目尚缺乏真正的兴趣,过早报价会徒增谈判的阻力。这时应当首先谈该商品或项目能为交易者带来的好处和利益,待对方的交易欲望已被调动起来再报价。当然,对方坚持即时报价,也不能故意拖延;否则,就会使对方感到不尊重甚至反感,此时应善于采取建设性的态度,把价格同对方可获得的好处和利益联系起来。

总之,报价时机策略,往往体现着价格谈判中相对价格原理的运用,体现着促进积极价格的转化工作。

(二)报价起点策略

在通常情况下,卖方报价起点要高,即"可能的最高价";买方报价起点要低,即"可能的最低价"。在谈判过程中,双方都会试图不断扩大自己的谈判空间,报价越高意味着谈判空间越大,也会有更多的回报。谈判是一项妥协的艺术,成功的谈判是在己方让步的过程中得到己方所需要的。一个较高的报价会使己方在价格让步中保持较大的回旋余地。

"开价要高,出价要低"的报价起点策略,有以下作用:

(1)这种报价策略可以有效地改变对方的盈余要求。当卖方的报价较高,并振振有词时,买方往往会重新估算卖方的保留价格,从而价格谈判的合理范围会发生有利于卖方的变化。同样,当买方的报价较低,并有理有据时,卖方往往也会重新估算买方的保留价格,从而价格谈判的合理范围便会发生有利于买方的变化。

(2)卖方的高开价,往往为买方提供了评价卖方商品的价值尺度。因为在一般情况下,价格总是能够基本上反映商品的价值。人们通常信奉"一分钱一分货",所以,高价总是与高档货相联系,低价自然与低档货相联系。这无疑有利于实现卖方更大的利益。

(3)这种报价策略中包含的策略性虚报部分,能为下一步双方的价格磋商提供充分的回旋余地。因为,在讨价还价阶段,谈判双方经常会出现相持不下的局面。为了打破僵局,往往需要谈判双方或其中一方根据情况适当做出让步,以满足对方的某些要求和换取己方的利益。所以,开盘的"高开价"和"低出价"中的策略性虚报部分,就为讨价还价过程提供了充分的回旋余地和准备了必要的交易筹码,这可以有效地造成做出让步的假象。

(4)这种报价策略对最终议定成交价格和双方最终获得的利益具有不可忽视的影响。这种"一高一低"的报价起点策略,倘若双方能够有理、有利、有节地坚持到底,那么,在谈判不致破裂的情况下,往往会达成双方满意的成交价格,从而使双方都能获得预期的物质利益。

当然,价格谈判中这种报价起点策略的运用,必须基于价格谈判的合理范围,必须审时度势,切不可漫天要价和胡乱杀价,否则,就会失去交易机会,导致谈判失败。

(三)报价差别策略

报价差别策略是由于购买数量、付款方式、交货期限、交货地点、客户性质等方面的不同,采取同一商品的购销价格不同的策略。这种价格差别,体现了商品交易中的市场需求导向,在报价策略中应重视运用。

报价差别策略的运用是指对同一商品,因客户性质、购买数量、需求急缓、交易时间、交货地点、支付方式等方面的不同,会形成不同的购销价格。这种价格差别,体现了商品交易中的市场需求导向,在报价策略中应重视运用。

例如,对老客户或大批量需求的客户,为巩固良好的客户关系或建立起稳定的交易联系,可适当实行价格折扣;对新客户,有时为开拓新市场,亦可给予适当让价;对某些需求弹性较小的商品,可适当实行高价策略;对方"等米下锅",价格则不宜下降;旺季较淡季或应时较背时,价格自然较高;交货地点远程较近程或区位优越者,应有适当加价;支付方式,一次付款较分期付款或延期付款,价格须给予优惠,等等。

（四）报价分割策略

报价分割策略是主要为了迎合买方的求廉心理,将商品的计量单位细分化,然后按照最小的计量单位报价的策略。价格分割是一种心理策略。卖方报价时,采用这种报价策略,能使买方对商品价格产生心理上的便宜感,容易为买方所接受。

报价分割策略,包括以下两种形式。

1. 用较小的单位报价

例如,茶叶每公斤200元报成每两10元;大米每吨1 000元报成每公斤1元。国外某些厂商刊登的广告也采用这种技巧,如"淋浴1次8便士"、"油漆1平方米仅仅5便士"。巴黎地铁公司的广告:"每天只需付30法郎,就有200万旅客能看到你的广告。"用小单位报价比用大单位报价更容易使人接受。

2. 用较小单位商品的价格进行比较

例如,"每天少抽一支烟,每天就可订一份×××报纸。""使用这种电冰箱平均每天耗费0.5元电费,0.5元只够吃一根最便宜的冰淇淋。""一袋去污粉能把1 600个碟子洗得干干净净。""×××牌电热水器,洗一次澡,花费不到1元。"

用小单位商品的价格去类比大单位商品,会给人以亲近感,拉近与消费者之间的距离。

（五）报价对比策略

报价对比策略是指向对方抛出有利于本方的多个商家同类商品交易的报价单,设立一个价格参照系,然后将所交易的商品与这些商家的同类商品在性能、质量、服务与其他交易条件等方面做出有利于本方的比较,并以此作为本方要价的依据。

价格谈判中,使用报价对比策略,往往可以增强报价的可信度和说服力,一般有很好的效果。报价对比可以从多方面进行。例如,将本商品的价格与另一可比商品的价格进行对比,以突出相同使用价值的不同价格;将本商品及其附加各种利益后的价格与可比商品不附加各种利益的价格进行对比,以突出不同使用价值的不同价格;将本商品的价格与竞争者同一商品的价格进行对比,以突出相同商品的不同价格等。

(1)要求对方提供有关证据,证实其所提供的其他商家的报价单的真实性。

(2)仔细查找报价单及其证据的漏洞,如性能、规格型号、质量档次、报价时间和其他交易条件的差异与不可比性,并以此作为突破对方设立的价格参照系屏障的切入点。

(3)本方也抛出有利于自己的另外一些商家的报价单,并做相应的比较。

(4)找出对方价格参照系的一个漏洞,并予以全盘否定,坚持本方的要价。

(六)数字陷阱

数字陷阱是指卖方抛出自己制作的商品成本构成计算表(其项目繁多,计算复杂)给买方,用以支持本方总要价的合理性。在分类成本中"掺水分",以加大总成本,为本方的高出价提供证明与依据。运用此策略可以为本方谋取到较大利益,击退或阻止对方的强大攻势。但是若成本构成计算表被对方找出明显错误,则本方就会处于被动局面,易使谈判复杂化、进程缓慢。

此策略一般在商品交易内容多,成本构成复杂,成本计算方法无统一标准,或是对方攻势太盛的情形下使用。实施时成本计算方法要有利于本方,成本分类要细化,数据要多,计算公式要尽可能繁杂,"水分"要掺在计算复杂的成本项中,"水分"要掺得适度。一句话,就是要使对方难以核算清楚总成本,难以发现"水分"所在,从而落入本方设计好的"陷阱",接受本方的要价。

应对方法:①尽可能弄清与所交易的商品有关的成本计算统一标准、规则与惯例;②选择几项分类成本进行核算,寻找突破口,一旦发现问题,就借机大举发动攻势;③寻找有力的理由,拒绝接受对方抛出的成本构成计算表,坚持本方原有的立场与要价。

【阅读资料4.1】

在建立谈判框架时,有三个概念是非常重要的:谈判协议最佳替代方案(BATNA)、保留价格(Reservation Price)和可能达成协议的空间(ZOPA)。

1. 谈判协议最佳替代方案(BATNA)

BATNA 是"谈判协议最佳替代方案(Best Alternative to a Negotiated Agreement)"的英文缩写。了解BATNA 就意味着如果目前的谈判没有成功,对应该做什么和将要发生什么心中有数。

例如,与一家潜在客户谈判一桩为期一个月的咨询业务,谈判协议最佳替代方案(BATNA)可能就是将这个月花在为其他潜在客户准备营销材料上,这样做可能会带来更多的利润。

2. 保留价格

保留价格(又称免谈价格,Walk-away)是在谈判中所能接受的最低条件或价格。保留价格应该来源于BATNA,但是,它通常与BATNA 并不是一回事。不过,如果谈判的内容是关于钱的,提出的一个可靠的报价就是BATNA,那么保留价格就大致等于谈判协议的最佳替代方案(BATNA)。

3. 可达成协议的空间(ZOPA)

可达成协议的空间(Zone of Possible Agreement)是指可以达成一桩交易的空间。谈判各方的保留价格决定着可达成协议的空间(ZOPA)的界限,该空间(ZOPA)存在于谈判各方的保留价格限度相互重叠的区域内。试分析下面的案例:

一位买主决定购买一座商业仓库的保留价格为275 000 美元(并且希望越便宜越好)。卖主决定的保留价格为250 000 美元(并且希望卖价越高越好)。因此,可达成协议的空间(ZOPA)就在250 000 美元到275 000 美元之间。

如果调换以上数字,即买主决定的保留价格是250 000 美元,而卖主决定的保留价格是275 000 美元,那么就没有可达成协议的空间(ZOPA),因为双方同意的价格范围没有相互重叠的区域。此时,不管谈判人员有多么高超的技巧,也不会达成什么协议,除非出于对其他价值因素的考虑,或者是一方或双方都改变了自己的保留价格。

(资料来源:http://www.dotiao.com/tanpan/tanpanjiqiao/20071217/1482.html.)

二、讨价还价策略

(一)讨价还价前的准备

1. 弄清对方为何如此报价

弄清对方为何如此报价,即弄清对方的真正期望。在弄清对方期望的基础上,要了解怎样才能使对方得到满足,以及如何在谋得我方利益的同时,不断给对方以满足;还要研究对方报价中哪些内容是必须得到的,而哪些是他希望得到但不是非得到不可的;对方报价哪些是比较次要的,而这些又恰恰是诱使我方让步的筹码。这样知彼知己,才能在讨价还价中取得主动。为此,在这一阶段要做到以下几点。

(1)检查对方报价的全部内容,询问如此报价的原因和根据,以及在各项主要交易条件上有多大的灵活性。

(2)注意倾听对方的解释和答复,千万不要主观臆测对方的动机和意图,不要代别人讲话。

(3)记下对方的答复,但不要加以评论,避免过早过深地陷入到具体的某个问题中去,其目的是把谈判面铺得广一些。相反,当对方了解我方的意图时,应尽力使答复减少到最低限度,只告诉他们最基本的内容,掌握好哪些该说,哪些不该说。好的讨价还价者不会把手中的所有内容都推开,不会完整透彻地把他们需要什么以及为什么需要这些内容都讲出来。有经验的讨价还价者只有在十分必要时才会把自己的想法一点一滴地透露出来。

2. 判断谈判形势

判断谈判形势,是为了对讨价还价的实力进行分析。这时首先需要弄清双方的真正分歧,预测对方的谈判重点,此时要区别以下几点。

(1)哪些是对方可以接受,哪些是不能接受的。

(2)哪些是对方急于要讨论的。

(3)在价格和其他主要条件上对方讨价还价的实力。

(4)可能成交的范围。如果双方分歧很大,可以拒绝对方的报价。

(二)讨价策略

讨价策略的运用,包括讨价方式、讨价次数、讨价技巧等。讨价方式,可以分为全面讨价、分别讨价和针对性讨价三种。

全面讨价常用于价格评论之后对于较复杂的交易的首次讨价;分别讨价常用于较复杂交易对方第一次改善报价之后,或不便采用全面讨价方式的讨价。例如,全面讨价后,将交易内容的不同部分,按照价格中所含水分的大小分为水分大的、水分中等的、水分小的三类,再分别讨价;或者不便全面讨价的,如技术贸易价格,按具体项目分为技术许可基本费、技术资料费、技术咨询费、人员培训费和设备费等,再分别讨价;针对性讨价常用于在全面讨价和分别讨价的基础上,针对价格仍明显不合理和水分较大的个别部分进一步讨价。讨价的次数,常常是"事不过三",即针对某一个项目不应该多次紧逼着做讨价,需要讲究一些心理技巧。常见的讨价技巧有:以理服人、相机行事、投石问路等。

应该认识到其价格解释总会有这样那样的矛盾,只要留心,不难察觉,所以,当以适当方式指出报价的不合理之处时,报价者大都有所松动。如会以"我们再核算一下"、"我们与生产厂商再研究研究"、"这项费用可以考虑适当降低"等为借口,对报价做出改善。此时,即使价格调整的幅度不是很大,或者理由也不甚合乎逻辑,作为买方,也应表示欢迎。而且,可以通过对方调整价格的幅度及其解释,估算对方的保留价格,确定进一步讨价的策略和技巧。

(三)还价策略

还价策略的精髓在于:后发制人。在经过一次或几次讨价之后,为了达成交易,买方就要根据估算的卖方保留价格和己方的理想价格及策略性虚报部分,并按照既定策略与技巧,提出自己的反应性还价,其目的绝不在仅仅提供与对方报价的差异,而是要致力于给对方造成压力与影响或改变对手的期望。

在实施还价方式时,谈判者要确保自己的利益要求和主动地位,首先就应善于根据交易内容、所报价格以及讨价方式,采用不同的还价方式,多用总体还价、分别还价、单项还价等。

还价起点的确定,是十分关键的内容。还价的起点策略,通常为低起点原则、针对虚头原则。起点要低,能给对方造成压力并影响和改变对方的判断及盈余要求,能利用其策略性虚报部分为价格磋商提供充分的回旋余地和准备必要的交易筹码,能够促成最终成交价格和实现既定的利益目标。但是,还价不能太低。还价起点要接近成交目标,至少要接近对方的保留价格,以使对方有接受的可能性。否则,对方会失去交易兴趣而退出谈判,或者己方不得不重新还价而陷入被动。

第四节 磋商阶段策略

磋商既是双方求同存异、合作、谅解、让步的过程,也是双方斗智斗勇,展开具体较量的过程,谈判策略的作用在本阶段得到了充分体现。磋商的过程及其结果直接关系到谈判双方所获利益的大小,决定着双方各自需要的满足程度。因而,选择恰当的策略来规划这一阶段的谈判行为,无疑有着特殊重要的意义。

谈判由于受到双方实力、市场环境、人员素质等因素的影响,谈判各方有可能处在优势地位,也可能处在劣势地位,也可能处在均势地位,处在不同地位上的谈判策略是不同的,因此,谈判人员必须掌握各种态势的谈判策略。在谈判中,不可避免地会出现双方利益冲突的现象,在利益冲突不能采取其他的方式协调时,为了推动谈判的进行,双方必须考虑做出一定的让步,否则谈判就可能会失败。让步可能发生在谈判的各个阶段,掌握和灵活运用让步策略是优秀谈判人员的必备素质。

一、处于优势时的谈判策略

(一)不开先例策略

不开先例策略通常是指在谈判过程中处于优势的一方,为了坚持和实现提出的交易条件,而采取的对己有利的先例来约束对方,从而使对方就范,接受己方交易条件的一种策略。它是一种保护卖方利益,强化自己谈判地位和立场的最简单而有效的方法,是拒绝对方又不伤面子的两全其美的好办法。

不开先例策略的核心是运用先例来约束对方。这里的先例是指同类事物在过去的处理方式。商务谈判中采用的先例主要有三种情况:与对方过去谈判的先例、与他人过去谈判的先例、外界通行的谈判先例。作为一个成功的商务谈判者,在运用不开先例策略时,必须充分运用各种先例,为自己的谈判服务。特别是在面对下述各种情形时,应运用不开先例策略:一是谈判内容属保密性交易活动时;二是交易商品属于垄断交易时;三是市场有利于我方而对方急于达成交易时;四是对方提出的交易条件难以接受时。

这里需要指出的是,运用不开先例策略的目的在于利用先例来约束对方接受己方提出的交易条件。这一技巧运用得成功与否,取决于谈判者所采用的先例的力量大小和提出的交易条件的适度性。它们之间有着正相关的密切联系。为此,在实际操作中,我们不仅需要反复衡量交易条件,注意交易条件的合理性、适度性,让对方有接受的余地,而且有反复强调不开先例的事实与理由,通过加强先例的真实性和可信度,让对方对己方宣传的先例深信不疑。同时,还要运用类比性强的先例,着重强调本次交易与先例在交易条件、市场行情、竞争情况、相关因素等方面的相似性,通过强化先例的类比性,使先例的力量得到充分发挥。

在商务谈判中,面对谈判对手采用不开先例策略时,我们应采用积极的策略进行破解。

第一,搜集信息,吃透"先例"。商务谈判中只有搜集到了必要的情报资料,清除了对"先例"的"无知",方可破译"先例",揭穿先例的虚假性,从而使对方使用的这一招术归于失败。

第二,克服习惯型心理的约束。作为成功的谈判者要勇于打破成规,跳出自己的经验圈子,以免被习惯、经验捆住了手脚。应有"市无常形"的观念,要以变化了的诸多条件,作为开展谈判的根本依据。

第三,证明环境条件发生变化以使"先例"不再适用。有一位电冰箱采购员面对供货方不肯降价时指出:"是的,过去一直是以 1 700 元成交的,但是,从上周开始,全国各大商店的冰箱都有不同程度的降价,我方提出的要求显然是合理的。"在本例中,采购员就是通过指出先例与本次交易的差异性(市场行情已经变化)来证明先例的非通用性,从而有效反击了不开先例策略的手法。

(二) 先苦后甜策略

先苦后甜策略也称吹毛求疵策略，它是一种先用苛刻的虚假条件使对方产生疑虑、压抑、无望等心态，以大幅度降低对手的期望值，然后在实际谈判中逐步给予优惠或让步。

使用这一策略，可以实现四个目的：

(1) 使卖主把价格降低；
(2) 使买主有讨价还价的余地；
(3) 让对方知道，买主是很聪明的，是不会轻易被人欺骗的；
(4) 销售员在以低价将商品售出时，使用这一策略可以有向老板交代的借口。

例如，在商品交易中，买方想要卖方在价格上多打些折扣，但同时也估计到如果自己不增加购买数量，卖方很难接受这个要求。于是买方在价格、质量、包装、运输条件、交货期限、支付方式等一系列条款上都提出了十分苛刻的要求，并草拟了有关条款作为洽谈业务的蓝本。在讨价还价的过程中，买方会让卖方明显地感到在绝大多数的交易项目上买方都"忍痛"做了重大让步。这时，卖方鉴于买方的慷慨表现，在比较满足的情况下，往往会同意买方在价格上多打些折扣的要求，这样，买方并没有另外多费口舌就实现了自己的目标。

(三) 价格诱惑策略

价格诱惑，就是卖方利用买方担心市场价格上涨的心理，诱使对方迅速签订购买协议的策略。价格诱惑的实质，就是把谈判对手的注意力吸引到价格问题上来，使其忽略对其他重要合同条款的讨价还价，进而在这些方面争得让步与优惠。

这一策略，是在价格虽看涨，但到真正上涨还需要较长时间的情况下运用的。例如，某机器销售商对买方说："贵方是我公司的老客户了，因此，对于贵方的利益，我方理应给予特别照顾。现在，我们获悉，今年年底前，我方经营的设备市场价格将要上涨，为了使你方在价格上免遭不必要的损失，如果你方打算订购这批货，就可以趁目前价格尚未上涨的时机，在订货合同上将价格条款按现价确定下来，这份合同就具有价格保值作用，不知贵方意下如何？"在此时，如果市场价格确实有可能上涨，这个建议就会很有诱惑力。

应对策略：买方一定要慎重对待价格诱惑，必须坚持做到：第一，计划和具体步骤一经研究确定，就要不动摇地去执行，排除外界的各种干扰。所有列出的谈判要点，都要与对方认真磋商，决不随意迁就。第二，买方要根据实际需要确定订货单，不要被卖方在价格上的诱惑所迷惑，买下一些并不需要的辅助产品和配件，切忌在时间上受对方期限的约束而匆忙做出决定。第三，谈判前要做好充分的市场调研，准确把握市场竞争态势和价格走势，不要被对方的价格诱惑所影响。第四，买方要反复协商，推敲各种项目合同条款，充分考虑各种利弊关系。签订合同之前，还要再一次确认。为确保决策正确，请示上级、召开谈判小组会议都是十分必要的。

(四) 声东击西策略

声东击西策略是指我方在商务谈判中，为达到某种目的和需要，有意识地将磋商的议题引导到无关紧要的问题上故作声势,转移对方注意力,以求实现自己的谈判目标。

使用此策略的一个目的,往往是掩盖真实的企图。比如"围魏"的真正目的是"救赵","指桑"的真正用意是"骂槐",而"项庄舞剑"则"意在沛公"。掩盖真实的动机,无非是怕真实的动机一旦暴露,就很难实现目的。只有在对手毫无准备的情况下,才容易实现目标。声东击西的策略就是要达到乘虚而入的目的。

声东击西策略的特点。这种策略具有很强的灵活性,有一个假的目标,有一个真的目标,有假的行动,有真的行动。假的目标、假的行动是为了迷惑对方,试探对方的底牌,到时机成熟的时候,或者对方难以改变局面的时候,才显示真实的目的。如果情况有变,假的目标有可能变成真的。

声东击西策略的表现形式和手段主要有如下几点:

在运用声东击西策略时,往往采用和对方纠缠于某些方面,或在某些方面轻易让对方满意的手段,转移对方的注意力,从而获得相关的信息和有利的条件,迫使对方在另一些方面做出让步。比如买方知道卖方不能缩短交货期,但他却举出种种理由来说明必须缩短交货期,如不能满足,好像就吃了亏。如果对方接受了他的理由,就要在价格、运输、包装等条件上做出让步。其实,买方的真正目的就是想通过交货期的协商,来争取改善期其他交易条件。

声东击西策略的使用条件包括:

(1) 要有"声东"的条件和理由,才能不引起对方的怀疑;

(2) "声东"要逼真,"击西"也要自然,要找好过渡的台词;

(3) 要了解对手的心理;要掌握好"击西"的时机。

声东击西策略的对策有:

遇到容易到手的条件时要保持高度的警惕,要提防对手"醉翁之意不在酒",要严守谈判机密,不让对手有"击西"的依据。

要深入分析对手"声东"的理由,不要轻易接受对方的交换要求。

【案例4.1】

森达公司向诺康公司紧急订购一批IT产品,诺康公司估算了一下能在3月29日左右完成,成本共计4 000万元。

森达公司的提案是:诺康公司在3月25日前完成,森达公司支付4 500万元。经过考虑,诺康公司提出了反提案,提出公司可以在时间上让步,在森达公司规定的时间内生产出森达公司需要的产品,但森达公司必须多支付加工费500万元。实际上诺康公司根本不可能在森达公司规定时间内完成任务,可是诺康公司的做法让森达公司认为对方在乎的根本不是时间,而是价格。于是双方开始了价格谈判,在价格谈判中,诺康公司提出,森达公司要么多给钱,要么放宽时间限制,森达公司通过诺康公司挡回的情况,认为放宽时间更符合公司利益,同意诺康公司4月1日前完工,并支付4 500万元给诺康公司。

117

诺康公司为什么能达到自己的谈判目标？

分析：如果诺康公司在开始谈判时就要求放宽时间，森达公司不一定会让步，即使让步也会要求诺康公司降低价格。而诺康公司把真正在意的时间因素撇在一边，和森达公司大谈价格，用声东击西技巧取得了谈判主动权。因此，让步可以采用迂回战术，声东击西、曲线救国。对自己在意的地方根本就不挡，将对手引入歧路，这样对手往往会再走回自己的利益点，但谈判时自己要记得时刻坚守自己的利益。

（资料来源：http://doc.mbalib.com/view/05b544addcf6645d5fb219051b176fca.html.）

（五）议程控制策略

谈判议程分配了谈判不同阶段议题协商的时间，以我为主控制谈判议程，是争取谈判权的一项重要措施。通过议程安排，可以使谈判紧凑进行，紧扣谈判主题；也可以使谈判变得长而无味，偏离正题而陷入枝节的纠缠。谈判时间越长、日程安排越紧张，谈判人员越易在精神上、肉体上感到疲劳，产生麻痹大意的心理，言行举止容易出现疏漏。

在运用这一策略时，应注意：

（1）不轻易接受对方的谈判议程。

（2）如果决定接受对方的议程，应仔细分析是否有重要的内容被摒弃于议程之外，或者分配的商议时间过短。

（3）认真合理地制订谈判议程，对不同阶段的主要议题心中有数。

（4）在谈判开始前调整好本方谈判人员的心理、身体状态。

（六）先声夺人策略

先声夺人策略是在谈判开局中借助于己方的优势和特点，以求掌握主动的一种策略。它的特点在于"借东风扬己所长"，以求在心理上抢占优势。

先声夺人策略是一种极为有效的谈判策略，但运用不恰当会给对方留下不良印象，有时会给谈判带来副作用。例如，有些谈判者为了达到目的，以权压人，过分炫耀等，会招致对方的反感，刺激对方的抵制心理。因此，采用先声夺人的"夺"应因势布局，顺情入理，适当施加某种压力也是可以的，但必须运用得巧妙、得体，才能达到"夺人"的目的。

对付先声夺人的策略是在心理上不要怵，要敢于和对手争锋。在次要性问题上可以充耳不闻，视而不见，但在关键问题上应"含笑争理"。这样，先声夺人的"造势"策略便不攻自破了。

二、处于劣势时的谈判策略

（一）吹毛求疵策略

吹毛求疵策略是在商务谈判中针对对方的产品或相关问题，再三故意挑剔使对方的信心降低，从而做出让步。使用的关键点在于提出的挑剔问题应恰到好处，把握分寸。

在向对方提出要求时,不能过于苛刻,漫无边际;要有针对性,恰如其分,要把握分寸,不能与通常做法和惯例相距太远。否则,对方会觉得我方缺乏诚意,以致中断谈判。在谈判中运用这一策略时还要注意,提出比较苛刻的要求,应尽量是对方掌握较少的信息与资料的某些方面;尽量是双方难以用客观标准检验、证明的某些方面;否则,对方很容易识破你的策略,采取应对的措施。

(二)沉默寡言策略

沉默寡言策略是谈判中最有效的防御策略之一,其含义是:在谈判中先不开口,让对方尽情表演,或多向对方提问并设法促使对方继续沿着正题谈论下去,以此暴露其真实的动机和最低的谈判目标,然后根据对方的动机和目标并结合己方的意图采取有针对性的回答。

这种谈判策略之所以有效,其根据在于:谈判中透露得越多,就有可能将自己的底细暴露得越多,从而越有可能处于被动境地。同时也会使对方受到冷遇,造成心理恐慌,不知所措,甚至乱了方寸,从而达到削弱谈判力量的目的。

细心地聆听对方的每一个字,注意对方谈判人员的措辞、表达方式、语气和声调,都可以为己方提供有效的信息。

有效地发挥沉默寡言策略的作用,应注意以下几点:

1. 事先准备

首先,要明确这种策略的运用时机,比较恰当的时机是报价阶段。在报价阶段,对方的态度咄咄逼人,双方的要求差距很大,适时运用沉默寡言可缩小差距。其次,如何约束己方的反应。在沉默中,行为语言是惟一的反应信号,是对方十分关注的内容,所以,事先要准备好使用哪些行为语言,同时要统一谈判人员的行为语言口径。

2. 耐心等待

只有耐心等待才可能使对方失去冷静,形成心理上的压力。记录在这里可起到一箭双雕的作用,可以帮助己方掌握对方没讲什么,对方为什么不讲这些而讲那些。全神贯注地聆听,加上冷静思考会准确无误地了解对方的看法,听出对方的弦外之音,感受对方的情绪,洞悉对方的真实意图,促使沉默寡言超出本身的作用。

3. 利用行为语言,搅乱对手的谈判思维

沉默寡言的本意在于捕捉对方信息,探索对方动机,因而可从需要出发,有目的地巧用行为语言,搅乱对方的谈判思维,最终牵着对方的鼻子乃至控制谈判的局面。

(三)疲劳轰炸策略

疲劳轰炸策略是指通过马拉松式的谈判,使用疲劳战术逐渐消磨对手的锐气,干扰对方的注意力,瓦解其意志,以扭转己方在谈判中的不利地位和被动的局面,反守为攻,摆出本方的观点,促使对方接受己方条件。在商务谈判中,如果一方的谈判者表现出居高临下、先声夺人的姿态,那么,即可以采用"疲劳战"战术。

研究结果显示,被剥夺睡眠、食物或饮水的人的行动和思维能力十分薄弱,疲倦的人都比较容易被打动,犯下许多愚笨的错误。这就是为什么许多谈判者喜欢向对手发动疲劳攻势的原因。他们为了达到良好的谈判效果,千方百计去消耗对方精力,使之在谈判中失利。

运用此策略最忌讳的就是以硬碰硬,以防激起对方的对立情绪,使谈判破裂。

应对策略:尽量使谈判在正常的工作时间内进行,确保有足够的时间休息;谈判以外的时间要由自己安排,而不能按别人的计划行事;对对方的过度安排,要学会说"不"。可以采用休会的方式调整自身状态。

(四)权利有限策略

权利有限策略是指当双方人员就某些问题进行协商,一方要求对方做出某些让步时,另一方可以向对方宣称,在这个问题上,授权有限,他无权向对方做出这样的让步,或无法更改既定的事实,以使对方放弃所坚持的条件。

尼伦伯格在《谈判的艺术》一书中说了这样一件事:他的一位委托人安排了一次会谈,对方及其律师都到场了,尼伦伯格作为代理人也到场了,可是委托人自己却失约了。等了好一会也没见他的人影,这三位到场的人就先开始谈判了。随着谈判的进行,尼伦伯格发现自己正顺顺当当地迫使对方作出一个又一个的让步或承诺,每当对方要求他作出相应的承诺时,他都以委托人未到、他的权力有限为由,委婉地拒绝了。结果,他以一个代理人的身份,为他的委托人争取了对方的许多让步,而他却不用向对方做出相应的让步。

运用该策略应注意:

(1)"权力有限"作为一种策略,只是一种对抗对手的盾牌。"盾牌"的提出要严密,让人难辨真伪点能凭自己一方的"底牌"来决定是否改变要求、做出让步。

(2)运用这一策略时,如果要撤销盾牌也并不困难,可以说已请示领导同意。

(3)运用该策略要慎重,不要使对方感到你没有决策权,不具备谈判的能力。

(4)不要让对方失去与你谈判的诚意和兴趣。

应对策略:在正式谈判开始就迂回地询问对方是否有拍板定案的权力;要求对方尽快通过电话、电传等同其领导联系,尽快解决权力有限的问题。

(五)攻心策略

攻心战是一种心理战术,即谈判一方采取让对手心理上不舒服或感情上的软化使对手妥协退让的战术。

在商务谈判中往往被人们使用的具体策略主要有以下几种:

1.满意感

这是一种使对方在精神上感到满足的策略。为此,要做到礼貌、文雅,同时关注他提出的各种问题,并尽力给予解答。使对方有被尊重的感觉,必要时可请高层领导出面接见。

莎士比亚曾经说过:"人们满意时,就会付出高价。"所以,制造对方的"满意感",可以软化对方进攻,加强己方谈判力度。

2. 头碰头

这是一种在大会谈判之外,双方采取小圈子会谈以解决棘手问题的做法。其形式有:由双方主谈加一名助手或翻译进行小范围会谈,可以在会议室,也可以在休息厅或其他地方,如"家宴"或"游玩",也可以采用小圈子会谈的形式。这种方式可以突出谈判者心理的敏感性,突出了问题的敏感性,突出了任务的重要性和责任感。此外,小范围易于创造双方信任的气氛,谈话更自由,便于各种可能方案的探讨,态度也易于表现灵活。

3."鸿门宴"

鸿门设宴系为典故,项羽欲杀刘邦而设此计。在商业谈判中,主要指做某件事表面是一回事,而本质却另有所图。鸿门宴之策,其形可用,其意本亦可参考,只是意不在杀人,而在促其前进尽快达成协议。酒席之间,容易缓解气氛,减少心理上的戒备和双方对立的情绪,更可在交杯之中融为"兄弟",以瓦解其谈判立场。

4. 恻隐术

恻隐术是一种通过装扮可怜相,唤起对方同情心,从而达到阻止对方进攻的做法。

如有的谈判人员会说:"这样决定下来,回去要被批评。""我已经退到崖边,要掉下去了。""求求您,高抬贵手!"等等。

应对攻心战的对策:

(1)保持冷静、清醒的头脑。在对方发起"攻心"战时,千万别让自己的心理失去平衡,当出现情绪不安、心情烦躁时,可采取休息,甚至中止谈判等办法,让自己的心情得以平静,保持头脑清醒,而不能盲动。特别是当对方初次与自己合作时,要时刻提醒自己,不能凭感情,如果情绪化地处理谈判中的重要问题往往事与愿违。

(2)弄清对方恭维的真正目的,坚持任何情况下不卑不亢,不为所动。要学会区别对方是发自内心地佩服自己,还是出于某种目的,言不由衷。

(3)对谈判对手充满感情的话语,要进行归纳和重新措辞,使之成为情绪化的表白。在表示你了解其感受的同时,也应表明自己所持的态度和立场。

(六)后发制人策略

后发制人策略是指在谈判时处于劣势的一方,面对强敌的时候,采取避敌锋芒以逸待劳的策略,积极制造和发现敌人的过失和弱点,争取谈判主动权,实现由劣势到优势的转变,从而获得谈判的胜利的一种谈判策略。其特点具有先被动后主动、先软弱后强硬的特点,往往能一锤定音。

后发制人策略具有以下优点:

(1)可以从对手那里先学习知识、了解情况,弥补经验和准备的不足。

(2)可以从对方的表现中分析对方的策略,判断对方的动机,寻找对方的漏洞;可以麻痹对手,使其放松警惕。

(3)可以在对方计谋用尽的时候反击,使对方措手不及;可以引起对方的内疚和惭愧,从而为让步创造心理条件。

后发制人策略的使用条件:

谈判人员要有良好的心理素质,在没有把握一击而中的情况下,能隐忍不发,在难以忍受的对手面前,能虚心求教;对方谈判人员行为过分,骄傲自大,麻痹大意;要掌握充分的信息;要把握发力的时机,即对方除了让步别无他法的时候。

后发制人策略的对策:

当你在充当谈判的主角,占尽上风时,要细心观察对手的反应,他们是由衷地接受你的观点、立场,还是"虚心""接受,坚决不"降",并有可能暗中在搜集你的"罪证"。如果没有对方的承诺,没有实质性的让步,你一时的威风都是假的。因此,要注意控制自己的行为,为迎接对方的反攻做好准备,留下洗脱"罪名"的策略。

(七)以柔克刚策略

以柔克刚是指在谈判出现危难局面或对方坚持不让步时,采取软的手法来迎接对方硬的态度,避免冲突,从而达到制胜目的的一种策略。老子说过:"柔能克刚。"当谈判中处于不利局面或弱势时,最好的策略是避开对方的锋芒,以柔克刚。

在谈判中有时会遇到盛气凌人、锋芒毕露的对手,他们的共同特点是刚愎自用、趾高气扬、居高临下,总想指挥或控制对方。这样的谈判者,以硬碰硬固然可以,但往往容易形成双方情绪的对立,危及谈判终极目标的实现。多数情况下,谈判者对咄咄逼人的对手所提出的要求,可暂不表示反应,而是以我之静待敌之动,以我之逸待敌之劳,以平和柔缓的持久战磨其棱角,挫其锐气,挑起他的厌烦情绪,伺机反守为攻,夺取谈判的最后胜利。

在这方面沙特阿拉伯的石油大亨亚马尼做得十分出色,他善于以柔克刚,使对方心悦诚服地接受条件。一位美国石油商曾经这样叙述亚马尼的谈判艺术:"亚马尼在谈判时总是低声细语,绝不高声恫吓。他最厉害的一招是心平气和地重复一个又一个问题,最后把你搞得精疲力竭,不得不把自己的祖奶奶都拱手让出去。他是我打过交道的最难对付的谈判对手。"

使用"以柔克刚"的策略,需要注意如下几点:要有持久作战的精神准备,采用迂回战术,按我方事先筹划好的步骤把谈判对手一步一步地拖下去;坚持以理服人,言谈举止做到有理、有利、有节,使对手心急而无处发,恼怒而无处泄。否则,稍有不慎,就可能给对方制造机会。

三、均势谈判策略

(一)投石问路策略

要想在谈判中掌握主动权,就要尽可能地了解对方的情况,尽可能地了解和掌握当我方采取某一步骤时,对方的反应、意图或打算。

投石问路是指利用一些对对方具有吸引力或突发性的话题同对方交谈,或通过所谓的谣言、秘讯,或有意泄密等手段,借此探测对方的态度和反应。一般地讲,任何一块"石头"都能使买方更进一步了解卖方的商业习惯和动机,而且对方难以拒绝。该策略一般在市场价格行情不稳定、无把握,或是对对方不大了解的情形下运用。比如一个客商想向一个企业订购2 800辆摩托车,他想分析对方的生产成本、设备费用的分摊情况、生产力及价格政策等。于是,他分别要求卖主告诉他,如果购买30辆、300辆、3 000辆和5 000辆摩托车,各以什么样的价格成交。这就是投石问路之法。卖主出于想多销快销多盈利的动机,报价自然呈价格相应下降的趋势。这样一来,精明的客商就会从卖主的逐步下降的价格的趋势获得相应的价格信息,从而达成交易的最为有利的条件。

投石问路的方法主要有:
(1)如果我们和你签订了为期一年的合同,你方能够给我们的价格优惠是多少?
(2)如果我们以现金支付或采取分期付款的形式,你方的产品价格有什么区别?
(3)如果我们给你方提供生产产品所需的原材料,那么,成品价格又是多少呢?

反过来,如果对方使用投石问路策略,我方可以采取以下措施应对:
(1)找出买方购买的真正意图,根据对方情况估计其购买规模。
(2)如果买方投出一个"石头",最好立刻向对方回敬一个。如果对方探询数量与价格之间的优惠比例,我方可立刻要求对方订货。
(3)并不是提出所有问题都要正面回答、马上回答,有些问题拖后回答,效果可能会更好。有的时候,买方的投石问路反倒为卖方创造了极好的机会。针对买方想要知道更多资料信息的心理,卖方可以提出许多建议,促使双方达成更好的交易。

(二)欲擒故纵策略

欲擒故纵策略是指在谈判中的一方虽然想做成某笔交易,却装出满不在乎的样子,将自己的急切心情掩盖起来,似乎只是为了满足对方的需求而来谈判,使对方急于谈判,主动让步,从而实现先"纵"后"擒"的目的。

使用欲擒故纵策略最关键的就是,务必使假信息或假相,做得足以让对方相信。人们通常有一种心理:越是偷偷得来的信息,其真实性越不容置疑。所以,最好是通过非官方、非正式渠道传播,或第三方之口发布。

在欲擒故纵策略的做法上,务必使自己的态度保持半冷半热、不紧不慢的状态。例如,日程安排上不显急切;在对方激烈强硬时,让其表现,采取"不怕后果"的轻蔑态度等。

采用这一策略时要注意:
(1)立点在"擒",故"纵"时应积极地"纵",即在"纵"中激起对手的成交欲望。激的手法是:一方面表现己方的不在乎、利益关系不大;另一方面要尽可能揭示对方的利益,处处为其着想。

(2) 在冷漠之中有意给对方机会，只不过应在其等待、努力之后，再给机会与条件，让其感到珍贵。

(3) 注意言谈与分寸，即讲话要掌握火候，"纵"时的用语应有尊重对方的成分，切不可羞辱对方。否则，会转移谈判焦点，使"纵"失控。

（三）软硬兼施策略

软硬兼施策略又称红白脸策略，是指在商务谈判过程中，利用谈判者既想与你合作，但又不愿与有恶感的对方人员打交道的心理，以两个人分别扮演"红脸"和"白脸"的角色，诱导谈判对手妥协的一种策略。

"白脸"是强硬派，在谈判中态度坚决，寸步不让，咄咄逼人，几乎没有商量的余地。"红脸"是温和派，在谈判中态度温和，拿"白脸"当武器来压对方，与"白脸"积极配合，尽力撮合双方合作，以致达成于己方有利的协议。

使用该策略应注意的问题：

(1) 扮演红脸的应为主谈人，他一方面要善于把握谈判的条件，另一方面要把握好出场的火候。

(2) 扮演白脸的既要表现得"凶"，又要保持良好的形象。即态度强硬，但又处处讲理，决不蛮横。

当对方使用该策略时自己的对策：

(1) 认识到对方无论是"好人"还是"坏人"都属于同一阵线，其目的就是从你手里得到利益，因而应同等对待。

(2) 放慢谈判及让步速度，在"老鹰"面前也要寸步不让。

(3) 当持温和态度的"鸽子"上场时，要求其立即做出让步，并根据他的让步决定自己的对策。

(4) 给对方的让步要"算总账"，绝不能在对方温和派上场后给予较大的让步。

【案例4.2】

休斯想购买大批飞机，他计划购买34架，而其中的11架，由于急需一定要保证买到手。开始谈判前，休斯亲自出马与飞机制造厂商洽谈，但却怎么谈都谈不拢，最后这位大富翁勃然大怒，拂袖而去。但是休斯并不甘心，便找了一位代理人，帮他出面继续谈判。休斯告诉代理人，只要能买到他最中意的那11架，他便满意了，而谈判的结果这位代理人居然把34架飞机全部买到手。休斯十分佩服代理人的本事，便问他是怎么做到的。代理人回答："很简单，每次谈判一陷入僵局，我便问他们：'你们到底是希望和我谈呢？还是希望再请休斯本人出面来谈？经我这么一问，对方只好乖乖的说，算了算了，一切就照你的意思办吧！"

（资料来源：http://www.brandcn.com/yingxiao/tanpan/200908/198315.html.）

（四）车轮战术策略

车轮战术策略又称走马换将策略，是指在谈判桌上的一方遇到关键问题或与对方有无法解决的分歧时，借口自己不能决定或其他理由，转由他人再进行谈判。

通过更换谈判主体，侦察对手的虚实，耗费对手的精力，削弱对手的议价能力，为自己留有回旋余地，进退有序，从而掌握谈判主动权，作为谈判的对方需要重复向走马换将策略的这一方陈述情况，阐明观点；面对新更换的谈判对手，需要重新开始谈判。这样会付出加倍的精力、体力和投资，时间一长，难免出现漏洞和差错。这正是运用走马换将策略一方所期望的。

实施该策略应注意：

选择攻击目标，以便所有参与人员协同作战，目标一致；选择参与人员，使之与目标相匹配，更有利于谈判；编排谈判用词，便于每个参与谈判的人配合准确；明确插话的时机，人多必须有序，谈判才能不乱。

应对该策略的方法是：

无论对方是否准备采用该策略，都要做好充分的心理准备，以便有备无患；新手上场后不重复过去的争论，如果新的对手否定其前任做出的让步，自己也借此否定过去的让步，一切从头开始；用正当的借口使谈判搁浅，直到把原先的对手再换回来。

（五）私下接触策略

私下接触策略是指通过与谈判对手的个人接触，采用各种方式增进了解、联络感情、建立友谊，从侧面促进谈判顺利进行。

私下交往的形式很多，比如电话联系、拜访、娱乐、宴请等皆无不可。但各国、各地区商人往往有独特的偏好。比如，日本人喜欢在澡堂一起洗澡闲谈；芬兰人乐于在蒸汽浴室一起消磨时间；英国人倾向于一同去绅士俱乐部坐坐；我国的广东人喜欢晨起在茶楼聊天。对于不同的谈判对手要了解其习俗，兼顾偏好，则更有利于联络感情。私下交往策略更适用于各方首席代表，它有许多好处。它不像正式谈判，可以无拘无束地交谈，气氛融洽灵活。特别是谈判桌上难以启齿求和时，在私下交往中就能轻松地把愿意妥协的方面表达出来。此外，对于细节问题的研究，可以更加深入。

采用这一策略时应注意：

（1）小心谨慎，谨防失言，不要单方面地告白，以免泄露了我方的秘密。

（2）在气氛很好的时候，不能十分慷慨而丧失原则。

（3）要提高警惕，因为，对方也会运用此策略，很可能在轻松的气氛里，在你没有防备的时候，轻易地使你相信了虚假的消息。

（六）制造竞争策略

如果商务谈判中让对方感受到其他竞争对手的存在，则容易给对方构成让步的压力，其谈判的实力将大为减弱。制造和利用竞争永远是谈判中逼迫对方让步的最有效的武器和策略。

有经验的谈判者总是故意制造存在竞争者的谈判格局,诱使对方做出让步。

制造竞争的具体方法有:

邀请多家卖方参加投标,利用卖方之间的竞争取胜;同时邀请几家主要的卖主与其谈判,把与一家谈判的条件作为与另一家谈判要价的筹码,通过让其进行背靠背的竞争,促其竞相降低条件;邀请多家卖主参加集体谈判,当着所有卖主的面以压低的条件与其中一位卖主谈判,以迫使卖主接受新的条件。因为在这种情况下,卖主处在竞争的压力下,如不答应新的条件,又怕生意被别人争去,便不得不屈从于买方的意愿。

对方采用该策略时,己方的对策要因其制造的竞争方式不同而不同。对于利用招标进行的秘密竞争,要积极参加。对于背靠背的竞争应尽早退出。对于面对面的竞争,采取相反的两种对策:一种是参加这种会议,但只倾听而不表态,不答应对方提出的任何条件,仍按自己的既定条件办事;另一种是不参加这种会议,不听别人的观点,因为在会议上很容易受到买方所提条件的影响。

(七)步步为营策略

步步为营策略是指谈判者在谈判过程中步步设防,试探着前进,不断地巩固阵地,不动声色地推行自己的方案让人难以察觉,自己的每一微小让步都要让对方付出相当代价。此策略一般是在谈判时间充裕,谈判议题较少,或是各项议题的谈判均比较艰难的情形下使用。

使用该策略应小心谨慎,力戒急躁和冒进。使用该策略要做到言行一致,有理有据,使对方觉得情有可原。还价要狠,退让要小而缓。

应对策略:①寻找并抓住对方的一两个破绽,全盘或大部分地否定对方的要价理由;②坚持本方的要价与让步策略和行动计划,不跟随对方的步调行事,不作对等让步,坚持要求对方做出大的让步,本方其后才做出让步;③以其人之道还治其人之身,即向对方学习,也步步为营;④运用其他策略技巧,如最后出价、最后通牒、不开先例等来打乱对方的步调。

(八)浑水摸鱼策略

浑水摸鱼策略是指在谈判中故意搅乱正常的谈判秩序,将许多问题一股脑儿地摊到桌面上,使人难以应付,借以达到使对方慌乱失误的目的。这也是在业务谈判中比较常用的一种策略。

研究结果表明,当一个人面临一大堆难题,精神紧张的时候,就会信心不足。比如,有人在会谈开始没多久就提出质量标准、数量、价格、包装、运输工具、支付方式、送货日期和售后服务等一大堆问题,把事情弄得很复杂。有人会提出一大堆琐碎资料和繁杂的数字,使对方考虑没有思想准备的问题,促使对方屈服或犯错误。

防御这一策略的要诀是,在你尚未充分了解之前,不要和对手讨论和决断任何问题。具体来说,要坚持以下几点:

(1)坚持事情必须逐项讨论,不给对方施展计谋的机会。

(2)坚持自己的意见,用自己的意识和能力影响谈判的进程和变化,以防被别人牵着鼻子走。

(3)拒绝节外生枝的讨论,对不清楚的问题要敢于说不了解情况。

(4)当对方拿出一大堆资料和数据时,要有勇气迎接挑战,对这些资料和数据进行仔细研究与分析,既不要怕耽误时间,也不要担心谈判的失败。以免一着不慎,满盘皆输。

(5)对手可能也和你一样困惑不解,此时应攻其不备。

(九)大智若愚策略

大智若愚策略是指谈判的一方故意装出糊里糊涂、惊慌失措、犹豫不决、反应迟钝,以此来松懈对方的意志,达到后发制人的目的。

在回答对方的提问之前,要使自己获得充分的思考时间。为了争取充分的时间,可以让对方重复所提出的问题,或推托要请示领导自己不能决定,或让自己的助手做一些无关紧要、非实质性的答复,或顾左右而言他,有时做得非常果断、能干、敏捷、博学或者理智的人并不见得聪明,或者说占不到什么便宜,如果能了解得缓慢些,少用一点果断力,稍微不讲理些,可能反而会得到对方更多的让步和有利的价格。

大多数人都希望别人认为自己很聪明,而大智若愚策略则需要让别人认为自己较笨。在运用这一策略时应大胆地说"我不知道"或"请你再说一遍"。

需要注意的是,大智若愚策略技术性强,运用起来要求谈判者老谋深算,通过知而示之不知,能而示之不能,在静中观察对方表现,在示弱中抓到更大的利益让步。

(十)休会策略

休会策略是谈判人员为控制、调节谈判进程,缓和谈判气氛,打破谈判僵局而经常采用的一种基本策略。有时候,当谈判进行到一定阶段或遇到某种障碍时,谈判双方或其中一方会提出休会,以使谈判人员恢复体力和调整对策,推动谈判的顺利进行。

休会策略运用的时机:

(1)回顾成绩,展望未来。在会谈某一阶段接近尾声时休会,使双方人员借休息之便分析讨论这一阶段进展情况,预测下一阶段谈判的发展,提出新的对策。

(2)打破低潮,扭转趋势。在会谈出现低潮时,精力充沛是进行高效率谈判的保证。如果谈判时间拖得过长,谈判人员会出现体力不支、头脑不清、注意力分散的情况,应休息一下,再继续谈判。

(3)避免僵局,保持气氛。在会谈将要或已经出现僵局时,双方观点出现分歧是常有的事,如果各持己见、互不妥协,会谈难免会陷入僵局。这时,继续谈判是徒劳无益的,有时甚至适得其反,使以前的成果付诸东流。此时休会可以使双方冷静下来,客观地分析形势,采取相应对策,避免谈判陷入僵局。如果谈判已经陷入僵局,要及时休会,双方重新估价形势,改变策略,争取会谈走出困境。

(4)消除对抗,争取一致。谈判一方对谈判内容、程序、进度等方面出现不满意的情况,可能会采取消极对抗的办法。这样,会谈就会变得拖拖拉拉,效率低下。这时,一方可以提出休会,进行短暂的休整后,重新开始谈判,改变不利的谈判气氛。

(5)缓冲思考,探求新路。在谈判中,由于是双方以上的交涉,新情况、新问题会层出不穷。如果出现意外情况,会谈难以继续进行,双方可提出休会,各自讨论协商,提出处理办法。

休会应注意的问题:

(1)提出休会的一方要说明休会的必要性并经对方同意。如果提出者在对方同意之前擅自离开谈判桌,就会影响双方关系以致谈判破裂。

(2)要确定休会的时间,即恢复谈判的时间,时间长短要视双方冲突的程度、谈判人员精力状况以及解决问题所需时间而定。

(3)休会之前要简要总结一下前面谈判的进展情况。

(4)提出休会和讨论休会时,要避免谈过多的新问题或对方非常敏感的问题,以便创造冷却紧张气氛的时机。

【案例4.3】

日本国内红豆欠收,日本一家公司急需从中国进口一批红豆。而中国有相当多的库存,但有相当一部分是前一年的存货,我国希望先出售旧货,而日方则希望全是新货。双方就此展开谈判。

谈判开始后,日方首先大诉其苦,诉说自己方面面临的种种困难,希望得到中方的帮助。

"我们很同情你们面临的现状,我们是近邻,我们也很想帮助你们,那么请问你们需要订购多少呢?"

"我们是肯定要订购的,但不知道你方货物的情况怎么样,所以想先听听你们的介绍。"

我方开诚布公地介绍了我方红豆的情况:新货库存不足,陈货偏多。价格上新货要高一些,因此希望日方购买去年的存货。但是,虽经再三说明,日方仍然坚持全部购买新货,谈判陷入僵局。

第二天,双方再次回到谈判桌前。日方首先拿出一份最新的官方报纸,指着上面的一篇报道说:"你们的报纸报道今年的红豆获得了大丰收,所以,不存在供应量的问题,我们仍然坚持昨天的观点。"

但中方不慌不忙地指出:"尽管今年红豆丰收,但是我们国内需求量很大,政府对于红豆的出口量是有一定限制的。你们可以不买陈货,但是如果等到所有旧的库存在我们国内市场上卖完,而新的又不足以供应时,你再想买就晚了。建议你方再考虑考虑。"日方沉思良久,仍然拿不定主意。为避免再次陷入僵局,中方建议道:"这样吧,我们在供应你们旧货的同时,供应一部分新货,你们看怎么样?"日方再三考虑,也想不出更好的解决办法,终于同意进一部分旧货。但是,究竟订货量为多少?新旧货物的比例如何确定?谈判继续进行。

日方本来最初的订货量计划为2 000吨,但称订货量为3 000吨,并要求新货量为2 000吨。中方听后连连摇头:"3 000吨我们可以保证,但是其中2 000吨新货是不可能的,我们至多只能给800吨。"日方认为800吨太少,希望能再多供应一些。中方诚恳地说,考虑到你们的订货量较大,才答应供应800吨,否则,连800吨都是不可能的,我方已尽力而为了。

"既然你们不能增加新货量,那我们要求将订货量降为2 000吨,因为那么多的旧货我们回去也无法交代。"中方表示不同意。谈判再次中断。

过了两天,日方又来了,他们没有找到更合适的供应商,而且时间也不允许他们再继续拖下去。这次,日方主动要求把自己的总订货量提高到2 200吨,其中800吨新货保持不变。

中方的答复是:刚好有一位客户订购了一批红豆,其中包括200吨新货(实际那位客户只买走100吨)。这下,日方沉不住气了,抱怨中方不守信用,中方据理力争:"这之前,我们并没有签订任何协议,你本人也并未要求我们替你保留。"日方自知理亏,也就不再说什么,然后借口出去一下,实际是往总部打电话。回来后,一副很沮丧的样子,他对中方说:"如果这件事办不好,那么回去后我将被降职、降薪,这将使我很难堪,希望能考虑我的难处。"

考虑到将来可能还有合作的机会,况且刚才所说的卖掉200吨也是谎称,何不拿剩下的100吨作个人情。于是中方很宽容地说:"我们做生意都不容易,这样吧,我再想办法帮你弄到100吨新货。"日方一听喜出望外,连连感谢。最后,双方愉快地在合同上签了字。

(资料来源:http://zjh6958.blog.163.com/blog/static/31569654200884111718452.)

四、让步策略

在谈判中,让步是指谈判双方向对方妥协,退让己方的理想目标,降低己方的利益要求,向双方期望目标靠拢的谈判过程。让步策略,是谈判双方在对对方的价格理想区域有了一定了解的基础上,为了推动谈判的进行,而采用的主动让出本方一定利益,以换取对方需求满足的做法。

一般来说,任何谈判都需要双方做出一定的让步,没有让步就不会有谈判的成功。谈判双方需要考虑的问题是如何做出让步而不是是否做出让步。在利益冲突不能采取其他的方式协调时,让步策略的使用在商务谈判中会起到非常重要的作用。成功让步的策略和技巧表现在谈判的各个阶段。

磋商中,每一次让步,不但是为了追求自己的满足,同时还要充分考虑到对方的最大满足。谈判双方在不同利益问题上相互给予对方让步,以达成谈判和局为最终目标。以己方的让步换取对方在另一问题上的让步的策略,称为互利互惠的让步策略;在时空上,以未来利益上的让步换取对方近期利益上的让步称为予远利谋近惠的让步策略;若谈判一方以不做任何让步为条件而获得对方的让步也是有可能的,称为己方丝毫无损的让步策略。

(一)互利互惠的让步策略

谈判不会是仅仅有利于某一方的洽谈。一方做出了让步,必然期望对方对此有所补偿,获

得更大的让步。一方在做出让步后,能否获得对方互惠互利的让步,在很大程度上取决于该方商谈的方式:

一种是所谓的横向谈判,即采取横向铺开的方法,几个议题同时讨论、同时展开、同时向前推进。另一种是所谓的纵向深入方法,即先集中解决某一个议题,而在解决其他议题时,已对这个议题进行了全面深入的研究讨论。采用纵向商谈,双方往往会在某一个议题上争持不下,而在经过一番努力之后,往往会出现单方让步的局面。横向谈判则把各个议题联系在一起,双方可以在各议题上进行利益交换,达成互惠式让步。

争取互惠式让步,需要谈判者具有开阔的思路和视野。除了某些己方必须得到的利益必须坚持以外,不要太固执于某一个问题的让步,而应统观全局,分清利害关系,避重就轻,灵活地使本方的利益在某方面能够得到补偿。

为了能顺利地争取对方互惠互利的让步,商务谈判人员可采取的技巧是:

(1)当己方谈判人员做出让步时,应向对方表明:做出这个让步是与公司政策或公司主管的指示相悖的。因此,己方只同意这样一个让步,即贵方也必须在某个问题上有所让步。

(2)把己方的让步与对方的让步直接联系起来,表明己方可以做出这次让步,只要在己方要求对方让步的问题上能达成一致即可。

比较而言,前一种言之有理,言中有情,易获得成功;后一种则直来直去,比较生硬。

(二)予远利谋近惠的让步策略

在商务谈判中,参加谈判的各方均持有不同的愿望和需要,有的对未来很乐观,有的则很悲观;有的希望马上达成交易,有的却希望能够等上一段时间。因此,谈判者自然也就表现为对谈判的两种满足形式,即对现实谈判交易的满足和对未来交易的满足,而对未来的满足程度完全凭借谈判人员自己的感觉。

对于有些谈判人员来说,可以通过给予其期待的满足或未来的满足而避免给予其现实的满足,即为了避免现实的让步而给予对方远利。比如:当对方在谈判中要求己方在某一问题上做出让步时,己方可以强调保持与己方的业务关系将能给对方带来长期的利益,而本次交易对是否能够成功地建立和发展双方之间的这种长期业务关系是至关重要的,向对方说明远利和近利之间的利害关系。如果对方是精明的商人,是会取远利而弃近惠的。对己方来讲,采取这种策略,并未付出什么现实的东西,却可以获得近惠。

(三)己方丝毫无损的让步策略

己方丝毫无损的让步策略,是指在谈判过程中,当谈判的对方就某个交易条件要求己方做出让步,其要求的确有些道理,而对方又不愿意在这个问题上做出实质性的让步时,首先认真地倾听对方的诉说,并向对方表示:"我方充分地理解您的要求,也认为您的要求是有一定的合理性的,但就我方目前的条件而言,因受种种因素的限制,实在难以接受您的要求。我们保证在这个问题上我方给予其他客户的条件绝对不比给您的好。希望您能够谅解。"如果不是什么大的问题,对方听了上述的一番话以后,往往会主动放弃要求。

第五节　成交阶段策略

双方在将要交易达成时,必然会对前几个阶段的谈判进行总体回顾,以明确还有哪些问题需要讨论。并据此对某些重要交易条件目标做出最后的决定,明确己方为实现交易所需做出的最后让步的限度,以及最后阶段所要采用的谈判策略与技巧,开始着手安排签约事宜。这个阶段是谈判双方最后的抉择阶段。为了达成交易,双方的局部利益应让位于整体利益,除非局部的退让严重危害本方利益或属于本方无论如何不肯退让的利益,才可坚持本方立场或不惜做出终止谈判的决定。

【阅读资料4.2】
达成交易的七个条件
(1) 使对方必须完全了解企业的产品及产品的价值
(2) 使对方信赖自己和自己所代表的公司
(3) 对方必须有成交的欲望
(4) 准确把握时机
(5) 掌握促成交易的各种因素
(6) 不应过早放弃成交努力
(7) 为圆满结束做出精心安排

（资料来源:http://zjh6958.blog.163.com/blog/static/31569654200884111718452.）

一、促成交易策略

(一) 最后期限策略

最后期限策略是指在商务谈判中,实力强的一方向对方提出的达成协议的时间限期,超过这一限期,提出者将退出谈判,以此给对方施加压力,使其尽快做出决策。

例如,谈判一方称:"经商议后,我公司同意再给3天的宽限期。3天后,如果双方依然无法达成协议,我方将终止谈判。"或一方的主谈人表示:"由于公司有其他事务要我回去处理,我已订好后天上午11:30的飞机。我想我们双方得加快速度,如果明天谈判还没有什么结果,我方只能深表遗憾了。"

最后期限实质是一种时间性通碟,它给对方造成压力,又给对方一定的时间考虑,随着最后期限的到来,对方的焦虑会与日俱增。因为,谈判不成损失最大的还是自己。因而,最后期限可以迫使对方快速做出决策。

当谈判中出现以下情况时,可以选择运用最后期限策略。

（1）对方急于求成时,如采购生产用的原料等。
（2）对方存在众多竞争者时。
（3）我方不存在众多竞争者时。
（4）我方最能满足对方某一特别主要的交易条件时。
（5）对方谈判小组成员意见有分歧时。
（6）发现与对方因交易条件分歧大,达成协议的可能性不大时。

选用最后期限的策略,目的是促使对方尽快地达成协议,而不是使谈判破裂,因而,运用时必须注意以下六点：

（1）所规定的最后期限是对方可接受的。最后期限的规定是由于客观情况造成的,无理的、给对方来不及思考的最后期限常会导致谈判策略的失效。

（2）所规定的最后期限必须是严肃的。尽管该期限将来是可以更改或作废的,但到最后期限到来以前,提出最后期限的一方要表明执行最后期限的态度是坚决的。

（3）在运用规定最后期限的同时,做一些小的让步来配合。可以向对方展开心理攻势,给对方造成机不可失、时不再来的感觉,以此来说服对方,避免因"规定最后期限"给对方形成咄咄逼人的感觉,使双方在达成协议的态度上更加灵活一些。

（二）最后出价策略

最后出价策略是指谈判一方给出了一个最后的价格,告诉对方不准备再进行讨价还价了,要么在这个价格上成交,要么谈判破裂。西方谈判界把最后出价形象地描述为"要么干,要么算"。

最后出价策略的应用：

在商务谈判中对待使用最后出价的战术,往往是慎而又慎的。当谈判中出现以下情况时,可以考虑选择这一谈判策略来达到自己的目标。

（1）谈判的一方处于极为有利的谈判地位,对手只能找自己谈判,任何人都不能取代自己的位置。

（2）讨价还价到最后,所有的谈判技巧都已经使用过,均无法使对方改变立场,做出自己所希望的让步。

（3）讨价还价到这样一种情况,自己的让步已经到了极限,再做任何让步都将带来巨大的损失,而对方还在无限制地提出要求。

美国某工会要求公司加薪,公司先加了5美元,再加了2美元,工会还是不满意。为了达成妥协,公司决定再加3美元,结束谈判。但是,具体怎么让步,谈判人员出现了分歧。一种意见认为,公司应该先让1美元,不行再让2美元,这样可以实现公司利益最大化。另一种意见认为,这样的方式会让工会认为公司还可以继续让步,要结束谈判,就应坚持不让步,等工会失去耐心的时候,再一下让出3美元,欢欢喜喜地结束谈判。公司经过权衡,选择了第二种方案,果然收到了不错的效果。

对于对方所提出的最后出价,可持以下态度加以破解:

(1)不管是真是假,应重视对方所提出的最后出价。在掌握确切消息前都不可轻视对方,应认真对待。

(2)要沉着冷静,不可轻易让步。面对此情,不可草率行事,可从对方的蛛丝马迹(如神态、动作)中寻求信息。此外,利用一切可能的机会摸清对方给出最后出价的原因,并考证此价是否符合行情,它与此次谈判目标的差距是否可接受等。只有充分掌握了信息,才能保证在谈判中的主动权。

(三)最后通牒策略

在谈判双方争执不下,对方不愿做出让步以接受我方交易条件时,为了逼迫对方让步,我方可以向对方发出最后通牒。通常做法是:给谈判规定最后的期限,如果对方在这个期限内不接受我方的交易条件达成协议,则我方就宣布谈判破裂而退出谈判。

一般来说,只有在下述四种情况下才使用最后通牒策略:

(1)己方的谈判实力很强,所有的竞争对手不具备条件,如果交易继续进行,对手乐于找我方。

(2)谈判者已试过其他方法均无效果,这是唯一可以改变对方主意的方法。

(3)对方现在所持立场已经超过了自己的最低限度。

(4)己方的最后价格在对方的接受范围之内。不然,对手会宁可中止谈判,也不妥协。

运用该策略应注意:

(1)谈判者知道自己处于一个强有力的地位,特别是该笔交易对对手来讲,要比对本方更为重要。这一点是运用这一策略的基础和必备条件。

(2)语言表达要委婉,既要达到目的,又不至于锋芒毕露。

(3)出示一些令人信服的证据,诸如国家的政策、与其他客户交易的实例或者国际惯例、国际市场行情的现状及趋势,以及国际技术方面的信息等。

(4)适当给予对方思考或者讨论或者请示的时间等。这样一来,有可能使对方的敌意减轻,从而自愿地降低其条件或者不太情愿地接受你的条件。

(5)"最后通牒"的提出必须非常坚定、明确、毫不含糊,不让对方存有任何幻想。同时,我方也要做好对方真的不让步而退出谈判的思想准备,不致到时惊慌失措。

(6)使用这一策略有可能使谈判破裂或者陷入更严重的僵局,所以要视情况而定,除非有较大把握或者万不得已时才用,不可滥用和多用该策略。

例如,克莱斯勒的总裁亚科什曾经成功地使用过最后通牒策略。当时,亚科什刚刚升任克莱斯勒的总裁,而克莱斯勒公司正因为工人要提高工资闹罢工而处于困境中。果断的亚科什明白,要挽救濒临倒闭的克莱斯勒公司,必须压低工人的工资。他首先把高级职员的工资降低了10%,把自己的年薪也从36万美元降到了10万美元。然后对工会谈判代表说:"17美元一个小时的工作有的是,20美元一个小时的工作一件也没有。你们必须在明天早上做出决定。

如果你们不帮我的忙,明天上午我就宣布公司破产。你们还可以考虑8个钟头。"亚科什迫使工会做出了让步,答应了他的工资价格。

该策略的应对:

(1)我们应该分析和判断对方的"最后通牒"是真还是假。

(2)继续谈判,对此根本不予理睬。

(3)尽力找出一个圆满的解释去反驳对方的解释,从而使对方的通牒陷入不攻自破的局面。

(4)摆出准备退出谈判的样子,以此来反侦察对方的真实意图。

(5)转换话题或改变交易的条件。

(6)暗示还有其他货主和顾客,使对方感觉激烈竞争的压力,并适当指出谈判破裂对对方的损失。

(7)提醒对方注意该策略的后果,然后暂时休会让双方都能静心思考是否要继续谈下去。

(四)最后让步策略

成交阶段,谈判双方在绝大多数议题上已取得一致意见,只在某一问题上存在不同意见。这种情况下,就需要双方让步,才能求得一致而签订协议。那么,怎样做出最后的让步呢?

最后让步的时间:

在让步的时间上,如果让步过早,对方会认为这是前一阶段讨价还价的结果,而不认为是己方为达成协议做出的终局性的最后让步,从而导致对方得寸进尺。如果让步时间过晚,往往会削弱对对方的影响和刺激作用,并增加前面谈判的难度。

为了使让步起到较好的作用,收到较理想的效果,最后让步可分两步进行:主要部分在最后期限之前做出,以便让对方有足够的时间品味;次要部分作为最后的"甜头",安排在最后时刻做出。

最后让步的幅度:

在让步幅度上,如果幅度过大,对方反而不相信是己方做出的最后让步;如果让步幅度过小,对方会认为微不足道,难以满足。

最后让步幅度多大合适呢?在决定最后让步幅度时,要考虑对方谈判人员的级别。一般情况下,到谈判的最后关头,应做出能够满足对方上司的地位和尊严要求的让步,但是让步幅度不能过大,如果过大,往往会使该上司指责部下没有做好工作,并坚持让他们继续谈判。

有些精明的推销谈判人员还会利用这最后的让步来获取己方最后的收获,就是指在签约之前,突然漫不经心地提出一个请求,要求做一点小小的让步。由于谈判已进展到签约的程度,人们在精力上已疲惫不堪,对手更是百般不愿,也无力再为这点利益而重新开战,故一般马上答应,以求尽快签约。

二、利益增值策略

（一）不忘最后的获利

通常，在双方将交易的内容、条件大致确定，即将签约的时候，精明的谈判人员往往还要利用最后的时刻，去争取最后的一点收获。在成交阶段最后收获的常规做法是：在签约之前，突然提出一个小小的请求，要求对方再让出一点点。由于谈判已进展到签约的阶段，谈判人员已付出很大的代价，也不愿为这一点点小利而伤了友谊，更不愿为这点小利而重新回到磋商阶段，因此往往会很快答应这个请求，以求尽快签约。

（二）争取最后的让步

针对磋商阶段遗留的最后一两个有分歧的问题，需要通过最后的让步才能求得一致。在许多情况下，到谈判的最后关头，往往对方管理部门中的重要高级主管会出面，参加或主持谈判。这时我们便可争取最后让步。

三、强调双赢策略

在商务谈判即将签约或已经签约的时候，可谓大告成功。此时，我方可能心中暗喜，以为自己在交易中比对方得到更多，但这时我方一定要注意为双方庆贺，强调谈判的结果是我们共同努力的结晶，满足了双方的需要。

如果你只认为本次谈判的结果是个人或己方的杰作，只强调己方的胜利，那么只能是自找麻烦。对方可能会为这种行为所激怒，或者托词拒绝签约，或者勉强签订了协议，但在今后执行过程中，也会想方设法予以破坏，以示报复。

所以要强调双赢，即使对方获得利益不多，也要赞扬对方谈判人员的才干。这样做会使对方心理得到平衡和安慰，并感到某种欣慰，为以后双方的履约和往来打下良好基础。

本 章 小 结

商务谈判策略是对谈判人员在商务谈判过程中，为实现特定的谈判目标而采取的各种方式、措施、技巧、战术、手段及其反向与组合运用的总称。它依据谈判双方的实力，纵观谈判全局的某个方面、某个阶段的关系，规划整个谈判力量的准备和运用，指导谈判的全过程。

在具体谈判中，最终采用何种策略要由谈判人员根据当时当地的谈判背景与形势来决定。

根据针对的主要问题的不同，策略可以分为与时间、空间有关的策略；与物质有关的策略；与信息有关的策略；与人有关的策略；与需要有关的策略；与价格有关的策略等。

开局的好与坏在很大程度上决定着整个谈判的走向和发展趋势。开局策略有：一致式开局策略；保留式开局策略；进攻式开局策略；坦诚式开局策略以及挑剔式策略。摸底策略有坦诚交换式策略，发问式策略，迂回式策略。

价格是谈判的核心问题,报价阶段是商务谈判的关键阶段,在这个阶段,要掌握报价的原则、报价策略和讨价还价策略。

因双方在谈判中所处的位不同,磋商阶段主要有三类策略:优势地位策略,劣势地位策略和均势地位策略。

谈判是妥协的艺术,没有让步就不会成功。无论买方还是卖方,让步都是其达成有效协议所必须采取的策略。让步策略的使用要遵循一定原则,采用合理让步模式。

谈判的成交阶段,是谈判双方最终确立交易条件、缔结协议的过程,同时,也是谈判双方各自利益最终确立的过程。成交阶段商务谈判的主要目标有三;一是力求尽快地达成交易;二是尽量保证西方已取得的谈判成果不要丧失;三是争取获得最后的利益收获。

成交阶段主要有三类策略:促进成交策略,利益增值策略和强调双赢策略。

思 考 题

一、本章思考题

1. 谈判开局时可采用哪些策略?
2. 什么是讨价还价?还价起点的幅度应如何掌握?
3. 什么是投石问路?什么情况下可以采用投石问路策略?
4. 声东击西策略的实质是什么?声东击西策略又叫什么策略?
5. 吹毛求疵策略为什么会屡屡有效?
6. 你认为哪种报价策略最好?为什么?
7. 在谈判中明确表示"不清楚"、"不明白"、"不知道",这是一种什么策略?
8. 为什么说还价起点的确定十分关键?如何确定还价起点?
9. 软硬兼施策略又被称为什么?简要回答其具体含义。
10. 在自己实力不具备的情况下把少说成多的人,一般是在采用什么策略?
11. 如何运用最后出价策略?
12. 在什么情况下运用最后通牒策略?运用最后通牒策略应注意哪些问题?如何应对?
13. 在什么情况下运用最后期限策略?运用最后期限策略应注意哪些问题?如何应对?
14. 如何确定最后让步的时间与幅度?
15. 美国的谈判学家霍华德·雷法称什么是"谈判舞蹈"?
16. 谈判中的让步模式有哪些?
17. 简述采用休会策略的时机。
18. 攻心策略是一种什么类型的策略?有哪些具体方法?
19. 权力有限策略有何优点?如何应对?
20. 商务谈判中的先例指哪三种情况?如何应对对方的不开先例策略?

二、案例分析

澳大利亚A公司、德国B公司与中国C公司,谈判在中国合作投资滑石矿事宜,中方C公司欲控制出口货源,但又不能为该合作投入现金,只想用人力与无形资产投入。

A公司和B公司代表来华欲参观考察矿山,C公司积极派人配合并陪同前往,整个日程安排周到,在有限的时间里满足了A公司和B公司该次访问的要求,双方在预备会和小结会上对合作投资方式进行了讨论。

A公司:我公司是较大的滑石产品的专业公司,产品尤其是精细滑石产品在国际市场占有相当份额。

B公司:我们在中国投资过,但失败了,正在纠纷中,但我们认为中国资源丰富,潜在市场大,很想再重新找一个合作伙伴。

C公司:贵公司算找对了人了。谢谢贵方这么着重我公司,贵方欲与我公司怎么合作呢?

A公司:我公司计划是在中国找一个有信誉有能力的大公司,一起投资中国矿山。

C公司:我公司是出口滑石的公司,若要投资则需集团审批,据我集团的近期发展规划看这个行业不是投资重点。

B公司:贵公司的情况,我们理解,不过A公司却有诚意在中国投资,第一次的失败,使这次投资十分犹豫。

C公司:的确,中国是个投资环境不平衡的地方。有的地区发达,有的地区不发达,要钱时,说的很好,钱到手后就不是那么回事了,尤其是采矿投资,与地质条件关系很大,当矿床跨越不同村镇时,还发生所有权的问题。过去,我们也遇到过这类问题,作为外国投资者需要解决:地质探测、矿山合伙人选择、国家政策、人文、商务法律、市场等问题。这些均影响投资成本和成败。

A公司:贵公司讲的正是我们担忧的,我们希望像贵公司这样的公司可以解决这些问题。

C公司:我公司是国际化的公司,按国际规范进行工作,我们认为,使中国企业按国际范围与外国投资者合作是中国经济发展的重要条件。

B公司:若贵公司能参与合作,将是有意义的。

C公司:刚才我们已谈到贵方这样投资的问题所在,但我们十分赞赏贵公司对中国投资的勇气,作为中国公司,我们很愿意提供帮助,不过,我方将不以现金投入,而以我们的商誉和协助解决上述问题的义务投入。

A公司:贵方这种投入也是有意义的。

C公司:如贵方认为是有价值的,那么我建议贵方可以将它罗列出来,并予以作价。当贵方与中方矿山谈判合资时,我方可与贵方作为一方谈判。我方在合资企业的股份,将从贵方所占份额中划出。

B公司:贵方的建议可以考虑。

C公司:若贵方同意我方合作的方式,那么,请贵方提供协议方案以确定双方关系,便于以后的工作。

C公司:待我回国汇报后,将书面回答贵方。

A、B公司代表回国后三周,给C公司来电,同意C公司以其商誉和服务入股。C公司为保出口货源和不出现金入股的方案谈判成功。

(资料来源:http://edu.ch.gongchang.com/article-7737-314574.html.)

问题:
1. C公司在谈判中运用了什么策略?
2. A、B公司在谈判中运用了什么策略?
3. 对A、B、C公司的谈判结果应如何评价?

第五章 Chapter 5

商务谈判的心理与思维

【学习要点及目标】

通过本章学习,了解商务谈判心理的含义、作用,谈判思维的概念和特点;了解人的性格和个性心理特征;把握商务谈判中思维的类型和作用以及商务谈判能力的内容;正确分析商务谈判中的个性心理;掌握商务谈判心理素质和相应实用技巧。

本章的重点是要求学生掌握商务谈判心理的含义、作用,熟悉商务谈判思维的模式。

本章的难点是正确分析商务谈判中的个性心理,掌握商务谈判心理素质和相应实用技巧。

【引导案例】

大学生租房谈判案例

1. 背景介绍

小顾在清华读 MBA,为了方便学习和工作,他在 2002 年入学之际就和同学一起在离清华不远的东王庄小区里合租了一套两居室的房子居住。2003 年 8 月底,眼看去年的租房合同就要到期了,小顾和他的同学想另外再找一个新的住处。由小顾全权负责找新的住址并与新房主谈价格等相关事宜。

东王庄小区位于海淀区高校聚集的地方,周边有中国林业大学、中国矿业大学、中国地质大学、清华大学、北京语言学院等诸多高等院校。小区内出租户非常多,且住户有很多都是在北京语言学院读书的外籍学生以及在附近上班的年轻白领一族。而且由于需求量大,房源非常紧张,直接导致了东王庄的房价比较高:一居室的月租金约 1 600~2 000 元,二居室的月租金在 2 100~2 800 元左右。具体的价格要视房屋的装修、设施、设备、家用电器的配套提供情况而定,当然还与承租人和出租户之间的谈判结果有关。

小顾和他的同学对新住处的选择还是比较挑剔的：楼层、居住环境、室内装修设施、家用电器等等。然而，他们最关注的还是房主的诚信。他们在这方面是吃过亏的：他们目前租的房子由于产权有问题，在小顾他们居住期间经常受到来自其他受害者和法院方面的打搅和调查，这也是他们下定决心，重新寻找住处的原因。

小顾从8月中旬就开始找新的住处了。由于东王庄离清华大学很近，社区的相关生活设施还是很完善的，因此，他们决定还是在东王庄小区内找新的住处。在东王庄小区内有一个租房的中介机构，那里有很多小区内的房源信息。小顾在一两个星期里已通过这个中介看了5、6处房源了。虽然还没有看到非常满意的，但在价格上已对行情有了一定把握。现在是8月28日，离旧住处的合同期限9月1日只有3天时间了，小顾必须尽快定下来新的住处。同时，由于8月底、9月初有大量的学校开学，很多留学生都在找房源，房源在逐步紧张，房价也在逐步升高，小顾心理的压力越来越大。

2. 谈判过程及结果

今天早上，小顾又接到了中介所的一个电话，让他去看一个新的房源。中介所的小伙子对小顾说："这个房子非常好，我本想介绍给留学生，2 800元月租绝对没问题，但房主说不愿意租给外国人，所以就介绍给你。里面的设施、电器非常好，你也不要太压价，差不多就可以了。"处于近一段时间找房过程中对这个中介的了解，小顾认为他的话还是值得相信的，因此决定去看看。同时也问了问中介的建议，中介所认为2 500元的月租金都值得，最低也低不过2 300元了。

小顾来到这家房主家里，看到房屋的条件的确不错：楼层适中，房间里是木质地板装修，除普通的家用电器以外还有音响，看到这些小顾很高兴，因为他非常喜欢音乐。但他没有表露出来。同时他也注意到，虽然房东家中挂了很多字画，陈列了不少工艺品，但有些杂，从某种程度上说有些俗。小顾想房东一定是想通过这些提高房子的品位，抬高价格。

房东是一位40多岁的男士，见到小顾后就不停地说自己的房子从来没出租过，也没想过要出租。但一直都没人住，空着的。几个月前两个朋友在这里暂住过两个月，刚走。今天是遇到了中介所的小伙子，非常热情的劝他把房出租，并主动给他介绍房客的。随后就谈起以前住的两个朋友都是搞艺术的，在这里写了两个月剧本。他本人对房间十分爱惜，所以对房客的要求也是挺高的。

听了这些，小顾对房主的心理有了一定的把握：房主想通过体现出对房客的不在意从而赢得更多的谈判中的主动。小顾决定也通过这种方法争取主动。小顾并不主动问房主房价，只是在房间内来回地打量那几幅挂在墙上的国画，一看便知是在商场买的商品，不是出自什么大师之手，没有什么艺术价值。于是，小顾就从谈论这些国画、装饰品入手，与房主谈开了。小顾在这方面还是略懂一点的，因此没聊几句，房主已面露窘色，觉得接不上话了。

第五章 商务谈判的心理与思维

小顾此时随便问了问房主房价,房主报2 500元。而且反复强调,自己是因为不想租给留学生们,不然3 000元租出去是不成问题的。小顾发现房主报价并没有出奇的高,于是判断房主还是很希望能把房子租出去的,并不像房主自己所说租不租无所谓。于是心里有了更多的把握。小顾只说了一句:这个价太高,现在房价的行情普遍不高。听了这话,房主主动对小顾说:我们聊聊,租房不成还能交个朋友嘛。小顾也不急,于是坐下来慢慢地和房主聊了起来。

原来房主是《中国人口报》的工作人员。小顾刚好在做一个关于媒体广告方面的项目,也想借此多了解一些报纸内部运作情况,因此非常认真的和房主聊了起来。从该报的发行量、广告量、行业特色到内部人员的管理、毕业生的招收和发展等等,一点也不着急谈租房的事情。从房主反复强调以前住在这里的导演朋友有文化,爱惜房子中,小顾发现房主对房客的要求也是挺高的:要可靠,要有一定文化素养,要爱惜房子等等。小顾认为自己作为房客完全符合房主的这些要求,在这方面还是很有优势的,于是开始试着在谈话中表现自己这方面的优势。

小顾主动和房主谈到了自己和以前房主的经历,从中表达自己对无诚信、无道德的人的鄙视。并且提出现在找房,房价并不是最重要的因素,最关键是房主是否真诚、可靠。房主听后也不失时机地提出对房客的类似的要求。随后,小顾问起房东小孩的情况,当得知他小孩今年正准备高考后,小顾和房东聊了很多目前高考形式、高校的生活、年青人个人的发展等方面的话题,同时也给了房东不少在小孩培养方面的建议。谈到这里,房东很直率地问小顾:你到底看不看得中这套房子,如果看得中,愿意出多少价?

显然,通过这样长时间的天马行空的聊天,此时房东对小顾这个房客的个人素质是欣赏的了。那看似不经意的聊天,实际是房东、房客互相试探、了解对方人品的过程。现在房东是愿意把房子租给小顾,下一步就是两人要达成最终价格了。而且就像房东开始说的,租不租房没关系,房价也不是最重要的,关键是人要可靠。

此时小顾心里对房东的为人、人品也是有了把握了,打消了最初最大的顾虑。在这种情况下,小顾认为只要能达到一个合理的价格就行了,不需要过分追求自己方的利益。此时小顾心中的最高价为2 400元/月,同时期望最好能谈到2 100元/月。

于是,小顾想了一下,就诚恳地对房东说:"通过刚才的谈话,我对您还是非常信任的了,同时我也认为我也是值得你信任的人。我现在非常乐意租您的房子。您也知道,我们目前都还没有毕业,经济上并不宽裕。再加上我们是中国学生,不能和留学生们的支付能力相提并论。我们以前租的地方月租金是2 200元,但现在由于非典原因房价普遍要降低一些,你看月租金在2 100元怎样?"房东听后并没有露出不满的表情,只是强调自己的房子装修、设备都非常好,2 100元的月租金实在是太少。

于是小顾避开租金不谈,开始谈一些其他的相关费用事项,如宽带线安装费、新加一部电话的费用、暖气费等等。宽带线的安装费大约为500元左右,暖气费全年是1 000多元钱,折合每月将近100元。另外还有付款方式、押金等。小顾提出,愿意一次付清半年的房租金,这对房主具有很大的吸引力。

这时已临近中午饭的时间了,小顾为进一步争取主动,提出要等下午另一位室友也来看看再做最后决定。此时,房主突然提出:如果是小顾一个人承租,考虑到个人承受能力,月租金2 200元可以接受。但现在是两个人合租,因此月租金不能少于2 300元,并且提出为回避可能的风险,只愿意和小顾一人签订出租房合同,而不愿意与小顾及其室友共同签订租房合同。同时,房主极力邀请小顾一起共进午餐,并反复强调房子谈不谈得成不重要,交个朋友还是值得的。从中可以看出房主对小顾的人品还是非常认可的。

于是小顾心想,在这种情况下自己再过分讲求经济上的理由有些不妥,于是打算下午由室友来和房主谈具体的价格事宜,自己可以在其中协调一下。

吃午饭时,小顾和房主都没有提房价的事情,大家就早上闲聊的一些其他话题谈开,谈得很投机。下午,小顾的室友和房东最终达成一致,签订了合同:月租金2 200元(含暖气费)。其他开销由承租方自己承担(其实当时小顾和其室友已打听到宽带的初装费已取消,但房主并不知情)。合同双方为房主和小顾,一次签一年,房租半年一付。应该说这样的结果是很让小顾他们满意的。

(资料来源:http://blog.sina.com.cn/s/blog_4ee42fe50100b3nl.html.)

案例分析:

本案例主要描述和分析了一位大学生在租房过程中的谈判经历。这位同学通过分析谈判双方的优势、劣势及对方的心理,巧妙利用对方的心理,化被动为主动,最后取得理想的谈判结果。

从常理而言,东王庄小区房源供不应求,由于留学生的支付能力很强,租到价廉物美的房子的难度是很大的。加上小顾还有时间压力,所以在谈判初期的谈判能力上小顾是处于劣势的。在这种情况下,和房主硬对硬的谈价格的结果只会是房主不愿出租了。

小顾通过观察和交谈发现了房主对房客的特别要求:要人品好,值得信赖。而此时自己清华MBA的头衔以及自己在言谈举止中反映出来的个人素质已给房主留下了较好的印象。于是,小顾紧紧抓住自己在这方面的优势,主动和房主聊一些能体现这一优势的话题,特别是与房主聊了一些小孩的教育和成长的话题之后,很快得到了房主的认可。

第一节 商务谈判的心理

一、商务谈判心理的概念

人是具有心理活动的。一般的说,当一个正常的人,面对壮丽的河山、秀美的景色、善良、热情的人们,会产生喜爱、愉悦的情感,进而会形成美好的记忆;看到被污染的环境、恶劣的天气、战争的血腥暴行,会出现厌恶、逃避的心情,并会留下不好的印象。这些就是人的心理活动、心理现象,也即人的心理。心理是人脑对客观现实的主观能动的反映。人的心理活动一般有感觉、知觉、记忆、想象、思维、情绪、情感、意志、个性等。人的心理是复杂多样的,人们在不同的专业活动中,会产生各种与不同活动相联系的心理。

商务谈判心理是指在商务谈判活动中谈判者的各种心理活动。它是商务谈判者在谈判活动中对各种情况、条件等客观现实的主观能动的反映。譬如,当谈判人员在商务谈判中第一次与谈判对手会晤时,对手彬彬有礼,态度诚恳,易于沟通,就会对对方有好的印象,对谈判取得成功抱有希望和信心。反之,如果谈判对手态度狂妄、盛气凌人,难以友好相处,谈判人员就会对其留下不好的印象,进而对谈判的顺利开展存有忧虑。

二、商务谈判心理的作用

研究和掌握商务谈判心理,对于商务谈判的作用有如下几个方面:

(一)有利于提高谈判人员自身的心理素质

良好的心理素质,是谈判者抗御谈判心理挫折的条件和铺设谈判成功之路的基石,也是谈判取得成功的重要基础条件。谈判人员对谈判的诚意、在谈判中的耐心、相信谈判成功的坚定信心等都是确保谈判成功不可或缺的心理素质。谈判人员如果能正确认识商务谈判心理,就可以有意识地摒弃不良的心理行为习惯,培养和提高自身优良的心理素质,从而把自己塑造成商务谈判方面的人才。

商务谈判人员应具备如下基本心理素质:

1. 自信心

所谓自信心,就是相信自己的能力和实力,是谈判者充分施展自身潜能的前提。缺乏自信心,就难以面对艰辛曲折的谈判,难以勇敢地面对压力和挫折。缺乏自信通常是商务谈判失败的原因。只有具备必胜的信念才能促使谈判者在非常艰难的条件下经过不懈的坚持走向胜利。

但是,这里所谓的自信不是盲目的和惟我独尊的自信。自信是在充分准备的前提下,对谈判双方实力进行科学分析和充分占有信息的基础上对自己有信心,相信自己所持立场的正确性、要求的合理性及说服对手的可能性。自信才会有惊人的魄力和胆识,才能做到潇洒、大方、百折不挠、不畏艰难。

2. 耐心

商务谈判的状况是千变万化的,有时是非常艰难曲折的,商务谈判人员必须具备抗御挫折和打持久战的心理准备。这样,耐心便成为必不可少的心理素质。在一场旷日持久的谈判较量中,谁缺乏耐心和耐力,谁就将失去在商务谈判中获胜的主动权。耐心是谈判抗御压力的必备品质和谈判争取机遇的前提。有了耐心可以使自己观察了解对方的举止行为和各种表现,有效地注意倾听对方的诉说,获取更多的信息;有了耐心可以不被对手的情绪牵制和影响,使自己能始终理智地坚持正确的谈判方向;有了耐心可以有利于提高自身参加长久艰难谈判的毅力和韧性。同时,耐心也是对付意气用事的谈判对手的策略武器,它能得到以柔克刚的良好效果。此外,面对僵局,也一定要有充分的耐心,以等待转机的出现。谁有耐心,沉得住气,就可能在最后打破僵局而获取更多的利益。

【案例5.1】

谈判专家荷伯·科恩曾以戴维营和平谈判为例,说明了耐心的力量。埃及和以色列两国争端由来已久,积怨颇深,谁也不想妥协。当时的美国总统卡特邀请他们坐下来进行谈判,地点确定在戴维营。那里尽管设施齐备,安全可靠,但没有游玩之处,散步成了人们主要的消遣方式。两国谈判代表团住了几天之后,都感到十分厌烦。但是每天早上8点钟,萨达特和贝京都会听到通常的敲门声,接着就是那句熟悉的话语:"你好,我是卡特,再把那个乏味的题目讨论几天吧。"结果到了第13天,双方谁都忍耐不住了,再也不想为谈判中的一些皮毛问题争论不休了,于是就有了著名的《戴维营和平协议》。

(资料来源:吴炜,邱家明.商务谈判实务[M].重庆:重庆大学出版社,2008.)

3. 诚心(诚意)

通常来讲,商务谈判属于一种建设性的谈判,这种谈判需要双方都具有诚意。拥有诚意,不仅是商务谈判人员应具备的心理素质,也是商务谈判应有的出发点。诚意是一种诚恳的态度、负责的精神,是谈判双方合作的基础,也是影响、打动对手心理的必备武器。有了诚意,才能取得对方的信赖,双方的谈判才有坚实的基础;才能求大同存小异,取得让步与和解,促成最佳的合作。若要做到有诚意,在谈判的过程中,要及时回答对方提出的问题;当对方的做法有问题时,要在恰当的时间,采取恰当的方式指出;要勇于承认和纠正自己做法不妥的地方;不轻意许诺,承诺后要认真践诺。诚心能促使谈判双方建立良好的心理沟通,建立良好的互信关系,从而排除一些细枝末节的干扰,确保谈判气氛的稳定与融洽,从而提高谈判效率,使谈判向稳定的方向发展。

(二)有利于揣摩谈判对手心理,实施心理诱导

人的心理与行为是相联系的,心理引导行为。而心理是可诱导的,通过对人的心理诱导,可引导人的行为。谈判人员如果对商务谈判心理有所把握,那么经过锻炼与实践,可以通过谈判对手言谈举止的表现,了解谈判对手的心理活动状态,如其个性、心理动机、心理追求、情绪状态等。在谈判过程中,谈判人员要仔细观察对方的神态表情,倾听对方的发言,留心其举止包括细微的动作,以了解谈判对手的心理和其真实的想法、意图,从而做出正确的谈判决策,防止掉入对手设置的谈判陷阱中。

英国哲学家弗朗西斯·培根在《谈判论》中指出:"与人谋事,则需知其习性,以引导之;明其目的,以劝诱之;谙其弱点,以威吓之;察其优势,以钳制之。"培根此言对商务谈判人员至今仍大有裨益。

在谈判的过程中,应了解谈判对手心理,以针对不同的心理状况采用不同的策略。弄清对手人员对谈判问题的态度、谈判思维的特点等,进行有针对性的谈判准备和采取相应的对策,把握谈判的主动权,使谈判向有利于我方的方向转化。比如,谈判人员可以观察对方在谈判中的兴趣表现,分析了解其需要所在,也可以根据对手的需要进行心理的诱导,激发其对某一事物的兴趣,促成谈判的成功。

(三)有助于恰当地表达和掩饰我方心理

沟通是商务谈判进行的必备环节。了解商务谈判心理,有助于表达我方心理,可以有效地促进沟通。在对方不清楚我方的态度或心理要求时,我方可以通过选择合适的途径和方式向对方表达,以有效地促使对方了解并重视我方的态度或心理要求。

作为谈判另一方,谈判对手也会把我方的心理状态作为分析研究的对象。通常有些商务活动的重要信息是不能轻易暴露给对方的,在很多时候,这些是我方在商务谈判中的核心机密,失去了这些秘密也就失去了主动。这些秘密如果为对方所了解和掌握,就成了助长对方滋生谈判诡计的温床。

为了不让谈判对手了解我方某些真实的心理状态、想法和意图,谈判人员可以根据自己对谈判心理的认识,在信息传播、言谈举止、谈判策略等方面加以调控,对自己的情绪状态、心理动机(或意图)等加以适当的掩饰。例如,在谈判过程中,不得不在某个已经决定的问题上撤回、被迫做出让步时,可以用类似"既然你在交货期方面有所宽限,我们可以在价格方面做出适当的调整"等言词掩饰在这个问题上让步的真实原因和心理意图;再如,当我方面临时间压力,可借助多个成员提出不同的要求掩饰我方重视交货时间的这一心理状态,或在议程安排上有意加以掩饰,以扰乱对方的视线。

(四)有利于营造谈判氛围

商务谈判心理的知识还有助于谈判人员处理与对方的交际与谈判,形成一种良好的交际和谈判氛围。

适当的谈判氛围有助于商务谈判顺利地达到预期的目的。一个商务谈判的高手,也是营造谈判氛围的高手,会对不利的谈判气氛加以控制。适当的谈判氛围可以有效地影响谈判人员的态度、情绪,使谈判顺利进行。对谈判气氛的调控往往根据双方谈判态度和采取的策略、方法而变。通常来讲,谈判者都应尽可能地营造出和谐友好的谈判气氛以促成双方的谈判。但适当的谈判氛围,并不一味都是温馨和谐的气氛。出于谈判情境和谈判利益的需要,必要时也会有意地制造紧张甚至不和谐的气氛,给对方施加压力,迫使对方做出让步。

三、商务谈判中个性的利用

人的个性,也称为"个性心理特征",与谈判有着极为密切的联系。在任何商务谈判活动中,双方都力争有所多得,但影响谈判结果的因素究竟是什么呢? 最重要的一点,也往往是容易被忽略的一点,就是心理因素。心理因素能改变谈判双方的地位,对谈判的最终结果有着潜移默化的作用。影响人行为的心理因素表现是多方面的,如态度、动机、需求、个性等。从谈判的特定内容来讲,个性与谈判的关系最为密切,其影响也是最重要的。

个性是指个人带有倾向的、本质的、比较稳定的心理特征的总和,包括人生观、爱好、兴趣、气质、能力、性格等多方面。个性是在人的一定心理基础上,在社会实践活动中形成和发展起来的,体现了个体独特的心理活动、独特的风格以及独特的行为表现。个性对人们社会活动有着十分重要的影响,人们活动效率高低、活动成果大小在很大程度上也取决于个性。因此,商务谈判中个性的利用是一项重要的研究内容。

(一)能力与谈判

能力是在实践活动中形成和发展起来的,直接影响活动效率,使活动得以顺利完成的个性心理特征。

能力是在人的先天素质基础上,通过后天的锻炼、实践和学习而形成、发展起来的。每个人具备的能力是不同的,有明显的个体差异。通常情况下,要顺利完成某项活动需要多种能力的结合,只具备一种能力是不够的。如果各种能力能较好地组合起来,可使人创造性地、迅速地完成某项或多项活动。谈判活动是一种参加人员较多的、内容复杂的社会交往活动,需要人具备多方面能力。谈判的效果直接受到谈判人员所具备的能力及其水平发挥的影响。

【案例 5.2】

法国盛产葡萄酒,外国的葡萄酒要想打入法国市场是很困难的,然而四川农学院留法研究生李华博士经过几年的努力,终于使中国的葡萄酒奇迹般地打入了法国市场。可是,中国葡萄酒在香港转口时却遇到了麻烦。港方说,按照土酒征 80%关税、洋酒征 300%关税的规定,内地的葡萄酒会按洋酒征税。面对这一问题,李华在与港方的谈判中吟出了一句唐诗:"葡萄美酒夜光杯,欲饮琵琶马上催。"并解释说:这说明中国唐朝就能生产葡萄酒了。唐朝距今已有 1 300 多年了,英国与法国生产葡萄酒的历史,要比中国晚几个世纪,怎么能说中国葡萄酒是洋酒呢?一席话驳得港方有关人员哑口无言,只好将中国葡萄酒按土酒征税。

(资料来源:李昆益.商务谈判技巧[M].北京:对外经济贸易大学出版社,2007.)

(二)气质与谈判

1. 气质的含义

气质是人典型的稳定的心理特征,体现了人心理活动的动力特性,即心理过程的强度、稳定性和灵活性等特点。

早在公元前 5 世纪,古希腊著名的医生希波克里特就观察到不同的人具有不同的气质,并按照不同体液(血液、黄胆液、黏液、黑胆汁)所占有的优势将气质分为四种类型,即多血质、胆汁质、黏液质、抑郁质。希波克里特的体液学说解释了人的行为活动的个性特征。随着科学的不断进步与发展,俄国著名生理学家巴甫洛夫在对人的高级神经活动进行了系统的研究后,对气质做出了科学的阐述。巴甫洛夫根据神经系统的强度、平衡性、灵活性的特点,将人的高级神经活动类型分为四种,即:强、不平衡的兴奋型;强、平衡、灵活的活泼型;强、平衡、不灵活的安静型;弱型,即沉静型。这四种类型与希波克里特的血液学说划分的类型是一致的。活泼型相当于多血质,兴奋型相当于胆汁质,安静型相当于黏液质,沉静型相当于抑郁质。巴甫洛夫的理论将气质的研究建立在科学的基础上,使气质学说更广泛地为人们所接受。

但是,气质并不决定人活动的内容与方向,因此气质的类型并无好坏之分。通常来讲,每种气质都既有积极的一面,也有消极的一面。不能认为某种气质是好的,某种气质是不好的。

2. 谈判中的气质类型

俗话说:"江山易改,禀性难移。"气质的这一特点是在人们的行为活动方式中表现出来的。因此,分析谈判活动中的气质类型是十分必要的。

(1)多血质类型。多血质的特征是反应迅速,思维灵活,但对问题的理解往往是表面的、不深入的。情绪容易变化,表露于外,眼神和面部表情中也会时时刻刻地显露变化无常的心理状态。遇到不如意的事很容易哭泣,但稍加安慰,又可以破涕为笑。喜欢参加各种各样的活动,敏捷好动,表现得匆匆忙忙,略有些毛躁。

具有多血质气质的谈判人员,其行为表现是精力充沛,活泼好动,交际广泛,应变能力强,动作灵敏,反应迅速,但情绪易受干扰,起伏波动,注意力分散。所以,具有这种气质的谈判人员对谈判气氛与环境的适应能力很强,比较容易同对方相处,使谈判气氛变得活跃;信息灵通,对于问题的处理也比较灵活;富于创造性,能够积极主动地寻找解决问题的途径;面对困难和挫折有自信心,比较乐观。其弱点是注意力不易持久,兴趣多变,看问题有时停留于表面,不够深刻,不善于注意和发现谈判中的细节问题。总体来说,这种气质的人善于与人相处,比较适于从事谈判工作。

(2)胆汁质类型。胆汁质的特征是思维非常灵活,心理过程具有迅速而突发的色彩,但理解问题有粗枝大叶、不求甚解的倾向。在行动上总是生气勃勃,工作表现得顽强有力。在情绪方面,无论是高兴或是忧愁都表现得非常强烈,如暴风雨似的凶猛,但能很快地平息下来。

具有胆汁质气质的谈判人员,其行为表现是精力充沛,热情直爽,反应迅速,但缺乏灵活性,心境变化剧烈,情绪容易急躁、冲动。在谈判中,这种类型的人工作起来全神贯注,有效率,有热情,喜欢提问题、建议,但也常常脾气急躁,行动莽撞,忍耐性较差,容易发火,也容易息怒。

具有胆汁质气质特征的谈判者的另一突出特点是对自己的目标决不动摇,对自己的决定也决不轻易改变,常常为某个微不足道的细节或小问题而争执不休,不肯轻易让步。因此,当与这类谈判者交谈时,态度要和平、友好,言行一定要慎重,决不能用语言刺激对方,同时还要尽可能体谅他们的某些过火言行。总之,与这种气质类型的人进行谈判,气氛通常会比较紧张,但较容易迅速达成协议。

(3)黏液质类型。黏液质的特征是思维缺乏灵活性,但考虑问题细致周全,能够沉着而坚定地执行已采取的决定,但不容易改变旧习惯来适应新的环境。经常心平气和,情绪兴奋性比较微弱,面部表情微弱,很难出现波动的情绪状态,行为举止缓慢而镇定。

具有黏液质气质的谈判人员,其行为表现是沉默寡言,安静稳重,情绪不易外露,反应缓慢,注意力稳定,善于忍耐。因此,在谈判中很少显露出紧张、慌乱的神态,能够从容不迫。有较强的控制能力、自信心和影响力。对谈判中涉及的合同条款及其细节思考周密、言行谨慎。而且一旦下定决心、做出决策,不轻易受外界因素的干扰,行动起来有条不紊,遇到困难和挫折决不轻易退却。

这种气质的人由于有较强的内倾性,所以不喜欢过多地展现自己,在交谈中常常以聆听为主。这使其有更多的机会观察对方,分析其特点,并采取相应的策略。所以,综合来看,黏液质是一种较为理想的谈判气质类型。当然,由于这类人不善于交际,缺少活力与热情,经常表现得比较被动,一些极好的交易机会有时也会被错过。

(4) 抑郁质类型。抑郁质的特征是情感生活比较单调,但对生活中遇到的波折容易产生强烈体验,并经久不息。对事物的反应较敏感,能够觉察和深刻体验一般人觉察不出来的事件。在任何活动中都不善于表现自己,不愿出头露面工作,但做起事来一丝不苟,细致认真,如果没有做好工作会感到很愧疚。不善于交际,性格孤僻。

具有抑郁质气质的谈判人员,其行为表现是孤僻多疑,行动迟缓,但观察问题细致入微,体验深刻。这类谈判人员考虑问题慎重多疑,对合同条款的确定更是千思万虑、反复推敲,通常能够发现别人不易察觉的细微之处,不轻易做出结论。但在决策阶段容易拿不准主意,反复犹豫,贻误时机。这类气质的人对外界反应比较敏感,也容易受其他因素的干扰,所以与这种气质类型的人进行谈判,要十分谨慎和细心,且要拥有足够的忍耐力。

综上所述,我们分析了具有典型气质特征的谈判人员在谈判中的行为特征,具有一定的代表性。但是,事实上,谈判人员的气质特征远比这四种类型要复杂得多,因为人的气质不仅仅限于上述几种类型。许多人的气质特征是介于各种类型的中间型,加上受外界条件的影响,气质特征显露的机会也不相同。其实,研究人的气质所反映的行为特征,并不是以把复杂多变的行为规划为某几种类型为最终目标,而是要探究人们行为特点的内在规律,揭示这些行为特征对谈判活动所产生的影响,更好地克服谈判人员的短处,发挥其长处,提高谈判能力,以取得更好的谈判效果。

(三) 性格与谈判

性格是指人对客观现实的态度和行为方式中经常表现出来的比较稳定的心理特征的总和,是个性特征的核心,决定人的活动的内容和方向。所以,性格的形成与发展对人的行为活动有重要的影响。

恩格斯说:"人的性格不仅表现在他做什么,而且表现在他怎么做。"做什么,说明一个人拒绝什么、追求什么,反映了人的活动动机或对现实的态度。怎么做,说明一个人如何去拒绝不愿接受的东西,如何去追求要得到的东西,反映了人的活动方式。在现实生活中,不同人具有不同的性格。例如,在为人处事上,有的人诚实、和蔼;有的人虚伪、阴险。在交际方面,有的人喜欢结交朋友,活泼外向;有的人孤寂内向,爱独自沉思。在情绪特点方面,有的人乐观进取;有的人悲观失望。在行动上,有的人果敢坚毅;有的人则谨慎怯懦。

总之,人与人之间的性格差别是极大的,甚至有时是截然对立的。对性格类型的分析是十分复杂、难以穷尽的。以下主要分析几种具有代表性的谈判人员的性格类型,具有一定的现实意义。

1. 权力型

权力型谈判者的根本特征是狂热地追求权力和成绩,不惜一切代价以获得最大利益,取得最大成就,以对别人和对谈判局势施加影响为满足。在多数谈判场合中,他们我行我素,想尽一切办法使自己成为权力的中心,不给对方留下任何余地。他们一旦控制谈判,就会充分运用手中的权力,与对方进行讨价还价,逼迫对方接受条件,有时甚至不择手段。他们时常感觉手中的权力不够大,束缚了他们谈判能力的发挥。更有甚者,为了体现他们是权力的拥有者,热衷于追求隆重的场面、豪华的谈判场所、精美的宴席、舒适的谈判环境。

权力型谈判者的另一特征是喜欢挑战、敢冒风险。他们认为只有通过接受挑战和战胜困难,才能显示出他们的能力和树立起自我形象。他们不仅喜欢向对方挑战,而且喜欢迎接困难和挑战,因为他们觉得一帆风顺的谈判不过瘾。只有经过艰苦的讨价还价,调动全部力量获取成功的谈判才会使他们感到满足。

权力型谈判者的第三个特征是决策果断、急于建树。这种类型的人求胜心切,不喜欢、也不能容忍拖沓、延误。在要获得更大权力和成绩的动力驱使下,他们总是迅速地处理手头的工作,然后着手开始下一步行动。对大部分人来讲,决策是困难的过程,往往犹豫、拖延、难下决断。权力型谈判者则正相反,他们对决策毫不推脱,总是信心满满,当机立断。

总而言之,权力型谈判者强烈地追求专权,全力以赴地实现目标,敢冒风险,喜欢挑剔,不惜代价。在谈判中,这一类人是最难对付的。这是因为:如果抵制他,谈判就会陷入僵局甚至破裂;如果顺从他,必然会被剥夺得一干二净。

若要与这类谈判对手过招,首先必须在思想上准备充分,针对这类人的性格特征,寻找解决问题的途径。正像这种人的优点一样,他们的弱点也十分明显。

(1) 易于冲动,有时难以控制自己。

(2) 缺乏必要的警惕性。

(3) 必须是谈判的主导者,不能当配角。

(4) 对细节不感兴趣,不愿陷入琐事。

(5) 希望他人受自己的统治,包括自己的同事。

(6) 一意孤行,总是忽略冒险的代价。

(7) 缺少耐心,厌烦拖拉。

针对他们的弱点,可从以下几个方面采取对策:

(1) 在谈判中,应尽量避免与对方发生面对面的直接冲突,努力创造一种直率的并能让对手接受的气氛。这不是惧怕对方,而是因为冲突不能解决问题,精力应该更多的放在引起对手的兴趣和欲望上。例如:"我们的分析表明,谈判已经到了有所创造、有所建树的时刻。"(激起挑战感)"我们一贯承认这样的事实,您是谈判另一方的核心人物。"(引诱其权力欲)

（2）要在谈判中表现出极大的耐心，以柔克刚，靠韧性取胜。即使对方发火、甚至暴跳如雷，也一定要耐心倾听，沉着冷静，不要急于反驳、反击。如果能无动于衷、冷眼旁观，会取得更好的效果，因为对方就是想通过这种形式来制服你。如果己方能承受住，他便无计可施，甚至还会产生尊重、敬佩之情。

（3）要尽可能利用文件、资料来证明自己观点的可靠性。必要时，提供大量的、有创造性的情报，促使对方铤而走险。

2. 说服型

说服型的人在谈判活动中是最普遍、最有代表性的。从某种程度上说，与权力型的人相比，这种人更难以应对。权力型的人容易引起对方的警惕，而说服型的人却容易为人所忽视。在说服者温文尔雅的外表下，很可能暗藏雄心，与你一争高低。

说服者的第一个特征是处理问题深思熟虑，三思而后行，决不草率盲从。他们竭力维护自己的面子和对方的面子，决不轻易做伤害对方感情的事。在许多情况下，即使他们不同意对方的提议，也不愿意直截了当地拒绝，总是想方设法说服对方或阐述他们不能接受的理由。

说服者的第二个特征是拥有良好的人际关系。在和谐融洽的气氛中，他们如鱼得水，发挥自如。他们喜欢帮助别人，会主动消除交际中的障碍。他们需要别人的赞扬和欢迎，需要得到认同。同时，这种人与下属的关系比较融洽，给下属更多的权力，使下属对他信赖、忠诚。

与权力型谈判者不同的是，说服者认为权力只是一种形式，而并不认为权力是能力的象征。虽然他们认识到拥有权力的重要性，也喜欢权力，但并不以追求更大的权力为满足，而是希望获得更多的利益、更多的报酬、更多的赞赏。

说服者往往把自己掩藏于外表之下，因此，要辨别此类人的需求和弱点是十分困难的。他们处事精明，说话谨慎，工于心计，外表和蔼，不露锋芒，充满魅力。他们比较随和，善于发现和迎合对手的兴趣，在不知不觉中说服他人。总之，这类人的弱点具有隐蔽性，要认识这类人，需要透过现象看本质。他们的性格可能潜藏着以下弱点：

（1）不能长时间专注于单一的具体工作，希望考虑重大问题。

（2）对细节问题不感兴趣，不愿进行数字研究。

（3）不喜欢单独工作、不适应冲突气氛等。

（4）过分热心于与对方处好关系，忽略了必要的反击和进攻。

明确了这类谈判者的性格弱点，就可以制订相应的策略：

（1）通过准备大量细节问题使对方感到厌烦，产生尽快达成协议的想法。

（2）准备一些奉承话，必要时给对方戴个高帽，但必须恭维得恰到好处。

（3）要在维持礼节的前提下，保持进攻的态度，并注意双方感情的距离，不要与对手交往过于亲密。必要时，保持态度上的进攻性，引起一些争论，使对手感到紧张不适。

（4）说服者群体意识较强，他们善于利用他人造成有利于自己的环境气氛，不喜欢单独工作，因为这使他们的优势无法发挥。可以利用这一点来争取主动。在可能的条件下，努力造成一对一的谈判局面。

3. 执行型

在谈判中,执行型的人并不少见。他们的最显著特点是:坚决执行上级的命令和指示以及事先定好的计划,竭尽全力,但是缺乏创造性,缺少自己的主张和见解,他们最大的愿望是维持现状。

执行型的人的另一特点是追求工作安全感。他们不喜欢挑战,不喜欢爱挑战的人。他们喜欢有秩序、安全、进行较顺利的谈判。在处理问题时,他们往往喜欢遵循先例,如果某一问题以前是用这种方法处理的,他们就决不会采用其他方法。这类人缺少想象力和构思能力,也缺乏决策能力,在谈判中很少能独当一面,但在某些特定的局部领域中工作起来得心应手、有效率。

这种性格的人适应能力较差,喜欢照章办事。尤其是在比较复杂的环境中,面对各种挑战,他们往往不知所措,很难评价对方提出新建议的价值,自然也很难拿出有建设性的意见。

这种人的弱点概括起来有以下几点:

(1)不愿很快决策,也尽量避免决策。
(2)不适应单独谈判,需要得到同伴的支持。
(3)讨厌挑战、冲突,不喜欢新花样、新提议。
(4)没有能力把握大的问题,不习惯也不善于从全局考虑问题。
(5)适应能力差,有时无法应付复杂的、多种方案的局面。

根据上述特点,在谈判中可注意这样一些问题:

(1)准备详细的资料支持自己的观点。执行者常会要求回答一些详细和具体的问题,因此必须用充足的准备来应对。但是,不要轻易提出新主张或建议,这会引起他们的反感或防卫。如果必须提出新的主张,一定要加以巧妙掩护或逐步提出。如果能让他们认识到新建议对他们有很大益处,则是最大的成功;否则,会引起他们的反对,而且这种反对很少有通融的余地,就难以说服他们接受。

(2)这类人反应迟缓,谈判时间越长,他们的防御性越强。所以,从某种角度讲,达成协议的速度是成功的关键。所以,应尽量与对方配合,使谈判更有效率,争取缩短谈判的每个具体过程。

(3)讲话的态度、措辞也很重要,耐心、冷静都是不可缺少的。

4. 疑虑型

怀疑多虑是这类性格人的典型特征。他们对任何事都持怀疑、批评的态度。每当一项新建议拿到谈判桌上来,只要是对方提出的,他们就会怀疑、反对,即使是对他们有明显的好处,他们会千方百计地探求他们所不知道的一切。

这种性格类型的特点是做事犹豫,难于决策。他们考虑问题慎重,不轻易下结论。在关键时刻,如签合同、拍板、选择方案等问题上,总是犹豫反复,拿不定主意,不能当机立断,担心吃亏上当,结果常常贻误时机,错过达成更有利的协议的机会。

这种人对细节问题观察仔细,注意较多,而且设想具体,常常提出一些出人意料的问题。此外,这种人也不喜欢矛盾冲突,虽然他们经常怀疑一切,经常批评、抱怨他人,但很少会弄到冲突激化的程度。他们竭力避免对立,如果真的发生冲突,也很少固执己见。因此,与他们打交道应注意以下问题:

(1) 在谈判中要尽量诚实、热情、襟怀坦荡。如果他发现你有一个问题欺骗了他,那么你几乎是不可能再获得他的信任的。

(2) 谈判中要坚持做到有耐心和细心。如果对方做出决策的时间长,千万不要催促、逼迫对方表态,不然反会加重他的疑心。在陈述问题的同时,留出充裕的时间让对方思考,并提出详细的数据、说明。

(3) 虽然这类人不适应矛盾冲突,但也不能过多地运用这种方法,否则会促使他更多地防卫、封闭自己,来躲避你的进攻,双方难以实现坦诚、友好的合作。

(4) 提出的方案、建议一定要具体、详细、准确,避免使用大概、差不多等词句,要论点清楚、论据充分。

四、商务谈判心理使用技巧

(一) 威胁

威胁的主要特征是恐吓。为了不给对方造成恐吓或攻击的错觉,发出的威胁必须要合乎情理而且可信。为了使人相信,威胁必须显现出真实的危险性。威胁不是逼迫对方,威胁所预示的前景依赖于对方是否接受相关的条件,故不必以一种敌对的姿态提出。威胁可以依据一方完全控制的事实,也可以依据一方无法控制的事实来进行。但是,无论哪种情况,受威胁的一方可以接受对方提出的条件,以免出现威胁的后果;也可以接受威胁所预示的风险。

谈判专家通过对一些典型案例的研究表明,威胁并不能很好地起作用。它常常会导致反威胁,损害双方关系,形成恶性循环,导致谈判破裂。

【案例 5.3】

金融大王的谈判风格

美国的金融大王摩根在商海奋斗的数十年里,常常在别人有求于他的时候,以非常苛刻的条件将别人的利益鲸吞殆尽,连美国总统也不放过。1894 年,美国出现黄金抢购大风潮,财政部被迫抛出库存黄金,但依然招架不住,于是求救于摩根财团。而摩根却趁火打劫,提出要由他组织的辛迪加承办政府的全部公债。由于这个条件太苛刻,国会和总统都不肯接受。可是,眼观六路、耳听八方的摩根竟大胆向总统进言:"总统先生,据我所知,国库存款只剩下 900 万美元,然而,某某先生手中还有 1 200 万美元今天到期,如果他今天要兑现,那么,一切都完了。"此时,总统已被各地的罢工浪潮弄得焦头烂额,如果国库再被挤兑一空,政府将信誉扫地。在走投无路的情况下,总统不得不答应摩根提出的苛刻条件。协议达成后,摩根财团调出大量美元帮助财政部渡过了危机。由于摩根垄断了全部的公债承办权,美国的市场已操纵在他的手里。这笔黄金公债,仅凭摩根向政府承包价与市场价之差,就使摩根净赚了1 200万美元。摩根谈判风格之苛刻,连美国总统也望而生畏。

(资料来源:贾书章.现代商务谈判理论与实务[M].武汉:武汉理工大学出版社,2007.)

(二)引诱

诱惑是引诱的主要特征。通过用个人利益吸引对方谈判者或中立方决策者,达到使其忽略自方利益的目的。个人利益指对特定谈判者、决策者或某方具有个人重要性的事物。引诱可以分为情诱和利诱。情诱是指以情感因素引诱对方,达到谈判目的。如以眼泪或其他软化方式来博得谈判另一方的怜悯与同情,以使对方做出让步。这一方式在对待双方有一定合作基础的谈判一方比较有效。利诱是指以物质利益因素引诱对方,达到谈判目的。

【案例5.4】

某广告公司急需一名设计人员。登出招聘广告数日后,一名各方面条件都符合要求的人员找到人事部门领导,提出了年薪10万元的要求。但按照公司的工资级别和他人的工资情况,只能给他7万元,而应征人员反复强调10万元是最低要求。如果就此讨论,显然是无法达成协议,谈判不会成功。最后,这位人事部门主管在讲明7万元无法增加的前提下,又提出可以满足一些其他条件。经过坦率的协商,他们达成了协议:由他担任广告总策划的职务,公司付给他7万元的年薪,同时为他免费提供一套住房,解决子女教育问题,提供免费医疗。虽然这名应征者最终拿到的年薪只有7万元,与他的要求相差3万元,也就是说他的这一需要没有得到满足。但公司给予的其他条件,满足了他的住房、安全、自尊及自我实现等需要。

评析:其他需求的满足,可以在一定程度上弥补谈判者提出的主要需求的不足,使谈判走向成功。

(资料来源:吴炜,邱家明.商务谈判实务[M].重庆:重庆大学出版社,2008.)

(三)吹捧

吹捧是针对对方喜欢听好话的弱点,过火地恭维对方,唤起对方的虚荣心、自尊心,使对方逐渐失去自我控制力,或为显示自己的能力而做出让步。

(四)干扰

干扰主要指混淆对方视听,使对方无法将精力集中于核心利益上面,趁机获取利益。干扰可分为单搅和乱搅:前者是指对某事或话题纠缠不放;后者是指对多个事或话题纠缠不放。

(五)拖延

谈判者一般不会长时间维持较为激烈的情绪状态,过上一段时间自然就会平缓得多。因此,时间是抹平感情冲动最好的良药。拖延,也就是利用时间来缓解感情的冲动,待其平静后再进行正式的谈判。可以选择一些休闲娱乐活动,如喝茶、抽烟、吃饭、休会、打球等方法,使对手平静下来。

（六）沉默

沉默是对对方提出的某些要求不予理睬，这是一种很有效的谈判方法。当对方把话说完后，自己选择沉默，这样由于你一直不发表言论，对方就会为他刚才所说的话进一步解释。这样你就可以了解更多你想了解的内容。

（七）转移

转移即环境转换。在对方感情冲动时，可以通过转换环境来缓解对手冲动的情绪。例如提议先将问题暂且不谈，出去休闲放松等。

（八）漠视

对于暴怒者的争论，可以尽可能漠视它，要么不发表任何意见，要么转移话题，要么要求对手"再说一遍"。

第二节　商务谈判的思维

一、商务谈判思维的概念

思维是人们认识事物和分析事物的行为和过程。思维的成功是一切谈判成功的先决条件。商务谈判中的思维和语言是相辅相成的，谈判者只有掌握科学的思维艺术，才能更加合理地运用语言艺术。

思维的特点是：

1. 主观能动性

思维是人们有意识地、能动地反映客观事物的行为和过程。

2. 目的性

人类的思维具有一定目的性，其目的是满足人类一定的需要。思维的目的性决定着人类思维的结果和方向。

3. 客观性

思维对象（即某种事物）是客观存在的，同时人类的思维直接或间接地受客观现实世界的影响和制约。

4. 差别性

由于个人的知识、经验、经历等因素的不同，不同的人对同样的事物会有不同的思维结果，这导致人们观点、见解的多种多样。

二、商务谈判思维的模式

根据不同标准，从不同的角度可以将商务谈判的思维活动划分为不同的模式。

（一）发散式思维与收敛式思维

1. 发散式思维

发散式思维是沿着不同的方向、不同的角度思考问题,从多方面寻找问题的答案的思维活动。它的主要特点是立体式的多思路、多角度、多方向地思考问题,而不局限于某个特定的思维角度、方面或方向。

发散式思维主要表现为多向思维、侧向思维和逆向思维三种形式。多向思维是指充分发挥思维的活力,从尽可能多的方面来考虑同一问题。侧向思维是指将本专业领域与其他专业领域相结合,吸取其他专业领域的知识来解决本专业的问题。逆向思维是指运用与通常情况下思考问题相反的方法来考虑并解决问题的思维活动。使用这样的思维活动往往会得到与众不同的思维结果,常常具有创造性,但是风险大。

2. 收敛式思维

收敛式思维是沿着同一角度、同一方向思考问题,从单方面寻找问题答案的思维活动,集中性是它的主要特点。

收敛式思维习惯从已往的经验中寻找和引出思路,注重经验,往往在权衡有限的途径、方案之后选择一种比较好的途径和方案,并且在思维过程中也遵循比较严格的程序。其稳重性和保险性好,风险低,但创造性较差。

由于发散性思维和收敛性思维特点不同,所以在思维过程中应该将二者有机地结合起来,避免有收敛无发散造成的思维僵化、缺乏创造力的后果,或有发散无收敛所造成的方案多而无法确定最终解决方案的后果。或者只有这样,才能使谈判思维活动趋于科学完善。

（二）横向思维与纵向思维

横向思维和纵向思维均属于比较思维,前者以历史某一横断面为背景,在把握事物本质时,将事物放在同一横断面的不同环境中,研究其发展状况和异同。后者以时间或历史为思维轴线,在把握事物本质时,将事物分别放在过去、现在和将来进行对比分析,以此发现事物在不同历史阶段上的特点与前后联系。

运用横向思维可以将事物放在普遍联系和相互作用的过程中来把握其本质和运动,它能揭示纵向思维不易发现的事物特点与联系。运用纵向思维可以使谈判者由历史来认识今天,并由此预测和把握明天。商务谈判过程中不仅需要了解事物发展的过程和规律,还需要了解该事物与其他事物之间的关系及其在相互关系中的地位,所以应该将纵向思维和横向思维相结合进行运用。

（三）单一化思维与多样化思维

1. 单一化思维

单一化思维是就某个方面观察事物,将事物都归结于这一方面,并且把它绝对化,并做直线的扩大和延伸,以此来说明全部问题。

单一化思维的特点是绝对性和片面性,所以它难以正确地反映复杂多变的客观事物和事物多方面的属性、关系和过程。这是形而上学的思维方式,应当尽可能避免。

2. 多样化思维

多样化思维是从不同的角度、方面,用不同的思维程序考察、分析事物,通过多种思维活动的联结和并存,多层次地揭示事物的联系,使思维的范围扩大,认识内容丰富,发现新的内容。

多样化思维的特点是广泛联系性,它能够正确反映复杂多变的客观事物和事物多方面的属性、关系和过程。这是辩证法的思维方式,应当熟练掌握。

(四)超前思维与反馈思维

超前思维以充分认识和把握事物发展规律为基础,对未来的各种可能性进行预测和分析,并以此进行弹性调整。反馈思维以历史的联系和经验、过去的原则和规律来影响和制约现在,力图使现在变为过去的连续和再现。

反馈思维反映的是一种不愿进行变革和承担风险、因循守旧的心理,一定程度上是经验主义的表现。反馈思维忽视发展变化和变革,在分析、考察事物及评价现在的事物时,僵硬地照搬过去的思维结果。相反,超前思维在分析、考察、评价现在的事物时,注重对事物未来发展的预测性,自觉注重使现实活动符合未来的要求,但是由于它仅仅是对未来的一种预测,所以不可避免地带有一定程度的不确定性和模糊性。在尊重反馈思维的同时,要认真研究事物的发展规律,鼓励超前思维。

(五)动态思维与静态思维

动态思维是一种依据客观事物环境的变动情况不断调整和优化思维的程序、方向和内容,以达到思维目标的一种辩证思维活动。它强调在思维过程中与客观外部环境的信息交流,思维活动要与客观变化过程相协调,以此来调整和修正思维的方向和目标,提高思维的正确性和有效性。

静态思维是一种要求思维规律的规范化、统一化、模式化及排斥任何在思维程序、方向及内容上可变动的固定式的思维方法。其特点是程序性、稳定性和可重复性。实际运用中要做到思维活动的动静结合,以动为本。

从方法论的角度看,商务谈判思维模式就是人们所具有的不同的思维方式,运用于实践中,便形成不同的思维方法。

三、商务谈判思维的技巧

恰当科学的思维活动要通过科学、艺术的思维技巧的运用来实现。

(一)比较法

比较法是商务谈判中运用最多的一种思维方法,"不怕不识货,就怕货比货","货比三家",这些俗语就充分说明了比较法的重要性。运用比较法时,需要注意以下问题:

1. 明确比较的前提与条件

在进行比较之前,必须明确两件事物是否有共同点,是否具有可比性,以及进行比较的适用范围是什么。要注意他们在什么条件、范围下可以进行比较。

2. 明确比较的内容和标准

如果比较的内容和标准选择不正确、不合适,往往直接影响比较结论的正确性。一般来讲,比较的内容应该包括所有交易条件。

3. 要使比较对己方有利

即只比较对自己有利的几个因素或几项内容。

(二) 抽象法

有时需要进行比较的两个事物差别很大,比如国家、地区间的投资环境的差别:A 国在基础设施、市场竞争程度等因素上优于 B 国;B 国有可能在法律、政策等方面又优于 A 国。如果仅简单地一一进行对比,就难以做出准确的评价与判断。需要用抽象法来分析,只把事物的本质、主要因素保留,把事物的非本质、非主要的因素或属性撇开,暂时不予考虑,进行分析比较,这样才能得出正确的结论。

(三) 归纳法

归纳法也称概括法,其运用是建立在抽象法的基础上,用一个普遍适用的方法解决不同的具体问题。例如,在比较国家、地区间的投资环境时,往往通过建立一个综合指标评价体系来评价不同国家、地区之间有差别的投资环境,这种方法有助于更好地了解、比较和把握各国投资环境。商务谈判中,要充分发挥概括能力,在纷纭复杂的变化体系中抓住实质性和主要的东西,形成一个符合实际的概括的"理想方案",作为实际行动的指南。

运用归纳法能透过复杂的表象深入具体事物的本质,使概括得出的结论确实可靠。比如谈判前准备工作的一项重要内容是对客户的信誉进行调查,这就要了解该客户与其他公司的交易;如果该客户在与其他公司的交易中诚实守信,就可从中得出结论:该客户信誉良好,诚实可靠。

(四) 演绎法

演绎法是把抽象法的结论作为前提来应用到个别具体问题上,考察具体个别事物的方法。运用惯例就是一种演绎。惯例是建立在以往经验基础之上,并且现在依然存在,被人们自然而然地予以接受的。比如,对于老客户,在交易过程中往往享受到更多的优惠。

运用演绎法需要注意,一方面,演绎的前提正确。如果前提不正确,必然会导致推论错误。另一方面,演绎时,具体事物的性质应与演绎前提保持一致,否则就不能进行推论。

(五) 分析法

面对对方提出内容较复杂的方案或资料时,如果直接地从总体上进行判断,会非常困难。遇到这种情况时,可运用分析法,即把一项复杂方案分解成若干部分,分别对各组成部分进行分析判断,最后再对总体的各组成部分进行综合分析,并在此基础上得出一个总体判断。

例如,在大型的商务谈判中,往往会出现一个一揽子方案,这就需要运用分析法进行分拆,分解为各个单项内容,这就能比较清楚地看出其实质是什么,再进行相互联系的分析比较,在这样的过程中就有了针对性和依据,避免了盲目性。

四、商务谈判思维的艺术

谈判要说服对方,在准备材料和运用语言时要符合逻辑思维规律。谈判逻辑思维要求条理清楚、脉络清晰,有丰富的逻辑艺术,不会出现逻辑错误。

为了确保谈判成功,谈判者需要精心地拟定谈判计划,周密地收集整理各种信息,理清思路,做到对整个谈判过程胸中有数,对有可能出现的情况事先要有预案。这就要求谈判人员必须有非常清晰的思维逻辑,有条理地进行思想上的准备,其主要的思维逻辑方法如下:

(一)树立谈判主题

树立谈判主题是指将谈判主题的定义、范围、要点等进行深入研究,一一确定,做到心中有数。一开始,谈判双方很难对谈判主题达成一致意见,必须先经过讨论、建议、修正、确定,才能达成一致。整个谈判活动,都要围绕这个主题进行。

树立谈判主题在逻辑上的主要要求如下:

1. 谈判主题要明确

谈判主题在思维形式上要简单明了,对谈判范围的限定也清晰可见,这就可以避免谈判范围的宽泛、头绪纷繁,还可使谈判主题用词、语句没有歧义。

2. 谈判主题要统一

谈判主题是谈判的中心,要贯穿于整个谈判过程中,谈判不能随意脱离主题,更不能用其他主题来替代原有主题,或漫无边际、东拉西扯,随意聊天、扯皮,甚至于可能被对方利用,导致"转移论题"或"偷换论题"。

3. 谈判主题要无矛盾

在同一时间、同一条件和环境下确定谈判主题时,必须排除思想上的矛盾,不能在同一谈判过程中,同时树立两个或两个以上不同的标的。如果有这种情况,谈判人员要指出其中哪一个是错的,哪一个是对的。

(二)收集和整理信息

在谈判开始前,必须广泛收集和整理有关信息资料,为制定科学可行的谈判方案和谈判策略提供依据。对于不同性质的洽谈,收集的信息内容的侧重点不同。一般来说,至少要收集如下几个方面的信息:

1. 有关谈判对方的信息

在谈判开始之前,应当通过各种途径,了解谈判对方的权限,即参与谈判的是决策人员还是一般的工作人员,了解和审查对方的主体资格。一般来说,对方参加谈判人员的身份越重要,表明对方对此次谈判的重视程度越高;还要了解对方信任己方的程度。一般来说,对方对己方越信任,就越有可能达成交易;最后要了解对方的个人情况和单位情况,如对方的经营状况和支付能力等,及参与洽谈人员的爱好、性格、做事风格等,这些都是非常重要的信息。

2. 市场信息

市场信息是反映市场经济活动特征及其发展变化规律的各种资料。主要包括:市场分布信息、产品销售信息和产品竞争方面的信息等。

3. 有关的政策法规信息

在谈判开始前,应当详细了解国家的有关政策及法律、法规,以免在谈判时出现失误。这些政策及法律、法规包括国家对行业发展的政策,与政策相配套的各项法律、法规等。

(三) 谈判前的运筹帷幄

如何运用足够、有效的信息来实现谈判目标,需要在谈判之前运筹帷幄,对即将进行的商务谈判运用逻辑规律进行整体规划和安排。

"智者千虑,必有一失",这说明了最高明的谈判者也没有办法预测到谈判中可能出现的所有情况,所以,在充分准备之后,还要做好心理准备,很有可能会出现意想不到的情况。有了这样一个心理准备,就不至于到时手忙脚乱、不知所措了。同时,"愚者千失,必有一得",也说明了谈判之前所做准备工作不会白白浪费,会为实现谈判成功打下一个良好的基础。

本 章 小 结

商务谈判心理是指在商务谈判活动中谈判者的各种心理活动。它是商务谈判者在谈判活动中对各种情况、条件等客观现实的主观能动的反映。

研究和掌握商务谈判心理,有助于培养谈判人员自身良好的心理素质;有助于揣摩谈判对手心理,实施心理诱导;有助于恰当地表达和掩饰我方心理;有助于营造谈判氛围。

人的个性(也称"个性心理特征")与谈判有着极为密切的关系。个性是指个人带有倾向的、本质的、比较稳定的心理特征的总和,包括人生观、兴趣、爱好、能力、气质、性格等多方面。

思维是人们认识事物和分析事物的行为和过程。一切谈判的成功首先是思维的成功。商务谈判中的思维和语言是相辅相成的,谈判者只有掌握科学的思维艺术,才能合理地运用语言艺术。

商务谈判思维的模式主要有发散式思维与收敛式思维、单一化思维与多样化思维、纵向思维与横向思维、静态思维与动态思维、反馈思维与超前思维。

恰当科学的思维活动要通过科学、艺术的思维技巧的运用来实现。

思 考 题

一、本章思考题

1. 研究商务谈判心理的意义何在？
2. 如何针对谈判者的不同性格特征开展商务谈判？
3. 商务谈判思维的模式有哪些？
4. 运用所学理论分析你的同桌有何个性（包括兴趣、爱好、动机、情绪、性格、心理素质等），如果他是一个商务人员在谈判中会有哪些优势和劣势？

二、案例分析

菲德尔费电气公司的推销员韦普先生去宾夕法尼亚州推销用电。他看到一所富有的整洁农舍，便前去叩门。敲门声过后，门打开了一条小缝，户主布朗前·布拉德老太太从门内向外探出头来，问来客有什么事情。当他得知韦普先生是电气公司的代表后，"砰"的一声把门关上了。韦普先生只好再次敲门。敲了很久，布拉德老太太才将门又打开了，仅仅是勉强开了一条小缝，而且还没等韦普先生说话，就毫不客气地破口大骂。怎么办呢？韦普先生并不气馁，他决心换个法子，碰碰运气。他改变口气说：很对不起，打扰您了。我访问您并非是为了电气公司的事，只是向您买一点鸡蛋。"听到这句话，老太太的态度稍微温和了一些，门也开大了一点。韦普先生接着说："您家的鸡长得真好，看它们的羽毛长得多漂亮，这些鸡大概是多明尼克种吧？能不能卖给我一些鸡蛋？"这时，门开得更大了。老太太问韦普；"你怎么知道这些鸡是多明尼克种呢？"韦普先生知道自己的话打动了老太太，便接着说："我家也养一些鸡，可是，像您所养的那么好的鸡，我还没见过呢。而且，我养的来亨鸡只会生白蛋。夫人，您知道吧，做蛋糕时，用黄褐色的蛋比白色的蛋好。我太太今天要做蛋糕，所以特意跑您这里来了……"老太太一听这话，顿时高兴起来，由屋里跑到门廊来。韦普则利用这短暂的时间，瞄一下四周的环境，发现他们拥有整套的酪农设备，便接着说："夫人，我敢打赌，您养鸡赚的钱一定比您先生养乳牛赚的钱还要多。"这句话说得老太太心花怒放，因为长期以来，她丈夫虽不承认这件事，而她总想把自己得意的事告诉别人。于是，她把韦普先生当做知己，带他参观鸡舍。在参观时，韦普先生不时对所见之物发出由衷的赞美。他们还交流养鸡方面的知识和经验。就这样，他们彼此变得很亲切，几乎无话不谈。最后，布拉德太大在韦普的赞美声中，向他请教用电有何好处。韦普先生实事求是地向她介绍了用电的优越性。两个星期后，韦普收到了老太太交来的用电申请书。后来，便源源不断地收到这个村子的用电订单。

（资料来源：周忠兴.商务谈判原理与技巧[M].南京：东南大学出版社,2003.）

试分析：

1. 韦普先生是如何发现并抓住老太太的心理的？
2. 结合案例谈谈，一个优秀的谈判人员应该具备怎样的性格特征与能力？

第六章
Chapter 6

商务谈判僵局与风险的处理

【学习要点及目标】

通过本章的学习,了解僵局的含义和产生的原因,熟悉僵局的类型,掌握商务谈判僵局的处理原则,能够正确、灵活地运用破解僵局的策略与技巧,突破僵局,达成交易。

正确认识商务谈判中的风险,能够对风险进行预见和控制,掌握规避风险的方法与手段,通过灵活运用,在商务谈判中避免不利影响。

【引导案例】

我国浙江省一个玻璃厂就玻璃生产设备的有关事项与美国诺达尔玻璃公司进行谈判。在谈判过程中,双方就全套设备同时引进还是部分引进的问题发生分歧,双方代表互不相让,导致谈判陷入尴尬的僵持局面。在这种情况下,为了使谈判达到预定的目标,我方玻璃厂的首席代表决定主动打破这个僵局。谈判代表思索了片刻,主动面带微笑地换上一种轻松的语气,避开双方争执的尖锐问题,向对方说:"你们诺达尔公司无论在技术、设备还是工程师方面,都达到世界一流水平。用你们的一流技术和设备与我们进行合作,我们就能够成为全国第一的玻璃生产厂家,利润是非常可观的。我们的玻璃厂发展了,不仅仅对我们有好处,对于你们公司的利益就更大,因为这意味着你们是在与中国最大的玻璃生产厂合作,难道你们不是这样认为的吗?"

对方的谈判首席代表正是该公司的一位高级工程师,听到赞扬他的话,立即表现出很高兴的样子,谈判的气氛顿时豁然开朗,双方之间一下子就轻松活跃起来。我方代表趁机将话题一转,强调资金的有限是客观现实,我方无法将设备全部引进,迫不得已才提出部分引进的想法。同时,还强调其他很多国家与我国北方的一些厂家进行谈判和合作,如果他们仅仅因为不能全部引进设备这一小问题而不能投入最先进的技术和设备,那么就将很快面临着失去中国市场的不利局面。

对方代表听到这番话,终于意识到双方合作的广阔发展前景,如果因为设备引进规模的问题而不能够顺利达成协议,不仅将要损失暂时的经济利益,而且有失去中国市场的危险。竞争如此激烈,一旦被别人占领,很难再进入中国的市场;另外,如果因为对公司影响不是很大的谈判具体内容而导致谈判破裂,对公司也不好交代。至此,美方代表也只有按照我方的意愿,在双方进一步讨论后,顺利达成了部分引进设备的协议。在这次谈判中,我方玻璃厂不仅成功节省了大笔的外汇,而且该厂在诺达尔公司的帮助下迅速发展起来,最终在市场竞争中顺利占得先机,成为同行中的佼佼者。

(资料来源:http://www.du8.com/readfree/19/07031/6.html.)

第一节 商务谈判的僵局

一、商务谈判僵局的含义

商务谈判僵局是指在商务谈判过程中,当双方对所谈问题的利益要求差距较大,各方又都不肯做出让步,导致双方因暂时不可调和的矛盾而形成对峙,而使谈判呈现出一种不进不退的僵持局面。谈判僵局出现后对谈判双方的利益和情绪都会产生不良影响。谈判僵局会有两种后果:打破僵局继续谈判或谈判破裂。后一种结果是双方都不愿看到的。僵局是一种具有强烈暗示性的不确定状态,对谈判者有以下提示:

(1)谈判者先前所进行的研究是判断错误。

(2)谈判者先前举措不明智。

(3)谈判即将趋于破裂。

二、商务谈判僵局的类型

谈判僵局的种类按照人们对谈判本身的理解角度不同,有不同的分类方法。

(一)按照谈判的过程分类

按照商务谈判的进程,谈判僵局可分为谈判初期僵局、谈判中期僵局、谈判后期僵局三种。

谈判初期,主要是双方彼此熟悉、了解、建立融洽气氛的阶段,双方对谈判都充满了期待。但是如果由于误解,或由于某一方谈判前准备得不够充分等,使另一方感情上受到很大伤害,就会导致僵局的出现,以至于使谈判匆匆收场。

谈判中期,这是谈判的实质性阶段,双方需要就有关技术、价格、合同条款等交易内容进行详尽的讨论、协商。在合作的背后,客观地存在着各自利益上的差异,这就可能使谈判暂时向着使双方难以统一的方向发展,产生谈判中期的僵局。而且,中期僵局常常具有此消彼长的特点。有些中期僵局通过双方之间重新沟通,矛盾便可迎刃而解,有些则因双方都不愿在关键问题上退让而使谈判长时间拖延,问题悬而难解。因此,中期是僵局最为纷繁多变的,也是谈判破裂经常发生的。

谈判后期是双方达成协议阶段。在已经解决了技术、价格等关键性问题之后,还有诸如项目验收程序、付款条件等执行细节需要进一步商议,特别是合同条款的措辞、语气等经常容易引起争议。但是谈判后期的所谓僵局不像中期那样难以解决,只要某一方表现得大度一点,稍做些让步便可顺利结束谈判。需要指出的是,后期阶段的僵局也不容轻视,如果掉以轻心,有时仍会出现重大问题,甚至使谈判前功尽弃。因为到了后期,虽然合作双方的总体利益及其各自在利益上的划分已经通过谈判确认,但是只要正式的合同尚未签订,总会有未尽的权利、义务、责任、利益和其他一些细节尚需确认和划分,因此,不可疏忽大意。

(二)按照谈判的影响因素分类

在商务谈判中,双方观点、立场的交锋是持续不断的,当利益冲突变得不可调和时,僵局便出现了。僵局是伴随整个谈判过程随时随地都有可能出现的。

基于谈判双方情感、立场、观点、原则等主观因素所引发的僵局主要有:

1. 策略性僵局

策略性僵局是指谈判的一方有意识地制造僵局,给对方造成压力而为己方争取时间和创造优势的延迟性质的一种策略。

对于策略性僵局,要予以揭露,识破对方玄机,使对方这一策略失效。一个不成熟的谈判者遇到僵局便会动摇信心,受挫的感觉使之产生心理压力,造成思维紊乱,怀疑自己的判断能力。心理学实验表明:陷入僵局时,弱者往往产生挫折感,怕被孤立。为了处理好关系,怕失和、怕对方,进而不知所措甚至委屈求和,丧失既定原则和原有底线。发动僵局的一方正是基于这种考虑而实施这一策略。

2. 情绪性僵局

情绪性僵局是指在谈判过程中,一方的讲话引起对方的反感,冲突升级,出现唇枪舌剑、互不相让的局面。

对于情绪性僵局,主要是从回避的角度出发,想方设法排除误会,疏通路障。情绪化僵局往往是双方在商务谈判中由于激烈的气氛造成情绪失控所引发的。多是由于词句不当引发口角形成僵局。如一次价格谈判,一方冲口而出价格太高,你们简直是漫天要价!对方立刻反击那你开的这个价格闻所未闻,难道要我白送给你!一言不合谈判失败。情绪不能代替原则,情绪不能带来利益。谈判双方是为谋求共同利益而来,赌气斗狠妨碍谈判进程。这毕竟是双方违背初衷、违背来意的,静心自问,做出反思,双方还是会继续下去的。

3. 实质性僵局

实质性僵局是指双方在谈判过程中涉及商务交易的核心——经济利益时,意见分歧差距较大,难以达成一致意见,双方又固守己见,毫不相让,就会导致实质性僵局。

对于实质性僵局,应该从理解的角度按照原则谈判法排除矛盾,消除分歧,拉近距离,使谈判回到正常渠道上来。美国学者罗杰费雪尔和威廉尤瑞认为:谈判是根据价值来寻求双方的利益而达成协议,并不是一味通过讨价还价来做最后决定。当双方利益发生冲突时,坚持使用某些客观的标准来做决定,而不是双方意志力的比赛。要把人与问题分开;要着眼于利益而不是立场;提出的方案要对彼此有利;坚持使用客观标准。

(三)按照谈判的内容分类

谈判的内容不同,谈判僵局的种类也不同。也就是说,不同的谈判主题会出现不同的谈判僵局。

一般来讲,不同的标准,不同的技术要求,不同的合同条款,不同的项目合同价格、履约地点、验收标准、违约责任等,都可以引起不同内容上的谈判僵局。需要指出的是,在所有可能导致谈判僵局的谈判主题中,价格是最为敏感的一种,是产生僵局频率最高的一个方面。因此,从内容上讲,不论国内还是国际商务谈判,价格僵局是经常存在的。

三、商务谈判僵局产生的原因

无论是谈判中的何种僵局,其形成都是有一定原因的。只要我们能够对这些原因准确地加以判断与适度地把握,突破僵局也就有的放矢了。其原因包括以下几个方面:

(一)立场观点的争执

纵观许多谈判实践,其产生僵局的首要原因就在于双方所持立场观点不同。

谈判过程中,如果对某一问题各持自己的看法和主张,并且谁也不愿做出让步,往往容易产生分歧,争执不下。双方越是坚持自己的立场,双方之间的分歧就会越大。这时,双方真正的利益被这种表面的立场所掩盖,而且为了维护各自的面子、非但不愿做出让步,反而会用顽强的意志来迫使对方改变立场。于是,谈判变成了一种意志力的较量,当双方立场冲突不断激化时,互不妥协,形成对峙,谈判自然陷入僵局。

经验证明,谈判双方在立场上关注越多,就越不能注意调和双方利益,也就越不可能达成协议,甚至谈判双方都不想做出让步或以退出谈判相要挟,这就更增加了达成协议的困难。拖延谈判时间,容易致使谈判一方或双方丧失信心与兴趣,最终使谈判以破裂而告终。立场观点的争执所导致的谈判僵局,是比较常见的,因为人们最容易在谈判中犯立场观点性争执的错误,这也是形成僵局的主要原因。

(二)一方的有意强迫

强迫对于谈判来说是具有破坏性的,因为强迫意味着不平等、不合理,意味着恃强欺弱,这是与谈判的平等原则以及"谈判不是一场竞技赛"、"成功谈判最终造就两个胜利者"的思想相悖的。然而,谈判中,人们常常由于有意无意地采取强迫手段而使谈判陷入僵局。特别是涉外商务谈判,不仅存在经济利益上的相争,还有维护国家、企业及自身尊严的需要。因此,某一方越是受到逼迫，就越是不会退让，谈判的僵局也就越容易出现。

由于强迫造成的谈判僵局屡见不鲜。比如在国际业务交往中，有些外商常常要求我方向派往我国的外方工作人员支付高薪报酬，或要求低价包销由其转让技术所生产的市场旺销产品，或强求购买其已淘汰的设备，如此等等，都属强迫行为。如果我方不答应，就反过来以取消贷款、停止许可证贸易等相威胁。在国内谈判中，经常会出现处在卖方市场中的销售方和处在买方市场的采购方，凭借自身优势强迫对方接受他们难以接受的条件，在这种情况下，出现僵局是不可避免的。

（三）人员素质的低下

俗话说事在人为，人的素质因素永远是引发事由的重要因素。谈判也是如此，谈判人员素质不仅始终是谈判能否成功的重要因素，而且当双方合作的客观条件良好、共同利益较一致时，谈判人员素质高低往往是起决定性作用的因素。

有些僵局是由谈判人员的素质欠佳造成的。

1. 谈判人员的偏见或成见

偏见或成见是指由感情原因所产生的对对方及谈判议题的一些不正确的看法。由于产生偏见或成见的原因是对问题认识的片面性，即用以偏概全的办法对待别人，因而很容易引起僵局。

2. 谈判人员的失误导致僵局

有些素质较低的谈判人员仅仅根据一些表象或虚假的信息做出判断，从而出现判断失误，或者争强好胜，设置圈套，采用错误策略或时机运用不当，也往往导致谈判过程受阻及僵局的出现。

3. 谈判人员的故意反对导致僵局

故意反对是指谈判者有意给对方出难题，搅乱视听，甚至引起争吵，迫使对方放弃自己的谈判目标而向本方目标靠近。产生故意反对的原因可能是过去在谈判中上过当，吃过亏，现在要给对方报复，或者自己处在十分不利的地位，通过给对方制造麻烦可能改变自己的谈判地位，并认为即使改变不了不利地位也不会有什么损失。这样就会导致谈判的僵局。此外，谈判人员受教育程度、专业知识、谈判经验等因素都可能导致谈判的僵局。

（四）信息沟通的障碍

谈判本身就是靠"讲"和"听"来进行沟通的，但是，即使一方完全听清了另一方的讲话内容，也并不意味着就能够完全把握对方所要表达的思想内涵，谈判过程中双方信息沟通失真现象时有发生。实践中，由于双方信息传递失真而使双方之间产生误解而出现争执，并因此使谈判陷入僵局的情况屡见不鲜。这种失真可能是口译方面的，也可能是合同文字方面的，这些都属于沟通方面的障碍因素。

信息沟通障碍是指双方在交流彼此情况、观点，洽商合作意向、交易的条件等的过程中所

能遇到的由于主观与客观的原因所造成的理解障碍,主要表现为:

1. 文化背景差异

这种障碍容易出现在国际商务谈判当中,谈判可能因为翻译的一个错误导致僵局。比如同一名词在两国意义不一致时,照直翻译就很容易引起误会,引发谈判僵局。在国际商务谈判实践中,也可能出现谈判人员为维护国家尊严拒绝让步而导致僵局的情况。

【案例6.1】

某跨国公司总裁访问我国一家著名的制造企业,商讨合作发展事宜。中方总经理很自豪地向客人介绍说:"我公司是中国二级企业……"此时,翻译人员很自然地用"Second-class Enterprise"来表达。不料,该跨国公司总裁闻此,原本很高的兴致突然冷淡下来,敷衍了几句立即起身告辞。在归途中,他抱怨道:"我怎么能同中国的一个二流企业合作?"

在我国,企业档案工作目标管理考评分为"省(部)级"、"国家二级"、"国家一级"三个等级。"省(部)级"是国家对企业档案工作的基本要求。"国家一级"为最高等级。可见,一个小小的沟通障碍,会直接影响到合作的可能与否。

(资料来源:http://pxiao.lingd.net/article-1597518-1.html.)

2. 价值观念差异

价值观是指一个人对周围的客观事物(包括人、事、物)的意义、重要性的总评价和总看法。价值观一方面表现为价值取向,另一方面表现为价值尺度。在实际商务谈判中,谈判双方也会因为价值观念的不同对同一谈判主题产生不一样的看法,因此引发争执,最终产生僵局。比如东西方国家的价值观就有很大差异:东方国家价值观讲究的是人的道德观念和奉献精神,西方国家价值观讲究的是人的平等、民族以及个性、自由、奋斗。

3. 思维方式差异

思维方式某种程度上可以反映一种社会现象。它主要是由后天教育或环境影响所致。谈判双方思维方式的差异在商务谈判中也可能会导致僵局。比如谈判方的"一言堂",即谈判一方过分地论述自己的观点,不给对方反应和陈述的机会,这使对方感到不满,形成潜在的僵局。

4. 人际关系差异

在商务谈判中,如果是第一次谈判或者双方还没有完全建立相互信任的合作关系,在谈判过程中产生僵局的可能性比较大。同时,谈判人员之间私下的关系尴尬,也会促使双方拒绝让步,导致谈判陷入僵局。

(五)双方利益的差距

从谈判双方各自的角度出发,双方各有自己的利益需求。在双方各自坚持自己的成交条件,而且这种坚持虽相去甚远,但却合理的情况下,只要双方都迫切希望从这桩交易中获得所期望的利益而不肯做出进一步的让步,那么谈判就很难进行,交易也没有希望成功,僵局也就不可避免。这种僵局出现的原因就在于双方合理要求差距太大,不能达成共识。在商务谈判实践中,即使双方都表现出十分友好、真诚与积极的态度,但是如果双方对各自所期望的收益存在很大差距,那么就难免会出现僵局。

例如,当你走进一家手机卖场,看见一款标价4 800元的智能手机,想买下来。但你手上只有4 200元,并且你最多也只愿付这个数。于是你与卖场销售员开始讨价还价,你调用一切手段证明你非常喜欢这部手机,并运用各种技巧让卖场销售员相信你的出价是合理的。你达到了被理解的目的,可是对方只愿给你10%的折扣,即4 320元,最低可以抹个零头至4 300元,并告诉你这是卖场所能给你的最优惠条件了。这时谈判已陷入僵局,其实谁也没有过错,从各自角度看,双方坚持的成交条件也是合理的。当双方都想从这桩交易中获得所期望的好处而不肯做出进一步的让步时,这桩交易就没有希望成功。究其原因,就是双方成交底线差距太大,双方没有成交区,卖方的底价远大于买方的底价,双方又都坚定地扼守自己的心理底线,价格这个谈判中的关键利益不可调和,出现僵局也就是必然的。

(六) 其他原因

1. 实力不均

在商务谈判中,谈判双方实力不均,在单因素下一般不会产生僵局,但在多因素影响下,谈判双方容易因为各自实力不均而出现相互制约的状况。商务谈判实践中,一方自认为在某一谈判主题上占有"相对优势",而自知对手在另一谈判主题上占有"相对优势",很可能会故意给另一方制造僵局,目的就是给其施加压力,迫使其就范。

2. 规则冲突

所谓规则冲突,指的是在商务谈判过程中,谈判方通过强迫手段、滥施压力、设置圈套等违背游戏规则的途径来达到谈判的目的。通常规则冲突一旦让对手无法容忍,谈判必将进入僵局状态,稍微处理不当就会导致谈判失败。在实际谈判中,谈判一方为了试探对手的谈判目标和实力,很可能提出不合理的要求、滥施压力、迷惑对方,甚至引发争吵,使谈判进入僵局,迫使对手屈服。

3. 权利限制

在实际谈判中,谈判者很可能因为受到谈判权利的限制而使谈判进入僵局状态。因为在商务谈判中,充当谈判角色的往往不是在企业中权利最大的人,当谈判主题涉及企业重大决策的时候,谈判者必然会停下来分析谈判中出现的问题,同时思考破解之法。

4. 环境变化

在商务谈判中,可能因为外部环境(比如价格、汇率、国家政策等)的变化,一方不愿达成原本的利益承诺,谈判就会进入僵局。

5. 政治相关

谈判者的经验认为,跟政治相联系的谈判也容易陷入僵局。因为如果谈判涉及政治目的,必然要考虑的因素很多,因某些问题引起争执就会导致僵局。

第二节　僵局的规避、处理与利用

一、规避和处理僵局的原则

（一）正确认识谈判的僵局

僵局出现对双方都不利。如果能正确认识，恰当处理，会变不利为有利。只要具备勇气和耐心，在保全对方面子的前提下，灵活运用各种策略、技巧，僵局就不是攻克不了的堡垒。

许多谈判人员把僵局视为谈判失败，企图竭力避免它。在这种思想指导下，谈判人员不是采取积极的措施加以缓和，而是消极躲避。在谈判开始之前，就祈求能顺利地与对方达成协议完成交易，别出意外，别出麻烦。特别是当他负有与对方签约的使命时，这种心情就更为迫切。这样一来，为避免出现僵局，就时时处处迁就对方，一旦陷入僵局，就会很快失去信心和耐心，甚至怀疑起自己的判断力，对预先制订的计划也产生了动摇。这种思想阻碍了谈判人员更好地运用谈判策略，结果可能会达成一个对己不利的协议。

谈判实践证明，僵局造成的谈判暂停不绝对是坏事。因为，谈判暂停，可以使双方都有机会重新审慎地回顾各自谈判的出发点，既能维护各自的合理利益又注意挖掘双方的共同利益。如果双方都逐渐认识到弥补现存的差距是值得的，并愿采取相应的措施，包括做出必要的进一步妥协，那么这样的谈判结果也真实地符合谈判原本的目的。

因此，僵局的出现并不可怕，重要的是要正确地对待和认识它，并且能够认真分析导致僵局的原因，以便对症下药，打破僵局，使谈判得以顺利进行。

（二）从客观的角度来关注利益

在谈判陷入僵局的时候，人们总是自觉不自觉地脱离客观实际，盲目地坚持自己的主观立场，甚至忘记了自己的出发点是什么。因此，为了有效地克服困难，打破僵局，首先要做到从客观的角度来关注利益。

在某些谈判中，尽管主要方面双方有共同的利益，但在一些具体问题上双方存在着利益冲突，而又都不肯让步。这种争执对于谈判全局而言可能是无足轻重的，但是如果处理不当，由此而引发的矛盾，当激化到一定程度即形成了僵局。由于谈判双方可能会固执己见，又找不到一项超越双方利益的方案，因此很难打破这种僵局。这时，应设法建立一项客观的准则，即让双方都认为是公平的，既不损害任何一方的面子，又易于实行的办事原则、程序或衡量事物的标准，这往往是一种一解百解的枢纽型策略，实际运用效果较好。

现代谈判学通过研究，总结出一种以独立于谈判各方的意志以外的客观标准为基础的方法，即客观标准法。客观标准法一般经过如下三个阶段：

1. 提出客观标准

可以作为客观标准的因素有很多，如市场价格、惯例、习惯、科学的判定等。

2. 讨论客观标准

谈判的一方或双方提出客观标准后，紧接着就可以对标准进行讨论，这就是客观标准的讨论阶段。客观标准的讨论可以从多方面进行。

3. 确定客观标准的实施程序

有了公正的客观标准，还需要制定一个公正而且可行的实施程序。

【阅读资料6.1】

美国著名作家欧·亨利曾发表过一个病人同强盗成为朋友的故事：

一天晚上，一个人因病躺在床上。忽然，一个蒙面大汉跳过阳台，几步就来到床边。他手中握着一把手枪，对床上的人厉声叫道："举起手！起来！把钱都拿出来！"躺在床上的病人哭丧着脸说："我患了非常严重的风湿病，手臂疼痛难忍，哪能举得起来啊！"

那强盗听了一愣，口气马上变了："哎，老哥！我也有风湿病，不过比你轻多了。你患这种病有多长时间了？都吃什么药？"躺在床上的病人把各类激素药都说了一遍。强盗说："那不是好药，是医生用来骗钱的药，吃了它不见好也不见坏。"

两人热烈地讨论起来，特别对一些骗钱的药物的看法相当一致。两人越谈越热乎，强盗已经在不知不觉中坐在床上，并扶病人坐了起来。强盗忽然发现自己还拿着手枪，面对手无缚鸡之力的病人十分尴尬，连忙偷偷地把枪放进衣袋之中。为了表示自己的歉意，强盗问道："有什么需要我帮忙的吗？"病人说："你我有缘分，我那边的酒柜里有酒和酒杯，你拿来，庆祝一下咱俩认识。"强盗说："不如咱们到外边酒馆喝个痛快，如何？"病人苦着脸说："只是我手臂太疼了，穿不上外衣。"强盗说："我可以帮忙。"他帮病人穿戴整齐，一起向酒馆走去。刚出门，病人突然大叫："噢，我没带钱！""不要紧，我请客。"强盗答道。

短短的时间之内，病人跟强盗竟然成了朋友，这种精神的感化同样可以运用到谈判桌上，作为获得谈判成功的一种好办法。在谈判中，假如能顺利地找到谈判对手与你在个人需要上的共同点，就可以很快地让那些棘手的难题迎刃而解，达成有利于本方需要的协议。

（资料来源：http://www.xiexingcun.com/lizhi/E/34/23.htm.）

（三）协调好双方的利益

所谓"知己知彼，百战不殆"，在谈判前应做好资料收集工作，在谈判时也要充分了解对方想从此次谈判中获取什么利益。

当双方在同一问题上尖锐对立，并且各自理由充足，均无法说服对方，又不能接受对方的条件时，就会使谈判陷入僵局。这时应认真分析双方的利益所在，只有平衡好双方的利益，才有可能打破僵局。比如：两个小孩争一个鸡蛋吃，母亲看到了就又拿一个给另一个小孩，谁知道最后，一个小孩扔了蛋白，一个小孩扔了蛋黄。所以，在谈判出现僵局时，如果了解对方真实意图，就可以在不损害双方的利益下轻松突破僵局。

可以让双方从各自的目前利益和长远利益两个方面来考虑，对双方的目前利益、长远利益做出调整，寻找双方都能接受的平衡点，最终达成谈判协议。因为如果都追求目前利益，可能失去长远利益,这对双方都是不利的。只有双方都做出让步,协调双方的利益关系,才能保证双方的利益都得到实现。

(四)欢迎不同意见

不同意见代表谈判双方的不同利益,它是谈判顺利进行的障碍,也是一种信号,它表明实质性的谈判已经开始,在一定条件下对谈判的顺利进行还有促进作用。李嘉诚说过:"如果一旦生意只有自己赚,而对方一点也不赚,这样的生意绝对不能干。有钱大家赚,利润大家分享,这样才有人愿意合作。"因此,作为一名谈判人员,不应对不同意见持拒绝和反对的态度,而应持欢迎和尊重的态度。这种态度会使我们更加平心静气地倾听对方意见,掌握更多的信息和资料,也是一名具有宽广胸怀的谈判者所具备的素质。在谈判过程中,谈判人员着重的并不是展现自己的谈判技术,而是最终为了达成一致的意见,所以谈判人员在谈判过程中不能一味坚持已经做好的原计划,当认为对方提出的建议理由充分,在经过自己分析后认为可以接受时,可以适时改变原计划。

(五)冷静思考,避免争吵

谈判者在处理僵局时,要防止和避免过激情绪带来的干扰。一名优秀的谈判者必须具备头脑冷静、心平气和的素养,这样就能遇事不乱。

要冷静思考,理清头绪,正确分析问题,设法建立一项客观的准则,即让双方都认为是公平的、又易于实行的办事原则、程序或衡量事物的标准,充分考虑到双方潜在的利益到底是什么,从而理智地克服一味地希望通过坚持自己的立场来"赢"得谈判的做法。

争吵无助于矛盾的解决,只能使矛盾激化。如果谈判双方出现争吵就会使双方对立情绪加重,从而很难打破僵局、达成协议。即使一方在争吵中获胜,另一方无论从感情上还是心理上都很难接受这种结果,谈判仍有重重障碍。所以,一名谈判高手是通过据理力争,而不是大吵大嚷来解决问题的。

二、规避与处理僵局的策略

(一)替代方案策略

商务谈判过程中,往往存在着多种可以满足双方利益的方案,而谈判人员经常简单地采用某一种方案,而当这种方案不能为双方同时接受时,僵局就会形成。实践中,这种例子不胜枚举。

事实上,不论是国际商务谈判,还是国内业务磋商,都不可能是一帆风顺的,双方之间磕磕碰碰是很正常的事情。这时,谁能够创造性地提出可供选择的方案,谁就能掌握谈判中的主动,使"山重水复疑无路"的局面转变成"柳暗花明又一村"的好形势。当然,这种替代方案一定既能有效地维护自身的利益,又能兼顾对方的利益要求。不要试图在谈判开始时就确定一个所谓唯一的最佳方案,因为这往往阻止了许多其他可供选择的方案的产生。相反,在谈判准备期间,就能够构思出对彼此有利的更多方案,往往会使谈判如顺水行舟,一旦遇到障碍,只要及时调拨船头,即能顺畅无误地到达目的地。

一般商务谈判可选择的替代方案有:

(1)另选商议的时间。
(2)改变售后服务的方式。
(3)改变承担风险的方式、时限和程度。
(4)改变交易的形态。
(5)改变付款的方式和时限。

(二)利用调节人策略

当谈判双方严重对峙而陷入僵局时,双方信息沟通就会发生严重障碍,互不信任,互相存在偏见甚至敌意。因此,即使一方提出缓和建议,另一方在感情上也难以接受。在这种情况下,找到一位中间人来帮助调解,有时能很快使双方立场出现松动。

调节人可以起到以下作用:

(1)提出符合实际的解决办法。
(2)出面邀请对立的双方继续会谈。
(3)刺激启发双方提出有创造性的建议。
(4)不带偏见地倾听和采纳双方的意见。
(5)综合双方观点,提出妥协的方案,促进交易达成。

调节人可以是公司内的人,也可以是公司外的人。最好的仲裁者往往是和谈判双方都没有直接关系的第三者。确定的斡旋者应该是与对方熟识,为对方所接受的,否则就很难发挥其应有的作用。在选择中间人时不仅要考虑其能否体现公正性,而且要考虑其是否具有权威性。一般要具有丰富的社会经验、较高的社会地位、渊博的学识和公正的品格。总之,调节人的威望越高,越能获得双方的信任,越能缓和双方的矛盾,达成谅解。

(三)人员调整策略

当谈判僵持的双方已产生对立情绪,并不可调和时,可考虑更换谈判人员,或者请地位较高的人出面,协商谈判问题。形成这种局面的主要原因,是在谈判中不能很好地区别对待人与问题,由对问题的分歧发展为双方个人之间的矛盾。当然,也不能忽视不同文化背景下,人们不同的价值观念的影响。

如果僵局是由谈判人员失职或素质欠缺造成的,如随便许诺、随意践约、好表现自己、对专业问题缺乏认识等,这时不调换这些人就不能维护自身利益,不调换他们就不能打破僵局,甚至有可能损害与对方的友好合作。

然而有时在谈判陷入僵局时调换谈判人员并非出于他们的失职,而可以是一种自我否定的策略,用调换人员来表示:以前我方提出的某些条件不能算数,原来谈判人员的主张欠妥,因而在这种情况下调换人员也常蕴含了向谈判对方致歉的意思,以缓和谈判气氛。

不仅如此,这种策略还含有准备与对手握手言和的暗示,成为我方调整、改变谈判条件的一种标志,同时这也向对方发出新的邀请信号:我方已做好了妥协、退让的准备,对方是否也能做出相应的灵活表示呢?谈判双方通过谈判暂停期间的冷静思考,若发现双方合作的潜在利益要远大于既有的立场差距,那么调换人员就成了不失体面、重新谈判的有效策略。

但是,必须注意两点:

第一,换人要加以婉转的说明,使对方能够予以理解。

第二,不要随便换人,即使出于迫不得已而换人,事后也要向换下来的谈判人员加以解释,不能挫伤他们的积极性。

(四)有效退让策略

对于谈判的任何一方而言,坐到谈判桌前的目的主要是达成协议,而绝没有抱着失败的目的前来谈判的。因此,当谈判陷入僵局时,我们应清醒地认识到,如果促使合作成功所带来的利益要大于坚守原有立场而让谈判破裂而带来的好处,那么有效的退让也是我们应该采取的潇洒的一策。

实际谈判中,达到谈判目的的途径往往是多种多样的,谈判结果所体现的利益也是多方面的。当谈判双方对某一方面的利益分割僵持不下时,往往容易轻易地使谈判破裂。其实,这实在是一种不明智的举动。因为出现这样的结果,原因就在于没有掌握辩证地思考问题的方法。如果是一个成熟的谈判者,这时他应该明智地考虑在某些问题上稍做让步,而在另一些方面争取更好的条件。比如,在引进设备谈判中,有些谈判人员常常会因为价格上存在分歧而使谈判不欢而散。其实,像设备的功能、交货时间、运输条件、付款方式等方面尚未来得及涉及,就匆匆地退出了谈判。事实上,作为购货的一方,有时完全可以考虑接受稍高的价格,而在购货条件方面,就有更充分的理由向对方提出更多的要求。如:增加相关的功能,缩短交货期限,或在规定的年限内提供免费维修的同时,争取在更长的时间内免费提供易耗品,或分期付款等等,这样做要比匆匆而散的做法获利更多。

采取有效退让的方法打破僵局基于三点认识:第一,己方用辩证的思考方法,明智地认识到在某些问题上稍做让步,而在其他问题上争取更好的条件;在眼前利益上做一点牺牲,而换取长远利益;在局部利益上稍做让步,而保证整体利益。第二,己方多站在对方的角度看问题,消除偏见和误解,对己方一些要求过高的条件做出一些让步。第三,这种主动退让姿态向对方传递了己方的合作诚意和尊重对方的宽容,促使对方在某些条件做出相应的让步。如果对方仍然坚持原有的条件寸步不让,证明对方没有诚意,己方就可以变换新的策略,调整谈判方针。

(五)换位思考策略

谈判实践告诉我们,谈判双方实现有效沟通的重要方式之一就是要设身处地,从对方的角度来观察问题,这同样是打破僵局的好办法。站在对方的角度思考问题,就能够多一些彼此间的理解。这对消除误解与分歧、找到更多的共同点、构筑双方都能接受的方案,有积极的推动作用。

当僵局出现时,首先应审视我们所提的条件是否是合理的,是不是有利于双方合作关系的长期发展,然后再从对方的角度审查他们所提的条件是不是合理。实践证明,如果善于用对方思考问题的方式进行分析,会获得更多突破僵局的思路。可以肯定地说,站在对方的角度来看问题是很有效的,因为这样一方面可以使自己保持心平气和,可以在谈判中以通情达理的口吻表达我们的观点;另一方面可以从对方的角度提出解决僵局的方案,这些方案有时确实是对方所忽视的,所以一经提出,就会很容易为对方所接受,使谈判顺利进行下去。

(六)针锋相对策略

如果僵局是由于对方提出的不合理要求而故意造成的,特别是在一些原则问题上所表现的蛮横无理时,要做出明确而又坚决的反应。因为这时如果做出损害原则的退让和妥协,不仅损害己方利益和尊严,而且会助长对方的气焰。所以,己方要明确表示拒绝接受对方的不合理要求,采用以硬碰硬,针锋相对的办法向对方反击,让对方自动放弃过高要求。

美国谈判家约翰·温克勒说过:在你制造僵局的时候,必须是他们对于你要他们的那些东西很感兴趣的时候,否则他们会不理睬你。当年杭州的万向节厂厂长鲁冠球与美国俄州某公司国际部经理莱尔的谈判可为一绝:美方提出在全球独销万向节厂产品。否则,停止供应技术、资金、设备、市场情报和代培工程师。鲁冠球的答复是:请随便!随时欢迎贵公司回来继续合作!后来中方打入欧亚更多市场,见势不妙,美方代表又携带一只栩栩如生、振翅欲飞的铜鹰作为礼品表示歉意,并真诚地说:鹰是美利坚合众国的象征。我们敬佩鲁先生勇敢、精明、强硬的性格。愿我们的产业,像雄鹰一样腾飞全球。

这种方法首先要体现出己方的自信和尊严,不惧怕任何压力,追求平等合作的原则;其次要注意表达的技巧性,用绵里藏针、软中有硬的方法回击对方,使其自知没趣,主动退让。

(七)转移话题策略

当谈判陷入僵局,经过协商而毫无进展,双方的情绪均处于低潮时,可以采用避开该话题的办法,换一个新的话题与对方谈判,以等待高潮的到来。转移话题法的基本思路,就是通过变换话题,缓和谈判的气氛,使双方在崭新和优良的谈判氛围里重新讨论有争议的问题,便于双方谈判达成协议。

有时谈判之所以出现僵局,是僵持在某个问题上。这时,可以把这个问题避开,磋商其他条款。例如,双方在价格条款上互不相让,僵持不下,可以把这一问题暂时抛在一边,洽谈交货日期、付款方式、运输、保险等条款。如果在这些问题处理上,双方都比较满意,就可以坚定解决问题的信心。如果一方特别满意,很可能对价格条款做出适当让步。

使用这种方法应注意:

(1)要认真地分析谈判陷入僵局的原因。

（2）把有争议和对抗的问题暂时放置一边，制造出一种有利于谈判的气氛。

（3）转移话题特别要注意巧妙地处理尴尬的局面。

（4）使用转移话题法要自然而然，既不要纠缠于双方争执的问题，也不宜不着边际。

【案例6.2】

日本松下公司的前任总裁松下幸之助是个极具智慧的商人，在他的领导下，松下公司日渐强大，成为世界上著名的电器生产企业。一次，松下幸之助去欧洲与当地一家公司谈判。由于对方是当地一个非常有名的企业，谈判代表不免有些傲慢。双方为了维护各自的利益，谁都不肯做出让步。以至于谈到激烈处，双方大声争吵，甚至拍案跺脚，气氛异常紧张，尤其是对方更是毫不客气，松下幸之助无奈，只好提出暂时中止谈判，等吃完午饭后再进行协商。

经过一中午的休整，松下幸之助仔细思考了上午双方的对决，认为这样与对方对峙，对自己并不一定有利，相反可能导致谈判失败。于是开始考虑换一种谈判方式。而对方仗着自己具有"天时、地利、人和"的优势，丝毫不愿做出让步，打定主意要狠狠地杀一下松下幸之助的威风。

谈判重新开始，松下首先发言。而对方各个表情严肃，一副志在必得的样子。松下并没有谈生意上的事，而是说起了科学与人类的关系。他说："刚才我利用中午休息的时间，去了一趟科技馆，在那里我看到了矩子模型，并且深受感动。人类的钻研精神真是值得赞叹。目前人类已经有了许多了不起的科研成果，据说阿波罗11号火箭又要飞向月球了。人类的智慧和科学事业能够发展到这样的水平，这实在应该归功于伟大的人类。"对方以为松下是在闲聊天，偏离了谈判的主题，也就慢慢地缓和了紧张的面部表情。松下继续说："然而，人与人之间的关系并没有如科学事业那样取得长足的进步。人们之间总是怀着一种不信任感，他们在相互憎恨、吵架。在世界各地，类似战争和暴乱那样的恶性事件频繁地发生在大街上。人群熙来攘往，看起来似乎是一片和平景象。其实，人们的内心深处却仍相互进行着丑恶的争斗。"他稍微停了一会，而对方越来越多的人被他的话吸引，开始集中精神听他谈话。接着，他说："那么，人与人之间的关系为什么不能发展得更文明一些、更进步一些呢？我认为人们之间应该具有一种信任感，不应一味地指责对方的缺点和过失，而是应持一种相互谅解的态度，一定要携起手来，为人类的共同事业而携手奋斗。科学事业的飞速发展与人类精神文明的落后，很可能导致更大的不幸事件发生。人们也许用自己制造的原子弹相互残杀，日本在第二次世界大战期间已经蒙受了原子弹所造成的巨大灾难。"

此时，人们的注意力已经完全被松下所吸引，会场一片沉默，人们都陷入了深深的思索之中。随后，松下逐渐将话题转入谈判的主题上，谈判气氛与上午完全不同，谈判双方成了为人类共同事业而合作的亲密伙伴。最终欧洲的这家公司接受了松下公司的条件，双方很快就达成了协议。可以说，在关键时刻松下先生谈判言语方向的转移为谈判走向成功铺垫了道路。

（资料来源：http://www.du8.com/readfree/19/07031/6.html.）

（八）场外交易策略

场外交易策略是指当谈判进入成交阶段，双方将最后遗留的个别问题的分歧意见放下，东道主一方安排一些旅游、酒宴、娱乐项目，以缓解谈判气氛，争取达成协议的做法。从谈判控制的角度，巧妙地进行谈判情景的选择和运用，可以取得谈判的主动权，进而获得最优结果。

在谈判后期，如果仍然把个别分歧问题摆到谈判桌上来商讨，往往难以达成协议。一是经过长时间的谈判，已经令人很烦闷，影响谈判人员的情绪，相应地还会影响谈判协商的结果；二是谈判桌上紧张、激烈、对立的气氛及情绪迫使谈判人员自然地去争取对方让步。而即使是正常的，但在最后一个环节上的让步，会使让步方认为丢了面子，可能会被对方视为战败方；三是即使某一方主谈或领导人头脑很清楚，认为做出适当的让步以求尽快达成协议是符合本方利益的，但因同伴态度坚决，情绪激昂而难以当场做出让步的决定。此时，运用场外交易策略是最为恰当的。

国外有谈判专家专门对此进行过十多年的研究，结果发现，在大型商业谈判中常出现这种局面，即越到谈判的最后阶段，正式谈判的会期往往变得越短，而分散的非正式的谈判则变得越来越长，场外的交易也跟着频繁起来。场外轻松、友好、融洽的气氛和情绪则很容易缓和双方剑拔弩张的紧张局面。轻松自在地谈论自己感兴趣的话题，双方可以进一步熟悉、了解，交流私人感情，消除彼此间的隔阂，化解谈判桌上激烈交锋带来的种种不快。这时适时巧妙地将话题引回到谈判桌前遗留的问题上来，双方往往会很大度地相互做出让步而达成协议。

运用场外沟通应注意以下问题：

（1）谈判者必须明确，在一场谈判中用于正式谈判的时间是不多的，大部分时间都是在场外度过的，必须把场外活动看做是谈判的一部分，场外谈判往往能得到正式谈判得不到的东西。

（2）不要把所有的事情都放在谈判桌上讨论，而是要通过一连串的社交活动讨论和研究问题的细节。

（3）当谈判陷入僵局时，就应该离开谈判桌，举办多种娱乐活动，使双方无拘无束地交谈，促进相互了解，沟通感情，建立友谊。

（4）借助社交场合，主动和非谈判代表的有关人员（如工程师、会计师、工作人员等）交谈，借以了解对方更多的情况，往往会得到意想不到的收获。

（5）在非正式场合，可由非正式代表提出建议、发表意见，以促使对方思考，因为即使这些建议和意见很不利于对方，对方也不会追究，毕竟讲这些话的不是谈判代表。

（6）在运用场外交易策略时，一定要注意谈判对手的不同习惯。必须事先弄清这些习惯，以防弄巧成拙。

（九）揭示后果策略

在商务谈判中，谈判者不妨揭示谈判破裂后果，因为当谈判破裂可能给对方造成巨大的影响时,对方就要考虑是否该避免这一结局出现。一旦己方能明确清楚地揭示出这一后果,就可以给对方心灵带来非常大的震撼,加快其让步的速度。

双方能够坐到一起谈判,是因为双方觉得能够从中获益,除非条件实在难以接受,否则谁也不愿看到谈判破裂。针对这种心理,当一方固守立场不肯退让时,另一方就可以以一种友好的态度指出对双方都不利的后果,让其权衡并做出选择。但要注意方法,要让对方觉得你是在和他一同解决问题,而不是对他进行要挟,否则容易使谈判节外生枝。

【阅读资料6.2】

在20世纪70年代之后,美国的克莱斯勒公司形势急转直下,到了1980年,已濒临破产的边缘。在这危难之际,艾柯卡出任了总经理。为了能够维持公司最低限度的生产活动,艾柯卡请求政府给予紧急经济援助,提供贷款担保。

但这一请求立即引起美国社会的轩然大波。在崇尚自由竞争的美国,一般大众都会认为政府绝不应该给予克莱斯勒公司经济援助。当时,社会舆论几乎众口一词——让克莱斯勒立即倒闭吧。大部分国会议员也认为,政府不该参与私营企业的竞争。然而,接下来举行的国会听证会为艾柯卡提供了扭转乾坤的机会。艾柯卡令议员们认清了拒绝克莱斯勒请愿案将会造成的后果,从而成功地改变了这些议员的态度。

在国会听证会上,参议员、银行业务委员会主席威廉·普洛斯迈质问艾柯卡:"假如保证贷款案得以通过的话,那么政府对克莱斯勒将介入更深,这对你长久以来鼓吹得非常动听的主张(指自由竞争)来说,不是自相矛盾了吗?"

"你说得一点也没错",艾柯卡回答说,"我一辈子都是自由企业的拥护者,我本人是很不情愿来到这里的,可是我们公司目前的处境进退维谷,除非能取得联邦政府的某种保证贷款,不然我根本不可能拯救克莱斯勒。"

艾柯卡顿了一下,接着说:"我这不是在撒谎,其实在座的各位参议员先生都比我明白,克莱斯勒公司的贷款请求案并不是首开先例。实际上,你们的账册上目前已有了4 190亿美元的保证贷款额,所以务必请你们通融一下,不要到此为止。"

艾柯卡为了让议员们认清政府不提供贷款担保的后果,反问对方:"假如克莱斯勒倒闭了,全国的失业率将在一夜之间暴涨0.5个百分点,这样对这个国家有什么好处呢?假如克莱斯勒倒闭了,造成数十万民众普遍的失业,难道说就不违背自由企业经营的精神了吗?"

艾柯卡还指出,日本汽车厂商正在乘虚而入,一旦克莱斯勒倒闭,它的几十万名有经验的职员或许就会转投日本厂商门下,为外资服务。艾柯卡还引用了财政部的调查材料。这些材料表明,一旦克莱斯勒公司倒闭,美国政府在第一年里必须为这高达几十万的失业人口花费29亿美元的保险金和福利金。艾柯卡对这些议员说:"各位可以自由选择,你们想现在就拿出29亿美元呢?还是把它的一半作为保证贷款,并可在日后全部收回?"艾柯卡所引述的资料,这些参议员并不一定会知道的十分清楚,而且即便知道,大部分人恐怕也都不会去认真分析这些资料。艾柯卡把这些资料摆出来让这些议员彻底认清了拒绝克莱斯勒请愿案的后果,成功地转变了这些议员的态度,达到了自己希望的目标。就像艾柯卡后来在著作中所写的:"当这些国会议员了解到有许多他们自己的选民是靠克莱斯勒吃饭时,他们就不得不去面对这个现实。"最终艾柯卡成功地贷到了他所需要的16亿美元的款项,为自己的传奇式的经理人生涯又增添了一个亮点。

(资料来源:http://www.xiexingcun.com/lizhi/E/34/82.htm。)

（十）公开底牌策略

"底牌"策略，明确告诉谈判对手某一条件已是自己的底线，再不能退让，否则只好终止谈判，以此迫使对方接受自己的报价。这是谈判高手们常用的一招。它是指在谈判陷入僵局时将合作条件绝对化，并把它放到谈判桌上，明确地表明自己无退路，希望对方能让步，否则情愿接受谈判破裂的结局。

运用公开底牌策略解决僵局的前提是：

(1) 己方的要求是合理的，而且也没有退让的余地，因为再退让将损害己方根本利益。

(2) 己方不怕谈判破裂，不会用牺牲企业利益的手段去防止谈判破裂。

(3) 双方利益要求的差距不超过合理限度。如果双方利益的差距太大，只靠对方单方面努力与让步根本无法弥补差距时，就不能采用此种策略，否则就只能使谈判破裂。

需要指出的是，这一策略不可轻易使用，必须在符合上述前提条件时方可运用。但是，当谈判陷入僵局而又实在无计可施时，这一策略往往是最后一个可供选择的策略。在做出这一选择时，必须做好最坏的打算，否则就会显得茫然失措。切忌在毫无准备的条件下盲目滥用这一做法，因为这样只会吓跑对手，结果将是一无所获。

突破僵局的策略还有很多，如第四章"商务谈判策略"中介绍的休会策略、最后通牒策略、后发制人策略等也都是很好的突破僵局策略。

需要指出的是，在具体谈判中，最终采用何种策略应该由谈判人员根据当时当地的谈判背景与形势来决定。一种策略可以有效地运用到不同谈判僵局之中，但一种策略在某次僵局突破中运用成功，并不一定就适用于其他同样的起因、同种形式的谈判僵局。其运用的成功，从根本上说，还是要归结于谈判人员的经验、直觉、应变能力等素质因素。从这种意义上讲，僵局突破是谈判的科学性与艺术性结合的产物，在分析、研究及策略的制定方面，谈判的科学成分大一些，而在具体运用上，谈判的艺术成分大一些。

三、制造和利用僵局的策略

打破僵局并不是最重要的，重要的是如何有效地利用这个僵局为自己带来最大的利益。这里讲的利用商务谈判僵局有两层含义：一是制造僵局，二是利用现有的僵局。

在实际谈判中，什么时候制造僵局需要经过深思熟虑，要充分分析在双方的资源、时间、利益等因素共同作用下制造僵局的可行性。制造僵局操作难度高、风险大。一般没有超高谈判水平的人不敢轻易运用。

（一）僵局的利用

谈判者在谈判过程中利用谈判僵局，主要有两种原因：

(1) 改变已有的谈判形势，提高己方在谈判中的地位。

(2) 争取更有利的谈判条件。

（二）僵局的运用

僵局作为一种战术，可以用来试探对方的决心、诚意和实力，可以在下列情况下使用：

(1) 有良好的成功机会。

(2) 不会导致对话终结，或造成严重长期性问题的风险很小。

(3) 备有打破僵局、主动会谈和保留面子的计划。

（三）僵局的制造

1. 制造僵局的一般方法

制造僵局的一般方法是向对方提出较高的要求，要对方全面接受自己的条件。

2. 制造僵局的基本要求

谈判者制造僵局的基本做法是向对方提出较高的要求，并迫使对方全面接受自己的条件，但要注意的是，这一要求绝不能高不可攀，目标的高度应以略高于对方所能接受的最不利的条件为宜，以便最终通过自己的让步仍然以较高的目标取得谈判成功。同时，对自己要求的条件，要提出充分的理由说明其合理性，以促使对方接受自己提出的要求。

第三节 商务谈判风险的预防与控制

商场如战场，风云莫测，瞬息万变，商务活动中的风险是难以避免的。商务谈判的风险既包括商务活动进行过程中存在的风险，也包括由谈判活动所带来的风险。

商务活动中的风险对于谈判双方来讲都是同样存在的，只是有些风险是需要双方共同应对的，有些则可能是在双方之间相互转换的，而有些仅是一方所独有的。商务活动中，谈判双方存在共同的利益是合作的基础，但在某些方面双方又存在利益冲突，这也是无须回避的事实。但风险不一定是坏事，风险大，报酬可能会较大，同时，我们也要量力而行，不冒不必要的风险。对具体谈判而言，则应寻求增加有相对稳定收益的机会，减小未来各种损失的可能。

一、商务谈判中的风险

商务谈判过程中可能出现的各种风险，可划分为非人员风险和人员风险。前者主要由环境因素决定，后者主要受人员素质的影响。

（一）非人员风险

非人员风险是指那些谈判人员既难以预测，又无法控制，只能做出被动滞后反应的风险因素。主要有政治风险、市场风险和价格风险。

1. 政治风险

经济作为社会生活和政治基础决定着政治格局，政治又反过来推动或抑制着经济的发展。自古以来，两者之间的这种辩证关系不断反映在国际政治、经济生活中。

在商务活动中,政治风险首先是指由于政治局势的变化或国际冲突给有关商务谈判活动的参与者带来的可能的危害和损失。其次,政治风险也包括由于商务合作上的不当或者误会给国家间的政治关系蒙上阴影。政治因素与商务谈判活动有着千丝万缕的联系。而且这种联系决定了政治风险的客观存在,一旦造成不良后果,往往难以挽回消极影响,损失难以弥补。因此,提高预见和预防政治风险的能力是开展国际商务合作的重要前提。

2. 市场风险

(1) 汇率风险

汇率风险是指在较长的付款期中,由于汇率变动而造成结汇损失的风险。在国际货币市场上各种货币之间汇率的涨落天天发生。然而当这种涨落十分微小而货币交易量又不大时,对于交易双方来说其损益状况可能都是微不足道的。当这种涨落在一段时期内变得十分明显,而且又涉及巨额货币交易量时,其结果会使一方欢欣不已;另一方则痛心疾首。例如,我国某企业向银行贷款100万美元进行投资,期限为一年,年利率为10%。假如贷款时美元与人民币的汇率是1美元=3.70元人民币,那么企业贷进100万美元的等值人民币是370万元,这是企业的债务额。一年到期后,企业以人民币偿还。如果这时美元对人民币的汇率变为1美元=4.70元人民币。那么企业以人民币表示的债务额就是517万元。其中,本金债务额是470万元人民币,利息债务额是47万元人民币。如果不计利息,就可以看到,企业偿还本金100万美元所需的人民币期末比期初要多支出100万元。这就是由于汇率变动所带来的外汇买卖风险。

(2) 利率风险

利率风险主要是指金融市场上由于各种商业贷款利率的变动而可能给当事人带来损失的风险。

如果贷款以固定利率计息,则同种贷款利率升高或降低就会使放款人损失或得益,受款人得益或损失。这种利率风险对于借贷双方都是同时存在并反向作用的。在国际信贷业务中逐渐形成在长期贷款中按不同的利率计息。主要有变动利率、浮动利率和期货利率,这些利率都有按金融市场行情变化而变化的特点。对于因开展国际商务活动而需筹措资金者,应该根据具体情况采取相应的办法。如果筹资时市场利率估计已达顶峰,有回跌之趋势,则以先借短期贷款或以浮动利率借入长期贷款为宜。这样,在利率回跌时就可再更新短期借款。如果筹资时市场利率较低,并有回升的趋势,则应争取设法借入固定利率的长期借款。

由于对国际金融市场行情观察角度不一,认识深度不一,对行情趋势分析也会不同。因此利用国际商业贷款从事商务活动,其承担的利率风险是不可避免的。例如,我国某企业从美国进口一套设备,以美元计价,总金额为200万美元。签订合同时汇率是1美元=4.73元人民币,对中方企业来讲,进口设备的人民币价格是(2 000×4.73)=946万元人民币。三个月后,设备装船交货。中方支付货款时的汇率已变为1美元=5.07元人民币。在此汇率下中方进口该套设备的人民币价格就变为(200×5.07)=1 014万元。较签订合同时上升了(1 014−

946)= 68 万元。因此,中方企业必须较订立合同时多支付 68 万元的人民币才能获得这套设备。在这场交易中,汇率风险的损失都是由中方承担的。对美国商人来讲,由于没有发生本币与外币的兑换,合同价格与其实际收到的货款都是 200 万美元,因而没有任何风险。

(3) 价格风险

这里谈的价格风险是狭义的价格风险。它撇开了作为外汇价格的汇率和作为资金价格的利率的风险问题。

价格风险对于投资规模较大,延续时间较长的项目表现突出。例如,大型工程所需要的有些设备往往要在项目建设后期提供。由此,在项目建设初期,甚至在合同谈判阶段就把这些设备的价格确定下来并予以固定是具有风险的。

价格形式除了固定价格以外,还有浮动价格和期货价格。当我们对国际期货市场买卖尚缺乏经验时采用浮动价格形式不失为一种积极的、稳妥的方法。采用浮动价格形式,虽然不能同时规避汇率风险、利率风险,但至少可以在决定原材料、工资等方面的情况时更具有客观性、公平性与合理性。由此,在一些大型涉外项目合作中,对于那些需要外商在项目建设开始后 5~7 年才提供的有关设备,就可采用浮动价格形式。这样可以避免外商夸大原材料价格、工资等上涨因素,相对节约了项目投资。

值得注意的是,汇率、利率、价格的变动往往不是单一的。它们既可能归之于某一种共同因素的影响,又可能在它们之间构成互为因果的作用。所以汇率风险、利率风险、价格风险常常是错综复杂,交织在一起的。在涉外商务活动中,如果以外币表示或计价的是债权,而本国货币对外币的汇率是下跌,那么外汇风险的结果就表现为收益;反之,如果汇率是上升,那么外汇风险的结果就表现为损失。如果以外币表示或计价的是债务,情况与债权刚好相反。

(二) 人员风险

人员风险是指那些谈判人员可预先了解、控制,并完全可以将危害消除在萌芽状态的风险因素。主要有技术风险和素质风险。

1. 技术风险

(1) 技术上过分奢求引起的风险。在涉及引进技术、引进设备等项目谈判中,引进方在进行项目技术谈判时,常有不适当地提出过高技术指标的情况。这样做实际上也为项目成本的大幅度增长埋下了种子。俗话说,一分价钱一分货。在项目合作中我们在向外方提出任何技术要求时,都要有承受相应费用的准备。而且需要明白的是,费用的上升幅度有时会大大超过功能、精度提高的增长幅度。事实上我们会发现这些要求中,相当部分在实际运用中往往是不必要的。

所以,我们的工程技术人员、谈判人员在提出有关要求时,应考虑这些要求既要能符合我方的需要,又要能符合对方的技术规范。这样不仅在技术上可行,在经济上也可以达到合理的目标,并且有助于商务谈判的顺利发展。

(2) 合作伙伴选择不当引起的风险。我国在开展国际经济合作中,常常以引进资金、技术、设备及管理为主要内容。但能否如愿以偿地从发达国家的合作伙伴中得到这些要求,却往往不是十分确定。

合作伙伴选择不当,不但会使项目在合作进程中出现一些难以预料甚至难以逆转的困难,造成不可挽回的损失,而且在项目尚未确定之时,就有可能使我们蒙受机会成本的损失。例如,亚洲开发银行曾有一个大型贷款项目进行国际招标,我国两家公司同 A 国一家公司、B 国一家公司、C 国一家公司联合参加了投标。然而 C 国公司在联合投标过程中采取了不太合作的态度,不仅对其将要承担的部分报价过高,而且对合作者提出了一些令人难以接受的要求。给我方牵头的联合投标报价造成了极大的困难最后经过反复权衡。我方与 A、B 两国公司毅然决定抛弃了这家 C 公司由另一家较为配合的 E 公司替代。终于使联合投标行动以 7 900 万美元的标的额夺得了第一标,而第二标又恰好是以 8 000 万美元紧随其后的。如果当初不甩掉先前 C 国那家公司,我们就会因伙伴不配合而丧失成功的机会。

所以,在商务活动中,合作伙伴的选择是隐含着相当大的风险的。

(3)强迫性要求造成的风险。强迫对于谈判来说是具有破坏性的,因为强迫意味着不平等、不合理,意味着恃强欺弱,这是与谈判的平等原则以及"谈判不是一场竞技赛"、"成功谈判最终造就两个胜利者"的思想相悖的。

在国际商务活动中,一些发达国家的企业在与发展中国家的企业交往中,利用发展中国家的企业有求于发达国家的特点,比如希望给予政府贷款、要求转让某些技术等,在项目合作条件中,对发展中国家提出苛刻要求的事也是时有发生的。反过来,发展中国家的有些企业在开展对外商务合作时,对国外客商的合作条件横加挑剔,强迫对方做一些他们根本做不到或者做不好的事情。

但是商人"不做亏本的买卖"的禀性使他们在日后的合作中一定会伺机把他们早先失去的利益再找回去。这种明亏暗补的做法,最明显的莫过于偷工减料,由此会对整个项目造成危害。对于这些商务谈判者来说,其结果也只能是真正领受一次"捡了芝麻,丢了西瓜"的滋味而已。

因此,在商务谈判中,采用强迫方式往往隐含巨大的后续风险。

2. 素质风险

在商务活动中,参与者的素质欠佳会给谈判造成不必要的损失。我们把造成这种损失的可能称之为素质风险。从根本上讲,各种状况的技术风险往往就是由人员素质欠佳造成的。

谈判人员素质欠佳主要表现为:

有的谈判人员在谈判过程中表现出急躁情绪。如急于求成,好表现自己;或者拖泥带水,迟缓犹豫,怕承担责任;由此造成不能真正把握时机、争取最佳获益。事实上,造成这种风险固然有谈判人员先天的性格因素,但更重要的往往是谈判作风方面的问题。

有些谈判人员不敢担负责任,一遇到来自对方的压力或来自自己上司的压力,就感到无所适从,不能自主。具体表现为,有时在未与对方充分交涉洽商的情况下匆忙做出承诺,使经过努力争取可以获得更大利益的局面丧失殆尽。有时则久拖不决,不从工作出发,而是沉湎于谈判结果对于个人进退得失影响的考虑,不能争取更有吸引力的合作前景。

有的谈判人员刚愎自用,自我表现欲望过强,在谈判中坚持一切都要以他的建议为合作条件,寸步不让,从而使有些合作伙伴不得不知难而退。这种表面看来有些毛糙的性格,实际上却是作风不踏实、责任心不强的反映。显然这种做法也只会把客商吓跑,丧失一个好的合作机会。

在商务活动中,由于缺乏必需的知识,又没有充分的调查与研究以及细心地向专家请教,也会带来隐患。其实,在商务合作中,对客观环境不够了解,对专业问题不够熟悉是很正常的事情。关键是谈判人员要正视自己的这种不足。只要我们事先能充分地进行调查分析,认真全面地做好可行性研究,特别是聘请一些专家顾问,如工程技术人员、律师、会计师等参与可行性研究,那么就可能对这些客观因素的影响做出预先的估计,并可相应地采取一些防范措施。

因此,在商务活动中,我们要不断保持风险意识,积累实践经验,仔细观察,虚心求教,从而降低风险的发生几率。

二、商务谈判风险的预防与控制

(一)风险预防与控制的分析

商务风险不仅可以从宏观上区分为人员风险和非人员风险,同时还可从微观上具体地区分为纯风险和投机风险两种,而且这两种风险往往是共存的。

纯风险是指纯粹造成损失却没有任何受益机会的风险。比如货物运输途中,由于船舶遭受不可抗力,导致货主船沉货毁的风险就是纯风险。投机风险是指会带来受益机会又存在损失可能的风险。比如在国外举办合资企业,这既为我们开拓海外市场提供机会,也有产品可能不够畅销的风险。可以具体地说,纯风险是令人望而生畏的,而投机风险却是诱人的。通常情况下,这两种风险是同时存在的,比如房产业主就同时面临诸如火灾之类的纯风险和经济发展可能会引起房价上涨或下跌的投机风险。

区别这两种风险并采取不同的应付策略具有重要意义。评价风险的焦点集中在两个方面,一是对损失程度的估计,二是对事件发生几率大小的估计。如果未来损失程度对整个事件是无足轻重的,那么事件发生的几率再大,花费很大的精力和财力去对付它也并不值得。相反,即使事件发生的几率较小,然而一旦发生会导致惨重损失,这就需要认真考虑对策,并不惜承担必要成本。因此,我们首先要对风险做出比较可靠的预测。

风险规避并不意味着完全消灭风险,我们所要规避的是风险可能给我们造成的损失,要降低这种损失发生的几率,一是采取事先控制措施;二是要降低损失程度,这包括事先预控、事后补救两个方面。

一般说来,只要谈判人员以及其他参与人员规避风险的意识提高,由人员因素引起的风险是较容易预见也较容易控制的。

而预见和控制非人员风险的难度较大,如非人员风险中的政治风险、自然灾害风险,往往是不可预测的,其发生常会令人难以适从,因此,只有采取事后补救的办法,但实际损失的绝大部分将无可挽回。

(二)风险的规避措施

风险管理理论告诉我们,要规避商务合作中可能出现的风险,通常可采取的措施有:

(1)完全回避风险,即通过放弃或拒绝合作,停止业务活动来回避风险源。虽然潜在的或不确定的损失能就此避免,但与此同时,获得利益的机会也会因此而丧失殆尽。

对于那些根据已经观察到的事实,而判断出来的政治风险和自然灾害风险,采取完全回避风险的策略,不失为一种明智选择。如取消对战争或动乱可能持续下去的国家或地区的投资计划,停止在洪水经常泛滥的河谷地带建厂等,这些都可称得上是明智的选择。在保险业日益发达的今天,通过保险来转移自然风险所造成的损失,已成为一种普通的选择。

(2)风险损失的控制,即通过减少损失发生的机会,即通过降低损失发生的严重性来对付风险。风险越不容易被预见,就越难以得到控制;反之,风险一经被识别和衡量,相应的对策和措施就会较容易地被找到。对于非人员风险中的市场风险,包括汇率风险、利率风险、价格风险,我们可以通过加强预防措施,来达到减少风险的目的。例如,对汇率风险,当我们能够通过对历史资料的分析及对今后国际外汇市场走势的预测,确信某种外币对本国货币将升值,我们就可采取远期交易的方式,以现汇汇率或约定汇率来买入未来某个时刻的外币,这样,外币价格就被锁定,若日后该种外汇汇率果真上升,不仅损失能得以避免,而且相对而言等于有了一笔额外收益。

(3)转移风险,即将自身可能要承受的潜在损失,以一定的方式转移给第三者,包括保险与非保险两种方式。在商务活动中,普遍采用保险方式就是出于转移风险的需要;而让合作方的担保人来承担有关责任风险,就是一种非保险的风险转移方式。

(4)自留风险,可以是被动的,也可以是主动的;可以是无意识的,也可以是有意识的。当风险在没有被预见,因而没有做出处理风险的准备时,风险自留就是被动的或者是无计划的,这种风险自留的方式是常见的,而且在一定程度上是不可避免的。所谓主动的或有计划的风险自留,通常是采取建立一笔专项基金的做法,以此来抵补可能遭遇的不测事件所带来的损失。在某些情况下,自留风险可能是唯一的对策,因为,有时完全回避风险是不可能或明显不利的,这时采取有计划的风险自留,不失为一种规避风险的方式。

三、规避商务风险的方法与手段

(一)做好事先资信调查

资信调查是规避商务风险的前提。其主要目的是慎重考察对方身份的真实性,查清对方的资信情况。调查的主要内容:一是查看对方营业执照的正本和副本,并对正本副本的真实性进行验证;同时核实其经营活动情况、货物情况、注册资本、法定地址和现在是否仍在合法地进行经营活动。二是考察对方资产信用真实性和履约能力,了解其开设的基本账户和经营管理能力,如生产加工能力、原材料供应、货源等。企业的资信情况关系到其有无承担债务责任的能力和有无履约的诚意。三是对其主体资格要分辨清楚。如对方是以自然人身份或以法人身份还是以非法人经济组织身份出现;是以法定代表人的身份还是委托代理人的身份出现。四是调查对方企业的信誉度,有无不良行为历史记录。考察可以通过当地的工商部门协助进行,也可采取银行查询、行业机构查询等方式。

【阅读资料6.3】

利用互联网规避风险

俗话说,雁过留声,人过留名,在互联网应用如此广泛的今天,骗子行骗,也可能会有蛛丝马迹留在网上,利用互联网,可能耗费很少的时间、精力和费用就会得到意想不到的信息,比如可以用下列方法进行查询,作为粗选的一种方法。

利用手机归属地查询,手机归属地与标示公司地距离太远的,就值得怀疑。

利用搜索引擎查询,以手机号为查询要件,得到结果为同一手机主人在网络上公布信息为不同公司或商品的,就要小心。

利用搜索引擎查询,以你所需商品为查询要件,得到商品价格与市场价格差距太大的,低价格的可能就是陷阱。

利用搜索引擎查询,以标示公司为查询要件,看其所标示的公司是否有网友被骗记录公布。

利用搜索引擎查询,以标示联系人为查询要件,看其所标示的联系人是否有网友被骗记录公布。

利用搜索引擎查询,以手机号为查询要件,看是否有网友公布的受骗记录。

(资料来源:http://www.dzwebs.net/1889.html。)

(二)提高谈判人员的素质

在商务合作过程中,风险可谓无处不在,无时不在。谈判主题一经明确,谈判人员一经确定,风险即已形成。因此,谈判人员的挑选应当着重依照一定的素质要求从严掌握。虽然不可能在这些候选人完全符合理想标准以后才允许他们走上谈判场,事实上谈判人员的素质恰是要在经常的谈判实践磨炼中不断提高和发展的。但由于谈判的责任重大,因此就不得不对谈判人员,特别是首席谈判代表,提出严格的要求。最终被选定的谈判人员应该以事业为重,有较强的自我控制能力,不图虚荣,敢于负责。这样,人员的素质风险就可能避免。

谈判人员应该知识面广、谦虚好学、注重求教他人。这样,有些风险就可能避免。例如,我国某公司曾在泰国承包了一个工程项目。由于不了解施工时期是泰国的雨季,运过去的轮胎式机械在泥泞的施工场地上根本无法施展身手,只得重新组织履带式机械。因为耽搁了采购、报关、运输的时间,以致延误了工期,造成对方提出索赔。如果当初我方谈判人员能够多懂一点世界地理知识,知道泰国的气候特点或主动向专家了解一下在泰国施工可能遇到的困难,那么最终蒙受的经济损失和信誉损失就会得以避免。

切实提高商务谈判人员的素质,应该从以下几个方面入手:

(1)谈判人员应该努力拓宽自己的知识面,在谦虚好学的同时注意求教他人,这样有些风险就可能回避。

(2)谈判人员工作作风应该是深入细致,洞察力强,信息渠道广,善于营造竞争局面,多方择优。这样可以克服伙伴选择方面的风险隐患。

(3)谈判人员要懂得"一分钱一分货"的商业道理,在谈判中既能坚持合理的要求,又不会提出过分条件。

(4)谈判人员还应该对政治与经济的辩证关系有深刻而清醒的认识。从事商务活动者应该不断努力提高对政治形势的分析预测能力,由此提高对政治风险的控制能力。

(三)主动向专家征询

即使一个商务谈判人员的知识面再宽,整个商务谈判班子的知识结构再合理,也难免会有缺漏。特别是对于某些专业知识方面的问题会缺乏全面的把握与深刻的了解。请教专家、聘请专家做顾问常常是商务谈判取得成功所必不可少的条件。

例如,在国际商务谈判中,在选择国外合作伙伴时,主动征询专家的意见有助于我们避免因伙伴选择不当而造成的风险损失。这种专家渠道有很多,它既可以是国内的有关专业外贸公司、同行业企业,也可以是国外的公司、企业,特别是项目所涉及的有关国家的政府部门、行业机构,甚至还可以是国内外银行等金融机构、外国驻我国使领馆和我国驻外国使领馆,等等。特别值得一提的是,以往我们不太重视从银行渠道获得开展商务活动所需要的信息。实际上,金融机构之间频繁的业务往来使银行成为各种商务信息的天然集散地。政治风险、自然灾害风险主要是纯风险。它们难以被预测,一旦造成危害,后果又会非常严重。对此,请教有关方面的专家可能会得到有价值的信息与启发。例如,到海外投资一定要请国际政治问题专家帮助考证当地政治环境是否稳定,与周边国家和地区关系的状况如何等。与国外大公司、金融财团合作,一定要设法弄清它们与该国政府、议会之间的关系。专家不能保证完全消除这些风险,但相比较而言更了解这些风险,而这些正是商务谈判人员所需要的。

(四)审时度势,果断出击

一个谈判人员是否能够审时度势,当机立断,在很大程度上要归结于心理素质的优劣以及谈判的准备是否充分。然而,实际情况纷繁复杂,要进行反复比较,做出最佳选择往往是非常困难的。决策理论告诉我们,现实生活中很少存在对某一事务进行处置的绝对最佳方案。或者说,即使人们花了大量的时间、精力、钱财,经过反复研究、演算、论证找到了这样一个理想的方案,似乎据此便可以做出最优决策,但是事实上极可能由于决策成本过高,或者由于贻误时机,使这种决策最终丧失了其优化的特性,甚至变得一文不值。

商务谈判工作既不可急于求成,也不可当断不断。有些商人利用我们有求于他的心理,在谈判中提出苛刻的合作条件,如果我们急于求成,就要承受价格不合理的风险。相反,在谈判中表现出过多的犹豫,想把方方面面的情况、条件包括各种细微之处都考虑周全再作决策,那就得承受失去合作机会的风险。

风险不会一成不变,在商务活动中,大量存在的是投机风险,即损失与收益的机会同时存在。因此,要想彻底消灭风险,那也就彻底消灭了收益的机会,而对于投机风险是不应该简单地、消极地运用完全回避风险的策略的,而应该以积极、主动的态度去对待它。

在商务谈判中,有些方面必须相当谨慎细致地反复推敲权衡。但在总体上不能过于计较细节,一旦条件基本成熟,就应当机立断。

(五)通过财务手段化解风险

对于市场风险中所涉及的汇率风险、利率风险、价格风险,是可以通过一定的财务手段予以调节和转化的。作为商品交换的高级形式,期货期权交易在这方面充当了主要的角色。

供求关系变化引起的价格波动,对买方和卖方均会产生不利影响。为减少这种风险,交易者通过在期货期权市场公开竞争,以其认为最适当的价格随时转售或补进商品,与现货交易对冲,从而将价格波动的风险转移给第三者,达到保值的目的。期货交易价格反映了市场参与者对三个月、六个月或一年以后乃至更长的时间里的供求关系及价格走势的综合判断。随着世界期货期权交易的蓬勃发展,交易商品日趋多样化,目前已发展成为四大类:一是商品期货交易,如谷物、棉花、橡胶以及金属等;二是黄金期货交易;三是金融工具期货交易,如债券、股票等;四是外汇期货交易。虽然诸如远期买卖、期货买卖、期权买卖这些调节和改变市场风险手段的运用本身就隐藏着风险,但是在专家建议与指导下,这种操作会显出合乎理性的轨迹,况且汇率、利率、价格的波动总是相互关联的。其波动的频率范围多大,连锁波动的次序与时滞效应如何,今后变化趋势怎样,等等,这些问题由金融、财务专家来回答是最为妥当的。

当今金融界已有越来越多的专业人士把期货、期权市场看做是避免市场风险的最理想的场所,我们要发展商务合作,不仅要在确定利率形式、价格形式、选择贷款或结算币种方面求教于专家,而且应该在专家指导下,大胆地尝试利用期货期权交易手段规避市场风险。

(六)担保与投保

如果对对方的资信状况不了解或进行的交易额较大,最好请一家有声誉的银行或公司提供履约担保。这种担保要由对方负责提供,保证对方不履约时由担保银行或公司承担责任。为了保证交易顺利进行,有时也可使用备用信用证,但在使用时,要注意防止对方用伪造的证明文件骗取备用信用证项下的款额。采用担保方式保证履约,除了第三者出面保证外,还可由对方提供抵押和留置等方式保证对方履行义务。

在商务活动中,向保险商投保已经成为一种相当普遍的转移风险方式。与价格浮动、汇率风险这种投机风险不同,保险一般仅适用于纯风险。然而不管怎样,是否要就项目中存在的纯风险投保,向哪家保险公司投保,承包事项如何确定,选择什么档次的保险费,如何与合作方分担保险费,面对这样一些问题,谈判人员还应虚心求教保险专家的意见。

(七) 公平负担

在商务活动中,特别是在有些项目的合作过程中,风险的承担往往并不是非此即彼的简单归属,它常常是需要合作双方共同面对和承担的。因此,如何分担这些风险就成了谈判的一个重要议题。当不测事件发生后,如何处理共同的风险损失,构成了合作双方需要磋商的内容。在这样的谈判过程中,坚持公平负担原则是能带来合理结局的唯一出路。

例如,分担国际市场的风险是合作双方经常讨论的问题。如 A 方要求 B 方在结算时支付德国马克而 B 方则只愿支付英镑。在焦点的背后隐藏着双方共同的认识,马克在未来一段时间内会日趋坚挺,而英镑会日趋疲软,所以双方谁都不愿意承担外汇风险。于是一个合理的解决方案是双方共同到外汇市场上去做套期保值,或双方自行约定一个用于结算的英镑对马克的汇率。这样无论 B 方最终向 A 方结付英镑还是马克,对双方都是公平的。

市场价格波动也是一件令人头痛的事。对大型项目的一些后期供应的设备选择浮动价格形式,这既考虑了若干年限内原材料、工资等价格上涨的因素,又避免了供应商片面夸大这些不确定因素而使用户承受过高固定价格的风险。对于交易双方来讲,这样彼此都合理承担了各自应负的风险责任。

【案例 6.3】

一家餐馆的老板要把自己生意兴隆的餐馆卖给大厨,这是一笔不错的交易。双方一致认为,如果没有任何使问题复杂化的因素,卖价 200 万美元基本是公平的。不巧的是,有一个使问题复杂化的因素:老板和大厨必须考虑怎样在谈判中体现餐馆与一位承包商的长期纠纷,因为承包商前不久对餐馆进行了大规模的整修。纠纷很快将得到解决,老板拒不支付承包商认为自己被拖欠的 100 万美元,而承包商决心要把这笔钱要回来。因为纠纷未能通过谈判解决,于是进入了仲裁,仲裁结果很快就会出来。老板和大厨都认为,在无法预知仲裁结果的情况下,最保险的赌注就是交给承包商 50 万美元。

所以,老板与大厨对这场官司未来结果的预测没有差异。但是大厨投入自己的大部分资产购买这家餐馆,他担心将来某个时候,自己可能必须支付承包商剩余的金额。所以,大厨认为,如果自己不必承担仲裁的风险,餐馆价值 200 万美元,但是,如果他必须承担这一风险,那么餐馆的价值就只有 130 万美元。换句话说,由于大厨不愿承担风险,所以他对餐馆的估价下跌了 70 万美元,虽然预期的解决纠纷的成本可能只有 50 万美元。

相比而言,餐馆老板已经十分富有,卖掉餐馆只会增加他可观的资产。他对仲裁风险的厌恶远没有那么强烈,也不愿意支付额外的钱来避免风险。因为对仲裁风险不那么反感,他对仲裁风险的评估是它的预期价格,不愿意支付高于 50 万美元来避免它。

谈判双方怎么办呢?他们决定,大厨应该为购买餐馆付给老板 160 万美元,建筑纠纷的风险由目前的老板承担。这样的安排对双方都有好处。相比于餐馆 200 万美元的估价,大厨愿意支付高达 70 万美元来避免仲裁风险。而 160 万美元的购买价把这一风险转嫁给了卖方,也就是说,大厨只有效地支付40万美元就避免了风险;那么,他节省了30万美元。餐馆老板愿意承受不多于50万美元的风险,这意味着对他来说,最低可接受的售价是150万美元。而他得到了160万美元(连同承担风险的义务),他因此多得了10万美元。这样,由于把风险从讨厌风险的一方转向不那么讨厌风险的一方,双方都得到了好处,不那么讨厌风险的一方得到了补偿,由此收益被共享。

(资料来源：http://www.mailaili.com/templates/T_zxzx_list/content.aspx?nodeid=78&page=ContentPage&contentid=5111.)

本章小结

商务谈判僵局是指在商务谈判过程中,当双方对所谈问题的利益要求差距较大,各方又都不肯做出让步,导致双方因暂时不可调和的矛盾而形成对峙,而使谈判呈现出一种不进不退的僵持局面。

按照谈判进程,僵局可分为谈判初期僵局、谈判中期僵局、谈判后期僵局三种;按照谈判双方情感、立场、观点、原则等主观因素,僵局可分为策略性僵局、情绪性僵局、实质性僵局;按照谈判内容不同,僵局可划分多种类型。

出现僵局并不可怕,关键是谈判者需要准确地分析、判断并适度地把握僵局产生的原因,从而有针对性地寻找并灵活运用突破僵局策略和技巧。

商务活动中的风险是不可避免的。产生风险的原因与情况较复杂,种类也较多。关键是对风险要有正确的认识,对风险产生的原因能正确分析,预见风险可能会造成的损失,从而有针对性地采取有效措施进行控制。商务谈判者要学会从主客观方面掌握并灵活运用规避风险的手段,使风险降到最低程度,利益获得最大提高。

商务谈判中,规避风险的措施有四种:完全回避风险、风险控制、风险预防和风险自留。规避风险的手段和方法主要有七种:做好事先资信调查;提高谈判人员素质;主动向专家征询;审时度势,当机立断;通过财务手段化解风险;担保与投保;公平负担。

思 考 题

一、本章思考题

1. 商务谈判中会出现哪些僵局?
2. 在商务谈判中为什么会出现僵局?
3. 商务谈判僵局的处理应遵循哪些原则?
4. 如何认识谈判中的"欢迎反对意见"?
5. 常见的用以突破僵局的策略和技巧有哪些?
6. 什么是转移话题策略?使用时应注意哪些问题?
7. 什么是替代方案策略?列举商务谈判可以使用的替代方案。

8. 什么是公开底牌策略？应如何正确使用？
9. 商务活动中的非人员风险主要有哪些？
10. 如何正确认识商务活动中的人员风险？
11. 如何对商务活动中的风险进行预测和控制？
12. 回避商务风险的方法和手段有哪些？

二、案例分析题

我国南方一家公司以生产农业机具为主，但是公司没有相应的销售渠道，产品的销售一直被一家知名的销售公司严格控制，也就是说，这家农机公司只是制造和装配农业机具，从来就没有开展过销售业务。那家知名的销售公司的销售额极大，在市场上具有雄厚的实力。正因为这些原因，所以这家生产农业机具的公司几乎每天就是为了满足销售公司的需求而运行，也就是说，销售公司需要什么，他们就生产什么，并且由销售公司决定生产的数量。在合作过程中，销售公司不断压低产品价格，同时还要求农机公司提供更多的额外服务。但是，由于原材料涨价等因素，农机公司的利润趋近于零，有的产品甚至出现亏损。在这种情形下，农机公司提出要和销售公司进行谈判。

由于双方已经有了很多年的交往，所以谈判直奔主题。农机公司提出希望销售公司顾及他们眼前面临的困境，适当地改变他们的亏损形势，以便使以后的生产活动得以正常运行，但是，销售公司的谈判代表们非常坚决地表明了他们的态度："你们这些产品的全部业务都是从我们这儿得到的，我们理应受到特殊待遇。如果没有我们销售公司的努力，你们公司根本就不会撑到今天。所以你们有责任供应我们所需要的产品，你们应该尽可能地提高自己的工作效率，抓好管理成本的控制，你们应该向效率、向管理要利润，而不是向我们。"

面对销售公司的强硬态度，农机公司十分气愤。农机公司的产品固然需要销售公司去开拓市场，但是如果他们不提供给销售公司优质、低价的产品，那么销售公司的业务就不会那么红红火火地开展下去。于是一气之下，农机公司代表团在谈判桌上当即告诉销售公司："在和你们公司的合作过程中，我们公司已经处于无利可图的境地了，我们公司实在没在必要耗费大量的人力和物力为你们公司创造大量利润，所以我们决定，公司马上停止向你们公司供货。"

销售公司自恃拥有广阔的市场渠道，认为农机公司虽然不为他们制造产品了，但是南亚有许多这样的农业机具生产厂商，这些生产厂商都为产品卖不出去而发愁，他们相信没有农机公司，他们的销售公司照样会运转良好，利润也会滚滚而来，而农机公司则会因为产品销售不出去而很快回过头来找他们。

而农机公司则认为既然和销售公司的合作不但换不来利润，而且还常年亏损，那么宁愿公司倒闭也不愿意再和他们合作下去了，况且他们也知道，销售公司不可能再从其他生产厂商那里得到同他们一样优质、低价的产品，而且其他厂商也不可能提供更多更好的额外服务。

就这样，谈判在双方的僵持中以失败而告终了，农机公司和销售公司都不肯向对方表示一丝妥协,结果一个半月之后农机公司的产品全部积压到了仓库里,而销售公司也因为找不到合适的生产厂商而大大缩小了市场份额。

（资料来源：http://www.xiexingcun.com/lizhi/E/34/37.htm.）

阅读上述案例回答下列问题：
1. 造成农机公司与销售公司谈判破裂的原因是什么？
2. 你认为谈判僵局是不可避免的吗？为什么？
3. 请为上述案例策划一个破解僵局的方案。

第七章

Chapter 7

商务谈判中的技巧

【学习要点及目标】

通过本章的学习,掌握商务谈判中涉及的语言技巧;了解在商务谈判中谈判者应如何陈述、倾听、发问、答复;进一步掌握通过辩论与说服来促进双方的沟通,从而使商务谈判顺利进行。

本章的重点是要求学生掌握商务谈判中叙述、倾听、发问和答复技巧的应用;熟悉商务谈判辩论与说服的方法。

本章的难点是商务谈判中辩论与说服的技巧。

【引导案例】

周总理会见基辛格

1971年7月29日,基辛格率代表团秘密访华。周恩来在会见他们时,微笑着握住基辛格的手,友好地说:"这是中美两国高级官员二十年来第一次握手。"当基辛格把自己的随员一一介绍给周恩来时,周总理说出的话更是出乎他们的意料。周总理在握住霍尔得里奇的手时说:"我知道,你会讲北京话,还会讲广东话。广东话连我都讲不好,你在香港学的吧!"他握着斯迈泽的手时说:"我读过你在《外交季刊》上发表的关于日本的论文,希望你也写一篇关于中国的。"他握着洛德的手说:"小伙子,好年轻,我们该是半个亲戚,我知道你的妻子是中国人,在写小说。我愿意读到她的书,欢迎她回来访问。"

周恩来为了消除基辛格一行的紧张心理,几句欢迎词蕴含着高超的语言技巧。他淡化其政治角色,抓住其生活、工作中的一些细节,如对语言才能、论文、家庭成员进行赞美,既感到亲切、自然,又大方、得体。表面上看来与外交使命无关的细节,却通过赞美一些琐碎之事,缩短了双方的心理距离,为下一步谈判奠定了良好的基础。

(资料来源:赵素洁.商务谈判[M].北京:冶金工业出版社,2008.)

谈判不仅是科学也是一项综合性的艺术,哲学、语言、逻辑、幽默、坚忍、勇敢以及对各种媒介和现象的把握,编织了一幅纵横驰骋的立体谈判画卷。艺术技巧的自如运用依赖于日常的学习积累和丰富的体验。

第一节　商务谈判技巧的概述

一、商务谈判技巧的概念

商务谈判技巧与心理学和行为科学密切相关,是指在商务谈判中,为实现谈判目标,配合谈判方针、策略的展开所使用的技术窍门。谈判中的信息传递与接收需要通过谈判者之间的听、问、答、叙、辩及说服等方法来完成。在谈判中,善于灵活运用谈判技巧将会有助于控制局势,促进谈判朝着有利于己方目标的方向发展,有助于减少对峙,促进交流与沟通,增大成功的可能性,加速谈判进程,为己方实现利益最大化。此外,精于谈判技巧还将有助于识破和化解对方的计谋,规避商业风险,促使合同顺利履行。

谈判人员必须十分注意捕捉对方思维过程的蛛丝马迹,以便及时了解对方需求动机的线索;必须仔细倾听对方的发言,注意观察对方的每一个细微动作。因为对方的仪态举止、神情姿势、重复语句以及说话的语气等,都是反映其思想、愿望和隐蔽的需求的线索。因此,谈判是一项斗智、斗勇、斗力(体力和脑力)、斗心(心理素质)的活动。

英国谈判大师杰德勒·尼尔伦伯格这样来描述成功的谈判者:"成功的谈判者,必须把剑术大师的机警、速度和艺术大师的敏感、能力融为一体。他必须像剑术大师一样,以锐利的目光,机警地注视谈判桌那一边的对手,随时准备抓住对方防线中的每一个微小的进攻机会。同时,他又必须是一个细腻、敏感的艺术大师,善于体会、辨察对方情绪或动机上的最细腻的色彩变化。他必须抓紧灵感产生的那一刹那,从色彩缤纷的调色板上,选出最适合的颜色,画出构图与色彩完美、和谐的佳作。谈判场上的成功,不仅是得自充分的训练,更关键的是得自敏感和机智。"这说明了谈判者掌握正确的谈判方法、熟练的谈判技巧,并善于结合谈判实践,加以灵活运用的重要性。

二、商务谈判技巧的特点

(一)针对性强

针对不同的商品、谈判场合、谈判内容、谈判对手,要有针对性地使用语言。另外,还要充分考虑谈判对手的情绪、习惯、性格、文化以及需求状况的差异。

(二)灵活应变

谈判过程中通常会遇到一些意想不到的尴尬事情,要求谈判者具有灵活的语言应变能力,采用应急手段,巧妙地摆脱困境。例如,当遇到对手让你立即做出选择时,你如果说:"让我想一想"之类的语言,对方会认为你缺乏主见,从而使你在心理上处于不利地位。此时你可以看看表,然后有礼貌地告诉对方:"真对不起,我得与一个约定的朋友通电话,请稍等五分钟。"于是,你便很得体地赢得了五分钟的时间。

(三) 方式婉转

要让对方相信这是他自己的观点。在这种情况下,谈判对手有被尊重的感觉,他就会认为反对这个方案就是反对他自己,因而容易达成一致,获得谈判成功。

(四) 无声语言

商务谈判中,手势、姿势、表情、眼神等非发音器官表达的无声语言往往在谈判过程中发挥重要的作用。在有些特殊环境里,有时需要沉默,恰到好处的沉默可以取得意想不到的效果。

第二节 商务谈判技巧的内容

一、商务谈判中"听"的技巧

商务谈判中的倾听,不仅是指运用耳朵这种听觉器官去听,还指运用眼睛去观察对方的表情与动作,运用大脑去研究对方话语背后的动机,运用心灵去为对方的话语作设身处地的构想。这种耳到、眼到、脑到、心到的听,称之为倾听或聆听。法国著名传记作家拉罗斯福说过一句很值得我们深思的话:我们与人交谈,总觉得知音难觅、和者鲜寡,其原因之一,就是人们几乎都对自己要说什么想得太多。

(一) 倾听的作用

(1) 倾听是了解对方需要,发现事实真相的最简捷的途径

在谈判中,潜心地听通常比滔滔不绝地畅谈更为重要。听的要旨在于探索对方的心理,接受传递的信息和发掘事实的真相,以不断调整自己的行动。专门研究倾听的专家拉卡·尼克拉斯在多年的研究中发现,一般人听别人讲话,不论怎样听,也只能听到一半。谈判者在谈判中彼此频繁地进行着复杂微妙的信息交流,如果谈判者一时马虎,将会失去一个不会再得到的信息。

(2) 注意倾听是给人留下良好印象、改善双方关系的有效方式之一

因为专注地倾听别人讲话,则表示倾听者对讲话人的看法很重视,能使对方产生好感和信赖,使讲话者形成愉快、宽容的心理,更有利于达成一个双方都受益的协议。

(3) 通过倾听可以更真实地了解对方的沟通方式,了解对方的观点、立场、态度、内部关系甚至是小组成员的意见分歧,从而掌握谈判的主动权。

【案例 7.1】

美国汽车推销之王乔·吉拉德曾有过一次深刻的体验。一次,某位名人来向他买车,他推荐了一种最好的车型给他。那人对车很满意,眼看就要成交了,对方却突然变卦而去。乔为此事懊恼了一下午,百思不得其解。到了晚上 11 点,他忍不住打电话给那位名人:"您好!我是乔·吉拉德,今天下午我曾经向您介绍一款新车,眼看您就要买下,却突然走了。这是为什么呢?""你真的想知道吗?""是的!""实话实说吧,小伙子,今天下午你根本没有用心听我说话。就在签字之前,我提到我的儿子吉米即将进入密执安大学读医科,我还提到他的学科成绩、运动能力以及他将来的抱负,我以他为荣,但是你却毫无反应。"

(资料来源:http://biog.icxo.corn/read.jsp?aid=55658.)

案例分析:这就是乔失败的原因:没有用心听。在沟通过程中,如果不能认真聆听别人的谈话,也就不能"听话听音",何谈机警、巧妙地回答对方的问题呢?

(4) 倾听和谈话一样具有说服力,它常常使我们不花费任何力气,取得意外的收获。

【案例 7.2】

有一家英国汽车公司,想要选用一种布料装饰汽车内部,有三家公司提供样品,供汽车公司选用。公司董事会经过研究后,请各家来公司做最后的说明,然后决定与谁签约。三家厂商中,一家的业务代表患有严重的喉头炎,无法流利讲话,只能由汽车公司的董事长代为说明。董事长按公司的产品介绍讲了产品的优点、特点,各单位有关人员纷纷提出意见,董事长代为回答。该布料公司的业务代表则以微笑、点头或各种动作来表达谢意,结果,他博得了大家的好感。会谈结束后,这位不能说话的业务代表却获得了 50 万码布的订单,总金额相当于 160 万美元,这是他有生以来获得的最大的一笔成交额。事后,他总结说:如果他当时没有生病,嗓子还可以说话,他很可能得不到这笔大数目的订单。因为他过去都是按照自己的一套办法去做生意,并不觉得让对方表述意见比自己头头是道地说明更有效果。

(资料来源:赵素洁.商务谈判[M].北京:冶金工业出版社,2008.)

(5) 倾听对方的谈话,还可以了解对方态度的变化。有些时候,对方态度已经有了明显的改变,但是出于某种需要,却没有用语言明确地表达出来,但我们可以根据对方"怎么说"来推导其态度的变化。例如,当双方关系很融洽、谈判进行得很顺利时,双方都可能在对方的称呼上加以简化,以表示关系的亲密。如张××可以简称为小张,王××可以简称为老王等等。但是,如果突然间改变了称呼,一本正经地叫张××同志,或是叫他的官衔,这种改变就预示着关系紧张,预示着谈判将出现分歧或困难。

总之,倾听是发现事实真相和了解对方需要的最简单途径。通过倾听,可以明确应采取的策略,提高自己的说服力,增加实现愿望的机会;通过倾听,可以广收信息,洞察对方的真实意图;倾听,对于有经验的谈判者来说,可以减少失误,对缺乏经验的谈判者来说,可以弥补不足;倾听可以消除误解,推动谈判进程;倾听有利于沟通,缩短谈判双方的距离。所以,谈判人员要给予倾听环节以特别的关注。一个优秀的谈判者,也一定是一个很好的倾听者。当然,要很好地倾听对方谈话,并非像人们想象的那样简单。

【阅读资料7.1】
　　影响谈判人员更好地倾听的障碍至少有以下几种:①许多谈判人员认为只有说话才是表白自己、说服对方的唯一有效方式,若要掌握主动,便只有说。②先入为主的印象妨碍了谈判人员耐心地倾听对方的讲话。③急于反驳对方的观点。在商务谈判中,有时谈判对手所陈述的观点是我们所不赞成的,此时很多谈判人员认为如果不尽早地反对对方的观点,可能就表示了己方的妥协。④在所有的证据尚未拿出以前,轻易地做出结论。⑤急于记住每一件事情,结果主要的事情反而没注意到。⑥常常主动地认定谈话没有实际内容或没有兴趣,不注意倾听。⑦因一些其他事情而分心。⑧有时想越过难以应付的话题。⑨忽略某些重要的叙述,因为可能谈判人员会认为这些叙述是由自己认为不重要的人说出来的。⑩从心理学角度来讲,人们会主动摒弃他们不喜欢的资料、消息。⑪思维方式。有的谈判人员喜欢定式思维,不论对方讲什么,他们都马上跟自己的经验套在一起,用自己的方式去理解。这种思维方式使其难于接受新的消息,不善于认真听对方说什么,而喜欢告诉对方。许多谈判人员忽略了倾听对方,但却常常自我安慰:没有什么,他讲的没有什么内容,重要的内容我们已掌握了或以后会掌握的。不幸的是,他们并没有掌握,而且以后也不会再掌握了。这种花费最小、最直接、最方便的信息来源渠道不去利用,那么就只能付出更大的代价。

　　(资料来源:http://www.kanwenzhang.com/eloquence/284b5b27aa7cb790/c/1331/11331.html.)

(二)倾听的技巧

1. 积极主动地倾听

　　态度要积极,谈判双方一旦坐在谈判桌前,就要想方设法发现对方的需要,摸清对方的底细,同时还必须准备及时做出反应。在谈判中积极主动地倾听不等于只听不说,要学会倾听,善于倾听,也包括创造倾听的机会。

2. 耐心地、专心致志地倾听

　　倾听对方讲话,必须集中注意力,同时还要开动脑筋,进行分析思考。据心理学家的统计,一般人说话的速度为每分钟120～180个字,而听话及思索的速度要比说话的速度快四倍多,所以,对方的话还没有说完,听话者大都理解了。稍一疏忽,也许恰在这时,对方传递了一个至关重要的信息,悔之晚矣。因此,要尽量把这些多余的时间放在围绕对方发言进行思考和使自己的注意力始终集中在对方发言的内容上。

3. 注意对方的说话方式

　　一个合格的谈判者应该具有敏锐的洞察力。谈判中,只听对方所述的事实是不够的,还要善于抓住背后隐喻着的主题。关键不在于对方说什么,而在于怎么说,对方的措辞、语气、表达方式、声调,都能为己方提供线索,去发现对方一言一行背后隐藏的含义。这时,要克服先入为主的印象,否则会扭曲对方本意,从而导致己方判断不当,接受信息不真,以至选择行为失误。务必从客观实际出发,抱着实事求是的态度,合理客观地分析对方的言行。

4. 给自己创造倾听的机会

　　人们通常会以为在谈判中,讲话多的一方占上风,最后一定会取得谈判的成功。其实不然,如果谈判中有一方说话滔滔不绝,垄断了大部分时间,那也就没有谈判可言了。因而应适当地给自己创造倾听的机会,尽量多给对方说话的机会。倾听者要采取一些策略方法,促使讲话者保持积极的讲话状态。

【案例7.3】

倾听辨真伪

甲乙双方的谈判已经进入了讨价还价阶段。这时,作为卖方的甲首先开价。

甲方:"刚才已经谈到,我们厂的产品不但在质量上无可挑剔,而且在售后服务方面也相当完善,现在市场上供不应求。因此,我们认为此次产品的价格应为2万元/吨。"

这时对方可能有多种反应。

一是大吃一惊。"别开玩笑了,上次价格才1.5万元/2吨。你们的价格难道是在坐飞机吗?"

二是很平静。"太高了吧。能不能再让些?"

第一种反应表明,乙方对甲方的报价完全不能接受。这时,甲方若想做成生意,在不影响己方利益的情况下,可考虑适当降低报价。

第二种反应表明,乙方对这个报价是有思想准备的,基本上可以接受。这时甲方若再考虑让利,双方即可成交。

(资料来源:赵素洁.商务谈判[M].北京:冶金工业出版社,2008.)

5. 做必要的记录

谈判中,人的思维处于高度紧张状态,想凭脑子记下对方所谈的全部内容是不现实的,因此,做一定的记录是必要的,必要时也可以进行录音。

总而言之,倾听是谈话艺术的重要组成部分,只有学会倾听,才能掌握谈话的技巧,善于倾听是一个优秀谈判者的基本技能。

如果能从以上几个方面进行努力,谈判过程中"听"就是有效的,也就不会或很少发生因听不清、听不见、听不懂而使双方相互猜疑、争执不下的现象。

二、商务谈判中"问"的技巧

(一)提问的种类

提问在商务谈判中通常作为掌握对方心理、摸清对方需要、表达自己感情的手段。如何"问"是很有讲究的,重视和灵活运用发问的技巧,不仅可以引起双方的讨论,获取信息,而且可以控制谈判的方向和进程。到底什么样的问题不可以问,什么样的问题可以问,为了达到某一目的应该如何问,以及问的场合、时机、环境等,有许多基本常识和技巧需要了解和掌握。

1. 引导性的问题

这种问题主要应用于买主不关心、不感兴趣或犹豫不决的时候。假如你问对方是喜欢红色的还是蓝色的?对方必答其一,或都喜欢,或都不喜欢。如果对方说二者都不喜欢,便接着再问他原因何在,等到他解释后,再针对他的反对意见说服他。

引导性的问句:你的成本是否包含研究费用,它是如何分摊的,你曾说过,交易的产品并不需要做新的研究,为什么要把它包含在我的成本里呢?我是否得到了最优的价格,为什么没有,是谁做了这样的决定,为什么做这样的决定(问题推导结果:那不是你们老板说的话),这个产品你能提供哪些保证,它们彼此之间有什么差别吗,为什么会有这种差别,别人也提供服务,你为什么要多收我这些费用呢?

2. 非引导性问题

运用非引导性问题时,无法预测和控制对方的答复,但非引导性问题往往可以诱导出更为完整的回答,原因可能是回答非引导的问题更为自由。

非引导性的问句:你可不可以说明一下它的工艺过程?你认为这部机器的哪些指标最重要?你如何决定那些价格?

3. 直接提问

目的在于窥测对方的反应,根据这些反应获得必要信息。

4. 间接问句

这是借着第三者意见以影响对方意见的一种问句。如"××先生也认为你们的产品质量可靠吗?"

5. 突然提问

突如其来,迫使对方对某一问题必须做出答复,是加快进展、施加压力的办法。

6. 挑战性提问

这种提问容易引起冲突,而这种提问恰是在深思熟虑之后认为冲突是必要时才提出的。

7. 多内容问句

这是含有多种主题的问句。如"能否将你方关于产品价格、质量、交货期、售后保证以及违约责任等态度谈一谈?"这类问题因含过多的主题而致使对方难以周全把握。

8. 澄清式问句

这是针对对方的答复,重新措词以使对方澄清或补充原先答复的一种问句。如"您刚刚说上述情况没有变动,这是不是说你们可以如期履约了?"

9. 探索式问句

这是针对对方的答复要求引申或举例说明的一种问句。如"你用什么证明贵方可如期履约呢?"

10. 强迫选择的问句

这是将稳步发展的意见抛给对方,让对方在一个小范围内进行选择的问句。如:"原定的协议,你们是今天实施还是明天实施?"

11. 想要获得信息的问题

每个问题都含有两部分:一部分描述范围、背景或者问题的结构,另一部分是问题的本身。

问题的这两个部分都含有一定的目的,前者就有获得资料的功能。

想要获得信息的问句:请告诉我它为什么值这个价钱?请你解释一下好吗?你对我的产品有什么不满意的地方?你是否调查过我们的信用?你可以调查一下,我们的价格如此低廉,你一定感到惊奇,不是吗?

12. 不客气的问题

一个不客气的问题,往往包含了使听者厌恶的语气或对听者的偏见。

以下是一些不客气的问题:你这也太不客气了吧?这么一团糟的情况,还怎么做生意?你们的会计制度还是不行吧?你那位令人不快的老板,最近怎样了?

13. 含糊不清的问题

一个含糊不清的问题也就是一个可以作多种解释的问题。问这种问题的人,很可能是想套出对方的话或者连他自己也弄不清楚是什么意思。

下列是些含糊不清的问题:那样看好像不对,不是吗?你的报价是怎么算出来的?你能够做得比这个更好,不是吗?成本好像很高,不是吗?

14. 结束性的问题

结束性的问题应是一个结论或是一个承诺,能够暂时或永远冻结讨论,这种问题往往能够迫使对方决定——是成交还是使谈判破裂。

结束性的问句如下:你想要那一种还是这一种?你准备订多少?接受这个价格,否则就算了。你知不知道下星期价格就要上涨了?我们打九折,你是不是把全部订单给我们呢?你希望我们现在就开始动工吗?

(二)提问的时机

1. 在议程规定的辩论时间提问

大型外贸谈判一般要事先设定辩论时间,商定谈判议程。在双方各自介绍情况和阐述的时间里一般不向对方提问,也不进行辩论。只有在辩论时间里,双方才可自由提问进行辩论。在这种情况下,要事先做好准备。在辩论前的几轮谈判中,要做好记录,归纳出谈判桌上的分歧后再进行提问,也可以设想对方的几个方案,针对这些方案考虑己方对策,然后再提问。

2. 在对方发言完毕之后提问

一般来讲,打断别人的发言是不礼貌的,所以在对方发言的时候,一般不要急于提问,否则容易引起对方的反感。在对方发言时,要认真倾听,当发现了对方的问题时,也不要立刻打断对方,可先把发现的和想到的问题记下来,待对方发言完毕再提问。这样做一方面说明自己有修养,另一方面,也能够更全面、完整地了解对方的观点和意图,避免操之过急,曲解或误解了对方的意图。

3. 在对方发言停顿和间歇时提问

如果谈判中对方发言不得要领、冗长、离题太远或纠缠细节而影响谈判进程,那么可以借他停顿、间歇时提问,这是掌握谈判进程、争取主动的必然要求。例如,当对方停顿时,可以借机提问:"细节问题我们以后再谈,请谈谈您的主要观点好吗?"

在谈判中,当轮到己方发言时,可以在谈己方的观点之前,对对方的发言进行提问,不必要求对方回答,而是自问自答。这样可以争取主动,防止对方接过话茬,影响己方的发言。例如,"您刚才的发言要说明什么问题呢?我的理解是……对这个问题,我谈几点看法……"

在充分表达了己方的观点之后,为了使谈判沿着己方的思路发展,通常要进一步提出要求,让对方回答。例如:"我们的基本立场和观点就是这些,您对此有何看法呢?"

(三)提问的要诀

为了获得良好的提问效果,需掌握以下发问要诀:

1. 要预先准备好问题

可以预先准备一些对方不能迅速想出适当答案的问题,以期收到意想不到的效果。一些有经验的谈判人员,通常是提出一些看上去很一般,并且比较容易回答的问题,而这个问题恰恰是随后所要提出的比较重要问题的前奏。这时,如果对方思想比较松懈,突然面对所提出的较为重要的问题时往往措手不及,己方会收到出其不意的效果。

2. 提出问题后应闭口不言,专心致志地等待对方做出回答

当己方提出问题后应保持沉默,如果这时对方也是缄口不语,那么实际上无形中给对方施加了一种压力。这时,由于问题是由己方提出,因此对方就必须以回答问题的方式来打破沉默,或者说打破沉默的责任将由对方来承担。

3. 提出问题的句子应尽量简短

在商务谈判过程中,提出问题的句子越短越好,而由问句引出的回答则越长越好。因此,应尽量用简短的句式向对方提问。如果提问比对方的回答还长,提问者将处于被动的地位,显然这种提问是失败的。

4. 要避免提出那些可能会阻碍对方让步的问题

事实上,阻碍对方让步的问题往往会给谈判的结局带来麻烦。提问时,不仅要考虑自己的退路,同时也要考虑对方的退路,要把握好火候和时机。

5. 既不要以法官的态度来询问对方,也不要接连不断地提问题

谈判绝不等同于法庭上的审问,需要双方心平气和地提出和回答问题。像法官一样询问谈判对手,会给对方造成敌对与防范的心理和情绪。另外,连续重复地发问,往往会导致对方感到厌倦、乏味而不愿回答,有时即使回答也是马马虎虎,甚至会答非所问。

6. 不强行追问

在谈判中,会出现对方的答案含糊不清、不够完整,甚至回避不答的情况。为了表示对对方的尊重,这时不要强行追问,而是要有耐心和毅力等时机到来时再继续追问。此外,在适当的时候,可以将一个已经发生,并且答案也是己方知道的问题提出来,验证一下对方的诚实程度,以及对方处理事物的态度。同时,这样做也可给对方一个暗示,即己方对整个交易的行情是了解的,有关对方的信息己方也是充分掌握的。

7. 要以诚恳的态度来提问

当对方对己方提出的问题不感兴趣,或是态度谨慎而不愿回答时,己方可以用十分诚恳的态度,同时转换一个角度问对方,以此来激发对方回答问题的兴趣。事实表明,这样做会使对方乐于回答,也有利于谈判者感情上的沟通,有利于促进谈判的顺利进行。

(四)提问的其他注意事项

1. 在谈判中一般不应提出下列问题

(1)不要直接指责对方品质和信誉方面的问题。指责对方不够诚实,有时非但无法使对方变得更诚实,反而引起对方的不满,甚至怨恨。直接指责对方在某个问题上不够诚实,不仅会使对方感到不快,而且还会影响彼此之间的真诚合作。事实上,商务谈判双方的真真假假、虚虚实实是很难用是否诚实这一标准来判断的。

(2)不应提出带有敌意的问题。在谈判中,所提问题一旦含有敌意,就会损害双方的关系,最终会影响交易的成功。因此,不应抱着敌对心理进行谈判,应尽量避免那些可能会刺激对方产生敌意的问题。

(3)不要为了表现自己而故意提问。为了表现自己而故意提问会引起对方的反感,特别是不应提出与谈判内容无关的问题以显示自己的"好问"。要知道,故意卖弄的结果往往是弄巧成拙,被人蔑视。

(4)不应提出有关对方个人生活和工作方面的问题。对于大多数国家和地区的人来讲,回避询问个人生活和工作方面的问题已经成为一种习惯。例如,对方的收入、家庭情况、女士或太太的年龄等问题都是不应涉及的。另外,也不要涉及对方国家或地区的政党、宗教等方面的问题。

2. 注意提问的速度

提问时语速太快,会使对方认为你不耐烦,甚至有时会感到你是在用盘问的口气对待他,容易引起对方的反感;反之,如果说话太慢,容易使对方感到沉闷、不耐烦,从而降低了你提问的力量。因此,提问的速度应该快慢适中,既使对方听懂你的问题,又不使对方感到拖沓和沉闷。

3. 注意对手的心境

情绪往往影响谈判者的言行。谈判中,要随时留心对手的心境,在你认为适当的时候提出相应的问题。例如,对方心境好时,往往会轻易地满足你所提出的要求,而且会变得粗心大意,透露一些相关的信息。此时,抓住机会,提出问题,通常会有所收获。

三、商务谈判中"答"的技巧

有问必有答,在商务谈判中,"问"有艺术,"答"也有技巧。问得不当,不利于谈判;答的不好,同样也会使谈判陷入僵局。

【案例7.4】
第一次到哈尔滨的姚明在记者见面会上是记者重点"照顾"的对象,不过,他用独特的幽默巧妙地回答了众多的提问,同时引来了记者的阵阵笑声。

谈及对哈尔滨的看法,姚明说:"我听说哈尔滨的冬天和夏天都非常好,但我都没赶上。"

有记者见姚明的胡子比较长,信口问了一句:"姚明,你不刮胡子是为了蓄须明志还是对哈尔滨的天气不满?"姚明俏皮地一翻眼睛说:"我没带剃须刀!"

一位女记者问姚明:"相比过去,你感觉到球技长进了吗?"姚明说:"我只是感觉老了一岁。"

当一个记者问姚明期待决赛遇到哪个对手时,姚明想都没想地答道:"就是我们想交锋的对手。"

(资料来源:http://sports.sohu.com/06/34/news213353406.shtml.)

与学术研究或知识考试中的回答不同的是,谈判中的回答有其自身的特点,一般不以正确与否来论之。通常,回答的问题不仅应采取容易接受的方法,而且应当巧立新意,渲染己方观点,强化回答效果。谈判中回答的要诀应该是:基于谈判效果的需要,准确把握住说话尺度,该说什么,不该说什么,以及应该怎样说都要明了。以下是回答问题的一些技巧。

1. 回答问题之前,要给自己留有思考时间

谈判过程中的对话不同于同事之间的生活问话,绝不是回答问题的速度越快越好,因为它与竞赛抢答是性质截然不同的两回事。商务谈判中所提出的问题,必须经过慎重考虑后,才能回答。有人喜欢将生活中的习惯带到谈判桌上去,即对方提问的声音刚落,这边就急着马上回答问题,这种做法很不讲究。

2. 把握对方提问的目的和动机,才能决定怎样回答

谈判者在谈判桌上提出问题的动机也往往是复杂的,目的往往是多样的。如果没有经过深思熟虑,弄清对方的动机,就按照常规来作出回答,往往是效果不佳。如果经过周密思考,准确判断对方的用意,便可做出一个独辟蹊径的、高水准的回答。

3. 不要完全地回答问题,因为有些问题不必回答

商务谈判中并不是所有问题都要回答,要清楚有些问题并不值得回答。在商务谈判中,对方提出问题或是想了解己方的立场、观点和态度,或是想确认某些事情,对此应视情况而定是否作答。对于需要表明我方态度的问题或应该让对方了解的问题要认真回答,而对于那些可能会有损己方形象、泄密或一些无聊的问题,谈判者也不必为难,不予理睬是最好的回答。当然,用外交活动中的"无可奉告"一语来拒绝回答,也是回答这类问题的好办法。总之,答问题时可以自行将对方的问话范围缩小,或者对回答的前提加以修饰和说明,以缩小回答范围。

4. 逃避问题的方法是避正答偏,即顾左右而言他

有时,对方提出的某个问题不能拒绝回答,但又使我方很难直接从正面回答。这时,谈判高手往往用避正答偏的办法来回答,即在回答这类问题时,故意避开问题的实质,而将话题引

向歧路,借以破解对方的进攻。其实这是应付对方的一个好办法。比如,可跟对方讲一些与此问题既有关系又无关系的问题,不着边际,东拉西扯。话说了一大堆,看上去回答了问题,其实并没有回答,其中没有几句话是管用的。经验丰富的谈判人员往往在谈判中运用这一方法。此法看上去似乎头脑糊涂、思维有问题,其实这种人高明得很,对方也拿这类人没有办法。

5. 对于不知道的问题不要回答

参与谈判的所有与会者都不是全能全知的人。尽管谈判前做了充分的准备,也经常会遇到陌生难解的问题。这时,谈判者切不可为了维护自己的面子强作答复。如果这样做,不仅有可能损害自己利益,而且对自己的面子也是丝毫无补。有这样一个例子,我国内某公司与美国外商谈判合资建厂事宜时,外商提出有关减免税收的请求。中方代表恰好对此不是很有研究,或者说是一知半解,可为了能够谈成,就盲目地答复了,结果使我方陷入十分被动的局面。经验和教训一再告诫我们:谈判者对不懂的问题,应坦率地告诉对方不能回答,或暂不回答,以避免付出不应付出的代价。

6. 答非所问也是一技

有些问题可以通过答非所问来给自己解围。答非所问在学术研究或知识考试中是不能给分的,然而从谈判技巧的角度来研究,却是对不能不答的问题的一种行之有效的答复方法。

7. 找借口拖延答复

对于对方提出的问题,如果谈判者没有思考好答案,可以找借口拖延答复,或是闪烁其词,所答非所问,等时机成熟再摊牌,这样效果会更理想。可以选择的借口有:需要请示上级、资料不全、需要查找政策支持等等。

8. 以问代答

以问代答是用来应付谈判中那些一时难以回答或不想回答的问题的方式。此法如同把对方踢过来的球又踢了回去,请对方在自己的领域内反思后寻找答案。商务谈判中运用以问代答的方法,对于应付一些不便回答的问题是非常有效地。例如,在商务工作进展不是很顺利的情况下,其中一方问对方:"你对合作的前景怎样看?"这个问题在此时可谓难以回答,善于处理这类问题的对方可以采取以问代答的方式:"那么,你对双方合作的前景又是怎样看呢?"这时双方自然会在各自的脑海中加以思考和重视,对于打破窘境起到良好的作用。

9. 降低提问者追问的兴致

当对方对我方模棱两可的答复不满或者发现了我方的漏洞时,会一直追问下去,这时应该降低提问者追问的兴致,可以用"这个问题我暂时无法回答"、"我们考虑过,情况没有您想的那样严重"、"这个问题可以解决,但现在不是时候"、"现在谈这个问题还为时过早,我们是否考虑下一个问题"等语言予以回答。

四、商务谈判中"叙"的技巧

商务谈判中的叙述是一种不受对方所提问题的方向、范围制约,带有主动性的阐述,是传递信息,沟通情感的方法之一。商务谈判中的叙述,就是谈判者基于自己的立场、观点、方案等,通过陈述来表达各种问题的具体看法,或是对客观事物的具体阐述,以便让对方有所了解。因此,谈判者能否正确、有效地运用叙述的功能,把握叙述的要领,会直接影响到谈判的效果。

谈判过程中的叙述大体包括"入题"、"阐述"两个部分。

(一) 入题的方法

谈判双方在刚进入谈判地点时,难免会感到拘谨,在重要谈判中,尤其是谈判新手,往往会产生忐忑不安的心理。采用适当的入题方法,将有助于消除这种尴尬心理,轻松地开始谈判。

1. 迂回入题

谈判时可以采用迂回入题的方法,如先从自谦入题,从题外话入题,从介绍本企业的生产、经营、财务状况入题、从介绍己方谈判人员入题等。这样可以避免谈判时单刀直入,过于直露,影响谈判的融洽气氛。

2. 先谈一般原则,再谈细节问题

许多大型的对外商务谈判,由于需要洽谈的问题千头万绪,双方的高级人员不应该也不可能介入全部谈判,通常要分成若干等级进行多次谈判,这就需要采取先谈一般原则问题,再谈细节问题的方法。一般原则问题达成一致后,洽谈细节问题也就有了依据。

3. 从具体议题入手

大型对外商务谈判总是由具体的一次次谈判组成的,在每次具体的谈判会议上,双方可以首先确定本次会议的谈判议题,然后从这一具体的议题入手进行洽谈。这样做可以避免谈判时无从下手,从而提高效率。

【案例7.5】

对于一个人事部门负责人来说,最困难的工作之一就是劝告职员提早退休,有位人事经理的做法就比较高明,他在走廊里偶尔碰到年事已高的职员,就以亲切的态度邀请对方谈谈,两人约定下班后找个清静的地方见面。

见面后,人事经理不露痕迹地提到公司所面临的困难局面,以及凡事都可能发生变化的道理,他表示在发表自己的意见之前,想先听听这位职员的意见。不过,他补充一句,请对方慢慢考虑。然后,他就改变话题和对方闲聊,这位被劝自动退休的职员在不知不觉中接受了"我快退休了"的想法。其实,很多人只是没有意识到或者不敢去考虑自己迟早会退休,这样的过程很费时间,但效果却很好。人事经理请预定退休的职员们计算可领到多少退休金,以及该缴多少税金,同时建议他们不妨去找财务经理商量商量,因为财务经理在一定范围内可为退休职员做最有利的打算,结果这些有意退休者接受了人事经理的意见,还有不少人对于公司的关怀表达了感激之情。

(资料来源:王爱国,高中玖.商务谈判与沟通[M].北京:中国经济出版社,2008.)

从上面的案例可以看出,恰当的入题方法可以起到良好的效果。

（二）阐述的方法

谈判入题后，接下来便是双方阐述各自的观点，这也是谈判的一个重要环节。

1. 开场阐述

开场阐述要做到以下几点：立场明确；开诚布公；态度友好；简单扼要。

【阅读资料7.2】

如何进行开场阐述

谈判的对方作如下陈述：

"这块地皮对我们很有吸引力，我们打算把土地上原有的建筑拆掉而盖起新的商店。我们已经同规划局打过交道，相信他们会同意的。现在关键的问题是时间——我们要以最快的速度在这个问题上达成协议。为此，我们准备简化正常的法律和调查程序。以前咱们从未打交道，不过据朋友讲，你们一向是很合作的。这就是我们的立场——我是说清楚了？"

开场阐述的方式应该是能够加强已经建立起来的协调的洽谈气氛。陈述应该是很正式的，商业味十足的，所以，应以诚挚和轻松的方式表达出来。结束语（如上例中的"我是否说清楚"一句）需要特别斟酌，其目的应表明，开场阐述是为了使另一方明白己方的意图，而不是挑战性地向对方提出我们的立场。这里切记以柔为上。

我们对对方开场陈述所作的反应，有两方面的内容：倾听、搞懂和归纳；提出己方的开场陈述。"倾听"，听的时候不要把精力花在寻找对策上。"搞懂"，如果有什么不清楚的地方，可以向对方提问。"归纳"，思考理解对方所谈的关键问题。如上例，可归纳为：你们的意思是打算马上拆除并重建吧！

当我们确实搞懂了对方的立场后，再证实一下双方已同意的会谈步骤并做出自己的陈述。这里一定要注意我们的开场陈述是独立进行的，不要受对方开场陈述的影响。

己方可作下列的开场陈述：

"那么，好吧，大家都同意下一步应由我们发表意见。我可以开始了吗？""我们非常愿意出售这块土地。但是，我们还有些关于在这块地皮上保留现存建筑物的承约，不过这一点是灵活的。我们关心的是价格是否合适。反正我们也不急于出售。这是我们的态度，还有什么不清楚吗？"

以这种方式介绍各自的立场，表明双方一直是沿着相互协作的道路前进的，是按照协商一致的步骤为达成协议而共同倡议的。正是双方求得共同利益的难得机会，到了双方共同配合制作最大和最好的"蛋糕"的时候了。反之，如果此时各谋各利，任何一方也得不到多大利益的。

（资料来源：李昆益. 商务谈判技巧. 北京：对外经济贸易大学出版社，2007.）

2. 在商务谈判中让对方先谈

当己方对产品定价和市场态势等情况掌握得不是很充分时，或者己方无权直接决定购买与否，或者当己方尚未确定购买何种产品的时候，一定要坚持让对方首先说明可提供何种产品，产品的价格如何，产品的性能如何等情况，然后再审慎地表达意见。

3. 注意正确使用语言

语言要简明。为了使对方记住谈判的主要内容，谈判者应使用条理清晰、简明扼要的语言将己方的谈判要点陈述出来，促使对方正确理解陈述者的真实意思，而不要说与主题无关的话。谈判过程中所使用的语言,应当丰富、灵活、富有弹性。对于不同的谈判对手,应使用不同的语言。如果对方语言朴实无华,那么己方用语也不必过多修饰;如果对方语言爽快、直白,那么己方也不要迂回曲折、语言晦涩;如果对方谈吐优雅,很有修养,己方语言也应相对讲究,做到出语不凡。

语调要适当。不同的语调可赋予同一句话以不同的含义,也可以表达说话者不同的思想感情。如果想把对方的注意力集中在你的谈话上,就要把语速放平稳,流畅地、清晰地、坦诚地说。当然,速度也不要太慢,更不要长时间地吐单字。

音高要适中。谈判者声音的高低强弱,也是影响谈判效果的重要因素之一。声音过低过弱,不会使人感到振奋;声音过高过响,震耳欲聋,不会使人感到亲切。因此应当合理使用声音的强弱,最好有高有低,抑扬顿挫,犹如一幕戏,有高潮,有低潮,还要有收尾,要让对方感到自然舒适。

表达要规范。商务谈判中的陈述,是向对方提供信息、资料的过程,谈判者使用的词汇如果准确易懂可以增加可信度。如果用到一些不常用的技术性术语,应予以解释。

陈述要客观。双方在陈述时都必须态度客观公正,措词准确严密,以真挚的方式进行表达。切忌情绪化的陈述,尽量使用客观的、礼貌的语言和语调,避免使用主观的、粗俗的语言。

五、商务谈判中"辩"的技巧

在商务谈判过程中,谈判双方存在异议和分歧是很正常的事情。为了能够让对方清楚己方的立场或说服对方,论辩的过程在谈判中就在所难免。所谓论辩就是谈判双方通过摆事实讲道理,说明自己的观点和立场的过程。掌握论辩的主动权,要把握好以下技巧。

（一）观点要明确,立场要坚定

论辩的过程就是通过摆事实讲道理,说明自己的观点和立场。商务谈判中"辩"的目的,就是论证己方观点,反驳对方观点。为了能更清晰地论证自己的观点和立场的正确性及公正性,在论辩时要运用客观材料,以及所有能够支持己方论点的证据,以增强自己的论辩效果,从而达到反驳对方观点的目的。

（二）辩论思路要严密、敏捷,逻辑性要强

在商务谈判中,当双方进行磋商遇到难解的问题时往往会发生辩论。此时,就要求商务谈判人员保持头脑冷静、思维敏捷、讲辩严密且富有逻辑性,只有具有这种素质的人才能应付各种各样的困难,从而摆脱困境。任何一个成功的论辩,都具有辩论思路敏捷、逻辑性强的特点。为此,商务谈判人员应注重这方面的基本功训练,培养自己的逻辑思维能力,以便在谈判中以不变应万变。尤其是在谈判条件相当的情况下,谁能在相互辩驳过程中思路敏捷、严密,逻辑性强,谁就能在谈判中立于不败之地,这也就是谈判者能力强的表现。

【案例 7.6】

"以己之矛,攻己之盾"

20 世纪 30 年代中期,香港有一起诉讼案件:英国商人威尔斯向中方茂隆皮箱行订购 3 000 只皮箱。到取货时,威尔斯却说,皮箱内层有木材,不能算皮箱,因此向法院起诉,要求赔偿 15% 的损失。在威尔斯执理强言,法官偏袒威尔斯的情况下,律师罗文锦为被告据理力争。

罗文锦站在律师席上,取出一只金怀表,问法官:"法官先生,这是一只什么表?"

法官说:"这是伦敦名牌金表,可是,这与本案没有关系。"

罗文锦坚持说与本案有关,他继续问:"这是金表的事实没有人怀疑,那么,请问,内部机件都是金制的吗?"

法官已经感觉到中了埋伏了。律师又接着说:"既然没有人否定金表的内部机件可以不是金做的,那么茂隆皮箱案显然是原告无理取闹,存心敲诈而已。"

(资料来源:李昆益.商务谈判技巧[M].北京:对外经济贸易大学出版社,2007.)

（三）态度要客观公正,措辞要准确犀利

文明的谈判准则要求,不论辩论双方争论多么激烈,如何针锋相对,谈判双方都必须以客观公正的态度,准确地措辞,切忌用尖酸刻薄、侮辱诽谤的语言进行人身攻击。谁违背了这一准则,结果只能是损害自己的形象,降低了本方的谈判质量和谈判实力,而不会给谈判带来丝毫帮助,反而可能将谈判置于破裂的边缘。

（四）掌握大的原则,不纠缠枝节

在辩论过程中,要有战略眼光,掌握大的前提、大的方向以及大的原则。辩论过程中要洒脱,在主要问题上集中精力,把握主动,不在枝节问题上与对方纠缠不休。在反驳对方的错误观点时,要能够切中要害,做到有的放矢。同时要切记不可断章取义、强词夺理、恶语伤人,这些都是不健康的、应摒弃的辩论方法。

七、商务谈判中"说服"的技巧

从某种程度上讲,谈判的过程也就是口才较量的过程。各种口才技巧的掌握是谈判成功的必备条件,说服技巧也是口才技巧的一种。一个谈判者只有掌握了高明的说服别人的技巧,才能在变幻莫测的谈判过程中左右逢源,达到自己的目标。

（一）说服的工具

每种媒介的选择都有说服对方的作用。领导者或专家的话要比普通人更有说服力,一本书上的话要比一张便条更有说服力,严肃的报纸要比一般化发行物有说服力。即使他们的话是错的,但无论如何他们是起作用的。

(1)印刷品。如技术、成本、文本和统计表格等各类参考资料。

(2)宣传。面对面的交谈、电话、录音带、会议、特别广播效果、热线联络、故意喧哗或安静。

(3) 可视媒介物。如图片、示范表演、幻灯、电影、灯光效果等。

(4) 证明。方案研究、实验、会晤、事实或权威结论。

(5) 模型及样品。如实际物体模型和可随身携带的各种样品。

(6) 环境和时间。东西摆设位置、座位的安排、会议室以及时间的运用效果。

(二) 说服的基本要求

概括地说,说服除了理由充分这一基本要求之外,还应符合以下要求。

(1) 要冷静地回答对方。不论对方何时提出何种反对意见,都要镇定自如、轻松愉快地解答,并且要有根有据、条理清楚,不可带有愤怒、责备的口吻或感情用事。否则,既难以说服,也难以阐述自己的观点,从而破坏融洽的谈判气氛。

(2) 答复问题要简明扼要、紧扣谈判主题,不要在某一问题上过多地纠缠。在洽谈中,不应过多地集中讨论某一反对意见,尤其是在开始遇到的一些棘手问题。在适当的时候可以变换一下洽谈的内容。在处理了反对意见以后,应立即把话题岔开,讨论其他议题,争取尽快促成交易,否则就会使对方提出更多的意见,致使陷入新的僵局。

(3) 要重视、尊重对方的观点。对于对方的反对意见,即使认为是错误的,也不应该轻视或嘲弄,而应持认真态度,予以慎重对待。当对方感到你在尊重他的意见时,你的说服才会有力、有效。

(4) 不要随心所欲地提出个人的看法。谈判者之间洽谈是组织或法人之间的事情,而不是个人之间的事情。随心所欲地提出个人的看法是一种不严肃、不负责任的做法。因此,在洽谈中,如果对方不需要你说明个人看法,或没有把你当作参谋和行家来征求你的意见时,己方应避免提出个人的看法和意见。

(5) 不要直截了当地反驳对方。在商务谈判中,如果想要试图说服对方,首先要降低对方的反感和戒备心理,因此,直截了当地反驳对方是不可取的。一般可以使用先部分肯定再全盘否定的方法。

(6) 要设身处地地体谅、理解对方。对方有许多反对意见,哪怕是非正常的、不合理的反对意见,往往都有一定的原因和背景,反映了对方的难处。对此,谈判者要尊重大局,体谅和理解对方。尤其在次要问题上,不妨采用以同意对方看法为主,加以解释和补充的方式。

(三) 掌握说服的时机

除了要掌握说服的基本要求外,还应正确地掌握说服时机。

1. 先发制人

在洽谈中,如果觉察到对方立即就会提出某种反对意见,最好是抢先提出问题,给予说明和解释。这样做有以下几个好处:

(1) 可以争取主动,避免纠正和争论对方的意见。

(2) 直接阐述问题,节省谈判时间。
(3) 主动说明比对方提出意见后争论更委婉,有助于形成融洽氛围。
(4) 你的真诚直率,不隐瞒自己的观点,可能会赢得对方的信任。

2. 即时答复

一般来说,即时答复对方提出的反对意见是最合适的。只要意见是正当的、可以答复的,都应立即答复,从而使谈判集中解决某些实质性问题。答复得当,可以使谈判者争取主动。

3. 推迟答复

谈判者在遇到下列情况时,一般都应推迟答复。
(1) 如果不能当即给对方一个满意的答复,或对方提出的反对意见较难解答。
(2) 如果当即回答会对己方阐明论点产生不良影响。
(3) 对方提出的反对意见有可能随着业务洽谈的进行而逐渐减少或者消除。
(4) 如果当即回答、进行反驳会破坏谈判的融洽气氛。
(5) 对方的反对意见离题太远,或者同己方准备进行说明和解释的某一点有关,或者对这种反对意见的说服会牵扯到一些对谈判意义不大的问题。

4. 不予理睬

对方由于各种原因比如心情不好、处境不佳等,往往会提出一些与谈判内容毫不相干甚至恶意反对的意见、借口,这时谈判者最好不予理会,更不需要加以反驳和进行说服,因为这些问题不是真正的反对意见,不反驳也不会影响谈判结果。

(四)说服技巧的几个要点

1. 取得对方的信任

在谈判中,要站在对方的角度设身处地谈问题,亦即为对方想一想,从而使对方产生一种"自己人"的感觉,以消除对方的戒心和成见。要说服对方,就要考虑到对方的观点或行为存在的客观理由。这样,对方就会信任己方,感到己方是在为他着想,说服效果将会十分明显。

2. 创造一个说"是"的良好气氛

从谈话一开始,就要创造一个说"是"的良好气氛,而不要形成一个"否"的气氛。

形成一个"否"的气氛,就是把对方置于不同意、不愿做的地位,然后去批驳他、劝说他。而如果己方从积极的、主动的角度启发对方、鼓励对方,就会帮助对方提高自信心,并接受己方的意见。例如,如果说:"我知道你会反对……可是事情已经到这一步了,还能怎么样呢?"一般来说,这样表达对方仍然难以接受己方的看法。因此在说服他人时,最好要把对方看作能够做或同意做的。例如,"我知道你能够把这件事情做得很好,只是不愿意去做而已。"又如,"你一定会对这个问题感兴趣的。"

3. 不要直接责怪、批评、抱怨对方

著名人际关系学者戴尔·卡内基告诉人们:"要比别人聪明,却不要告诉别人你比他聪明。"不要指责对方,不要把自己的意见和观点强加于对方。任何自作聪明的批评都会招致别

人厌烦。要承认对方"情有可原",善于激发对方的自尊心。本杰明·富兰克林年轻的时候并不圆滑,但后来却变得富有外交手腕,善于与人应付,因而成为美国驻法国大使。他的成功秘诀就是:"我不说别人的坏话,只说别人的好处。"

当然,有时善意的批评是对别人行为的一种很有必要的反馈方式,因而学会批评还是很有必要的。

4. 抓住对方心理诱导劝说

"诱导"是教育心理学的名词。商务谈判中的"诱导",是指谈判一方提出似乎与谈判内容关系不大、对方能够接受的意见,然后逐步诱导对方不断靠近自己的目标。诱导说服对方,关键要迎合其心理,抓住对方的心理动态。对于该说什么,不该说什么,先说什么,后说什么,必须做到心中有数,方能按照自己的意图改变对方的立场、观点。

5. 运用经验和事实说服对方

善于劝说的谈判者都懂得人们做事、处理问题总是受个人的具体经验影响,抽象地讲大道理的说服力远远比不上运用经验和例证进行劝说。在说服艺术中,运用历史经验或事实说服别人,无疑比那种直截了当地说一番大道理要有效得多。

6. 说服用语要推敲

在商务谈判中,若要说服对方,用语一定要推敲,切忌用胁迫或欺诈的手法进行说服。说服用语要亲切、朴实、富有感召力,不要过多地讲大道理。事实上,如果用语的色彩不一样,在说服他人时说服的效果就会截然不同。通常情况下,在说服他人时要避免用"愤怒"、"抱怨"、"生气"或"恼怒"这类字眼。即使在表述自己的情绪时,如失意、担心、害怕和忧虑等,也要在用词上注意推敲。这样才会收到良好的效果。

本 章 小 结

商务谈判的过程实际上是谈判者综合运用各种谈判技巧的过程。谈判的技巧包括:倾听技巧、提问技巧、回答技巧、叙述技巧、辩论的技巧和说服技巧。

在倾听技巧中介绍了倾听的重要性,列举了倾听中的障碍并提出了倾听时的技巧。在提问技巧中,阐述了在商务谈判中提问的重要性,总结了提问的具体类型,分析了在提问时可以使用的一些技巧。在回答技巧中,归纳了回答的原则,介绍了商务谈判中回答谈判对手问题时的实用技巧。在叙述技巧中,从谈判过程中的"入题"、"阐述"两个部分进行了阐述。

在辩的技巧中,论辩双方通过摆事实讲道理,说明自己的观点和立场掌握论辩的主动权。在说服技巧中,列举了说服的工具,总结了有效说服的原则,介绍了说服的要领与方法。

思 考 题

一、本章思考题

1. 在商务谈判中,倾听对方谈话有什么作用?

2. 商务谈判中如何进行有效的倾听？
3. 商务谈判中如何进行提问？
4. 商务谈判中怎样回答谈判对手的问题？

二、案例分析

柯泰伦曾是原苏联派驻挪威的全权代表。她精明强干，可谓女中豪杰。她的才华多次在外交和谈判桌上得以展示。有一次，她就原苏联进口挪威鲱鱼的有关事项与挪威商人谈判。挪威商人精于谈判技巧，狮子大开口，出了个大价钱，想迫使买方把出价抬高后再与卖方讨价还价。而柯泰伦久经商场，一下识破了对方的用意。她坚持出价要低、让步要慢的原则。买卖双方坚持自己的出价，谈判气氛十分紧张。各方都拿出了极大的耐心，不肯调整己方的出价，都希望削弱对方的信心，迫使对方做出让步。谈判进入了僵持的状态。

柯泰伦为了打破僵局，决定运用谈判技巧，迂回逼近。她对挪威商人说："好吧，我只好同意你们的价格了，但如果我方政府不批准的话，我愿意以自己的工资支付差额，当然还要分期支付，可能还要支付一辈子的。"挪威商人只得调整报价，使谈判达成了双方都比较满意的结果。

（资料来源：李昆益.商务谈判技巧[M].北京：对外经济贸易大学出版社，2007.）

问题：
1. 柯泰伦是如何迫使挪威商人让步的？
2. 谈判中采取的强硬态度能否获得预期的谈判目的？为什么？

分析提示：柯泰伦表面上是"顺"从他们的意愿，其实是"推"出政府来加以拒绝。她的逻辑思维过程是：如果买方一定要坚持这个不合理的要价，那么只能由她个人以工资来支付差额；如果卖方认为有她个人以工资支付差额是合理的，那么她要分期支付一辈子，因而实际上是不可能实现的。因此，挪威商人不能坚持不合理的要价。在商务谈判中，一味地硬攻是容易碰壁的，不如顺从对方的意图引导他，以致引导他到明显错误的甚至荒谬绝伦的地方，然后再集中火力，乘机猛攻，取得谈判胜利。

第八章
Chapter 8

商务谈判的语言沟通

【学习要点及目标】

通过本章的学习,要求认识语言沟通在商务谈判中的重要意义,了解商务谈判语言表达。理解商务谈判语言表达的技巧,掌握倾听、提问、答复、叙述的技巧。了解非语言的特点,掌握非语言的表现形式以及运用。通过本章的学习,增强谈判者的语言沟通能力。本章的重点是要求学生掌握商务语言的技巧。本章的难点是谈判中的非语言认识与运用。

【引导案例】

农夫销售玉米的语言功夫

一个农夫在集市上卖玉米。因为他的玉米棒子特别大,所以吸引了一大堆买主,其中有一个买主拿着挑选好的一大堆玉米来讲价,他拿着一个带虫子的玉米棒子,故意大惊小怪对卖主说:"伙计,你的玉米棒子倒是不小,可是虫子也太多,你要是不降价赶紧卖出去,就只能挑回家自己处理了吧,你要知道大家想吃的是玉米,没有人爱吃虫子呀!"。

买主一边说着,一边做着夸张而滑稽的动作,许多别的买主听了这话都停下选玉米的手。农夫见状,一把从他的手中夺过玉米,面带微笑却一本正经地说:"朋友,我说你是从没吃过玉米咋的?我看你连玉米的好坏都分不清,玉米上有虫子,说明我在种植中没有施加化肥和农药,这是天然绿色食品,连虫子都爱吃我的玉米棒子,可见你这个人不识货!"接着,他又转向其他人说:"各位都是有见识的人,你们评评这个理,连虫子都不爱吃的玉米那能是好玉米吗?请你们再仔细瞧瞧我的玉米上的虫子都很懂道理,只是在玉米棒子的尾巴上打了个小洞而已,棒子可还是好棒子呀!我可从来没有见过像它们这么通情达理的'虫子'呢。难道那些比这小的玉米棒子,或比这价格高的玉米真的比它们更讨人喜欢吗?"

他说完了这么一番话,又把嘴凑在那位故意刁难的买主耳边,故作神秘地说:"这么大,这么好吃的棒子,我还真有点舍不得这么便宜的价卖了呢!"

农夫的一席话,巧妙地驳回了买主的发难,并趁此机会又把他的玉米棒子个大、好吃、虽然有虫子但销售价格低这些特点统统表达出来。大家都被他的话说得心服口服,纷纷抢着购买,不一会的时间,农夫的玉米就销售一空。

(资料来源:周忠兴.商务谈判原理与技巧[M].南京:东南大学出版社,2004.)

案例评析:生活中,语言是人与人之间交流的一种做基本的手段和工具。说话讲究一点艺术,这粗看起来并不难,但在现实生活中,同样一句话,不同的人说所得到的效果大相径庭。有时修辞逻辑和条件复句的调整会得到完全相反的效果。例如,一个人对牧师说"我可以在祷告时候吸烟吗?"这明显表现了他对宗教的不尊重;反之,当他说"我可以在吸烟的时候祷告吗?"这又表现了他对宗教的极度虔诚。在上述案例中,农夫就充分运用了语言的艺术,利用不同的语言表现手段和技巧,将不利己方的"问题"转为有利的证据。让人们充分地领略它的智慧的同时,感叹语言的技巧的独特魅力。

第一节 商务谈判语言的概述

语言是人类用来进行信息交流与沟通的有力工具。从狭义上讲,语言是只有文字的形、音、义构成的人工符号系统;从广义上说,语言包括一切具有沟通作用的信息载体,不但指说话、写字,也包括人与人身体之间的距离、眼神、手势、面目表情、体势等。

商务谈判的整个过程就是谈判者运用广义语言的功能进行表达与交流各自思维活动的过程。从字面上看,与"谈判"一词语意相近的词汇还有"洽谈"、"商议"、"会谈"等词,这些词汇的核心含义都离不开一个"谈"字,即说话或讨论。谈判的参与者需要通过人与人之间的信息沟通,阐述自己的意愿、发表自己的观点,从而做出评定和决断。因此,通过对谈判者对商务谈判语言的驾驭能力观察,可以反映出你的思维的"维度"、受教育的"程度"和专业水平"高度",有经验的谈判"高手"还可以借此推测和判断你的谈判水平以及谈判的结果。由此可见,在商务谈判中"说什么"很重要,"怎么说"更重要。

【案例8.1】

十几年前,在沈阳联营公司食品部茶叶柜台前曾发生过一件事,当时,全市各商店花茶普遍脱销,几乎所有商店都只有绿茶一种,喜欢花茶的北方顾客于是到处奔波寻购花茶。当时柜台里接待顾客的是位青年营业员,他在10分钟以内就接待了六位前来寻购花茶的顾客,但他的回答只是"没有"两个字。所以,顾客都失望地离开了柜台,这时一位老职工问青年营业员:"你这种接待顾客的方法对吗?"青年营业员理直气壮地说:"怎么不对,本来就没有花茶嘛!"

老职工又问："哪家商店有?"青年营业员答："哪家也没有,顾客白跑腿!"听到这句话,老职工笑了笑,走进了柜台,从茶叶箱里抓了一点绿茶放入一个口杯里对青年营业员说："你去冲杯绿茶,看我怎样接待顾客。"于是这位青年营业员把绿茶冲好放到柜台上,不久,就来了位顾客,他劈头就问："同志,有花茶吗?"老职工歉意地说："对不起,已经卖完了。您没到别的商店看看吗?"

"别提啦,我跑了好几天,从城里到太原街,走了十几家商店都没有花茶。"顾客发起牢骚来了。针对这种情况,老职工端起口杯对顾客说："你就不要到处跑啦,花茶全市脱销,你看,绿茶也不错嘛,喝一口,尝尝。"说着把口杯送到顾客面前,顾客接过口杯喝了一口咂咂嘴说："嗯,味道还行。"

"那就先少买点喝着嘛,等来了花茶不就接上了嘛。"老职工像遇上老朋友似的介绍着,顾客愉快地同意了。就在老职工给顾客称秤时,又来了一位买花茶的顾客,没等老职工答话,头一位顾客就开口了,他说："同志,我转了半个沈阳城也没买着花茶,听我话,别跑啦,在这买半两绿茶先喝着吧,你尝尝,这绿茶还真有清香味儿。"说着头一位顾客端起口杯送到第二位顾客面前,第二位顾客也愉快地同意先买半两绿茶喝着……就这样,在几十分钟以内,茶叶柜台前顾客站成了一小排。

(资料来源:王乐群.经营语言艺术[M].长春:吉林省商业技校出版社,1994.)

从上面这个例子里,我们已经可以从那位不动声色地推销绿茶的老同志身上体会到语言艺术的力量,这种精妙的语言艺术使原先不好销的"积压货"变成了"畅销货"。同样,成功的商务谈判都是谈判双方出色运用语言艺术的结果,因此,在商务谈判中掌握商务语言的沟通能力,艺术地运用语言技巧,谋求谈判的成功是谈判人员必须考虑和重视的问题。

一、谈判中的语言表达

(一)语言表达的作用

语言是人类特有的交际工具。人们利用它来表情达意、沟通思想、传播信息、开展工作,以维持人类和社会的发展。古人云:"一言可以兴邦,一言也可以丧邦。"古今中外的杰出人物,无一不是语言大师。三国时期的诸葛亮,正是凭三寸不烂之舌而迎战江东群儒,达到了联吴抗曹之目的。马克思、恩格斯通过精美的语言表达深邃的思想,为无产阶级革命运动提供了理论基础。

【阅读资料8.1】

1945年国共谈判期间,毛泽东应邀对文艺界人士作演讲,演讲结束后,有人问毛泽东:"假如谈判失败,国共全面开战,毛先生有没有信心战胜蒋先生吗?"毛泽东没有作长篇宏论,却是借蒋介石和自己的姓氏幽默作答:"国共两党的矛盾代表着两种不同利益的矛盾,至于我和蒋先生嘛……蒋先生的'蒋'字是将军头上加一棵草,他不过是草头将军而已。"说完便发出爽朗而豪迈的笑声。"那你的毛——"不等问者说完,毛泽东就说:"我的'毛'字不是毛手毛脚的'毛'字,而是一个反'手'。意思代表大多数中国人民利益的共产党,要战胜代表少数人利益的国民党,易如反掌。"语言揶揄嘲讽,不卑不亢,幽默中闪耀着真理的光辉,充满着必胜的革命信念。

(资料来源:http://blog.sina.com.cn/s/blog_517ad3b30100aegj.html.)

在谈判中,语言表达能力十分重要,因为谈判是双方意见、观点的交流,谈判者既要清晰明了地表达自己的观点,又要认真倾听对方的观点,然后找出突破口,有力地说服对方,协调双方的目标,取得相互之间的谅解,争取双方达成一致。可见在谈判中,双方的接触、沟通与合作都是通过语言表达来实现的。语言表达的作用主要有:

1. 准确陈述,表达意图

叙述就是介绍己方的情况,阐述己方的观点,通过陈述让对方了解己方的立场、观点、方案。这要求谈判人员在语言的表达上要做到:简明扼要,条理清晰,准确易懂。谈判双方代表聚在一起,讨论某项交易内容,首先要介绍各自的观点、要求。能否运用语言把它明确、清晰、简要地表达出来,这就要看谈判者的说话艺术了。正因为如此,谈判人员都非常重视谈判伊始的开场白。一般地讲,在阐述问题时,要论点突出,论据充分,逻辑层次清楚,简明扼要,切忌啰嗦、繁琐、层次不清。在解释问题时,避免使用一些鲜为人知的行话、术语,尽量通俗易懂,深入浅出。

2. 说服对方,达成一致

说服就是用充分理由劝导他人心悦诚服地接受自己的观点。在商务谈判中,谈判人员经常要说服对方接受自己的条件和观点。当谈判双方为各自的观点争执不下时,谁能说服对方接受自己的观点,做出让步,谁就获得了成功。反之,不会说服,就不能克服谈判中的障碍,也就不能取得谈判的胜利。

说服是要讲究方法和技巧的。当提出一个论点要对方理解和接受时,首先必须清楚地说明它的作用,特别是对对方的好处,然后可以从多角度去阐述,使对方在不知不觉中接受了你的观点。比如可以通过提问来转变对方的思维,"这个新的选择对你和你的公司会产生什么样的意义"?当对方开始思考问题并回答问题的时候,其实他的思维已经开始朝着有利于己方的方向发展了。

3. 缓和气氛,融洽关系

谈判是双方面对面的交锋,它自始至终受谈判气氛的影响。气氛是随双方的交谈而不断变化的,形成一个和谐融洽的谈判气氛,往往需要双方的艰苦努力,而要破坏它,可能仅仅是一两句话。所以,精明的谈判者,往往在语言表达、措词上都十分谨慎、小心,即使是讨论双方的分歧问题,也决不会轻易发火、指责,当然,更不会出现污辱人格、伤害感情的语言。

谈判气氛对谈判进程是极为重要的,而良好的谈判气氛,对于谈判的成功则起着重要作用。因此,谈判人员要善于利用灵活的技巧,用轻松的话题、语言来创造轻松的谈判气氛。在谈判开始前,不要采取单刀直入,或首先提出棘手敏感的问题,而应运用可以引起双方感情共鸣、交流的轻松话题和语言来开启谈判之门。如畅谈谈判的目的、议事日程安排、进展速度、谈判人员的组成情况等,也可以谈论双方感兴趣的题外话,还可以回忆往日合作成功的欢乐、感受等等。在双方通过轻松的交谈、感情已见趋近、气氛比较和谐的情况下,一方才可试探性地选择一些相同或近似的正式话题进行交流,以此由表及里、由浅入深地循序渐进,使正式谈判之门慢慢打开。谈判人员的谈吐要轻松自如,不要慌慌张张,要有涵养,不要轻狂傲慢,自以为是,瞧不起别人,引起对方的反感、厌恶,招致对方的攻击。

(二)语言表达的要领

在商务沟通过程中,进行语言表达要做到以下几点:

(1)使用规范性、大众化的语言,即要运用大多数国家或地区普遍认可的用语,慎用行话、俗语和方言。

(2)使用生动形象的语言。

(3)使用简洁明快的语言。

(4)语言使用的条理要清楚。听者要千方百计从说话者口中探听信息,所以谈判人员在阐述自己的观点时,要逻辑缜密、条理清晰,让对方听清楚听明白。

(5)用语要尽量风趣幽默。在谈判中适当的幽默语言,能够打破僵局,说服对手,能起到润滑剂的作用,善于使用幽默的语言,更是谈判者智慧的体现。

(6)使用准确的语言。在谈判中使用准确的语言可以避免不必要的误会与纠纷,掌握谈判的主动权。例如,美国大财阀摩根想从洛克菲勒手中买一大块明尼苏达州的矿地,洛氏派了手下一个叫约翰的人出面与摩根交涉。见面后,摩根问:"你准备开什么价?"约翰答道:"摩根先生,我想你说的话恐怕有点不对,我来这儿并非卖什么,而是你要买什么才对。"约翰准确的回答一语道破了问题的实质,掌握了谈判的主动权。

(三)语言表达与文化

不同的语言有其独特的建构信息的方式,谈判人员用非母语进行谈判时,误差肯定会比用母语更大,这是因为操双语者要在语言之间转换,在转换过程中,他们要调整自己的观念和思维过程,以适应所使用的语言。所以跨文化谈判总是面临着语言障碍,为了确保沟通的顺利进行,一般商务英语谈判要求使用翻译,一个好的翻译不但熟练运用两种语言,还应具备相应的谈判知识和专业技术知识。

三、商务谈判语言的类别

商务谈判语言各种各样,从不同的角度,可以分出不同的语言类型。

(一)按语言的表达方式分为有声语言和无声语言

有声语言是指通过人的发音器官来表达的语言,一般理解为口头语言。这种语言借助于人的听觉交流思想、传递信息。

无声语言是指通过人的形体、姿势等非发音器官来表达的语言，一般解释为行为语言。这种语言借助于人的视觉传递信息、表示态度。在商务谈判过程中巧妙地运用这两种语言，可以产生珠联璧合、相辅相成的效果。

（二）按语言表达特征分为专业语言、法律语言、外交语言、文学语言、军事语言等

1. 专业语言

它是指有关商务谈判业务内容的一些术语，不同的谈判业务，有不同的专业语言。例如，产品购销谈判中有供求市场价格、品质、包装、装运、保险等专业术语；在工程建筑谈判中有造价、工期、开工、竣工、交付使用等专业术语，这些专业语言具有简单明了、针对性强等特征。

2. 法律语言

它是指商务谈判业务所涉及的有关法律规定用语，不同的商务谈判业务要运用不同的法律语言。每种法律语言及其术语都有特定的含义，不能随意解释使用。法律语言具有规范性、强制性和通用性等特征。通过法律语言的运用可以明确谈判双方的权利、义务、责任等。

3. 外交语言

它是一种弹性较大的语言，其特征是模糊性、缓冲性和幽默性。在商务谈判中，适当运用外交语言既可满足对方自尊的需要，又可以避免失去礼节；既可以说明问题，还能为进退留有余地。但过分使用外交语言，会使对方感到缺乏合作诚意。

4. 文学语言

它是一种富有想象的语言，其特点是生动活泼、优雅诙谐、适用面宽。在商务谈判中恰如其分地运用文学语言，既可以生动明快地说明问题，还可以缓解谈判的紧张气氛。

5. 军事语言

它是一种带有命令性的语言，具有简洁自信、干脆利落等特征。在商务谈判中，适时运用军事语言可以起到坚定信心、稳住阵脚、加速谈判进程的作用。

第二节　商务谈判中的语言沟通

在商务谈判中，双方沟通交流所用的语言工具中有声语言用得最多。有声语言是指通过人的发音器官来表达的语言，一般理解为口头语言。商务谈判的有声语言表达技巧主要体现在倾听、提问、回答、叙述等方面。

德国诗人海涅曾说过"语言之力，大到可以从坟墓里唤醒死人，可以把生者活埋，把侏儒变成巨无霸，把巨无霸彻底打垮"。中国民俗也有"良言一句三冬暖，恶语伤人六月寒"的经典名句。这就是告诉人们，语言表达是十分讲究技巧的。没有哪一种特定语言适合所有的谈判需求，因此，我们必须熟悉各种谈判语言表达形式、理解语言内涵、掌握运用的技巧，

一、语言表达技巧在商务谈判中的作用

商务谈判的过程是谈判双方运用各种语言进行洽谈的过程。在这个过程中,商务谈判对抗的基本特征,如行动导致反行动、双方策略的互含性等都通过谈判语言集中反映出来。因此,语言技巧的效用往往决定着双方的关系状态,以至谈判的成功。其地位和作用主要表现在以下几个方面。

(一)语言技巧是商务谈判成功的必要条件

美国企业管理学家哈里·西蒙曾说,成功的人都是一位出色的语言表达者。同时成功的商务谈判都是谈判双方出色运用语言技巧的结果。在商务谈判中,同样一个问题,恰当地运用语言技巧可以使双方听来饶有兴趣,而且乐于合作;否则可能让对方觉得是陈词滥调,产生反感情绪,甚至导致谈判破裂。面对冷漠的或不合作的强硬对手,通过超群的语言及艺术处理,能使其转变态度,这无疑为商务谈判的成功迈出了关键一步。因此,成功的商务谈判有赖成功的语言技巧。

(二)语言技巧是处理谈判双方人际关系的关键环节

商务谈判对抗的行动导致反行动这一特征,决定了谈判双方的语言对彼此的心理影响及其对这种影响所做出的反应。在商务谈判中,双方人际关系的变化主要通过语言交流来体现,双方各自的语言都表现了自己的愿望、要求,当这些愿望和要求趋向一致时,就可以维持并发展双方良好的人际关系,进而达到皆大欢喜的结果;反之,可能解体这种人际关系,严重时导致双方关系的破裂,从而使谈判失败。因此,语言技巧决定了谈判双方关系的建立、巩固、发展、改善和调整,从而决定了双方对待谈判的基本态度。

(三)语言技巧是阐述己方观点的有效工具,也是实施谈判技巧的重要形式

在商务谈判过程中,谈判双方要把己方的判断、推理、论证的思维成果准确无误地表达出来,就必须出色地运用语言技巧这个工具,同样,要想使自己实施的谈判策略获得成功,也要出色地运用语言技巧。

二、正确运用谈判语言技巧的原则

(一)客观性原则

谈判语言的客观性是指在商务谈判中,运用语言技巧表达思想、传递信息时,必须以客观事实为依据,并且运用恰当的语言,向对方提供令人信服的依据。这是一条最基本的原则,是其他一切原则的基础。离开了客观性原则,即使有三寸不烂之舌,或者不论语言技巧有多高,都只能成为无源之水、无本之木。

坚持客观性原则,从供方来讲,主要表现在:介绍本企业情况要真实;介绍商品性能、质量要恰如其分,如可附带出示样品或进行演示,还可以客观介绍一下用户对该商品的评价;报价

要恰当可行,既要努力谋取己方利益,又要不损害对方利益;确定支付方式要充分考虑到双方都能接受、双方都较满意的结果。

从需方来说,谈判语言的客观性,主要表现在:介绍自己的购买力不要水分太大;评价对方商品的质量、性能要中肯,不可信口雌黄,任意褒贬;还价要充满诚意,如果提出压价,其理由要有充分根据。

如果谈判双方均能遵循客观性原则,就能给对方真实可信和"以诚相待"的印象,就可以缩小双方立场的差距,使谈判的可能性增加,并为今后长期合作奠定良好的基础。

(二)针对性原则

谈判语言的针对性是指根据谈判的不同对手、不同目的、不同阶段的不同要求使用不同的语言。简言之,就是谈判语言要有的放矢、对症下药。如在谈判开始时,以文学、外交语言为主,有利于联络感情,创造良好的谈判氛围。在谈判进程中,应多用商业法律语言,并适当穿插文学、军事语言。以求柔中带刚,取得良效。谈判后期,应以军事语言为主,附带商业法律语言,以定乾坤。

(三)逻辑性原则

谈判语言的逻辑性,是指商务谈判语言要概念明确、谈判恰当,推理符合逻辑规定,证据确凿、说服有力。

在商务谈判中,逻辑性原则反映在问题的倾听、提问、回答、叙述等各个语言运用方面。提问时要注意察言观色、有的放矢,要注意和谈判议题紧密结合在一起。回答时要切题,一般不要答非所问,说服对方时要使语言、声调、表情等恰如其分地反映人的逻辑思维过程。叙述问题时,要注意术语概念的同一性,问题或事件及其前因后果的衔接性、全面性、本质性和具体性。同时,还要善于利用谈判对手在语言逻辑上的混乱和漏洞,及时驳倒对手,增强自身语言的说服力。

提高谈判语言的逻辑性,要求谈判人员必须具备一定的逻辑知识,包括形式逻辑和辩证逻辑,同时还要求在谈判前准备好丰富的材料,进行科学整理,然后在谈判席上运用逻辑性强和论证严密的语言表述出来,促使谈判工作顺利进行。

(四)规范性原则

谈判语言的规范性,是指谈判过程中的语言表述要文明、清晰、严谨、准确。

第一,谈判语言,必须坚持文明礼貌的原则,必须符合商界的特点和职业道德要求。无论出现何种情况,都不能使用粗鲁的语言、污秽的语言或攻击辱骂的语言。在涉外谈判中,要避免使用意识形态分歧大的语言,如"资产阶级"、"剥削者"、"霸权主义"等等。

第二,谈判所用语言必须清晰易懂。口音应当标准化,不能使用地方方言或黑话、俗语之类与人交谈。

第三,谈判语言应当注意抑扬顿挫、轻重缓急,避免吞吞吐吐、词不达意、嗓音微弱、大吼大叫,或感情用事等。

第四,谈判语言应当准确、严谨,特别是在讨价还价等关键时刻,更要注意一言一语的准确性。在谈判过程中,由于一言不慎导致谈判走向歧途,甚至导致谈判失败的事例屡见不鲜。因此,必须认真思索,谨慎发言,用严谨、精练的语言准确地表述自己的观点、意见。

上述语言技巧的几个原则,都是在商务谈判中必须遵守的,其旨意都是为了提高语言技巧的说服力。在商务谈判的实践中,不能将其绝对化,单纯强调一个方面或偏废其他原则,须坚持上述几个原则的有机结合和辩证统一。只有这样,才能达到提高语言说服力的目的。

商务谈判,就其本质而言就是两方或者两方以上的谈判者为了各自的核心利益而进行的沟通活动。在这个沟通过程中,谈判者各种各样的谈判策略和谈判技巧的实现,都离不开语言的运用。

三、商务谈判语言运用的策略

(一)谈判对手策略

谈判对手策略是指谈判人员在了解谈判对手的需求和兴趣爱好的基础上,针对性地选择合适的沟通方式的相关技巧。

1. 明确谈判对手的需求

客户买东西时,最关注的不一定是价格,也可能是售后服务、产品质量。不同的客户,不同的谈判对手,所关切的需求是有差别的,所以谈判前,应明确谈判对手想要和需要的内容,预测谈判对手可能会在谈判中提出的问题,例如价格、数量、质量、交货期、付款、折扣、培训、售后服务等等。

2. 激发谈判对手的兴趣

如果能够引起谈判对手的兴趣,就可能以此为契机替己方争取更多的利益。引起谈判对手兴趣的关键在于:首先,应该了解对方的"兴趣点",即对方最关心的问题;其次,还要了解对方主要谈判人员的性格,这样才能够做到"对症下药",针对不同的对手采用不同的方法引起他们的注意与兴趣。例如,在不影响本方根本利益的情况下,可以使用诱惑性的语言,对谈判对手所关心的"兴趣点"进行较大程度的利益让步。

(二)谈判者策略

这个谈判者是相对于谈判对手而言的,谈判者需要明确己方的沟通目标体系、沟通方式和己方的可信度。

1. 确定沟通目标体系

为了提高沟通效率,开展有目的的沟通活动,首先必须明确和建立己方的沟通目标体系。沟通目标体系包括总体目标、行动目标、沟通目标。总体目标是指谈判者的综合目标,即谈判者所希望实现的目标。行动目标是指谈判者为了实现总体目标,而实施的具体的、可度量的并有时限的步骤。沟通目标是指谈判者以行动目标为依据,明确谈判者希望谈判对手如何对沟通做出反应。例如,为了实现"提高本季度销售业绩"这个总体目标,销售部门经理给业务员制定了"本月需完成销售3 000台"的行动目标,部门经理希望通过此次沟通,使业务员了解公司本季度的销售计划和营销策略,而这就是沟通目标。

2. 选择沟通形式

语言沟通形式建立在语言文字基础上,以语言文字和言语声音为其载体。语言沟通形式又可分为口头语言和书面语言及电子数据语言三大类沟通形式。口头语言沟通形式是人们最常用的一种沟通形式。按照它发生的不同方式,口头语言沟通形式又可细分为演说、倾听、正式交谈、私人交谈、讨论、征询、访谈、闲聊、小组会议、小组讨论、传话即捎口信、大型会议、传闻等多种具体形式。书面语言沟通又可细分为正式文件、备忘录、信件、公告、留言便条等多种具体形式。在现代社会,随着有线、无线电技术与信息技术的发展,电子数据语言沟通成为企业管理沟通的重要语言沟通形式。

所谓电子数据语言是指将包括图表、图像、声音、文字等在内的书面语言性质的信息通过电子信息技术转化为电子数据进行信息传递的一种沟通方式或形式。例如,电话沟通、电报沟通、电视沟通、电影沟通、电子数据沟通、网络沟通、多媒体沟通等。

何时使用何种沟通方式,应依据不同的沟通目标而选择不同的沟通形式。如沟通目标是让顾客了解我方产品的特点,可以选择口头语言沟通形式,为顾客详细讲解产品的特点并现场解答顾客的疑问,这样的沟通效果会更好。

3. 谈判者的可信度

谈判者的可信度,即谈判对手对谈判者的信任、信心以及信赖程度。在这个世界上即便是那些圣贤先哲之辈,也不是人人都会相信。但是谈判人员可以为自己与对方建立彼此的信任感,在这个过程中,千万不能忽视小事中的诚信度,因为这就是在积累你的信誉,也就是建立信任的过程。在这个量的积累中,信誉度就被经营出来了。而每一次不守信,都会让你的形象大打折扣。谈判中,许多谈判新手面对的是很成熟的谈判对手,对于自己的过失,要敢于说出真相,承认自己的缺点,因为这些对手见多识广,不会被故弄玄虚的遮掩所迷惑。如果你一味遮掩,他们可能会立马走人。相反,当你坦诚地适当说出真相时,反而会建立可信度。

(三)信息策略

信息策略是指谈判双方,依据已掌握的丰富的信息资料,构建各自的逻辑性强、条理清晰的信息框架。信息策略通常有两种方法:

(1)开门见山法,即谈判开始时就将观点表述出来。这种方法更适合在如下几种情况下使用:谈判中所关注的信息无感情色彩、不敏感;谈判对手更注重谈判结论;谈判者的可信度特别高。

(2)旁敲侧击法,即对于谈判中涉及的敏感问题,谈判对手有负面倾向或谈判者的初始可信度较低的情况下可以用此法。

四、商务谈判语言运用的技巧

(一)商务谈判中"倾听"的技巧

1. 倾听的重要性

在谈判中,听和说到底哪个更重要?有这样一个回答:在谈判中,听比说更重要,不然人为什么只有一张嘴,却有两只耳朵?这里姑且不去评论这个答案是否是绝对有理,但我们必须承认,善于倾听是谈判成功的必要条件。试想,一个连对方需求都没有听清楚的谈判者,何以去满足对方的需求呢?何况,"言多必失",真正的谈判高手在谈判中说的会很少,他们都很善于倾听,从而找出对手的漏洞和弱点,从而占据谈判的主动。所以,有这样一句谚语:"用十秒钟时间讲,用十分钟时间听",突出了"听"在谈判中的重要地位。

(1)"倾听"是了解和把握对方观点的主要途径和手段。美国科学家富兰克林曾经说过:"与人交谈取得成功的重要秘诀就是多听,永远不要不懂装懂。"倾听可以更真实地了解对方的立场、观点、态度,明白对方的意图和需要,甚至探测到对方小组成员之间的意见分歧等,从而决定应该向对方说什么,谈判也就更主动了。

(2)倾听既是对谈判对方的尊重,也是谈判者自身素养的体现。倾听不但是对说话者尊重的表现,可以提高说话者的兴致;认真倾听的良好表情动作很能博得对方好感,从而取得更多的信任和利益。根据人性理论,我们知道人往往喜欢表现自己,更喜欢别人倾听。一旦有人倾听,说者将更热情、更起劲,而倾听者将得到更详尽的信息。美国学者卡内基就曾经说过,专心听别人讲话的态度,是我们所能给予别人的最大赞美;倾听他人讲话的好处是,别人将以热情和感激来回报你的真诚。这应该成为商务谈判者的座右铭。

(3)积极的"倾听"是谈判成功的关键。倾听不是一个单纯的信息输入的过程,听的过程更重要的是通过大脑对接收的信息进行"加工",经过认真的分析,辨明事情的真与伪、观点的主与次、道理的是与非,做出肯定与否定的反馈,从而才能更有效地制定下一步的谈判策略。

2. 倾听的技巧

(1)尊重对方的发言。尊重对方,就要给对方创造发言的机会。有的人误以为谈判中以滔滔不绝者为口才高超,其实这是错误的看法。如果谈判中有一方"滔滔不绝",垄断了全部时间,还有什么谈判可言?所以,善谈者绝不喜欢长篇大论,而是注意多给对方说话的机会。给对方说话的机会就是给自己聆听的机会,就可能找到对方的需求、偏好和弱点。具体操作上,我们可以在简明地表述自己的意思之后,说一句"您的意思呢?"或"我很想听听您的意见"。倾听对方发言时,可使用目光接触或赞许性的点头,配合适当的面部表情,表示我们的专注,但切忌心不在焉地玩弄手机或翻阅文件资料,甚至拿着笔乱写乱画等。这会使谈判对方感觉到我们心不在焉、毫无诚意,同时我们也因为未集中精力而遗漏一些对方想传递的重要信息。

(2)专心致志、耐心地倾听。有效地倾听关键在于精神集中,而精神集中除了受身体状况的影响之外,在很大程度上取决于倾听者的积极的倾听态度。谈判学家统计指出,我们说话的速度是每分钟 120~180 个字,而大脑的思维速度却是它的 4~5 倍,所以对方可能还没有讲完,听话者已经领悟了大部分的含义。有时候,对方的发言可能不太合理,甚至难以让人接受,但作为一名谈判人员应有耐心听下去的涵养,不要动辄表露出你的反感和厌恶,甚至故意不听,要站在对方的立场上全面、透彻、耐心地听,不要急于反驳,因为这样做对谈判不利。

(3)作记录。谈判过程中,人的大脑高度运转,需要处理大量的信息,在高度紧张的谈判氛围中,谈判人员若想做到"过耳不忘"是很困难的,这就需要记笔记。一方面,有了笔记不仅可以帮助记忆,而且有助于在对方发言完毕之后,就某些问题向对方提出质询,同时自己也有时间作充分地分析与把握。另一方面,听者记笔记或者停笔抬头来看看发言者,会对发言者产生一定的鼓励作用,有利于营造一种积极互动的谈判氛围。

(4)适时复述与提问。把握商务谈判的技巧是多听少说,避免中间打断说话者。然而,这不等于听者就不说,相反,恰如其分地说,包括复述与提问,都是积极倾听的具体要求。因为,这样一来可强制自己倾听而不走神;二来可使说话者知道你在倾听;三来可以检验自己理解的准确性。

3. 影响倾听的因素

倾听如此之重要,为什么我们又不能很好地倾听,以致常会出现"偏听"、"少听"、"漏听"、"误听"等现象呢?分析其原因,主要有以下六个方面。

(1)大部分谈判人员认为只有说话才是自己表白、说服对方的唯一有效方式。若要掌握主动,便只有说。

(2)谈判人员在对方讲话时,只注意与己有关的内容,或只顾考虑自己头脑中的问题,而无意去听。

(3)谈判人员精神不集中或思路跟不上对方,或在某种观点上与对方的看法不一致时,不愿听。

(4)谈判人员受知识、语言水平的限制,特别是专业知识与外语水平的限制而听不懂、听不明白等。

(5)定势思维方式常常妨碍人们去很好地倾听。因为无论别人讲什么,人们总会自觉不自觉地与自己的经验套在一起,用自己的方式去思考、理解。

(6)由于谈判日程安排紧张或长时间磋商,谈判人员得不到充分休息,导致精神不佳、注意力下降,而影响听的效果等。

总之,倾听是商务谈判沟通的重要组成部分。要掌握谈判的技巧,就必须学会倾听,善于倾听。这是做一个优秀谈判者的基本要求。

(二)商务谈判中的"提问"技巧

提问是谈判中双方沟通的一种基本手段和重要途径,是谈判的重要内容。商务谈判中,灵活得体、针对性强、适度适时的提问,有助于谈判人员搜集相关信息,引导谈判走势,诱导对方思考,从而掌握谈判的主动性。因此,要获得谈判的成功,必须学会如何"提问"。

1. 提问的作用
提出问题是我们获取信息、发现对方需要的有效手段。一般情况下,具有如下作用。

(1) 引人注意:

例如:

①现在正是发展的好机遇呀,不是吗?

②今天天气不错,预示着一个美好的开端,对吗?

(2) 收集信息:

常使用的一些典型字句有谁、什么、什么时候、哪里、是不是、会不会、能不能等。

(3) 阐述见解:

例如:

①我为什么会来到这个城市呢?

②我们活着是为了什么?

(4) 令人思考:

例如:

①你是不是曾经……

②这是指哪一方面而言?

常用的词汇有如何、为什么、是不是、会不会、请说明等。

(5) 归纳成结论:

例如:

①这确实是真的,是不是?

②你比较喜欢哪一个?

③你喜欢这个还是那个?

2. 提问的方式及应用

基于不同的目的所提出的问题是不相同的;同一个问题也可以用各种不同的方法、不同的角度提出来。常见的提问方式及应用范围如表 8.1 所示:

表 8.1　谈判提问的主要方式

提问方式	应用范围	例句
引导式提问	适用于需要对方认同的问题	这样的算法,对你我都有利,是不是?
开放式提问	适用于畅所欲言的问题	你如何决定那些价格?
证实式提问	适用于有待确认的问题	你刚才说这宗交易可以尽快发货,这是不是说可以在5月1日以前交货?
探索式提问	适用于获取更多信息的问题	贵方已表示如果我方承销3 000吨的话,可按定价的20%的折扣批货。如果我方签应承销5 000吨,是否可以按更大的折扣批货呢?

（1）引导式提问

所谓引导式提问，是指在发问本身已包含我方观点的暗示性发问。问者其实已把答案包含在问句的本身。这类问句所暗含的判断常常是一个双方都毋庸置疑的常理，具有很强的可控性，对方除了表示赞同外，别无选择。因此，它常常用于我方需要增强观点的合理性，促使对方认同之时，作出结论。

例如：

①讲究信誉和商业道德的厂家都不会以次充好、降低产品质量，是不是？

②这样的算法，对你我都有利，是不是？

（2）开放式提问

开放式提问是指在广泛的领域内引出广泛答复的问题。这类问题不限定答复的范围，回答时可以畅所欲言，提问者也可能得到广泛的信息。所以开放式的问题很适用，但麻烦的是，当你运用这种开放式问题时，无法预测和控制对方的答复。开放式问题往往可以诱导出更为完整的回答，原因可能是回答开放式问题更为自由。例如：

①你如何决定那些价格？

②你可不可以说明一下它的工艺过程？

③你认为这部机器的哪些指标最重要？

④您对未来的市场走向怎么看？

（3）证实式提问

这是要求对方对问题和观点作出进一步具体的说明与解释。这种发问方式一般用于我方需要对方就某一意见或先前所述的事实作出更明确、具体的证实与确认，以使谈判在某方面获得共识和可靠的结论。

例如：

①你刚才说这宗交易可以尽快发货，这是不是说可以在5月1日以前交货？

②您刚才说对目前我们所进行的这笔业务可以给予最高的折扣优惠，这是不是说您拥有全权跟我进行谈判？

（4）探索式提问

这是针对对方的某些表态，通过发问进一步深入探索，以求获得更多的信息，巩固并扩大谈判成果的发问方式。

例如：

①贵方已表示如果我方承销3 000吨，可按定价20%的折扣批货。如果我方答应承销5 000吨，是否可以按更大的折扣批货呢？

3. 提问的技巧

在谈判过程中，谈判者必须根据谈判情势有针对性地选择提问形式。除此之外，要注意一定的提问技巧。

（1）预先准备好问题，最好是准备一些对方不能够迅速作答的问题，这可以收到出其不意的效果。

（2）尊重对方的发言，不要急于提出问题，在对方发言时，可先把问题记下来，等待合适的时机再提出来。

（3）可以采用先易后难的提问方式。刚开始发问时，最好选择对方容易回答的问题，比如："这次假日玩得愉快吗？"这类与主题无关的问话，能够松弛对方紧张、谨慎的情绪。

（4）提出问题的句式应尽量简短，按平常的语速发问。提出问题后应避而不言，专心致志地等待对方的回答。

（5）假如对方的答案不够完整，甚至回避不答，要有耐心和毅力继续追问。

（6）避免使用威胁性、讽刺性、盘问性、审问性的问句，以免影响双方关系

（7）提出敏感性问题时，应说明一下发问的理由，以示对人的尊重。

（8）注意把握提问的时机。提问的时机很重要，通常会在以下几个时间点提问：①在对方发言结束之后；②在对方发言停顿时提问；③在议程规定的辩论时间提问.

（9）随机应变，当直接提出某一问题而对方或是不感兴趣，或是态度谨慎不愿展开回答时，可以换一个角度提问，来激发对方回答问题的兴趣。

4. 提问的禁忌

提出问题时，也有禁忌。一般在谈判中不应提出以下问题。

（1）不应该提问有关对方个人生活、工作的问题。这对大多数国家与地区的人来讲是一种习惯。比如家庭情况、收入、年龄等。

（2）不要提出含有敌意的问题。一旦问题含有敌意，就会损害双方的关系，最终影响交易的成功。例如：你们的会计制度还是不行吧？

（3）不要提出有关对方品质的问题。如指责对方在某个问题上不够诚实等。事实上，谈判中双方真真假假，很难用诚实这一标准来评判谈判者的行为。如果要审查对方是否诚实，可通过其他的途径。当你发现对方在某些方面不诚实时，你可以把你所掌握的真实情况陈述一下，对方就会了解你的真实意思。

（4）不要故意提出与谈判内容无关的问题。

（三）商务谈判中的"回答"的技巧

对于谈判过程中对方提出的问题，我们有时不便向对方传输自己的信息，对一些问题不愿回答又无法回避。所以巧妙的应答技巧，不仅有利于谈判的顺利进行，还能活跃谈判气氛。

1. 预先估计对方可能提出的问题，准备好应对策略

回答对方问题之前要使自己有充分的思考时间，在没有听清问题的真正含义之前不要回答问题，不必顾忌对方的催问。一般情况下，回答者为了避免考虑不周、仓促应答，可以在对方话音落后，通过点几下头，调整一下自己的坐姿或喝水等动作来延缓时间，组织一下语言。或

者为了赢得一些思考的时间,还可以要求对方把问题再复述一遍,如"先生,请您把问题再说一遍可以吗?"

2. 不要彻底答复对方的提问

答复者应将提问者的范围缩小,或者不作正面答复的前提加以修饰说明。如对方对某种商品价格表示关心,直接询问价格。如果彻底回答对方,把价格如实相告,那么在进一步的谈判中我方可能陷于被动。这时应避开对方的注意力和所提问的焦点,这样回答:"我相信产品的价格会令你们满意的"、"请允许我先把这种产品的几种性能作一个说明"、"我相信你们会对这种产品感兴趣的"。

3. 不要确切地回答问题

在谈判中,有时会遇到一些很难答复或者不便确切答复的问题,也可以采取含糊其辞、模棱两可的方法作答,还可以用反问把问题转移。这样避开了提问者的锋芒,又给自己留下了一定的余地。例如,当对方询问我方打算购买多少产品时,我们可这样回答:这要根据情况而定,看你们的优惠条件是什么?

4. 不要生硬地回答问题

谈判的语言不同于一般的日常用语,有些话语虽然正确,但对方却觉得难以接受。由于时间、场合的不同,有些话需要采取委婉、含蓄的表达方式,这样才能有效地缓和紧张的气氛,摆脱尴尬的局面和避免矛盾,使对方就能从情感上愉快地接受以保证谈判的顺利进行。因此委婉表达是常用而有效的一种谈判手段。

委婉语指用含混模糊、迂回含蓄或文雅动听的词语代替某些过于直率、听之刺耳或不能登大雅之堂的词语。

在无法满足对方要求或同意对方观点时,谈判中应尽量避免直截了当地一口回绝,那会使谈判陷入一种僵局。我们可以使用温和的言辞,这能避免直接刺激对方,诸如多使用"恐怕""在我看来"这类词语。例如:

①"恐怕我们难以同意您的要求。"

(生硬的表达:我们不能同意你的要求)

②"也许您有道理,但您考虑过其他因素了吗?"

(生硬的表达:你的观点太片面了)

③"就我个人而言,我能接受贵方的价位。但首先得请示我的老板。"

(生硬的表达:这个价位我不能接受)

这种表示"否定"或"拒受"的委婉表达礼貌而用语得体态度诚恳,从而使拒绝的原因较容易被对方理解和接受,在一定程度上有利于下一步谈判的进行。

5. 降低提问者的追问兴趣或找借口拖延回答

提问者如果发现了答复者的漏洞,往往会刨根问底地追问下去。所以答复问题时要注意不让对方抓住某一点继续发问,设法降低对方追问的兴趣。可以这样答复堵住对方的口:"这个问题容易解决,但现在还不是时候"、"现在讨论这个问题为时还早,是不会有什么结果的"、"这是一个暂时无法回答的问题"。

6. 选择性的沉默

一般来说,沉默所表达的信息是听者不赞成对方的意见,或有自己的想法在思考。所以适当的沉默,会引起对方的注意与反思,为己方争取一定的思考时间,不仅如此有时候适当的沉默还是一种谈判方法,能使谈判气氛降温,从而达到向对方施加心理压力的目的,促进己方谈判成功。例如,有一次美日贸易谈判,美国代表提出美日联合向巴西开放一种新的生产设备和工艺技术,然后等待日方丰田公司代表的答复。25秒过去了,三位日商还是默不作声,低着头,双手搭在桌面上。最后,一位美商急得脱口而出:"我看这样坐着总不是个事吧!"他说得非常对,但会谈也就此告终了。在商务谈判实践中,运用沉默并非总是一言不发,而是指己方尽量避免对谈判的实质问题发表议论。

采用沉默方式回答时要注意以下几点:

(1)要有恰当的沉默理由。通常,人们采用的理由有假装对某项技术问题不理解,假装不理解对方对某个问题的陈述,假装对对方的某个礼仪失误表示十分不满。

(2)要沉默有度,适时进行反击,迫使对方让步。

6. 策略性拖延回答

拖延答复并不是拒绝答复,而是谈判者要进一步思考如何来回答问题。在谈判中,当对方提出问题而你尚未思考出满意答案并且对方又追问不舍的时候,你也可以用资料不全或者需要请示等借口来拖延答复。例如可以这样回答:"对您所提的问题,我没有第一手的资料来作答复,我想您是希望我为您做详尽并圆满的答复的,但这需要时间,您说对吗?"在国外,有经验的谈判者会在准备阶段有意安排一些打扰活动,以备在谈判中出现难以回答或棘手问题时,有所应对。比如,抬腕看一下手表,告诉对方:"很抱歉,我和一个朋友约好了这个时间通个电话,请稍等。"或是:"对不起,我要去方便一下。"于是,起身外出,佯打电话和去洗手间,为自己创造一些思考的时间和空间。

【阅读资料8.2】

让　　路

有一天,德国大诗人歌德在公园里散步,正巧在一条狭窄的小路上碰上了一位反对他的批评家。那位傲慢无礼的批评家对歌德说:"你知道吗?我这个人从来不给傻瓜让路。"机智敏捷的歌德回答说:"而我却恰恰相反。"说完闪身让路,让批评家过去了。

(资料来源:http://www.pep.com.cn。)

(四)商务谈判中"叙述"的技巧

商务谈判中"叙述"与"回答"既有相通之处,又存在很大的差别。"回答"是基于对方提出的问题,经过思考后所作的有针对性的、被动性的阐述;商务谈判中"叙"是一种不受对方所提问题的方向、范围制约，带有主动性的阐述。

叙述就是介绍己方的情况，阐述己方的观点，通过陈述让对方了解己方的立场、观点、方案。这要求谈判人员在语言的表达上要做到：简明扼要，条理清晰，准确易懂。谈判过程中的叙述包括"入题"，"阐述"两个部分。

1. 入题的技巧

谈判双方在刚进入谈判场所时，难免会感到拘谨，尤其是谈判新手，在重要谈判中，往往会产生忐忑不安的心理。采用适当的入题方法，将有助于消除这种尴尬心理，轻松地开始谈判。

(1) 迂回入题

为了避免谈判时单刀直入，过于直露，影响谈判的融洽气氛，可以采用迂回入题的方法，如先从题外语入题、从介绍己方谈判人员入题、从"自谦"入题、从介绍本企业的生产、经营、财务状况入题等，做到新颖、巧妙、不落俗套。

(2) 先谈一般原则，再谈细节问题

一些大型的对外商务谈判，由于需要洽谈的问题千头万绪，双方的高级人员不应该也不可能介入全部谈判，往往要分成若干等级进行多次谈判，这就需要采取先谈一般原则问题，再谈细节问题的方法。一般原则问题达成一致后，洽谈细节问题也就有了依据。

(3) 从具体议题入手

一般而言，大型的对外商务谈判总是由具体的一次次谈判组成的，在每次具体的谈判会议上，双方可以首先确定本次会议的谈判议题，然后从这一具体的议题入手进行洽谈。这样做可以避免谈判时无从下手，从而提高效率。

2. 阐述技巧

谈判入题后，接下来就是双方进行开场阐述，这是谈判的一个重要环节，因此阐述时应注意掌握如下几个要点。

(1) 具体生动、通俗易懂。为了使对方集中精神，全神贯注的收听，阐述时一定避免令人乏味的平铺直叙，以及抽象的说教，要特别注意运用生动、活灵活现的生活用语，具体而形象地说明问题。阐述时应注意使用对方能听懂的语言进行沟通，如有较为艰深的专业术语，要加以解释，避免对方误解。

(2) 主次分明、条理清晰。商务谈判中的阐述不同于日常生活中的闲聊，切忌语无伦次、东拉西扯，没有主次、层次混乱，让人听后不知所云去。阐述时应突出重点，抓住主题，决不能脱离主题去阐述一些无关紧要的事情。

(3) 客观真实、全面准确。商务谈判中阐述基本事实时，应本着客观真实的态度进行叙述。不要夸大事实真相，同时也不缩小事情本来实情，对阐述中出现的错误要随时纠正，以使对方相信并信任我方。

另外在阐述观点时，应力求准确无误，涉及谈判实质性内容的时候，要能讲出准确的数值，如价格、税率、质量规格等，力戒含混不清，前后不一致，这样会给对方留有缺口，为其寻找破绽打下基础。

（4）态度友好、坦诚相对。阐述应以诚挚和轻松的方式来表达，让对方在轻松、愉快的氛围中"倾听"我方的观点和方案。谈判中应当提倡坦诚相见，直接说明自己的观点，不要拐弯抹角。在谈判结束时，最好能给予谈判对方正面而真诚的评价。例如："您在这次谈判中表现很出色，给我留下了深刻的印象。"

（5）对方先谈、后发制人。商务谈判中，如果己方对市场态势和产品定价的新情况不很了解，一定要坚持让对方首先说明相关情况，然后，己方再审慎地表达意见。有时即使你对市场态势和产品定价比较了解，心中有明确的购买意图，而且能够直接决定购买与否，也不妨先让对方阐述利益要求、报价和介绍产品。然后，你再在此基础上提出自己的要求。这种后发制人的方式，常能收到奇效。

第三节　商务谈判中的非语言沟通

人类交际有两种渠道，言语交际和非言语交际。二者互相配合，共同完成交际的全部过程。E. Sapir(1921)认为，"非言语行为是一种不见诸文字，没有人知道，但大家全都理解的精心设计的代码。"I. Ruesch & W. Kees (1956)认为，非言语行为是"除口头言语以外的所有交际行为"。非语言交际(nonverbal communication)是一种非文字语言交际手段，是交际者运用自身的自然特征和本能向对方传递信息，表达思想的语言交流(verbal communication)之外的一切表现形式，它在传递信息，交流感情，帮助我们了解对方的真实意图方面起着重要作用。

同语言交际功能相比，非语言交际具有更真实地传递信息，更准确的表达情感及在语境中起着决定含义的作用功能。为此观察谈判对方的非语言表现，如面部表情或身体动作，往往有助于准确地把握其心态变化，常常是取得谈判主动地位的关键。

一、非语言的概念和分类

在商务谈判中，非语言是指谈判主体的行为、体态、交谈时的位置的距离等，它反映谈判者在谈判过程中的身心状态。

非语言交际种类形式多样，归纳起来通常包括四大类：身体语言(body language)、副语言(paralanguage)、客体语(object language)和环境语(environmental language)。在这四大类中，身体语言被认为是使用最多、最频繁的非语言交际方式。身体语言在英语中用 body language, body movements, gesture, body behavior, kinesics 等术语来表示，在汉语中身体语言又被称为体态语、态势语、手势语、体语学、身势学、体势语等。

二、非语言的作用

心理学家赫拉别思也提出过这样的一个公式：信息传播总效率=7%的语言+38%的语调

语速+55%的表情和动作。这也就是说"我们用发音器官说话,但我们用整个身体交谈"。非语言在人际沟通中有着口头语言无法替代的作用。它可以加强、补充语言表达,使语言信息能表达得更具体些。

非语言在人类的交际史上起着举足轻重的作用,它是语言出现以前人类唯一的交流方式。研究表明,在人类进化初期,人类是没有有声和书面语言的。由于自然力的不可抗性和野兽的侵袭,人类不得集体生活,共同劳动,在劳动中就产生了能表达思想传达信息的非语言的表达方式。在有声语言出现后,非语言便和有声语言一起帮助人类传情达意,顺畅沟通。

在商务谈判中,谈判者的非语言的主要作用大致分为以下几方面:

1. 补充作用

当有声语言不能完全表达或其表达显得苍白无力时,非语言可以起到辅助表达、增强力量、加重语气的作用。比如,到机场送友人时,我们可以一边说"bye-bye",一边和朋友拥抱表示自己对朋友的不舍之情。谈判者竖起大拇指表示赞扬,握手表示友好,举手表示有话要说。

2. 表现作用

非语言可以表达言语难以表达的思想感情、意图、要求、条件等信息。如人们在表达情绪时,我们很容易理解这些惯用动作的含义:鼓掌表示兴奋,顿足代表生气,搓手表示焦虑,垂头代表沮丧,摊手表示无奈,捶胸代表痛苦。

3. 否定作用

有时非语言会与有声语言表达的意思截然相反。比如,当一个胆小的男人为了掩盖自己怕蛇的窘态,一边说"我不害怕",一边满身冒汗、浑身哆嗦。正是这一哆嗦否定了他说的话,证明他在说谎,他其实是怕蛇的。

话可以言不由衷,非语言却可以表露我们的真实想法。一般当无声语言和有声语言不一致时,我们会认为无声语言更可靠。

4. 调节作用

人们谈话时,可以用非语言弥补语言沟通的不足,用眼神和语调来暗示下面该谁讲话,以调节相互间的关系,避免在商务谈判时发生的窘迫感,调教谈判者的情绪。例如,当谈判陷入困境或僵局的时候,轻轻拍拍同伴的肩膀将会给朋友带来莫大的鼓励。

5. 替代作用

有些情况下,当无法用有声语言表达时只能用非语言代替。比如聋哑人的手语就是有声语言的替代物。再如,在喧闹的学生餐厅等待朋友进餐时,为了让朋友看到你,你通常不会大声喊而是站在高处招手示意。

6. 强调功能

非语言可以强调有声语言的特殊之处,完善表达。比如,当人们情绪激动的时候,常常通过重重地摔门而去、砸碎东西等动作来表达和强调自己的愤怒之情。

三、非语言的表现及运用

"谈判"是一个复杂的心理斗智过程,谈判人员既需要具有深厚的知识积累,还需要有良好的语言表达能力,得体的非语言动作,并及时不断的总结,方能使自己的谈判水平日趋成熟。非语言的表现形式是极其丰富的,只有了解它、熟悉它,才能在谈判中游刃有余的运用它。

(一)面部的"语言"

1. 眼睛

爱默生说:"人的眼睛和舌头说的话一样多,不用字典,却能从眼睛的语言中了解一切。"目光的微弱变化会把人的喜、怒、哀、乐表现得淋漓尽致,透过眼睛往往可以看出人的心理状况和真实的想法。在谈判沟通过程中,与交往对象保持目光接触是十分必要的,如果商务谈判人一方的视线经常停留在另一方的脸上或对视,说明对方对谈判内容感兴趣,想急于了解你的态度和诚意,成交的希望很大。倘若一方谈话时不看对方,那是企图掩饰什么或心不在焉。因此,眼睛是透露人的内心世界的最有效的途径,信息发送者用眼睛传达信息,信息接受者从对方的眼睛中获取信息,有经验的国际商务谈判者都知道,眼睛是真情的反应,是无声的语言,眼神传递的信息在商务沟通中不容忽视。

一般认为直视对方的眼睛表示尊重,低头则是不礼貌的行为。与陌生人初次交谈,视线落在对方的鼻部是最令人舒服的,直接注视对方眼睛的时间反而不宜过久,因为长时间凝视对方会令人不自在。当然,如果完全不注视对方的眼睛,会被认为是自高自大、傲慢无礼的表现,或者试图去掩饰什么。

由于文化不同,目光在不同国家的定位是不同的。谈判时,看不看对方,什么时候看,看多久,什么人可以看,什么人不可以看,不同的国家有不同的习惯。在国际商务谈判中,美国商人认为不正视他们目光的人是躲闪的、不诚实的,敢于正视对方,才是诚实和正直的标志,是感兴趣的表现,而拒绝或尽量避免和谈话者的目光接触,则被看作不友好的表现,即所谓"Never trust a person who can't look you in the eyes"。两个阿拉伯人在一起交流时会用非常热情的目光凝视对方,因为他们认为双目是个人存在的钥匙,他们则不喜欢和戴墨镜的人谈判沟通,更加不愿意和不敢直视他们的人做生意。在英国有教养的男子认为直接凝视与之交往的人的眼睛是一种绅士风度。而瑞典人在交谈中用目光相互打量的次数多于英国人。法国人则特别欣赏一种鉴赏似的注视,这种眼光看人是就传达了一种非语言信号:虽然我不认识你,但我从心底欣赏你的美,所以法国男子在公共场合对妇女士的凝视是人们公认的一种文化准则。

但是在拉丁美洲和亚洲的许多地方,低垂目光表示尊重;而在许多印第安族,正视客人的目光则是不尊重的表现。日本商人认为目光接触越少,越表示对对方的尊敬。例如,谈判磋商时若出现意见分歧,日本人倾向是不愿将冲突公开化。他们比较讲究以婉转的、含蓄的方式或旁敲侧击来对待某一争议,以避免与对方的直接争辩,他们商谈问题注重情面,但强调非言语行为的交锋,而不作明确语言交流,克制或忍耐是一种惯例,体现出日本人的价值观。所以一般在争论问题时,他们一般不看对方的眼睛,而是直视对方的胸部,力求避免对方视线的直接接触,否则被认为是一种缺乏修养或被激怒的表现。

因此,在谈判时,一动不动地盯着对方,是不礼貌的,但是在交谈中没有目光的接触,可能被认为不感兴趣,甚至不信任,严重的还可能带来不好的印象。所以,我们在和不同文化的人进行交际的时候,要考虑目光接触的"度"问题。

【案例8.2】

对国际商务谈判者来说,如果不了解对方国家的目光语,轻则引起误会,重则导致生意失败。一位刚毕业的女大学生被派到广交会,第三天就遇到了一位欲订两个货柜订单的加拿大客户,厂长非常高兴地在电话里答应给最优惠的价格。加拿大客户双眼紧盯着她问:"这是你们最低的价格吗?"这位女大学生不习惯这种目视,低下头说:"是的。"客户礼貌地说了声"再见",便离开了她。女大学生大惑不解,因为她不知道在西方国家人们是不相信"不敢正视你眼睛的人"的。很显然,这次谈判失败,是由于中方不了解西方文化习俗,加方也误会了中方的目光语。

(资料来源:刘白玉.身势语与国际商务谈判[J].商务营销,2005.)

2. 眉毛和嘴巴

眉毛也能反映出人的许多情绪。譬如:惊喜或惊恐状态时,眉毛上耸,"喜上眉梢";紧皱眉头,表示人们处于困惑、不愉快、不赞同的状态;眉角下拉或倒竖,表示处于愤怒或气氛状态。谈判一方只要善于把握,就很容易捕捉到有效的信息。

人的嘴巴除了最基本的生理功能——吃饭、呼吸、说话外,还有许多丰富多彩的"小动作"表露人的心绪。紧紧地抿嘴,表示意志坚决;撅起嘴,表示不满意;咬嘴唇,可能表示是拘谨,或者紧张,或者羞涩。

在某些文化中,咂嘴唇是认可的表示;在中国文化中,表示有滋有味;在英国文化中,表示没有滋味;在许多地中海国家,则是过分夸大痛苦和悲哀的标志。嘴部动作和吸烟姿势在商务谈判中也起着重要的作用,它反映着人的心理状态。譬如:嘴巴抿住,往往表示意志坚决;撅起嘴是不满意或准备攻击对方的表示。

谈判中吸烟的姿势具有较强的表现力,也是判断一个人态度的重要依据:刚一见面就立即掏烟递给对方,且麻利地为对方点烟,多为处于交易劣势的一方;寒暄之后才缓慢掏烟,自己先叼一根,然后才送给你的人,是自认为处于交易优势但愿意合作的;点上烟后却很少抽,说明在交谈中戒备心重,边谈边紧张地思考而忘却了手中的烟卷;斜仰着头,烟从鼻孔吐出,表现出一种轻松自如的姿态,通过斜仰着头这一动作,主动拉开了与谈话对象及其目光交流的距离,从而表现出吸烟者内心的那种自信、优越和悠然自得的心态。

3. 表情语

人是感情动物,情感流露是人的本性,我们说的笑逐颜开、怒发冲冠都是感情流露在面部上的表现。面部表情是人类最重要的传达情感的非语言。伯德惠斯特尔研究认为,人类的脸部可以做出25万余种不同的表情。有经验的国际商务谈判者往往不是通过语言来了解对方，因为语言是理性的，有时甚至是事先计划好的，所以很难说明对方的真实意图。而表情语言——微笑，点头，生气，失望，惊讶，快乐等，常常是自然的感情流露，而且很难掩饰。这就要求我们在商务谈判中，要善于察言观色，以捕捉对方面部表情所流露的情感信息。

合适的面部表情在合适的时间表现出来也可以促进语言的表达。微笑表示开心和满意，皱眉表示焦虑，扬眉表示得意。在日常生活中，中西面部表情差别较大。中国人一般比较内敛，面部表情不是很明显。而西方人比较张扬外向，常会喜形于色。还有一个伸舌头的面部表情，中国人表示尴尬时会伸舌头。西方人不会这样做，他们认为这是一种粗鲁的表现，对别人有戏谑的意思。

从行为礼仪的角度分析，面部表情最佳的状态就是微笑。微笑，应该发自内心，自然坦诚。微笑来自于快乐也能给自己和别人带来和创造快乐。作为一名商务谈判者，应该时时把微笑写在脸上。在微笑中，还要注重目光与目光的交流，真诚的目光与微笑会给对方留下良好的印象和感觉，使整个交谈融洽、和谐。

虽然微笑是最基本的面部表情之一，但在不同的文化交际中它也代表着不同的含义。在商务谈判中，美国人认为微笑是对方一种非常热情的表征，所以美国人喜欢笑逐颜开；法国人对微笑却比较谨慎，他们只有在有明显的理由时才笑；日本人在谈判过程中基本上不笑，只有在最后签约时才面露微笑。对一个日本人来说，在谈判桌上随意微笑是不严肃的表现，甚至是恶意的嘲笑。

【案例8.3】

笑是最重要的面部语言，在许多国家都是友好的表示，可在一些国家有时也表示尴尬。一位美国女商人在中国某宾馆谈判时，不小心用袖子碰翻了咖啡杯，咖啡洒了满桌子，女服务员微笑着去收拾洒的咖啡，谈判桌边的中国人则哈哈大笑。这位美国女商人满脸涨得通红，明显表示出不满，并开始低着头向外走去。气氛一下子紧张起来，这时她的经理叫住了她，并向她解释了中国人刚才笑的意思：笑在中国有一种特殊的功能——人们常用笑来缓和紧张的气氛、尴尬的场面。接着这位经常来中国的美国经理向中国人解释说：刚才这种场合的笑，对美国人来说，明显带有讥笑、侮辱的性质。中国人恍然大悟，忙向这位女商人道歉。幸亏碰到一位垮文化专家，避免了一场误会，谈判才得以在和谐的气氛下进行下去。

(资料来源：刘白玉.身势语与国际商务谈判[M].商务营销,2005.)

(二)身体的"语言"

1. 手臂

手是人类最灵活的肢体部位，手势是非语言交际过程中非常重要的一个环节，不同的手势会给对方传达不同的意思，它在表达人的意志时起着重要的辅助作用。在商务谈判中，谈判者经常使用各种手势语来表达自己的情感、态度、意见。手指并拢并置于胸前呈尖塔状，表明充满信心，独断或高傲，有起到震慑对方的作用；手与手连接放在胸腹部的位置，是谦逊、矜持或略带不安心情的反映。握手既表示问候,又表示一种保证、信赖和契约。如果握手时对方手掌出汗,表示对方处于兴奋、紧张或情绪不稳定的心理状态;若某人用力回握对方的手,表明此人具有好动、热情的性格,凡事比较主动。手掌向下握手,表示想取得主动、优势或支配地位,有居高临下的意思;用两只手握住对方的一只手并上下摆动,往往具有热情欢迎、真诚感谢、有求于人、肯定契约关系等意义。

在各种不同的文化中,由于文化习俗不同,手势的运用也是不同的,一个简单的手势,在不同国家往往表示不同的意思。如果我们以自己所在的文化环境去揣摩使用或者不用手势,这是很危险的。

例如:

(1)竖起大拇指:在中国和美国表示"一流的",是友好、赞赏的表示;在澳大利亚和新西兰则是猥琐的动作,表示否定。

(2)握手:俄罗斯人、美国人初次见面与人握手时力量大而有力,文弱的手表明缺乏自信;中国人、日本人与人握手时,力量小而轻,认为初次见面就紧握对方的手是不礼貌的。俄罗斯人不允许两人隔着一道门或跨着门槛握手,以为这样做是不吉利的。而中国人的握手则没有什么忌讳。异性之间握手,如果女方不主动伸出手来,男性是不能去握她的手的。在阿拉伯国家,伸左手与人相握,是无礼的表现。

(3)举手:意大利人谈判激动时常常握紧拳头举过头顶,而这在亚洲许多国家是无礼的表现;俄罗斯人在合同签订后,常把手举过头鼓掌,表示双方友谊长久,而美国人则认为这个手势代表俄罗斯人战胜美国人而表示骄傲。

(4)左手:左手签字在中国并无不妥,而在穆斯林和印度文化中,左手被认为是不干净的,使用左手示意,会被看做是粗鲁的表现。他们认为不能用左手触摸人或食品,也不能用左手示意,更不能用左手签合同。

【案例8.5】

相同的手势在不同文化中所蕴涵的意思也不尽相同。一位英国商人在伊朗做生意,经过几个月的唇枪舌剑,最终签订了正式合同。他签完合同后,转向他的伊朗同事做了一个大拇指朝上的动作。他的这个动作立即引起一阵骚动,对方的总裁立即拂袖而去。这个英国人还丈二和尚摸不着头脑,他的伊朗同事也因尴尬而难以启齿。

实际上理由很简单。大拇指朝上在英国表示"好,不错,做得好"的意思,但是在伊朗文化中它表示"不满意",甚至是"卑鄙下流"的意思。当这个英国人知道真相后,感慨地说"这是我一生中最尴尬的时刻,我感觉自己像孩子一样在没有节制地胡言乱语,虽然我的伊朗同事原谅了我的无知,但是原先建立起来的良好关系已经不复存在了。这是我一生中需要记住的教训。"

(资料来源:曹佩升.国际商务谈判中的非语言交际探析[J].商场现代化,2007.)

2. 腰腹

腰部对身体起"承上启下"的支持作用,也反映着一个人的心理状态和精神状态。如在心理上自觉不如对方,甚至惧怕对方时,就会不自觉地采取弯腰的姿势。在商务谈判中,若对手或合作伙伴挺直腰板,使身体及腰部位置增高,反映出情绪高昂,充满自信;如叉腰,表示胸有成竹,对自己面临的事物已作好精神上或行动上的准备,同时也表现出某种优越感或支配欲。

(1)弯腰动作。比如鞠躬、点头哈腰属于低姿势,把腰的位置放低,精神状态随之"低"下来。向人鞠躬是表示某种"谦逊"的态度或表示尊敬。如在心理上自觉不如对方,甚至惧怕对方时,就会不自觉地采取弯腰的姿势。从"谦逊"再进一步,即演变成服从、屈从,心理上的服从反映在身体上就是在居于优势的个体面前把腰部放低的动作,如跪、伏等。因此,弯腰、鞠躬、作揖、跪拜等动作,除了礼貌、礼仪的意义之外,都是服从或屈从对方、压抑自己情绪的表现。

(2)挺直腰板。使身体及腰部位置增高的动作,则反映出情绪高昂、充满自信。经常挺直腰部站立、行走或坐下的人往往有较强的自信心及自制和自律的能力,但为人可能比较刻板,缺少弹性或通融性。

(3)手叉腰间。表示胸有成竹,对自己面临的事物已作好精神上或行动上的准备,同时也表现出某种优越感或支配欲。有人将这视为领导者或权威人士的风度。

(4)凸出腹部。表现出自己的心理优势,自信与满足感;抱腹蜷缩,表现出不安、消沉、沮丧等情绪支配下的防卫心理。

(5)解开上衣纽扣而露出腹部,表示胸有成竹,开放自己的实力范围,对对方不存在戒备之心。重新系一下皮带,是在无意识中振作精神、迎接挑战的信号;反之,放松皮带则反映出放弃努力以及斗志开始松懈,有时也意味着紧张气氛中的暂时放松。

(6)腹部起伏不定,表现出兴奋或愤怒;极度起伏,意味着即将爆发的兴奋与激动状态而导致呼吸困难。

(7)轻拍自己的腹部,表示自己有风度、雅量,同时也反映出经过一番较量之后的得意心情。

3. 腿

越是远离头部的身体部位,我们就越不关注它。比如,大部分人都对自己的脸部非常在意,而且会有意识地控制面部表情和头部姿势。我们甚至可以通过反复操练,熟练地掌握一些表情。其实,下肢部位在商务谈判中往往是最先表露潜意识情感的部位。

(1)"二郎腿":与对方并排而坐时,对方若跷着"二郎腿"并上身向前向你倾斜,意味着合作态度;反之则意味着拒绝、傲慢或有较强的优越感。相对而坐时,对方跷着"二郎腿"却正襟危坐,表明他是比较拘谨、欠灵活的人,且自觉处于很低的交易地位,成交期望值很高。

(2)架腿(把一只脚架在另一条腿的膝盖或大腿上):对方与你初次打交道时就采取这个姿势并仰靠在沙发靠背上,通常带有倨傲、戒备、怀疑、不愿合作等意味。若上身前倾同时又滔滔不绝地说话。则意味着对方是个热情的但文化素质较低的人,对谈判内容感兴趣。如果频繁变换架腿姿势,则表示情绪不稳定、焦躁不安或不耐烦。

(3)并腿:交谈中始终或经常保持这一姿势并上身直立或前倾的对手,意味着谦恭、尊敬,表明对方有求于你,自觉交易地位低下,成交期望值很高。时常并腿后仰的对手大多小心谨慎,思虑细致全面,但缺乏自信心和魄力。

(4)分腿:双膝分开、上身后仰者,表明对方是充满自信的、愿意合作的、自觉交易地位优越的人,但要指望对方作出较大让步是相当困难的。

(5)摇动足部,或用组建拍打地板,或抖动腿部,都表示焦躁不安、无可奈何、不耐烦或欲摆脱某种紧张情绪。

(6)双脚不时地小幅度交叉后又解开,这种反复的动作表示情绪不安。

(三)姿态的语言

1. 站姿

在商务谈判过程中,谈判者带有自觉意识的动作,也能微妙地、不自觉地影响谈判对手的心理,在一定程度上能增加对谈判对手的潜在影响力,表现出一定的人情味。

女性的通常站立姿势应该是:抬头,挺胸,收紧腹部,肩膀往后垂;双脚成丁字状,中间间隔1~2个拳宽;前腿轻轻着地,重心全部放在后腿上,站的时候看上去有点儿像字母"T"。因此人们称之为"基本T"或者"模特T"。就好像有一条绳子从天花板把头部和全身连起来,感觉很高,身体都拉起来了,这就是正确的姿势。站起来应该是很舒服的,很大方的。显得镇定、冷静、泰然自若。

男士正确的站姿是:挺胸,抬头,收紧腹部,两腿稍微分开,脸上带有自信,要有挺拔的感觉。男性谈判人员切忌腆肚、驼背、含胸、押头等站姿。

通常在站立姿态中要注意以下几个方面:

(1)当做出耸肩的姿势时,可以表示漠不关心、屈从、疑惑或无可奈何;当一个人对某件事感到莫名其妙时,也常常会做出这一姿势。

(2)当一个人揭开上身外衣,叉腰站立时,这是直接进犯的姿势。因为他完全暴露了自己的心脏和喉部,表示无所畏惧。

(3)双腿分开站立,双手交叉抱在胸前的站姿。在商务谈判过程中,大多数人都讨厌和持这种姿态的人谈话,因为这种姿态给人以威胁之感。此外,这一姿态还可以表示惊奇、怀疑、犹豫和冷淡的意思等。

(4)谈判者双腿交叉站立,一手扶墙,一手插在裤袋里,暗示一种自满的心态,同时也表示厌烦和气愤,或表示一种漫不经心的态度。

2. 坐姿

坐姿可分为严肃坐姿和随意坐姿。在商务谈判中,一般都采用严肃坐姿。坐姿的基本要求是端正稳重,文雅自然。谈判者轻稳坐下后,应保持上体挺直,头部中正,两肩平正放松,两臂自然弯曲放在膝上或者椅子或沙发的扶手上。两腿自然弯曲,两脚平落地面。

当然,男女之间由于文化风俗以及穿着服饰等的原因坐姿也不尽相同。男性的标准坐法是上身挺直,双腿微微分开,但不宜超过肩宽,不能两脚叉开、半躺在椅子里,这才能显示男性的自信和豁达;女性要表现得端庄得体,一般是上身端直,膝盖并拢,不可分开,腿可以放中间或双腿同时歪向一边。如果要跷腿,两条腿必须是合并的,并且只能是大腿交叉,绝不能将一只腿的小腿放在另一只大腿上。女性交叉双臂和双腿坐着,有时会给人以心情不愉快甚至是生气的感觉,在一定的环境下,女性谈判者勾腿交叉姿势,也往往被人看成是拒绝、封闭、羞怯或控制紧张情绪或恐惧心理的姿势。

坐立姿势可以反映出等级和地位的不同。一般来说,年长者和年少者,上司和下属之间,前者的坐立姿势会比后者舒适松、放松些。当然,坐姿也因文化的不同而有所不同。欧美国家谈判者的坐姿比较随便,他们往往恭敬地坐一会儿以后,就往后靠在椅背上,给自己的身体和思路一个比较放松的环境。美国男性坐着时习惯跷着二郎腿,同时用脚尖对着他人。这种坐姿是不能被中国人接受的,在中国这样做是对他人的极大的不尊重。

(二)形体语言

形体语言是指在摆弄、佩戴某种物体时传递的某种信息,实际也是通过人的姿势表示信息。在商务谈判中可能随身携带的物品有笔、本、眼镜、贴身手提包、帽子、香烟、打火机、烟斗、茶杯、服装、饰品等。这些物品由人拿在手中,戴在身上,呈现不同姿势,反映不同内容与含义。

(1)手中玩笔,表示漫不经心,对所谈的问题无兴趣或显示其不在乎的态度。

(2)慢慢打开本,表示关注对方讲话;快速打开本说明发现了重要问题。

(3)猛推一下眼镜,说明对方因某事而气愤。

(4)摘下眼镜,轻轻揉眼或擦擦镜片,可能反映对方精神疲劳,或对争论不休的老问题厌倦,或是喘口气准备再战。

(5)轻轻拿起桌上的帽子,或轻轻触帽,则可能表示要结束这轮谈判,或暗示要告辞。

(6)打开包可能想再谈新的问题,关上包表示到此为止,夹起包则可能无法挽留。但如果是关而不提,夹而不去,则说明还怀有一线突破的希望,实际上许多谈判都是在这种情况下取得突破性进展的。

(7)不停的吸烟,表示伤脑筋;深吸一口烟后,可能是准备反击。

(8)将烟向上吐,表示自信、优越感,有主见、傲慢;向下吐,则表示情绪低沉、犹豫、沮丧等。

(五)空间的"语言"

在所有文化中,在身体空间的运用方面,刚学步的小孩都像小动物一样。他们站得很靠拢,这样能碰、绕圈,还会踩到别人的脚上。当孩子长大以后,他们就会被教育,怎么向对方致意,怎么保持适宜的距离。在各种不同的文化中,这种空间习惯的差异也是很大的,对于空间运用的认知,也会影响商务谈判的结果。

当人们进行交际的时候,交际双方在空间所处位置的距离具有重要的意义,它不仅告诉我们交际双方的关系、心理状态,而且反映出民族和文化特点。根据霍尔博士(美国人类学家)研究,有四种距离表示不同情况:

(1)亲密接触(intimate distanc 0~45厘米)交谈双方关系密切,身体的距离从直接接触到相距约45厘米,这种距离适于双方关系最为密切的场合,比如说夫妻及情人之间。

(2)私人距离(personal distanc 45~120厘米)朋友、熟人或亲戚之间往来一般以这个距离为宜。

(3)礼貌距离(social distanc 120~360厘米)用于处理非个人事物的场合中,如进行一般社交活动,或在办公,办理事情时。

(4)一般距离(public distanc 360~750厘米)适用于非正式的聚会,如在公共场所欣赏演出等。

国际商务谈判是面对面的商务沟通,可是两者之间的距离多少才合适,不同的国家有不同的习惯。阿拉伯人交谈时喜欢站得很近,他们之间的距离不到0.5米,多于这个距离便表示不友好;美国人交谈时喜欢彼此离得远一些,一般是超过0.6米,少于这个距离便感到不舒服;对于中国人来说,0.5米是通常的距离。

从这四种情况可以看出,人类在不同的活动中因彼此关系亲密程度不同而相互之间的距离也不同。不同民族与不同文化背景的人在交际中保持的空间区域大小也不同:多数讲英语国家的人在交谈时不喜欢离得太近,总要保持一定的距离;在俄罗斯人看来,意大利人交谈时过于靠近;拉美人交谈时几乎贴身。西方文化注重个人隐私,东方人"私"的概念较淡薄。在电梯、巴士或火车上,当素不相识的人挤在一起时,东方人可以容忍身体与身体的接触,西方人就无法容忍。在个人空间方面,中国人,日本人以至大多数亚洲人比西方人的要求要小得多。这是由不同的文化习俗而产生的一种心理定势。西方人看重宽松的氛围,崇尚个人自由和个人权利,而东方人受传统文化的影响受约束的意识根深蒂固。

(六)客体语

非语言交际的种类很多,其中客体语(object language)是非语言交际的基本成分之一。客体语言包括各种有意和无意设置的物件,如工具、机器、艺术品、建筑结构和人体服饰等。但一般说来,客体语指人工用品(artifacts),包括化妆品、修饰物、服装、衣饰、家具及其他耐用和非耐用物品。这些物品具有实用性和交际性的双重功能。从交际的角度看,体现了使用者的文化特性和个人特征。女性作为交际群体的重要组成部分,在商务活动中得体运用客体语是非常重要的。

四、提高非语言能力的方法

谈判者的素质和修养的高低,通过其言谈举止表现出来,谈判者的非语言能力是其非语言素养的外在表现。非语言有时所表达的并非一定和内在本质相一致,在商务谈判中有意制造假象也是屡见不鲜的,这时往往也是考量谈判者非语言方面能力和经验。怎样才能提高商务谈判者非语言的运用能力呢?可从如下几方面着手:

商务谈判非语言的运用取决于两个因素:一是谈判者的行为语言能力。该能力是谈判者行为语言素养的外在表现。谈判者的素质和修养的高低,通过其言谈举止表现出来,既可能被对方认可,也可能不被对方认可。二是谈判者的谈判目的。

1. 善于观察

由于无声语言直接作用于人的视觉,一切尽在无声之中,这就要求在倾听对方谈判的同时悉心观察对方,体会对方所给予的各种暗示信息,并采取相应的方式,与对方交换信息,适时做出较为准确的判断,促进谈判向有利于己方的方向发展。

2. 敏于思考

非语言的运用在多数情况下要与语言的、环境的因素相协调。非语言和语言环境应成为一个相互协调的整体。我们应尽可能弄清谈判时非语言运用的场合、时间和背景。场合是指谈判地点,包括谈判桌前、宴会和居所等;时间是指谈判所处的阶段(初期、中期、末期);背景是指客观条件(如个性、能力、关系状况等)。只有当上述条件都有利时,非语言才能取得最佳效果。

3. 勤于学习

学习的目的是使行为语言给人以自然的感觉。一个经过专业训练和彩排的演员与未经训练的业余演员的差距是显而易见的。在有条件的情况下,应该在专业人员或有谈判经验的人员帮助下,训练非语言的使用。非语言的运用是国外诸多谈判研究中心或训练中心专门讲授的内容。

留心观察才能学会运用,学习非语言比较好的方法就是观察法。通过录制好的视频素材,将具体的、生动的谈判场景展现在学习者面前,让学习者在专业人员或有丰富谈判经验人员的帮助或提示下进行分析和讨论。也可以在自然条件下直接观察他人运用的各种非语言,分析非语言的意思。自己多总结、多提炼,不断升华和提高,总会习得比较自然的非语言。

五、非语言沟通需要注意的问题

(一)谈判人员要会控制情绪

谈到由身体动作表达情绪时,人们自然会想到很多惯用非语言动作的含义。诸如鼓掌表示兴奋,顿足代表生气,搓手表示焦虑,垂头代表沮丧,摊手表示无奈,捶胸代表痛苦。当事人以肢体活动表达情绪,别人也可由之辨识出当事人用其肢体所表达的心境。在商务谈判中,由于利益的驱使,谈判双方为了在激烈的交锋中取得谈判的主动权,有时会故意安排一些表演性的非语言动作,借以引起对方情绪的波动,扰乱对方的既定安排。所以,谈判人员感受和处理对方的非语言表达时,应该时时小心,处处提防,以不变应万变。

(二)谈判人员要避免对他人的成见

成见是一种人们根据其内在偏好或观点感知真实情况的心理学现象。有的谈判人员常常按照头脑中已形成的对于国家、民族、年龄、性别等方面的固有看法，判断对方人员的相关情况。这种判断过分强调了群体的共性特点，而忽视了个体的特殊性。谈判过程中可能出现的成见，有时是谈判对方对于你方的成见，有时则是你方对于谈判对方的成见。但无论是哪一种，谈判中出现成见都不利于谈判的进一步进行。

(三)谈判人员要考虑非语言行为的语境

非语言行为的产生，离不开语境的配合。这里的语境既包含非语言产生的历史背景，也包含非语言发生时的现实情景。非语言与有声语言一样，是文化的载体，也具有民族性，是民族文化的历史沉积。不同的民族文化将会产生不同的非语言习惯。例如，当人们在表达个人诚实及祈求神灵保佑自己好运时，东方人往往是双掌合并于胸前，而西方人则是在胸前画十字。谈判人员只有将非语言的这两种语境有效结合起来，综合判断和应用，才能更好地发挥非语言的魅力和作用。

(四)谈判人员要避免投射效应

心理学有一个术语叫做投射效应。人们总是喜欢把别人假想成和自己一样，假设别人与自己有某些相同的倾向，认为自己具有的某些特点别人也具有。例如，贪婪的人，总是认为别人也都嗜钱如命；自己喜欢说谎，就认为别人也总是在骗自己。在谈判中，谈判人员若以自己的主观想法、感受对对方的非语言行为进行评估、判断，往往会造成误判、误会，甚至阻碍谈判的进程。

本 章 小 结

商务谈判的过程是谈判双方运用各种语言进行洽谈和沟通的过程。商务谈判的语言类别，按语言的表达方式可分为有声语言和无声语言，按语言表达特征可分为专业语言、法律语言、外交语言、文学语言、军事语言等。

语言技巧是商务谈判成功的必要条件，是处理谈判双方人际关系的关键环节，是阐述己方观点的有效工具，也是实施谈判技巧的重要形式。

商务谈判语言技巧的运用应遵循一定的原则进行，主要遵循客观性原则、针对性原则、逻辑性原则、规范性原则。

有声语言是指通过人的发音器官来表达的语言，一般理解为口头语言。商务谈判的有声语言表达技巧主要体现在倾听、提问、回答、叙述等方面。

非语言是非语言交际的研究主体。非语言是指在交际过程中，人们利用姿态、身体动作和面部表情等手段来传递信息的非语言交际行为。非语言主要通过人体面部、肢体、姿态各方面来表达。

思 考 题

一、本章思考题
1. 商务谈判语言按语言表达特征可分为哪几种？
2. 简述语言在商务谈判中的地位和作用。
3. 正确运用谈判语言技巧的原则有哪些？
4. 如何才能更好的倾听？
5. 商务谈判中提问、回答的技巧有哪些？
6. 商务谈判中非语言的种类有哪些？
7. 运用非语言应注意哪些问题？

二、案例分析

温家宝：我脑子装了许多数字，身上担子有千钧重

2003年3月18日上午，十届全国人大一次会议闭幕会后，国务院总理温家宝在会见中外记者时，有一位香港凤凰卫视记者问道："熟悉您的人都说您是一个重视事实，也非常注重数据的人。请您告诉我们，在目前中国国情当中，有哪些数据您认为是最为可喜的？有哪些数据是让您最忧心、牵挂和关注的？"

温家宝回答说，瑞士驻中国的前任大使曾经说过我的脑子像computer，我脑子里确实装了许多数字。这些数字有使我高兴的，也有使我忧虑的。譬如说中国改革开放以来，GDP的增长平均在9%以上。中国近五年，尽管出现亚洲金融风暴，GDP的增长平均在7.7%，去年达到8%。中国的外汇储备达到3 000亿美元等等，这些是使我高兴的。

温家宝说，但有些数字恐怕连记者也不完全清楚，比如中国的劳动力有7亿4千万，而欧美所有发达国家的劳动力只有4亿3千万，中国每年新增劳动力1 000万，中国的下岗和失业人口大约1 400万，进城的农民工一般保持在1亿2千万。中国面临巨大的就业压力。中国13亿人口有9亿农民，目前没有摆脱贫困的是3 000万左右，但是大家知道，这个标准是低水平的，人均625元。如果标准再增加200元，中国的贫困人口就是9 000万。中国东西差距很大，大家恐怕只是有一个概念，我想说一个数字，就是中国沿海五六个省市GDP的总值超过全国总量的50%。

温家宝说："我这几个数字已经点出了三个问题：农村问题、下岗和再就业以及解决贫困人口的生活问题、东西差距问题。因此，当好中国的总理不容易。如果说我现在的心情，我觉得身上的担子有千钧重。"

（资料来源：人民网．）

问题：结合材料说明"阐述"有哪些技巧。

第九章
Chapter 9

商务谈判中的礼仪与礼节及文化的影响

【学习要点及目标】

通过本章学习,了解并掌握商务谈判过程中不同场合的礼仪与礼节,了解世界各国日常交往的禁忌及主要习俗等,以便谈判双方沟通顺畅,增进彼此的感情,从而有利于谈判的顺利进行。

【引导案例】

瑞士某财团副总裁率代表团来华考察合资办药厂的环境和商洽有关事宜,国内某国营药厂出面安排接待。洽谈会第一天,瑞方人员全部西装革履,穿着规范出席,而中方人员有穿夹克衫布鞋的,有穿牛仔裤运动鞋的,还有的干脆穿着毛衣外套。结果,当天会谈草草结束,瑞方连考察现场都没去,第二天找了个理由,就匆匆地打道回府了。

(资料来源:罗树民等.国际商务谈判[M].上海:上海财经大学出版社,2004.)

问题:在上述案例中,为什么瑞方代表团不再与中方洽谈了?

第一节 商务谈判的礼仪

匈牙利谈判家、外交官涅尔基什·亚诺什在他的著作《谈判的艺术》中曾这样说:"我开始从事自己的职业时,持这样的观点:在这一工作中所见到的是'贵族'式的狡猾奸诈,卖弄辞藻、看重身份、讲究礼节、故作文雅,这一切不仅使我怀疑这些注重外表的人是否真诚,而且还怀疑他们智力是否健全。不久我便懂得,事实并非如此。原先我所鄙视的他们的讲究穿着很快使我产生这样的看法,即在考究的服饰、礼貌的待人接物等外表现象后面的则是坚定、清醒、沉着的意志和力量,这种意志和力量是看不起这些细节的那些谈判新手所不得不重视的。"这段话详细深刻地揭示出礼仪在谈判中的重要作用。

商务谈判是指双方促成交易或为了解决双方的争端并取得维护各自经济利益进行的一种双边信息传播行为,是比较常用的商务活动之一;需要在平等友好、互利的基础上达成一致的意见消除分歧。在圆满的商务谈判活动中遵守谈判礼仪未必是谈判取得成功的决定条件但是如果违背了谈判礼仪却会造成许多不必要的麻烦,甚至会对达成协议造成威胁,因此,谈判礼仪是保障谈判过程得以顺利进行的重要前提。

一、礼仪的含义

礼仪是指人们在社会交往中由于受历史传统、风俗习惯、宗教信仰、时代潮流等因素的影响而形成,既为人们所认同,又为人们所遵守,以建立和谐关系为目的的各种符合礼的精神及要求的行为准则或规范的总和。由于礼仪是社会、道德、习俗、宗教等方面人们行为的规范,所以它是人们文明程度和道德修养的一种外在表现形式。礼仪对个人而言,是一个人思想水平、文化修养、交际能力的外在表现。礼仪也是人类文明的结晶,是现代文明的重要组成部分。它体现的宗旨是尊重,既是对人也是对己的尊重,这种尊重总是同人们的生活方式有机地、自然地、和谐地和毫不勉强地融合在一起,成为人们日常生活、工作中的行为规范。这种行为规范包含着个人的文明素养,也体现出人们的品行修养。

二、商务礼仪的作用

随着市场经济的深入发展,各种商务活动日趋繁多,礼仪也在其中发挥着越来越大的作用。

1. 规范行为

礼仪最基本的功能就是规范各种行为。在商务交往中,人们相互影响、相互作用、相互合作,如果不遵循一定的规范,双方就缺乏协作的基础。在众多的商务规范中,礼仪规范可以使人明白应该怎样做,不应该怎样做,哪些可以做,哪些不可以做,有利于确定自我形象,尊重他人,赢得友谊。

2. 传递信息

礼仪是一种信息,通过这种信息可以表达出尊敬、友善、真诚等感情,使别人感到温暖。在商务活动中,恰当的礼仪可以获得对方的好感、信任,进而有助于事业的发展。

3. 增进感情

在商务活动中,随着交往的深入,双方可能都会产生一定的情绪体验。它表现为两种情感状态:一是感情共鸣,另一种是情感排斥。礼仪容易使双方互相吸引,增进感情,导致良好的人际关系的建立和发展。反之,如果不讲礼仪,粗俗不堪,那么就容易产生感情排斥,造成人际关系紧张,给对方造成不好的印象。

4. 树立形象

一个人讲究礼仪，就会在众人面前树立良好的个人形象；一个组织的成员讲究礼仪，就会为自己的组织树立良好的形象，赢得公众的赞誉。现代市场竞争除了产品竞争外，更体现在形象竞争。一个具有良好信誉和形象的公司或企业，就容易获得社会各方的信任和支持，就可在激烈的竞争中处于不败之地。所以，商务人员时刻注重礼仪，既是个人和组织良好素质的体现，也是树立和巩固良好形象的需要

三、迎送客人的礼仪

迎来送往是商务谈判中经常发生的行为，是常见的社交活动，也是商务谈判中一项基本礼仪。一般来说，在谈判中，对重要客商、初次打交道的客商要去迎接；一般的客商，多次来往的客商，不接也不失礼。总之，谈判一方对应邀前来参加谈判的人员，对将要到来和即将离去的客人，都应根据其身份、交往性质、双方关系等因素，综合考虑安排相应的迎送。

（一）确定迎送规格

对客人的迎送规格，一般遵循"对等原则"，如果需要顾及双方关系和业务往来等具体情况，也可以安排破格接待。

对等原则，即确定迎送规格时，应主要根据来访者的身份和访问的目的，适当考虑双方的关系，同时注重通用惯例，综合平衡进行迎送工作。在实际接待过程中，当因为机构设置不同，当事人身体不适或不在迎送地等一些原因而不能完全同等接待时，可灵活变通，由职位和身份相当的人代主人来迎送。当事人不能亲自出面迎送时，还应从礼貌出发，自己或通过别人向迎送对象做出解释，表示歉意。

破格接待，是指在迎送者和陪同者身份、数量以及迎送场面等方面给予客人以较高的礼遇。对于破格接待应十分慎重，非有特殊需要，一般都按对等原则来接待。如果我方经常有迎送活动，尤其是有同时进行的迎送活动时，应妥善安排，不能造成厚此薄彼的印象。如果我方安排了破格迎送和接待，就应该利用介绍、会见等适当方式，让对方明白我方进行了破格迎送和接待，这样才能收到破格接待的效果。

（二）掌握抵离时间

迎送人员必须及时准确掌握客人的抵离时间，这样既可以顺利迎送客人，又可以不过多地耽误迎送人员的时间，提高迎送效率。当原定抵离时间发生变动时，应及时通知全体迎送人员和有关部门，同时对原定迎送计划做出相应的调整。

迎送人员应在客人抵达前到场，送行应在来客登机（车、船）前到。总之，要做到既顺利接送来客，又不过多耽误时间。

关于迎送过程中的有关手续和购买票证等具体事务，应指定专人办理，如办理车票、飞机票、船票、出入境手续、行李提取、行李托运等。如果客人人数众多，可请他们派人配合办理。

有些重要的来访团体,人数和行李都很多,应将主要客人或全部客人的行李提前取出,及时送往住地,以便对方及时更衣,开始活动。

(三) 做好准备工作

接待人员是展现公司形象的第一人,其接待客人时的态度和形象对客人形成公司整体印象起着非常重要的作用。因此,在选用接待人员时,注意仪容整洁、举止优雅、恪守职责。并进行严格的筛选。

每一次迎送活动,都应指定专人负责迎送具体事宜,或组织迎送工作小组来具体办理。迎送人员应及时将有关迎送信息、迎送计划和计划变更情况通知有关部门和有关人员,也应及时向迎送人员反馈迎送信息。

在迎送活动中,应及早安排汽车、办理住房事宜。如果有条件,应在客人到达之前,将宾馆和乘车号码等通知客人。也可以将住房表和乘车表等,在客人刚到达时,及时发放到每个人手中。这样既可以避免混乱,又可以使客人心中有数,主动配合我方的迎送工作。

客人刚刚抵达住所后,一般不要马上安排活动,让客人稍事休息,至少也应给客人留出更衣的时间。

(四) 迎送礼仪中有关事宜

1. 献花

在某些迎送场合,要举行相应的欢迎仪式或给客人献花。献花是对来员表示亲切和敬意的一种好方法。尤其是来员中有女宾或携有女眷时,在其尚未到达旅馆之前,预先在其房间摆一个花篮或一束鲜花,会给她们一个惊喜,有时甚至会达到意想不到的效果。如果安排献花,必须使用鲜花,不得用塑料花或绢花等代替。献花时要保持花朵整洁、鲜艳。献花者通常由少年儿童或青年女子充当,也可由女主人向女宾献花。献花活动通常在主人与客人握手以后进行。

送花时要尊重对方的风俗习惯,尽量送对方最喜欢的,不能犯其禁忌。如日本人忌讳荷花和菊花;意大利人喜爱玫瑰、紫罗兰、百合花等,但同样忌讳菊花;俄罗斯人则认为黄色的蔷薇花意味着绝交和不吉祥等。如果对方是夫妇同来,己方送花者应以负责人夫妇的名义或公司的名义送给对方夫妇。给对方女性送花,最好以己方某位女性人员的名义或单位的名义赠送,切忌以男性的名义送花给交往不深的女性。

【案例9.1】

张先生是公司的销售经理,一次他精心挑选自己最喜爱的黄菊花去迎接一位法国客户。当法国客户一下飞机,他就迎上去将鲜花送给了这位客户,这位客户立即铁青着脸转头就走,张先生莫名其妙地站在那里。

原因是张先生选择了错误的花束,菊花虽然是中国人比较喜欢的花束,但是在法国人眼里则认为是一种诅咒。

(资料来源:孙绍年.商务谈判理论与实务[M].北京:清华大学出版社,北京交通大学出版社,2007.)

2. 陪车

在迎送活动中，为了表示我方的热情和关心，一般情况下，都安排陪车，即主人陪同客人乘车前往住地、活动地点、车站、码头或飞机场等。

主人陪车时，应先由主人或陪同人员打开车门。上车时，先请客人从右侧车门上车，主人再从左侧车门上去，以避免从客人膝前穿过。若客人先上车，坐到主人位置上，则不必请客人移动位置。一般应将客人安排到主人的右侧。司机旁边的座位不宜安排客人就座，而应安排陪同人员乘坐。如果客人夫妇同时与主人乘坐一车，应请客人夫妇坐在后面，主人坐在前排司机旁边。待客人上车坐稳后，主人或陪同人员应帮助客人关闭车门。然后，由车体尾部绕到自己座位一侧，开门上车。切不可让客人在车内变动位置，或与客人从同一车门上车。

3. 组织活动及日程安排

在了解客人的要求及意图后，以共同协商的方式安排日程和组织活动。按照日程组织好各项活动。活动结束后，应安排客人与领导会面，交换想法和意见。如有变故，要及时通知相关部门和负责人以便做好准备工作。

四、商务谈判会谈的礼仪

会谈可以是洽谈公务，或是就具体业务进行谈判。准确掌握会谈时间、地点和双方参加人员的名单，及早通知有关人员和有关单位做好必要的安排。主人应提前到达。客人到达时，主人应到正门口迎接，也可在会谈室门口迎接，或由工作人员在大楼门口迎接，然后引到会谈室，主人在会谈室门口迎接。如有合影，宜安排在宾主握手之后合影，再入座。会谈结束时，主人应送客人至门口或车钱，目送客人离去。一般只备茶水，夏天加饮料。若会谈时间较长，可适当上咖啡或红茶。

（一）会谈内容

会谈内容要广博有深度。在交谈时，要对他人赖以维持生活的行业表现出高度的兴趣；不要一心只讲自己感兴趣的事情，而不问别人是否感兴趣，这样容易引起别人的反感，最好是相互交谈。如发现对方不感兴趣，要很快地转移话题来适应谈话对象。谈话一般不要涉及病、亡等不愉快的事情，不要径直询问对方履历、工资收入、家庭财产、衣饰价格等私人生活问题，不要询问妇女年龄、婚姻、体重等。不随便议论宗教，不议论他国内政等。

（二）会谈用词

用词要准确、优雅，说完整的词句，不要吞吞吐吐或预言又止，这会让人觉得不明快。避免冗长无味或意思重复的言语，不要用"嗯"、"喔"等鼻子发出的声音来表达个人意见的同意与否。言语要和气亲切，表达得体。

（三）肢体语言

谈话时表情要自然，态度要和气，语言表达要得体，谈话距离要适当。说话手势不要过大，不要手指别人,不要唾沫四溅,跟别人说话时,坐姿应挺直,不要东倒西歪。在交谈时应面向四方,注意倾听对方所谈。不要轻易地打断别人的发言,也不要左顾右盼,目视别处。如想表达自己的观点,应挺直坐正,表现的郑重一点。坐下时,双腿不可不停地交叉,分开或是抖动。避免双手乱舞,手势过多。女士的坐姿及站姿要注意将膝盖并拢,不要做出具有挑逗性的动作。

五、商务谈判签字仪式的礼仪

我国法律规定:合同一般只有当事人达成书面协议并签字时,才能宣告成立。可见,当事人的签字,是合同正式成立并生效的必要条件。为了体现合同的严肃性,在签署合同时,最好郑重其事地举行签字仪式。签字仪式是签署合同的高潮,它的时间不长,但程序却是最为规范,气氛最为庄严、隆重而热烈。

(一)签字前的准备

安排签字仪式,首先要做好文本的准备工作,及早对文本的定稿、翻译、校对、印刷、装订、盖章等做好准备;其次准备好签字用的文具。同时,要安排好签字地点,既可在谈判也可在宴请的饭店设桌签字。政府间的签字还要准备小国旗,重要的签字仪式还要干杯或举行宴会庆祝。

(二)签字人的选择

主谈人有时不一定是合同的签字人。签字人应视协议或合同文件的性质由各方商议确定,但双方签字人的身份应大体相当。商业合同一般应由企业法人代表签字,政府部门代表一般不签。在目前的商务业务中,签字人分为四种情况:①金额与内容一般(成交额百万美元以内,货物普通)的合同由业务员或部门经理签字;②金额较大、合同内容一般(成交额百万美元以上)的合同由部门经理签字;③成交额在500万美元以上多由公司或商社领导签字;④金额大(千万美元以上)、合同内容系高技术领域的合同多由公司或商社领导签字,与合同相关的协议由政府代表、企业代表共同签字。其中,属于由企业非法人代表签字的情况时,签字人在签字之前,还应出示由其所属企业最高领导人签发的授权书。属于由企业法人代表签字的情况时,签字人在签字之前,还要以某种形式证实其身份。

签字人的选择主要是出于对合同履行的保证之考虑。复杂的合同涉及面广。上级、有关政府部门了解、参与后,执行中若产生问题容易理解,对合同的顺利执行有所保证。

(三)参加人的确定

参加签字仪式的有双方参加会谈的全体人员,如果一方要求未参加谈判的人员出席,对方应予同意,但双方人数应大体相等。

重大合同即涉及政府参与的合同的签字仪式比较隆重,参加的人比较多和重要。这时,需选择较高级的饭店如长城饭店、北京饭店或隆重的会堂,如人民大会堂作签字仪式举办地点。签字在一个厅,宴会为另一厅。安排高级领导(部级或国家领导)会见对方代表团成员。签字时，专设签字桌，后排站高级领导及双方贵宾（包括使领馆的代表），请新闻界记者、电视台参加。

（四）签字仪式的安排

商务谈判最后的阶段是签字仪式。从礼仪上来讲，举行签字仪式时，一定要郑重其事，认认真真。其中最为引人注目的，当属举行签字仪式时座次的排列方式问题。一是并列式，是举行双边签字仪式时最常见的形式。它的基本做法是：签字桌在室内面门横放。双方出席仪式的全体人员在签字桌之后并排排列，双方签字人员居中面门而坐，客方居右，主方居左。二是相对式，与并列式签字仪式的排座基本相同。二者之间的主要差别，只是将双边参加签字仪式的随员席移至签字人的对面。三是主席式，主要适用于多边签字仪式。其操作特点是：签字桌仍须在室内横放，签字席仍须设在桌上面对正门，但只设一个，并且不固定其就座者。举行仪式时，所有各方人员，包括签字人在内，皆应背对正门、面向签字席就座。签字时，各方签字人应以规定的先后顺序依次走入签字席就座签字，然后即应退回原处就座。各方签字人可交换使用过的签字笔，以做纪念。

最后需要说明的是，签字仪式本身虽然是为了表示郑重对待，但并不是非搞不可的。签字仪式是为了造势，增加影响力，但如有其他考虑，这种仪式是可以省略的。

【案例9.2】

张先生是市场营销专业本科毕业生，就职于某大公司销售部，工作积极努力，成绩显著，三年后升任销售部经理。一次，公司要与美国某跨国公司就开发新产品问题进行谈判，公司将接待安排的重任交给张先生负责，张先生为此也做了大量细致的准备工作。经过几轮艰苦的谈判，双方终于达成协议。可就在正式签约的时候，客方代表团一进入签字厅就转身拂袖而去，是什么原因呢？原来在布置签字厅时，张先生错将美国国旗放在签字桌的左侧。项目告吹，张先生也因此被调离岗位。由此可见，在国际商务谈判时，应按国际通行的惯例（国际惯例的座次位序是以右为上，左为下）来做，否则，哪怕是一个细节的疏忽，也可能导致功亏一篑、前功尽弃。

（资料来源：罗树民，等.国际商务谈判[M].上海：上海财经大学出版社，2004.）

六、商务谈判名片的礼仪

名片是职业经理人重要的交际工具。它直接承载着个人信息，担负着保持联系的重任。要使名片发挥的作用更充分，就必须掌握相关的礼仪。名片是自己的替身，是商务活动中不可缺少的。名片被用作各种正式宴会、舞会、茶会等聚会的请柬或回帖；祝贺或劝慰之词，也常写在名片上寄给亲友；介绍友人相识或托人取物，也常以名片作为简单的介绍信。此外，送礼时，名片也常被夹在礼品中，既简单又体面。在商务谈判中与对方人员初次见面时，互赠名片既简单又礼貌。

(一)名片的规格

名片的大小尺寸通常因上面字数多寡而定,一般多在6厘米×9厘米左右。男性的名片可稍狭长一点,女性的名片可稍小一点。名片通常选用白色、乳白色、黄色卡片纸。通常,政府机构的人或职务较高的人用白色较好,企业、公司人员用黄色,商业人员还可用彩色。名片的字体多采用仿宋体、楷书或手写体,若印外文则可选用罗马字体或草写体。采用横排的名片,一般把姓名印在中间,把地址及电话、电传号码以较小的字体印在名片的右下角,竖排的名片则把地址等印在左下角。

在我国,名片是不分商业用和交际用的。但是,外国人却分得很清楚,商业用的名片记载着公司的名称和职位,私人交际名片则只有名字。

(二)名片的使用

名片不能像散发传单那样使用。在我国,事先约好后访问时,可自然拿出名片再交谈。在有介绍人介入商谈的场合,应经过介绍、握手之后,再进行交谈。这时,如果想让对方记住自己的名字,临别时可递上名片并告诉地址。

(三)名片的递接及存放

名片的递送先后没有太严格的礼仪讲究。一般是地位低的人先向地位高的人递名片,男士先向女士递名片。当对方不止一人时,应先将名片递给职务较高或年龄较大的人,如分不清职务高低或年龄大小时,则可先和自己对面的左侧方的人交换名片。

向对方递送名片时,应面带微笑,注视对方,将名片正对着对方,用双手的拇指和食指分别持握名片上端的两角送给对方。递送时,可以说"我是某某,这是我的名片,请笑纳""我的名片,请笑纳""我的名片,请您收下"之类的客套话。

接受他人递过来的名片时,除女性外,应尽快起身或欠身,面带微笑,用双手的拇指和食指捏住名片的下方两角,并视情况说"谢谢""能得到你的名片,十分荣幸"等。名片接到手后,应十分珍惜,切不可在手中玩弄,应认真看一下,千万不要随意放在桌子上,或随便握在手上。如是初次见面,最好将名片内容读一下,以示尊重。

随身所带的名片,应放在专用的名片包或名片夹里。他人的名片在看过后,应将其精心收入名片包、名片夹或上衣口袋里。定期对所收到的名片进行分类整理,以方便使用。分类方法主要有以下几种:

(1)按单位部门、业务类型。
(2)按国别、地区。
(3)按姓氏笔画。
(4)按姓名拼音首字母。

名片是展示一个人的窗口,在设计上需要精益求精,最好能给对方留下良好且深刻印象。使对方对你更多了一分好感。

遇到以下几种情况,不需要把自己的名片递给对方,或与对方交换名片。
(1)对方是陌生人而且不需要以后交往。
(2)不想认识或深交对方。
(3)对方对自己并无兴趣。
(4)双方之间地位、身份、年龄差别悬殊。

第二节　商务谈判的礼节

一、礼节的含义

礼节是人们在交往时,特别是在交际场合,相互问候、致意、祝愿、慰问以及给予必要的协助与照料的惯用形式,是礼貌的具体体现。商务礼节是人们在商务交往活动中为表示尊重对方而采取的人们共同约定并形成习惯的规范形式。随着业务活动的复杂化和现代化,商务礼节越来越多,也越来越复杂,逐渐在人们中间形成了一种约定俗成的规矩,于是就产生了一定得礼节程序。

二、商务交往中的基本礼节

1. 遵守时间

遵守时间是商务交往中极为重要的礼节。在恪守时间观念的文化中,按时间表会面时必须的。因此,参加谈判及其他活动,应按约定的时间到达。过早抵达,会使主人因没准备好而难堪。迟到,则让主人等候已久而失礼,还要担心牵挂。万一因故迟到,要向主人表示歉意。如因故不能应邀赴约,要有礼貌地尽早通知主人,并以适当的方式表示歉意。

2. 尊重长者和妇女

尊重长者和妇女是一种美德。很多国家的社交场合,在上下楼或车辆,进出电梯,让长者妇女现行;男子帮助同行的长者和妇女提拎较重物品;进出大门,男子帮助老人和妇女开门、关门;同桌用餐,两旁若坐着老人和妇女,男子应主动照料,帮助他们入座就餐等。

3. 尊重各国和各民族的生活习惯

不同的国家、民族,由于不同的历史、文化、宗教等原因,各有特殊的风俗习惯和礼节,应该了解和尊重。天主教忌讳"13"这个数字,尤其是"13 日,星期五",遇上这个日子,不举行宴请;印度、印度尼西亚、马里、阿拉伯国家等,不能用左手与他人接触或用左手传递东西;保加利亚、尼泊尔等一些国家,摇头表示同意,点头表示不同意等。不了解或不尊重别国和其他民族的风俗习惯不仅失礼,严重的还会影响相互的关系,妨碍经贸往来,酿成外交事件。

4. 言谈举止

一般说来,就是要"坐有坐像,站有站像"。行到要落落大方,端庄稳重,态度表情要自然诚恳，和蔼可亲，在公共场所，不要喧哗。在隆重的场合，如举行仪式、听演讲、看演出等要保持肃静等。

5. 吸烟

（1）注意场合。凡是在贴有"禁止吸烟"或"无烟室"等字样的地方和有空调的房间、没有摆放烟灰缸的房间以及公共场合，应自觉禁烟，遵守社会公德。在工作、参观、谈判和进餐中，一般不应吸烟或少吸烟。在与长者或女士共处一室时，最好不要吸烟，要吸烟也应征得别人同意。在私人住宅，如果主人不吸烟，又未请客人吸烟，客人最好不吸烟。

（2）注意文明。吸烟时，不应把烟灰、烟蒂、火柴到处乱丢，而应放入烟灰缸内。找不到烟灰缸时，应请主人拿给自己。丢烟头时，应将烟掐灭放入烟灰缸内，不要让烟头在烟灰缸里继续冒烟。吸烟时，不应一直吸到烧手或吸到过滤嘴边缘；不应将烟雾向别人直喷过去；不应从鼻孔里往外吐烟；不应走着路吸烟；不应把烟夹在耳朵上；也不应在电扇和空调的上风吸烟。如果对方不吸烟，而向你让烟，此时最好不要吸烟。

（3）讲究礼节。敬烟时应先敬长者，如女士中有吸烟者，应先敬女士。敬烟时，手不应碰到过滤嘴，不可用手取出一支递给对方，更不可将烟扔给对方，而是把数支烟抖出烟盒少许，说声"您请"，同时把烟盒递给对方，请对方自取。敬烟时，如对方谢绝，则不应勉强。对宾客不必敬烟，外国人通常没有敬烟的习惯。

点烟时，应先给对方点。若用火柴点烟，划着后，一手挡风，一手递火，为对方点着香烟，如有女士吸烟时，男士应主动为女士点烟。当别人为自己点烟时，应躬身相迎，烟点完后，应向对方致谢。

如果自己不吸烟，当别人吸烟时，应尽量克制自己，不应露出厌恶的神色。

三、见面的礼节

（一）介绍

介绍是谈判双方互相认识和了解、增强信任的开端，也是双方建立联系和进一步合作的基础。得体的介绍可以降低人们戒备心理，增强合作意识，提高谈判成功的概率；反之，不得体的介绍可能给谈判带来不必要的麻烦。不管是通过他人介绍还是自我介绍，要高度重视介绍中的一些礼仪礼节。

（1）先把年轻的介绍给年长的。

（2）先把职位、身份低的介绍给职位、身份高的。

（3）先把男性介绍给女性。即使女性只有十八九岁或刚涉足谈判工作不久的也应如此。

（4）先把未婚的介绍给已婚的。

（5）先把主人介绍给客人。

（6）先把个人介绍给团体。

（7）先把与会先到者介绍给后到者。

(二)行礼

1. 鞠躬礼

鞠躬礼作为一种交际的礼节,主要表示下级对上级、同级之间、初次见面的朋友之间对对方的由衷的尊敬或深深的感谢之情。行鞠躬礼时,双手应摊平扶膝,与受礼者相距2～3步远,面对受礼者,身体上部向前倾约15～90度不等,前倾度数越大则表达的敬意越深。行鞠躬礼时必须注目,不可斜视,受礼者也同样。行礼时不可戴帽。脱帽时,脱帽所用的手应与行礼之边相反。如向左边的人行礼,应用右手脱帽;向右边的人行礼,则用左手脱帽。

礼毕恢复直立姿势时,双眼应有礼貌地注视着对方,如视线移向别处,会让人感到即使行礼也不是诚心诚意的。上级或长者还礼时,可以欠身点头或同时伸出右手以答之,不鞠躬也可。

2. 握手礼

在许多国家,握手已成为一种常用的见面礼。在介绍认识时,握手也是一种最自然而常见的礼节。除此之外,握手还是一种祝贺、感谢、慰问或相互鼓励的表示。既然如此,握手也是有着一定礼仪规范的。

一般来说,握手的时间要短,特别是初次见面握一下即可。握手时身体稍稍前倾,两足立正,伸出右手,距受礼者约一步,右手4指并拢,拇指张开,向受礼者握手,礼毕后松开。

握手的力量要适度,过重过轻都不好。握手时应双目注视对方,切不可左顾右盼和低着头,一边与人握手,一边与另外一个人交谈是十分失礼的。男性在握手前应摘下手套、帽子,女士与人握手时也应先脱去右手手套,但有地位者则不必。除年老体弱及有残疾的人外,一般应站着握手。

3. 拥抱礼

拥抱礼是指两人相对而立,右臂偏上,左臂偏下,右手扶在对方左后肩,左手扶对方右后腰,按各自的方位,两人头部及上身都向左相互拥抱,然后头部及上身向右相互拥抱,再次向左拥抱后,礼毕。在普通场合行此礼,不必太过讲究,次数下不必进行要求。它在西方,特别是欧美各国在熟人、朋友之间的见面和道别的常用礼节。同时也是表示祝贺、慰问、和欣喜时的一种常见礼节。

4. 合十礼

合十礼又称合掌礼,是南亚和东南亚一些佛教国家流行的见面礼节,即把两个手掌在胸前对合,掌尖和鼻尖基本平行,手掌向外倾斜,头略低。遇到这种情况应以合十礼相还。

5. 亲吻礼

亲吻礼是上级对下级、长辈对晚辈以及朋友、夫妻之间表示亲昵、爱抚的一种见面礼节,多采用亲脸或额头、贴面颊、吻手或接吻等形式。见面时如表示亲近,可女子之间相互亲脸,男女之间互贴面颊,长辈亲晚辈的额头,男子对高贵的女宾行吻手礼等。接吻仅限于夫妻及恋人之间。亲吻礼多见于西方、东欧、阿拉伯国家。

另外需要注意,行亲吻礼时,忌讳发出亲吻的声音和将唾液弄到对方脸上,这些都是非常令人尴尬的事情。

6. 作揖礼

作揖礼即拱手礼,是华人主要的见面礼仪。行礼时,面向对方站立,上身挺直,两面三刀臂前伸,双手在胸前高举抱拳,自上而下,或由内而外,有节奏地晃动几下。这种礼节适用于过年时举行的活动,向长辈祝寿,祝贺友人结婚、生子、晋升、乔迁等喜庆活动,向亲友表示无比感谢,及与华人初次见面时表示仰慕之意。

(三) 致意

1. 举手致意

举手致意,一般不必出声,只要将右臂伸直,掌心朝向对方,四指并拢,拇指自然分开,轻轻的左右摆动两下就可以了,不需反复摇动,更不要上下摆动和手背朝向对方。适用于向距离较远的熟人打招呼。

2. 点头致意

点头致意,其正确做法是头向下微微一动,幅度不宜过大,也不必点头不止。点头致意适用范围很广,如熟人与熟人、朋友在会场、剧院、歌舞厅等不宜交谈的场合,或遇到多人而又无法一一问候时,均可致以点头致意。致意时,要摘掉帽子,以示尊重。

3. 微笑致意

微笑致意,即指面部带有不明显、不出声的笑。适用于谈判活动开始与不相识者见面之时,也可用于向在同一场合多次见面的相识者致意。

4. 欠身致意

欠身致意,指全身或身体的一部分稍微向上向前,表示对他人的尊敬,适用范围较为广泛。

5. 脱帽致意

脱帽致意,如果戴着帽子,向对方脱帽致意最为礼貌。其方法是微微欠身,以距对方稍远一些的那只手脱帽,并将其置于大约与肩平行的位置。这样的姿势优雅,同时便于与对方交换目光。女士在一般社交场合可以不用脱帽致意,这不会被认为是失礼行为。

当对方向自己致意时,不管这时的心情怎样,感觉如何,都要马上用对方采用的致意方式向他致意,毫无反应是失礼的。请记住,致意是以动作向对方表示问候,因此双方都不可对自己致意的动作马马虎虎。

(四) 服饰

在人际交往的过程中,难免涉及社交礼仪。俗话说"人靠衣装马靠鞍",在社交礼仪中,服饰礼仪是至关重要的,服饰打扮带给人的直观印象是非常重要的。服饰打扮虽说由于每人的喜好不同,打扮方式不同,产生的效果也不同,因此也成就了五彩斑斓的服饰世界,但我们根据人们的审美观及审美心理还是有一些基本的原则可循。

1. 整洁原则

整洁原则是指整齐干净的原则,这是服饰打扮的一个最基本的原则。一个穿着整洁的人总能给人以积极向上的感觉,并且也表示出对交往对方的尊重和对社交活动的重视。整洁原则并不意味着时髦和高档,只要保持服饰的干净合体、全身整齐有致即可。

2. 个性原则

个性原则是指社交场合树立个人形象的要求。不同的人由于年龄、性格、职业、文化素养等各方面的不同,自然就会形成各自不同的气质,我们在选择服装进行服饰打扮时,不仅要符合个人的气质,还要突现出自己美好气质的一面,为此,必须深入了解自我,正确认识自我,选择自己合适的服饰,这样,可以让服饰 尽显自己的风采。要使打扮富有个性,还要注意:首先不要盲目追赶时髦,因为最时髦的东西往往是最没有生命力的。其次要穿出自己的个性,不要盲目模仿别人。

3. 和谐原则

所谓和谐原则则指协调得体原则。即选择服装时不仅要与自身体型相协调,还要与着装着的年龄、肤色相配。服饰本是一种艺术,能掩盖体形的某些不足。我们要借助于服饰,能创造出一种美妙身材的错觉。不论是高矮胖瘦,年轻的还是年长的,只要根据自己的特点,用心地去选择适合自己的服饰,总能创造出服饰的神韵。

4. 着装的 T.P.O 原则

T.P.O 分别是英语 Time、Place、Occasion 三个词的缩写字头,即着装的时间、地点、场合的原则。一件被认为美的漂亮的服饰不一定适合所有的场合、时间、地点。因此,我们在着装时应该要考虑到这三方面的因素。

着装的时间原则,包含每天的早、中、晚时间的变化;春、夏、秋、冬四季的不同和时代的变化。着装的地点原则是指环境原则。即不同的环境需要与之相适应的服饰打扮。着装的场合原则是指场合气氛的原则。即着装应当与当时当地的气氛融洽协调。服饰的 T.P.O.原则的三要素是相互贯通、相辅相成的。人们在社交活动与工作中,总是会处于一个特定的时间、场合和地点中,因此在你着装时,应考虑一下,穿什么?怎么穿?这是你踏入社会并取得成功的一个开端。

5. 着装的配色原则

服饰的美是款式美、质料美和色彩美三者完美统一的体现,形、质、色三者相互衬托、相互依存,构成了服饰美统一的整体。而在生活中,色彩美是最先引人注目的,因为色彩对人的视觉刺激最敏感、最快速,会给他人留下很深的印象。

服饰色彩的相配应遵循一般的美学常识。服装与服装、服装与饰物、饰物与饰物之间的色彩应色调和谐,层次分明。饰物只能起到"画龙点睛"的作用,而不应喧宾夺主。服饰色彩在统一的基础上应寻求变化,肤与服、服与饰、饰与饰之间在变化的基础上应寻求平衡。一般认为,衣服里料的颜色与表料的颜色,衣服中某一色与饰物的颜色均可进行呼应式搭配。

服装色彩搭配有三种方法可供参考:

(1)同色搭配:即由色彩相近或相同,明度有层次变化的色彩相互搭配造成一种统一和谐的效果。如墨绿配浅绿、咖啡配米色等。在同色搭配时,宜掌握上淡下深、上明下暗。这样整体上就有一种稳重踏实之感。

(2)相似色搭配:色彩学把色环上大约九十度以内的邻近色称之为相似色。如蓝与绿、红与橙。相似色搭配时,两个色的明度、纯度要错开,如深一点的蓝色和浅一点的绿色配在一起比较合适。

(3)主色搭配:指选一种起主导作用的基调和主色,相配于各种颜色,造成一种互相陪衬、相映成趣之效。采用这种配色方法,应首先确定整体服饰的基调,其次选择与基调一致的主色,最后再选出多种辅色。主色调搭配如选色不当,容易造成混乱不堪,有损整体形象,因此使用的时候要慎重。

四、宴请的礼节

在谈判活动中,招待宴请本身就是谈判双方的一种礼仪形式,通过招待宴请,可以增进相互之间了解和信任,联络感情,进而达成在某些严肃谈判场合难以达成的协议,促使谈判成功。宴请礼仪贯穿于宴会的全过程。

【阅读资料9.1】

在中国招待外国客商的礼仪

当外国客商到达下榻旅馆并安顿好后,按照中国的传统习惯就要设宴招待以示欢迎。招待外国客商应该根据各国风俗习惯和物产情况区别对待,最好以对方国家的稀缺之物待客。例如,对日本客人来说,甜瓜是很珍贵的,但是对南美客人来说则是一种极为便宜的水果;可以用香蕉、菠萝招待欧美客人,但若用来招待东南亚客人则不太合适;对日本客人来说,牛肉价格很贵,而对欧美一些客人来说,这便是一种便宜之物……除水果、菜肴外,酒类也是宴请中不可缺少的。大部分客商都比较重视酒的等级,往往根据其品级来判断宴会的标准。接待单位可以用中国茅台、五粮液、竹叶青、汾酒、洋河大曲、董酒等名酒,或者用绍兴酒、金奖白兰地等具有中国特色的酒待客,客人们会感到满意。用中国生产的酒来招待客人,特别是初次来华的客商,他们会感新鲜稀奇,效果会更好。

设宴招待客商,不要在对方下榻的旅馆进行,因为客商对于住宿旅馆的菜肴可以随时品尝。大多数外商将自己下榻的旅馆当做自己临时的家,所以若在对方投宿旅馆设宴招待,无异于在客人家中招待客人。

(资料来源:罗树民,等.国际商务谈判[M].上海:上海财经大学出版社,2004.)

(一)宴请的种类

1. 宴会

宴会为正餐,即坐下进食,由服务员顺次上菜。宴会是较为隆重的正餐,可分别在早上、中午、晚上举行,而以晚宴最为隆重。宴会一般分为以下几种形式。

(1)正式宴会。正式宴会多用于规格高而人数少的官方活动。正式宴会的宾主均按身份排位就座。正式宴会十分讲究排场。正式宴会对餐具、酒水、陈设以及服务员的仪表和服务方式要求很高。通常情况下,正式宴会中,中餐用四道热菜,西餐用两三道热菜,另外还有汤、冷盘、点心、水果等。

(2)便宴。便宴是招待宾客的一种非正式宴请形式,多适合于宾主的日常性友好交往,以午宴和晚宴居多。举行此类宴会时,宾主可不排座次,可不做正式讲演,一般是相互之间进行随意而亲切的叙谈。

2. 招待会

招待会是指各种非正式的、较为灵活的宴请形式。这种宴请形式通常不排座次,可以自由走动,备有食品、酒水、饮料及冷食等。常见招待会有冷餐会和酒会等。

(1)冷餐会。又称自助餐。这种宴请形式灵活方便,易于操作。冷餐会一般不排席位,菜肴以冷食为主,也可用热菜,连同餐具陈设在餐桌上,供客人自取。客人可以自由活动,可以多次取食。酒水放在桌上,由客人自取,也可由服务员端送。

(2)酒会。又称鸡尾酒会。这种招待宴请形式比较活泼,便于宾主之间进行广泛的接触和交流。酒会以酒水为主,略备小吃。不设座椅,仅设小桌或茶几,以便客人随意走动。

(3)茶会。这是一种更为简便的招待形式。举行的时间一般在16:00左右,茶会通常设在客厅,厅内设茶几和座椅,不排座位。如果是为某贵宾举行的茶会,在入座时,可有意的将主宾同主人安排在一起,其他人随意就座。茶会备有点心和地方风味小吃。

(4)工作餐。工作餐是近年来较为流行的一种非正式简便宴请形式,特点是利用进餐时间,边吃边谈问题。在活动繁多,安排其他类型宴请有困难时,往往采取这种宴请形式。

(二)宴请活动组织安排

1. 确定宴请的目的、名义、对象、范围与形式

确定宴请的名义和对象的主要依据是主、客双方的身份。出面邀请者身份太低,会使对方感到受冷淡、宴请规格低;出面邀请者身份太高,会使对方感到无所适从。若主人已婚,一般以夫妇名义发出邀请。

确定宴请范围应考虑多方面的因素,不能只顾一面。一般应考虑宴请的性质、主宾的身份、通用惯例、对方对我方以前的做法等。邀请范围和规模确定以后,即可草拟具体邀请名单。

宴请采取何种形式,在很大程度上取决于当地的习惯做法。目前,世界各国的礼宾工作都在简化,宴请范围呈缩小趋势,形式更为简便。冷餐会和酒会等被广泛采用。

2. 确定宴请时间和地点

宴请时间和地点应对主宾双方都合适。要注意尊重对方在时间上的禁忌和不便。如对基督教人士的宴请时间不宜选择在13日,伊斯兰教徒在斋月内白天是禁食的,宴请应安排在日落以后进行。小型宴会主办以前,应先就时间征询主宾的意见,最好在适当时候当面邀请主宾,也可以用电话联系。

关于宴请地点,可按活动性质、规模大小、宴请形式、主人意愿和实际可能等情况具体选

定。选定场所要容纳全部人员。举行小型正式宴会,在可能的情况下,应在宴会厅外另设休息厅,供宴会前简短交谈使用,待主宾到达后,一起进入宴会厅入席。

3. 发出邀请

邀请既是交往的起点,又是交往的继续。欢迎、介绍、接待、会见、拜访、辞行、欢送都离不开实现的邀请或被邀请。各种宴请活动,一般用发请柬形式来发出邀请。请柬的内容包括活动的主题、形式、地点、主人姓名,并且书写要清晰美观。请柬具有礼貌和对客人起备忘的功能,也是进入宴会的凭证。请柬一般提前一周或两周发出,以便对方及早安排、及早答复。

4. 现场布置

冷餐会的菜台应用长条桌,通常靠四周陈摆;也可根据宴会厅情况,摆在房间的中间。如果安排坐下用餐,可摆四五人一桌的方桌或圆桌,座位数要略多于全体宾主人数,以便席间宾主可以自由就座、活动交谈。

酒会一般摆小圆桌或茶几,以便放花瓶、烟缸、干果和小吃等。主宾席背向其他参加者的一边或背向主宾席的座位可不安排坐人。当主宾身份高于主人时,可以将其安排在主人席位上,以示敬重,而主人则坐在主宾席上,第二主人坐在主宾的左侧。如果我方出席人员中有身份高于主人者,也可由身份高者坐主位,主人坐身份高者左侧,主宾坐身份高者右侧。当座位排好后,可制作席位卡。我国习惯中文写在上面,外文写在下面。

【案例9.3】

进餐不是随便请的

中国江苏某企业老板在参加宴会时认识了美国某企业老板,恰恰双方在业务上有共同点,也就是大家都需要彼此的产品。因此,双方都愿意在今后的日子里有所往来。在那以后的某天,美国公司的老板发传真给中国企业的老板,告知他有笔业务,希望与他合作。中国企业老板喜出望外,积极为即将到来的谈判做精心的准备。

在美方代表到达时,中方热情接待,领美方老板及其随从参观了厂房、机器设备、办公楼、产品等硬件设施,美方对此非常满意。并且表示愿意合作,之后双方签订了一份协议,美国企业老板说要等归国后与董事会商量后再与中国企业签订正式的和约。这时,已经是下午2点钟,中国企业老板盛情邀请美方到酒店就餐。美国企业老板说自己在6点钟还有一个约会,所以就算了吧。但是中国企业的老板执意如此,美国企业老板无法拒绝,但要求一切从简。中方带领美方到了本地最负盛名的酒家,点了整整一桌的酒菜,而参与者仅为4人,宴会整整持续了2个小时,此时已是下午4点钟,而到达另一个约会地点需2个小时,不巧的是中国企业的老板由于兴奋过度喝醉了,他的司机不得不先送他回家,再送美方到达指定地点参加宴会。等到达时,已经整整晚了1个小时。美方企业老板在归国后非常气愤,这是他有生以来第一次失约,他将此视为奇耻大辱,所以就终止了与中方的合作。

(资料来源:张勤.行政谈判[M].北京:经济科学出版社,1995.)

【案例9.4】

标语不是随便挂的

德国某食品公司总裁S先生到我国某食品厂实地考察联合生产项目,他看到工厂内笔直的大道、翠绿的树木、幽静的厂区,交口称赞。然而当他一眼看到围墙上用红绿广告色刷着的巨大汉字时表现出疑惑,便问:"为什么要在墙上写字,这样不是把墙弄脏了吗?"翻译解释道:"那是宣传标语,是让全厂动手,打击偷盗"。没等翻译说完,S先生转身就问厂长:"全厂都来抓小偷,那么生产怎么办?这里的治安太可怕了。"说完拉着翻译就走了。任凭厂长和陪同人员如何解释,S先生都听不进,他只是说:"小偷太多,全厂抓小偷,不可思议,不可思议。"S先生的轿车在一片挽留、抱怨、沮丧声中驶出了工厂。一条标语吓走了外商,值得人们深思。

(资料来源:张勤.行政谈判[M].北京:经济科学出版社,1995.)

(三)宴会程序

1. 迎接、小叙

一般情况下,由主人到门口迎接客人。有时,正式场合可在存衣处与休息厅之间由主人及其主要陪同人员排成行列迎宾。宾主握手后,由工作人员引导客人进入休息厅。客人进入休息厅后,要有相应身份的主方人员陪坐小叙,并由招待员送饮料小饮。如果没有休息厅,则可直接进入宴会厅,但不入座。

2. 开宴、致词

宾客到齐后,由主人陪同客人步入宴会厅,宴会即可开始。宴会开始后,宾主要适当祝酒。如果有讲演,应事先落实讲稿。通常双方事先交换讲话稿,由举办宴会的一方先提供。讲演的时间,一般安排在宾主就座以后,或在热菜之后、甜食之前。冷餐会和酒会的讲话时间可灵活掌握。

3. 敬酒、交谈

主人应依次到各桌上敬酒。敬酒时的态度要稳重、大方、热情。每桌可派一名代表到主人桌回敬。宴会上相互敬酒时,宾主应量力而行、适可而止,切忌劝酒,甚至酗酒。

宾主致辞、敬酒完毕,大家此时可以进行比较轻松、自由的交谈,但仍应以不失礼仪为前提。

4. 宴毕、告辞

食完水果,主人与主宾起立,以示宴会结束。这时,客人应向主人道谢,并称赞主人的饭菜。宴后,宾主可以再次进入休息厅小饮片刻或直接道别。主宾告辞时,主人应送至门口。主宾离去后,主方人员依序排列,再与其他客人一一致意,相互告别。

(四)赴宴礼节

1. 赴宴

(1)应邀。接到宴会的邀请后,能否出席,应尽早答复对方,以便主人安排。在接受邀请后,不得随意改变。应邀出席前,要核实活动举办的时间、地点等。

(2) 掌握出席时间。出席宴请活动,抵达时间的迟早、逗留时间的长短,在某种程度上反映了对主人的尊重程度,要根据活动的性质和习惯来掌握。迟到、早退或逗留时间过短,被视为失礼或有意冷落主人。一般客人应提前一点达到,身份高者可略晚抵达。在席间,确实有事需提前退席,应向主人说明后悄然离去或事先打招呼,届时离席。

(3) 抵达、入座、进餐。抵达宴请地点时,应先到衣帽间,脱下大衣和帽子。然后前往主人迎宾处,主动向主人问好。如果宴请属吉庆活动,应表示祝贺。出席宴请活动,应客随主便,听从主人的安排。入座前应先了解清楚自己的桌次座次,不宜乱坐。如果左右邻座是长者或女士,应先主动协助他们坐下,然后自己再入座,宜从右侧入座。如果是西式宴会,同一桌席位高低,以距离主人座位的远近而定,右高左低、近高远低。男女交叉就座。入座后,在和主人招呼后,便开始进餐。如果有几桌宴席,则不宜在主宾席尚未进餐时率先进餐。

(4) 祝酒。酒宴上是联络和增进感情的重要场所。通过向同事、朋友、领导敬酒、劝酒,能够促进双方的情感交流,使彼此的关系更密切、更稳固。在饮酒的过程中,需要注意礼仪问题。作为主宾参加宴请,应了解对方的祝酒习惯,即为何人何事祝酒、何时祝酒等,以便做必要的准备。碰杯时,主人先和主宾碰杯,人多时可同时举杯示意。祝酒时,注意不要交叉碰杯。碰杯时,要目视对方,微笑致意。宴会上相互敬酒,表示友好,活跃气氛,但切忌喝酒过量,否则会失言失态。一般应控制在自己酒量的 1/3 为宜。不可强行劝酒。

(5) 纪念品。有时,宴会主人为客人准备小纪念品或一朵鲜花。宴会结束时,主人请客人带上,可说一两句赞扬纪念品的话。应注意,除主人特别示意作为纪念品的东西外,各种招待用品,包括宴会剩余的糖果、水果和香烟等,都不要拿走。

2. 餐姿、餐巾与餐具

(1) 餐姿。餐桌前的坐姿和仪态很重要,适度文雅和细心,可以防止餐桌上许多不快之事发生,且能获取众人的赏识与尊敬。从椅子的右侧入座后,理想的坐姿是身体挺而不僵,仪态自然,身体与餐桌保持一定距离,用餐时一般不要把桌面弄得很乱。

(2) 餐巾。餐巾须等主人动手摊开使用时,客人才能将它摊开膝盖上。进餐前用餐巾纸拭擦餐具是极不礼貌的行为。如果发现不洁餐具,可要求服务员调换。餐巾的主要作用是防止油污、汤水滴到衣服上,也可用来轻擦嘴边油污,但不可用来擦脸、擦汗。离座取食时,可将餐巾放到椅座上;用餐完毕,餐巾放于座前桌上左边,不可胡乱揉成一团。

(3) 餐具。中餐宴请外商时,既要摆放碗筷,也要放刀叉,以中餐西吃为宜。西餐刀叉的使用是右手持刀,左手持叉,将食物切成小块后用叉送入口中。吃西餐时,按刀叉顺序由外往里取用,每道菜吃完,将刀叉并拢放于盘中,以示吃完;否则摆成八字或交叉型,刀口向内。除喝汤外,不要用汤匙进食。

3. 吃喝禁忌

(1) 再难吃的东西多少要吃几口,不要轻易拒绝主人送过来的食物。

（2）用西餐时，不要一次取食过多，应量需取食。取食的顺序一般是冷菜、汤、热菜、甜点、水果、冰激凌；取食时不要谈话，以免污染食物。

（3）不要将自己用过的餐具放在大家共同吃的食物旁边。

（4）吃面条之类食物时，不要吸食出声。应用叉、筷卷起一口之量，小口进食。

（5）未经主人示意，不要用手撕食物。

（6）喝汤时，宜先试温，待适合时再食，忌用口吹或吸食出声。

（7）口中有食物时，切勿说话。

（8）不要当众剔牙。

（9）宴席中最好不要抽烟。

【阅读资料9.2】
不懂礼仪闹出笑话——白领急补西餐课

近日吃西餐的人也多了起来。因为不熟悉西餐礼仪，准白领袁小姐闹出了不少笑话，于是痛下决心学"吃西餐"。

袁小姐是大四的学生，目前在一家外贸公司的财务部试用。日前，为替在华的外国客户庆祝"洋节"，公司举办了大型的西式自助餐会，邀请了不少洋客户及公司的全体员工。

因为很少吃西餐，袁小姐在餐会上出了不少"洋相"。餐会一开始，袁小姐端起面前的盘子去取菜，之后却发现那是装食物残渣的盘子；为节省取食的路途，袁小姐从离自己最近的水果沙拉开始吃，而此时同事们都在吃冷菜，袁小姐只得开玩笑地说自己"减肥"；因为刀叉位置放得不正确，她面前还没吃完的菜就被服务员给收走……一顿饭吃下来，袁小姐浑身不自在。

晚上回到学校，和同学们谈及此事，大家纷纷感慨："看来，要进外企必须先学'吃菜'啊。"袁小姐决心赶紧补上西餐礼仪课。

（资料来源：http://sz2007.com/news/sz2007511.htm.）

五、参观游览的礼节

参观游览是人们到达一个陌生地方以后首先考虑的活动内容，也是东道主招待客人的主要方式。

（一）参观游览形式

1. 参观企业或机构

如果邀请其他公司代表到本公司所在地进行谈判，可以安排与会者参观本企业。这种参观形式，比较适用于在本地有大规模生产线、厂房及配套设施的企业，在不涉及商业机密的前提下，主办方应积极热情地陪同宾客参观并详细介绍。在参观活动中，宾客不能提出令主办方为难的要求，如参观高科技企业的核心生产车间等。在安排参观一些有特殊性要求的场所时，如钢铁、化工企业，要注意相应安全措施，宾客也要配合，以避免不必要的麻烦。

（二）注意问题

（1）不要将时间安排太紧，应预留一点自由活动的时间。

（2）如果是派人陪同参观游览，应先将情况介绍清楚。应向客人说明几个参观项目总共要花多少时间，只去重点项目要花多少时间，建议去哪些地方，便于共同做出计划。

（3）在陪同客人参观过程中，应边看边介绍情况。不要因为陪同者对本地、本企业内容毫无新鲜感，便无精打采，显示出不屑一顾的神情，或只顾自己走，不管客人对什么感兴趣。

（4）摄影。如果客人携带照相机，应介绍哪些地方是最佳摄影点；哪些地方不允许照相，请对方谅解并表示歉意。如果客人需要留影或集体合影，应主动配合。

六、赠送礼物的礼节

谈判人员在相互交往中馈赠礼品，一般除表示友好，进一步增进友谊和今后不断联络感情的愿望外，更主要的是表示对本次合作成功的祝贺，以及对再次合作能够顺利进行所做的促进。因此，选择适当的时机，针对不同对象选择不同礼品馈赠，便成为一门敏感性、寓意性很强的活动。礼物一般应偏重于意义价值，同时又给人带来惊喜。

（一）馈赠礼品

谈判人员在相互交往中馈赠礼品，除了表示友好、进一步增进友谊和今后不断联络感情的愿望外，更主要的是表示对这次合作成功的祝贺，和对再次合作能够顺利进行所做的促进。因此，要针对不同对象选择不同礼品馈赠，其寓意性是很强的。礼物的价值应视洽谈内容及洽谈的具体情况而定。

馈赠礼品要注意对方的习俗和文化修养，切忌触犯对方的禁忌。由于谈判人员所属国家、地区间有较大差异，文化背景各不相同，爱好和要求必然存在差别。如，在阿拉伯国家，不能以酒作为礼品，不能给当事者的妻子送礼品；在英国，人们普遍讨厌有送礼单位或公司印记的礼品；在法国，一般不能送菊花；在日本，狐狸是贪婪的象征。所以日本人不喜欢有狐狸图案的礼品。

在中外商务谈判活动中，中方谈判人员应认识到并不一定是贵重礼物就会使对方高兴。相反，如果送一些具有感情、富于特色且价格并不昂贵的礼物往往会使客商感到满意。因此，选择馈赠礼物要根据客商的民族、习惯、兴趣与爱好来决定。一般的说，对欧美客商，适宜送比较轻便的礼物，如玉雕、贝雕、手工刺绣等手工艺品或挂毯、壁毯等工艺品；对于日本及东南亚一带的国家和地区的客商，适宜送手工刺绣、玉雕、贝雕、字画、图章等；对于港、澳、台客商，除上述礼物之外，也适宜赠送花瓶、本地的土特产等。总之，要遵循"礼轻人情重"这一原则，以达到既少花钱又能增进友谊的目的。

礼品货币价值应有限制，否则，赠送礼品和贿赂行为混为一体，界限不清。即使双方成交，也有非法交易之嫌。随着社会文明程度提高，人们对礼品的选择更注重于它的社会意义、思想意义、情感意义和纪念意义,而不过多关注它的货币价值。

赠送礼品还要讲究数量。我国一向以双数为吉祥,而日本则以奇数表示吉利,西方国家忌讳"13"。如果到日本人家里做客,切记不能带16瓣的菊花,因为那是皇室的标记。

礼品不能是"4"的倍数,数字"4"有不健康、生病的含义。不能单独送梳子,在日文中梳子同"苦死"发音相同,意为极其辛苦。

赠送礼品还要注意时机和场合。一般情况下,各国都有初交不送礼的习惯。此外,英国人多在晚餐或看完戏之后乘兴送礼;法国人习惯下次重逢时送礼;我国则在离别前赠送礼品。

在欧洲,送给家庭的礼品,千万不要拖到饭后,以免给主人造成你怕付饭费的不良印象。

礼品的细节处理要仔细。当选择了称心的礼品后,在礼品送出之前再做一番最后处理,使礼品更加出色,让对方一眼就能感受赠送者的心意。礼品上如有价格标签,必须事先撕掉,然后包上对方喜欢的外包装。例如,在德国,礼品包装是非常重要的,但不能用白色的、空白的或棕色的礼品纸或绸带包装。又如,在日本,包装时,禁用暗灰色、黑色、白色和大红色的纸包装。

(二)接受礼品

接受别人礼品时,应双手捧接,并立即表示感谢。在西方国家,受礼后要当着客人的面打开礼物并轻声称赞。因为按照欧美人的习惯,受礼时若不是对礼物当即表示赞赏及表示感谢的话,送礼者就认为这份礼物不受欢迎,或者对方不接受自己的情谊。所以,不管受礼者是否真正喜欢别人送的礼物,一般都要边拆看边说些"这正是我所需要的"、"太好了,我很喜欢它"等有礼貌的话。这一点,与中国人的受礼习惯是截然不同的。

一般来说,接受别人礼物应回赠相应的礼物,或以适当的方式表示感谢。但要注意各国的风俗习惯。如在日本,送礼作为形式比内容更重要。不要因收到日本人所送礼品简单或不值钱而感到受了侮辱。日本人送你礼品之后,不要马上把回礼拿出,应在以后的某次会谈中,再把你的礼品拿出来。这样做的意义在于表明你早有准备,是诚心诚意的。

有礼节的赠送活动,有利于拉近双方的关系,增加合作的机会。作为商务活动的重要内容之一,赠送活动越来越受到社会重视,并得到广泛使用。而赠送的礼仪,也就成为人们必备的专业知识了。

第三节　商务谈判中文化的影响

商务谈判作为人际交往中的特殊形式,必然涉及不同地域、民族、社会文化的交往与接触,从而导致跨文化谈判。在跨文化谈判中,不同地域、民族、文化的差异必将影响到谈判者的思维、谈判风格和行为,从而影响到整个谈判的进程。因此,从事商务活动尤其是跨国的商务活动必须了解和掌握不同文化间的联系与差异。在进行谈判的准备与组织时,更要明了文化差异对谈判的影响,只有积极地面对这种影响才能实现预期的目标。

一、文化及其组成

文化是一个特定的人群社会的一系列习俗、规范和准则的总和。国际商务谈判的谈判者代表着不同国家和地区的利益,有着不同的社会文化背景和政治经济背景,因此,人们的价值观、思维方式、行为方式、语言及风俗习惯各不相同。

(一)文化的含义

文化的定义,由于其语意的丰富性,多年来一直是文化学者、人类学家、哲学家、社会学家、考古学家众说纷纭、莫衷一是的一个问题。汉语"文化"一词最早出现于刘向《说苑·指武篇》:"圣人之治天下,先文德而后武力。凡武之兴,为不服也;文化不改,然后加诛。"后来,南齐王融在《三月三日曲水诗序》中写道:"设神理以景俗,敷文化以柔道。"从这两个最古老的用法上看,中国最早"文化"的概念是"文治和教化"的意思。在古汉语中,文化就是以伦理道德教导世人,使人"发乎情止于礼"的意思。

19世纪的英国人类学家E.B.泰勒是第一个对文化定义具有重大影响的人,被称为"人类学之父"。他在《原始文化》"关于文化的科学"一章中,为"文化"总结出一个比较经典的定义:"文化是一个复合的整体,其中包括知识、信息、艺术、道德、法律、风俗以及作为社会成员而获得的其他方面的能力和习惯。"

在泰勒之后,还有很多人类学家为文化总结出诸多颇有见地的定义,美国人类学家克莱德·克鲁克洪曾在《文化:概念和定义的批判回顾》中列举了欧美对文化的160多种定义。然后,他在《文化与个人》一书中作了一些总结:①文化是学而知之的。②文化是由构成人类存在的生物学成分、环境科学成分、心理学成分以及历史学成分衍生而来的。③文化具有结构。④文化分隔为各个方面。⑤文化是动态的。⑥文化是可变的。⑦文化显示出规律性,它可借助科学方法加以分析。⑧文化是个人适应其整个环境的工具,是表达其创造性的手段。

文化本质上是在一个特定社会中,所有成员共同拥有和代代相传的种种行为的综合体现。作为社会系统的一部分,交易关系、交易方式及交易规则必然与文化整体中的其他部分相协调。因此,不同文化的交易规则或经济惯例必定具有不同的文化特征,当其随着经济国际化进程而试图扩展为国际经济惯例时,除直接的利益冲突与协调外,还会面临文化的冲突与协调。只有了解国际上其他商业合作伙伴或竞争对手的文化背景、思维方式、谈判风格,才能有助于进行适宜、巧妙、良好的谈判。

(二)文化的组成要素

文化的定义描述较为抽象,仅凭此无法正确分析文化如何影响商务谈判人员的行为和风格。如果先把文化分解成几个组成部分,再具体分析每个组成部分对个人行为的影响,无疑将有助于揭示不同文化环境下商务谈判风格的差异。对商务谈判风格具有重要影响的文化组成部分包括:

1. 语言

语言是最直接体现文化构成的因素,也是最有效区分一种文化与另一种文化的工具。一方面,语言是文化的基石——没有语言,就没有文化;另一方面,语言又受文化的影响,反映文化。可以说,语言反映一个民族的特征,它不仅包含着该民族的历史和文化背景,而且蕴藏着该民族对人生的看法、生活方式和思维方式。语言与文化互相影响,互相作用;理解语言必须了解文化,理解文化必须了解语言。

语言也是造成文化差异的主要因素,文化是形形色色的,语言也是多种多样的。由于文化和语言上的差别,互相了解不是一件容易的事,不同文化间的交流常常遇到困难。文化背景不同,操不同语言的人在交谈时,常常发生下列情况:由于文化上的不同,即使语言表达准确无误,也会产生误会。对于不同的人们,同一个词或同一种表达方式可以具有不同的意义。由于文化上的差异,谈一个严肃的问题时,一句话说得不得体,可以使听者发笑,甚至捧腹大笑;一句毫无恶意的话可以使对方不快或气愤;由于文化上的差异,在国外演讲的人经常发现听众对他讲的某个笑话毫无反应,面无表情,鸦雀无声;然而,在国内,同一个笑话会使听众笑得前仰后合。由此可见,掌握语言的移情作用是极其重要的。

2. 非语言行为

在商务谈判中,谈判人员以非语言的更含蓄的方式发出或接受大量的比语言信号更为重要的信息,而且所有这类信号或示意总是无意识地进行的。因此,当外国伙伴发出不同的非语言信号时,具有不同文化背景的谈判对手极易误解这些信号,而且还意识不到所发生的错误。这种不知不觉中所产生的个人摩擦如果得不到纠正,就会影响商业关系的正常展开。非语言主要包括三类:动态无声的、静态无声的和有声的。

(1) 视线体势。视线体势是指身体的无声动作。伯德惠斯戴尔(美)认为,根据体势在信息沟通中的不同作用可分为:

①象征性体势:具有可以用语言表达的意思,与语言有等同的效应,用来表达人们思想,如哑语等。

②说明性体势:伴随着语言同时出现,对语言表达的思想进行补充和润色,如说话同时挥手。

③感情性体势:分有意和无意两类。无意的不能作为沟通手段;有意的可伴随语言,也可独自出现,如微笑、皱眉等。

④调整性体势:可暗示对方何时插话、安静,如点头等。在体势学中,眼的动作具有特殊的地位,可使信息交流更具丰富性。

(2) 静态姿势。静态姿势是指在静态条件下所摆的姿势。人体大约可以做出 1 000 多种平稳的姿势。一定的姿势表示一定的态度,传达一定的信息。此外,服饰也可发出某种信息,且受思想、风格和民族习惯的影响。

赫尔认为,互动时人与人之间距离不同,也是一种沟通手段,距离可以表示互动者相互了解的程度。具体可分为亲密区(1英尺)、个人区(1.5~4英尺)、社会区(4~12英尺)、公众区(>12英尺)。沟通的理想距离与文化背景有关。不同的文化,沟通的理想距离也不同。此外,互动时人与人之间距离与性别有关。如美国,一对女人比一对男人靠得近,一对异性较一对同性靠得近。

(3)辅助语言和类语言。辅助语言包括音质、音量、声调、语速、节奏等。在许多情况下,需要利用辅助语言表达同一词语的不同意义。在一定的文化背景中,辅助语言表达意义与感情有一定的规律性。类语言指无固定意义的哭笑、叹息、呻吟等,仅是为了表达。

(4)艺术性的非语言。如舞蹈语言、音乐语言,非语言交际之所以重要,主要有两个理由:帮助确定对方所说的含义;帮助你把自身的信息传递出去。

在各种文化中,体势语言差异极大。面部表情、手势、眼睛接触、身体触碰以及其他非语言行为均受到文化的制约。譬如,问候和握手形式在不同的文化中也是不一样的。与大部分其他国家的人相比较,来自美国、德国和俄罗斯的谈判者握手有力。这会造成某些实际上的感觉问题:对方认为美国人太粗鲁,而美国人则认为那些握手不怎么有力的人没有自信。这种感觉给许多与美国人的谈判者造成了困难。

美国人在他们的企业生活中通常喜欢拥有相当大的身体间距。许多美国俗语都表明了这一点:"给我一点空间","我不要看见你","请往后退一退"。在商务场合与人交谈时,这就被解释为通常要与对方保持1米的距离,很少有触碰,握手仅持续1秒钟左右。但在许多文化中,社交及商务场合人们的间距要比在美国近得多。阿拉伯人按照自己的民族习惯认为站得近些表示友好;英国人按照英国的习惯会往后退,因为他们认为保持适当的距离才合适。观察阿拉伯人同美国人谈话就会发现,阿拉伯人往前挪,美国人往后退。谈话结束时,两个人离最开始谈话的地方可能相当远!

在理解礼节、手势、礼貌形式、"面部"概念、沉默及停顿的含义方面,体势语言与非语言交际是十分关键的。如同所有发现真实含义的手段一样,译码常常显得很困难,因为它是经过本国的准则和习惯而过滤出来的。在手势语方面,美国人、加拿大人及大多数欧洲人都理解"跷拇指"是指"不错"的意思,而希腊人和南部意大利人则把"跷拇指"理解为美国人"跷中指"所表示的那种意思。就日本、巴西和法国文化而言,日本商人的相互交流风格是最礼貌的,最突出的是他们不常使用面部凝视,但经常保持一段沉默;巴西商人的谈判风格显得较为放肆,习惯不时地凝视对方并触碰对方;法国商人的谈判风格显得更为放肆,习惯很频繁地使用插话和面部凝视。可见,唯有弄清楚这些差异,方能避免对日本人的沉默寡言、巴西人的热心过头或者法国人的频繁插话产生误解,从而取得国际商务谈判的成功。

3. 宗教

宗教是人类社会发展到一定阶段的历史现象,它既不是从来就有的,也不是永恒的,而是有产生、发展和消亡的过程。宗教观念的最初产生,反映了社会生产力水平极低情况下,原始人对自然现象的神秘感。这种神秘感,是在人类社会生产力发展到一定阶段上,人的意识和思维能力有了相应的发展,达到足以形成宗教观念的时候产生的。宗教既是一种特定形态的思想信仰,同时又是人类一种普遍的文化现象,具有丰富的文化内涵。

尽管宗教是无国界的,但是世界上几个主要的宗教都有其特定的地域和国别。例如,在阿拉伯国家,伊斯兰教是主要宗教;在欧美国家,基督教占大多数;在印度,则以印度教为主;而佛教,主要在中国、泰国等地盛行。在商务谈判中,一国文化中的宗教对谈判者的影响很大,尤其是在阿拉伯地区,宗教在政治和生活等方面享有高度的支配权。在与中东商人谈判中,他们经常会用"神的旨意"为借口来终止商谈或反悔已经做出的承诺,这是阿拉伯商人在商谈中保护自己、抵挡对方的一种有力武器。

4. 价值取向

不同的文化对于价值的取向存在着很大的不同。价值取向,深刻地反映了一个民族的特性,是一个民族文化的精神成果。考察一个民族的价值取向,离不开对该民族文化的深刻理解和总体把握。国际商务谈判中价值取向方面的差异远比其他方面的文化差异隐藏得深,因此也更难以克服。价值取向差异对国际商务谈判行为的影响主要表现为因客观性、时间观念、竞争和平等性等观念差异而引起的误解和厌恶。

(1) 客观性。商务谈判中的客观性反映了行为人对"人和事物的区分程度"。西方人特别是美国人具有较强的"客观性",如"美国人根据冷酷的、铁一般的事实进行决策"、"美国人不徇私"、"重要的是经济和业绩,而不是人"、"公事公办",这些话语就反映了美国人的客观性。因此,美国人在国际商务谈判时强调"把人和事区分开来",感兴趣的主要为实质性问题。相反在世界其他地方,"把人和事区分开来"这一观点被看成是一派胡言。例如,在裙带关系十分重要的东方和拉丁美洲文化中,经济的发展往往是在家族控制的领域内实现的。因此,来自这些国家的谈判者不仅以个人名义来参与谈判,而且谈判结果往往会影响到参与谈判的这个人,个人品行和实质问题成了两个并非不相干的问题,而且事实上两者变得不可分割。

(2) 时间观念。不同文化具有不同的时间观念。爱德华·霍尔把时间的利用方式分为两类:单一时间利用方式和多种时间利用方式。单一时间利用方式强调"专时专用"和"速度"。北美人、瑞士人、德国人和斯堪的纳维亚人具有此类特点。单一时间利用方式就是线性地利用时间,仿佛时间是有形的一样。而多种时间利用方式则强调"一时多用"。中东和拉丁美洲文化具有此类特点。多种时间利用方式涉及关系的建立和对言外之意的揣摩。在多种时间利用方式下,人们有宽松的时刻表,准时和迟到的观念淡薄,延期属意料之中。这就需要有较深的私交和"静观事态发展"的耐性。因此,在国际商务谈判中,当两个采用不同时间利用方式的经营者遇到一起时,就需要调整,以便建立起和谐的关系,并要学会适应多种时间利用方式的工作方式,这样可以避免由于"本地时间"与"当地时间"不一致所带来的不安和不满。

(3) 竞争和平等性。竞争和平等性差异对国际商务谈判的影响可以借助模拟谈判之类的实验经济学的结果得到粗略的反映。模拟谈判实验观察了来自不同文化背景的商人小组参加同样的买卖游戏所得到的"谈判蛋糕"。这一模拟体现了商务谈判的精华,即竞争和合作。模拟实验的结果表明,就美国文化和日本文化而言,日本人最善于做大蛋糕,而美国人的蛋糕大小一般。相反,美国人对利润的划分相对而言比日本人公平。日本人划分蛋糕的方式对买方较为有利。事实上,在日本,顾客被看做上帝,卖方往往会顺从买方的需要和欲望;而美国的情况完全不同,美国卖方往往将买方更多地视为地位相等的人,这也符合美国社会奉行的平等主义价值观。在许多美国经理看来,利润划分的公平性似乎比利润的多少更为重要。

5. 风俗礼仪

在国际商务谈判中,通常有一些正式或非正式的社交活动,这些活动受文化因素的影响很大,并制约着谈判的进行。由于各国的文化背景、风俗习惯和民族特色等存在着很大的差异,是我们日常生活、工作所不能了解的,所以熟知各国风俗礼仪的内容和要求,掌握与外国人交往的技巧则显得尤为重要。

德国人在绝大多数时候都是穿礼服,但无论穿什么,都不会把手放在口袋里,因为这样做会被认为是粗鲁的。德国人很守时,如对方谈判者迟到,德国人就可能会很冷淡。另外,德国人不习惯与人连连握手,若你与他连连握手,他会觉得惶惶不安。

芬兰人在买卖做成之后,会举行一个长时间的宴会,请对方洗蒸汽浴。洗蒸汽浴是芬兰人一项重要的礼节,表示对客人的欢迎,对此是不能拒绝的,因为芬兰人经常在蒸汽浴中解决重要问题和增进友谊。

在澳大利亚,大部分交易活动是在小酒馆里进行的。在澳大利亚进行谈判时,谈判者要记住哪一顿饭该由谁付钱。在付钱上既不能忘记也不能过于积极。

在南美洲,不管当地气候怎样炎热,都以穿深色服装为宜。南美商人与人谈判时相距很近,表现得很亲热,说话时把嘴凑到对方的耳边。有些南美国家的商人乐于接受一些小礼品。

中东地区的商人好客,但在谈判时缺乏时间观念,同他们谈判不能计较时间长短,而应努力取得其信任,即要先建立起朋友关系,这样就容易达成交易。

在与法国人进行紧张谈判的过程中,与他们共进工作餐或游览名胜古迹,对缓和气氛、增进彼此的友谊大有裨益。但千万不能在餐桌上或在游玩时谈生意,因为这样会影响他们的食欲,让他们觉得扫兴。法国人喜欢在吃饭时称赞厨师的手艺。

在日本,很多交易都是在饭店、酒吧和艺伎馆里消磨几个小时后达成的。

北欧人和美国人谈生意时喜欢有一定的隐私。在英国和德国,秘书们会将新的来客挡在外面以避免经理们在会谈中受到打扰。在西班牙、葡萄牙、南美一些国家,敞门办公的现象可能会发生,但新来的客人也常常被请到外面等候。

6. 人际关系

成功的谈判要求始终保持畅通无阻的信息交流,然而不同的文化背景使国际商务谈判者之间的信息交流面临许多障碍和冲突。因此,国际商务谈判人员必须能够在谈判中和对手保持良好的人际关系,保证良好的沟通以便谈判顺利进行。对此,美国学者温克勒指出:"谈判过程是一种社会交往的过程,与所有其他社会事务一样,当事人在谈判过程中的行为举止、为人处世,对于谈判的成败至关重要,其意义不亚于一项高明的谈判策略。"

法国人天性比较开朗,具有注重人情味的传统,因而很珍惜交往过程中的人际关系。对此有人说,在法国,"人际关系是用信赖的链条牢牢地相互联结的"。另外,在与法国商人谈判时不能只想到谈生意,否则会被认为太枯燥无味。

在日本,人们的地位意识浓厚,等级观念很重,因而与日本商人谈判,搞清楚其谈判人员的级别、社会地位是十分重要的。在德国,人们重视体面,注意形式,对有头衔的德国谈判者一定要称呼其头衔。澳大利亚商人参与谈判时,其谈判代表一般都是有决定权的,因而与澳大利亚商人谈判时,一定要让有决定权的人员参加,否则澳大利亚商人会感到不愉快,甚至中断谈判。

二、文化差异对商务谈判的影响

在国际商务谈判中,很多谈判者常常没有领悟、重视或注意到文化差异对商务谈判的重要影响。对于外国谈判方的文化,有些谈判者也许已经注意到谈判对方的一些"不同的"甚或"费解"的谈判方式的具体表现,但却认为并不重要。有的人甚至错误地认为:"谈判是用事实和数据说话的,而事实和数据是通用的。"同样,有些谈判者去异国他乡谈判时,为与对方保持融洽的关系,他会注意到双方文化上的相似之处,而忽视双方文化上的不同之处。正如一位评论家所说:"我们参加不同语言、具有明显不同文化的跨国谈判时,我们会极力倾向于寻找双方的相似之处和理所当然地认为,谈判时'人是人'、'生意是生意'。"一些具有同一心理的谈判者说,在国际交往中,共同的世界文化已经取代不同的民族文化。一位谈判者曾说:"我们飞到这里来参加一个会议和研讨会,住在同一个饭店里,欣赏同样的电视节目,彼此都用英语交谈。"

尽管有许多人低估了文化差异对国际商务谈判的影响,但这丝毫没有影响到人们对这一问题的持续探讨和研究。事实上,不论是从理论的角度,还是从实践的角度,在国际商务谈判中文化差异越来越受到更广泛的关注。那么,文化差异是怎样影响国际商务谈判的呢?

文化准则产生一种文化观念,而文化观念又有助于形成一种谈判风格。"文化准则"包括社会的基本信念、行为准则(或规范)和习俗。"文化观念"就是指人们用以观察世界并与之相互作用的观点。人们从小在家庭的熏陶和学校的教育下,很快便掌握了当地的社会准则和习俗,并使之成为自己的习惯,从而就逐渐形成了相应的做事情的习惯和应当如何做事情的设想方式。人们往往会排斥那些与他们的文化追求不一致的感性资料,日久天长,他们的观念便有了选择性。人们的文化观念会产生倾向性,这样就会对谈判的风格产生影响,包括对意见交换方式的影响和决断方式的影响。

文化对谈判风格的影响是广泛而深刻的,它会影响谈判者思考问题、制订计划、解决问题、做出决断、交换意见、做出反应的过程和偏爱。不过,需要指出的是,文化差异只是影响谈判方式的诸多因素之一,切不可简单地认为,只要通过对谈判双方文化背景的研究就能解决谈判的所有问题,谈判者对文化差异的作用应有正确的认识。

三、文化禁忌与商务谈判

在商务谈判中,禁忌是不得不考虑的事项,特别是东亚、南亚、中亚、北非这些宗教盛行的地区。了解一些国家的风土人情、习惯禁忌,对于与对方交流,准确把握对方的谈判思路,及时完成谈判任务,具有非常重要的作用。

1. 日本人

日本人的谈吐举止都受到严格的礼仪约束,称呼他人使用"先生"、"夫人"、"小姐"等,不能直称其名。而且鞠躬是很重要的礼节,与日本人交换名片时,要向日方谈判班子的每一位成员递送名片,不能遗漏,日本人不喜欢有狐狸图案的礼品,他们把狐狸视为贪婪的象征。日本人忌讳"4"与"9"两个数字,因为日文中"四"与"死"发音相同,"九"与"苦"发音相同。日本人的宗教信仰比较复杂,按日本的传统,多数人信奉佛教和本国特有的神道教。

2. 美国人

美国人在饮食上一般没什么禁忌,除各种动物内脏之外,忌 13 日和星期五。对菜肴要求量少质高,用餐省时快速。美国人不喜欢谈个人私事,特别尊重个人隐私权。与美国人谈论无论在何种场合,必须说话谨慎,因为他们认为你说的话要算数的。

在美国人口中,30% 信奉基督教,20% 信奉天主教。美国人过的宗教节日主要是圣诞节和复活节。此外,他们还过感恩节。很多美国人在感恩节时回家团聚。节日期间举行各种体育竞赛和文娱活动,晚上围着壁炉谈天说地,共享欢乐。

3. 东南亚人

新加坡人喜欢红、绿、蓝色,视黑色为不吉利;在商品上不能用如来佛的形象,禁止使用宗教用语。

印度视牛为神圣的动物,视孔雀为祥瑞,并将其视为国鸟,喜欢红、黄、蓝、紫等鲜艳的色彩,不欢迎黑色和白色。

东南亚国家习俗、忌讳特别多。一般谈判时,不允许跷二郎腿。如果谈判者无意之中将鞋底朝向对方,则谈判宣告失败。

东南亚人崇奉佛教文化,很多特征与中华民族相通,这来自于当地华人甚多这一因素。

4. 阿拉伯人

最好不要对阿拉伯人的私生活表示好奇。尽管阿拉伯人热情好客,但因阿拉伯人所信仰的伊斯兰教规矩很严,他们的日常生活明显的带有宗教色彩,稍有不慎,就会伤害他们的宗教感情。通常而言,这是一个话题的禁区。

阿拉伯人信奉伊斯兰教,而伊斯兰教有很多规矩,因此,初次与阿拉伯人谈判的人必须特别注意,要尊重他们的信仰。不尊重阿拉伯人的宗教信仰,其后果将是不可想象的。

四、谈判风格及内涵

(一)谈判风格

全球的经理人们能够通过研究谈判行为的差异来使自己从中受益,帮助他们了解谈判进程中正在发生什么事情。以巴西为例,她是那种自然、热情且充满活力的风格。巴西人健谈并特别喜欢说"不"——在半小时内可使用40多次,而美国人则使用4.7次,日本仅使用1.9次。巴西与美、日更为明显的不同是他们更习惯使用较随意的合同。

在谈判中,当日本人不敢用眼光与对手直视或在面临严峻形势下仍保持微笑时,日本文化的彬彬有礼和情绪掩饰常使美国人不知所措。重要的是美国人还应了解对于日本人来讲什么是礼貌而什么是冒犯。美国人必须避免夸张、随意等诸如此类的行为和身体接触,因为日本人重视谦逊。基于一贯的传统文化日本人还注重维持和谐,他们宁可推托甚至离开房间也不愿意直接给予对方一个否定的回答。日本文化的根本是关心整个团体的利益,任何影响了一个人或一小部分人的事件都同样会影响其他人。因此,日本人决策时十分谨慎以便考虑其长期效果,他们进行客观的分析并注意对方的反应。

北美谈判者认为谈判应该是实事求是的。他们的事实倾向基于自己所相信的客观信息,并在对方也会合乎逻辑地进行理解的前提下向其传递该信息。阿拉伯谈判者的感情倾向基于自身的主观感情和感受;而俄罗斯谈判者的公理倾向则是基于其所在社会中普遍认同的理想信念。俄罗斯人是强硬的谈判者,他们通过不停的争论和拖延使西方谈判者沮丧并使谈判陷入僵局。这是因为俄罗斯人对时间概念的理解不同于西方人。俄罗斯人不认同西方人所信仰的"时间就是金钱"的观念。俄罗斯人是很沉得住气、坚决固执的谈判者。他们会努力去最大限度地减少自己的微笑及其他表情以显示一个平静的外表。

与俄罗斯人相反,阿拉伯人喜欢成为长期的合作伙伴,因而更易于做出让步。与西方人相比,阿拉伯人对时限不够重视并经常缺少足够的权威去完成一项交易。

对成功谈判者进行比较是很有用途的。例如印度谈判者,他们谦逊、耐心、尊重他人,与总是坚持强硬立场的美国谈判者相比印度谈判者更容易妥协。阿拉伯谈判者与他国谈判者相比一个很重要的不同是他们把自己置于中立地位,不认为自己属于任何一方,因此相互之间极少发生直接对抗。成功的瑞典谈判者是保守和谨慎的人,他们依据事实和详细的信息处理问题。意大利谈判者是精力充沛、富于表现的人,但与瑞典谈判者相比他们缺乏坦率。

(二)谈判风格的内涵

"谈判风格"虽然在各种文献资料中频繁使用,但各方的理解、表达却各不相同。一般而言,谈判风格是指谈判人员在谈判过程中通过言行举止表现出来的行为模式,这种行为模式因各方谈判人员所处文化背景不同而表现各异。这一定义包括以下几层意思:①谈判风格是在谈判过程中表现出来的关于谈判的言行举止;②谈判风格是对谈判人员文化积淀的折射与反映;③各国谈判风格都具有其自身特点,相互之间存在明显差异。

谈判风格虽然涵盖范围非常之广,但其特点仍可归纳为:

(1)对内共同性。同一民族的谈判人员或者具有相同文化背景的谈判人员,在商务谈判中会体现出极其类似的谈判风格,这就是谈判风格的对内共同性。比如深受儒家文化影响的中、日、韩三国,在商务谈判中都表现出"爱面子"的共同特征,这反映出文化对人们行为的影响。

(2)对外独特性。谈判风格的独特性是指特定群体及其个人在谈判中表现出来的独特气质和风格。从社会学角度分析,任何社会中人的集合都是一种群体,各个群体都具有主文化和亚文化,并且存在群体之间的差异。所以,不同文化背景都会表现出各自独特的谈判风格,而谈判风格的独特性决定了谈判表现形式各不相同。

(3)成因一致性。任何一个民族都深深根植于自己文化的深厚土壤中,而人类社会的群体性格也与文化背景息息相关,各种文化均有其特殊的适用范畴,群体决策和个体决策各有长短。全部合并各种文化的精髓并不切实际,每个人应寻找到适合自己秉性的文化或亚文化。同时,针对另一方谈判者,要熟悉和尊重他们的文化和习惯。在跨文化沟通中,很多人都倾向于认为对方也用自己同样的方式进行思维。正是这种错误的认识,常使跨文化商务谈判难以顺利进行。因为一席话或一篇文章,在甲种文化中认为符合逻辑的,在乙种文化的人看来不那么符合逻辑。所以在谈判前一定要收集有关情报(信息和资料),才能采用相应的谈判策略、方法,有针对性地制定相应的谈判方案和计划。

无论何种谈判风格都会受到文化背景和群体性格的影响。但是一个民族的价值观、文化传统以及思维方式造就出独具风格的优秀谈判人员,并不等于内部所有人都能具备这种风格,谈判人员的风格还与其个人的文化素养密切相关。

谈判风格对商务谈判有着巨大影响,某些情况下甚至关系到谈判的成败。因此,学习和研究各国谈判风格,具有重要的现实意义和实际作用。

(1)营造良好谈判气氛。良好的谈判气氛是保证谈判顺利进行的首要条件。谈判人员如果能在谈判开始前了解对手的谈判风格,就可以在谈判中言行得体,尽快赢得对方好感,使其在感情和态度上予以接纳。在这样的良好氛围下开展谈判,很快就能顺利进入正题磋商,为最终的圆满结果奠定基础。

(2)提供谈判策划依据。学习和研究谈判风格不仅可以创造良好谈判氛围,更重要的意义在于为谈判策略的运筹提供依据。谈判风格所涉及的知识领域非常广泛,这些知识都可以为谈判策划提供信息和帮助。

(3)提高商务谈判水平。商务谈判本身属于理性化行为,但其理性往往受到非理性或感性因素的影响。谈判风格在认识上是理性的,但其外在表现却多为感性。研究和学习谈判风格的过程本身就是一个学习和提高的过程,并可以在此基础上广泛吸取精华,进而形成自己的谈判风格,提高商务谈判水平。

五、如何正确处理商务谈判中的文化差异

由于不同文化环境中的商务谈判风格差异很大,所以在国际商务谈判中,针对不同文化背景的商业伙伴,了解谈判的文化差异背景,克服文化差异对商务谈判的影响,对于提高谈判效率是十分重要的。

就商务谈判的基本过程而言,需要在不同阶段采取不同措施,以便正确处理商务谈判中的文化差异问题。

(一)谈判前:了解可能出现的文化差异

谈判前需准备:谈判背景,对人和形势的评估,谈判过程中需要核实的事实,议事日程,最佳备选方案和让步策略。其中谈判背景又包括:谈判地点,场地布置,谈判单位,参谈人数,听众,交流渠道和谈判时限。所有这些准备必须考虑到可能的文化差异。例如,场地布置方面的文化差异对合作可能会有微妙的影响。在等级观念较重的文化中,如果房间安排不当、较随便,可能会引起对方的不安甚至恼怒。

谈判时限的控制也很重要。不同文化具有不同的时间观念。如北美文化的时间观念很强,对美国人来说时间就是金钱。而中东和拉丁美洲文化的时间观念则较弱,在他们看来,时间应当是被享用的。因此,在国际商务谈判中,对时间观念差异应有所准备。

(二)谈判中:正确处理文化差异

商务谈判过程一般包括四个阶段:一是寒暄,谈一些与工作不相干的话题;二是交流与工作相关的信息;三是进行说服;四是做出让步并最终达成协议。

进入正式商务谈判之前,人们一般都对商务谈判的进程有一种预期。这种预期往往影响着谈判进展的控制和谈判策略的选择。由于来自不同文化的谈判者在语言及非语言行为、价值观和思维决策等方面存在差异性,使得他们所持有的预期也不尽相同,而不同的预期又会引起这些谈判者在谈判各阶段所花费的时间和精力上的差异。

1. 寒暄

这里的寒暄是指为建立关系或者彼此相识而进行的与谈判"正事"无关的所有活动,目的是借此了解客户的背景和兴趣,从而为选择适当的后续沟通方式提供重要线索。就美、日文化差异而言,美国文化强调"把人和事区分开来",感兴趣的主要为实质性问题。因此,美国商人花在与工作不相干的交谈或了解对手上的时间很少,而与工作相关的信息交流则来得很快。美国人在谈判桌上会讨论一些与生意无关的话题,如天气、家庭、体育、政治等,但他们这样做更多的是出于友好或礼貌而已,通常在五六分钟以后就会进入下一阶段。相反在看重相互关系的日本文化中,却常常在这一阶段投入大量的时间和费用,着力于先建立良好的私人关系,然后再谈业务。

2. 交流工作信息

商务谈判中的信息交流往往呈现出不完全性。

一是语言差异和行为差异所引起的信息理解错误。一般人只能理解相同文化背景讲话者的讲话内容的80%~90%,这一事实意味着有10%。20%的信息被误解或听错了。可以想象,当一个人讲第二语言时,误解或听错的百分比将会急剧上升。而且当第二语言能力有限时,整个会话甚至可能全部被误解。行为方面的文化差异往往较为隐蔽,难以被意识到。当外国谈判者发出不同的非语言信号时,具有不同文化背景的谈判对手极易误解这些信号,而且还意识不到所发生的错误。

二是非语言交流技巧差异所产生的信息不对称。由于不同文化间客观存在着交流技巧差异,如沉默时段、插话次数和凝视时间差异。特别是当这种差异较为明显时,信息不对称就自然产生了。比较日、法文化,不难发现,日本式的交流技巧中凝视和插话出现的频率较低,但沉默时段较长;而法国谈判者似乎不甘寂寞,往往会在对方沉默时填补这些沉默时段。

三是价值观差异所引起的信息反馈速度及内容不对称。一方面,不同文化具有不同的时间利用方式。另一方面,不同文化具有不同类型的买方和卖方关系:垂直型和水平型。垂直型买方和卖方关系注重含蓄和面子;而水平型买方和卖方关系依赖于买方的信誉,注重直率和讲心里话。例如,在墨西哥和日本等注重等级的文化中,说话人唯恐破坏非常重要的个人关系,不情愿反馈负面信息。与此相反,德国人负面的反馈信息可能又似乎坦率得让人难以接受。再比如,报盘中的价格虚实因文化而异,美国商人希望事情迅速地完结,所以他们的初次报盘往往与他们的实际要价比较接近。但是,在巴西文化中,巴西商人希望谈判时间相对长一些,他们的初次报盘往往会过分大胆。

3. 说服

说服就是处理"反对意见",去改变他人的主意。说服是谈判的要害所在,但是,人们对说服的认识、说服方式的选用往往因文化而异。

在注重垂直型地位关系的文化中,人们往往趋向于将较多的时间和精力花在寒暄以及与工作相关的信息交流上,说服阶段要"争论"的内容就很少。即便进行说服,出于保全面子的心理,往往会选择含蓄或幕后的方式,而且说服的方式和结果还与地位关系有关。如在日本文化中,因为比较放肆或强硬的谈判战略可能会导致丢面子并破坏重要的个人关系,所以较少被使用。

相反,在注重水平型地位关系的文化中,人们信奉坦率、竞争和平等价值观,认为说服是最重要的,谈判的目的就是迅速地暴露不同意见以便加以处理。例如,美国商人喜欢在谈判桌上摊牌,急于从信息交流阶段进入到说服阶段。此外,谈判时也易于改变思想,使用较其他文化相对多的威慑性说服战术,并且常常会流露出一种易激动、在其他文化看来可能是比较幼稚的情绪。

4. 让步和达成协议

基于客观存在的思维差异,不同文化的谈判者呈现出决策上的差异,形成顺序决策方法和通盘决策方法间的冲突。'当面临一项复杂的谈判任务时,采用顺序决策方法的西方文化特别是英、美人常常将大任务分解为一系列的小任务。将价格、交货、担保和服务合同等问题分次解决，每次解决一个问题，从头至尾都有让步和承诺，最后的协议就是一连串小协议的总和。然而采用通盘决策方法的东方文化则要在谈判的最后，才会在所有的问题上作出让步和承诺，达成一揽子协议。

特别提出四个谈判技巧：①善于提问。通过提问我们不仅能获得平时无法得到的信息，而且还能证实我们以往的判断。我们应用开放式的问题来了解对方的需求，因为这类问题可以使对方自由地谈他们的需求。②善于倾听。善于倾听可以获得宝贵信息，增加谈判的筹码。在谈判中，我们要尽量鼓励对方多说，以达到尽量了解时方的目的。③善于说服对方。④适当让步，在所有的问题上做出让步和承诺，达成协议。何时让步以及让步的幅度很多时候都是具有高度技巧的问题。

（三）谈判后：因文化差异作好后续交流

商务谈判后涉及合同执行及后续交流行为。不同文化对合同的内容、合同的作用存在不同的理解。美国文化强调客观性，注重平等，因此，往往依赖界定严密的合同来保障权利和规定义务。结果，美国企业之间的合同常常长达百页以上，包括有关协议各个方面的措辞严密的条款，其目的是借此来保障公司不受各种争端和意外事故的伤害。此外，不拘礼节的美国文化一般将合同签字仪式视作既浪费时间又浪费金钱的举动，所以合同常常是通过寄发邮件来签订的。

那些注重关系的文化，其争端的解决往往不完全依赖法律体制，常常依赖双方间的关系。所以，在这些文化中，书面合同很短，主要用来描述商业伙伴各自的责任，有时甚至写得不严密，仅仅包括处理相互关系的原则的说明而已。即便是针对复杂的业务关系而制定的详细合同，其目的也与美国人所理解的并不相同。此外，注重关系文化的管理者常常希望举行一个由各自执行总裁参加的正式签字仪式。

就后续交流而言，美国文化强调"把人和事区分开来"，感兴趣的主要为实质性问题，所以往往不太注重后续交流。但是在注重个人关系的文化中，保持与大多数外国客户的后续交流被视作国际商务谈判的重要部分。在合同签订很久以后，仍然会进行信件、图片和互访等交流。

就商务谈判整体而言，正确处理文化差异需要遵循下列基本原则：

（1）尊重对方的习俗。世界上不同国家和地区有着不同的习俗，在国际商务谈判中，谈判者对此应加以认真考虑，不能掉以轻心。否则，轻者会影响谈判进程，重者会使谈判不欢而散。

（2）克服沟通障碍。沟通障碍是指谈判双方在交流信息、观点，洽谈合作意向、交易条件等的过程中可能遇到的由于主观或客观的原因造成的理解障碍。对于国际商务谈判来说，沟通障碍更容易发生。谈判者在国际商务谈判中尤其要注意双方是否存在沟通障碍的问题。

（3）善于变通。一般而言，国际商务谈判要比国内谈判复杂得多，困难得多。这就要求谈判者认准最终目标，在具体问题上采取灵活的态度、变通的办法，使谈判中遇到的难题迎刃而解。

本章小结

商务谈判礼仪与礼节是谈判顺利进行的重要前提条件之一,更是影响谈判结果的重要因素之一。迎送客人时要注意确定迎送规格、掌握客人抵离时间等细节问题。无论是举办宴会还是出席宴会,要注意各种宴会礼仪礼节。赠送礼品要选择价值适中、符合各国文化习俗和习惯的物品。安排参观游览的日程要合理,时间不要太紧张,应做好相应的介绍工作。名片递送要得体,符合规范,以发挥其应有的效果。与对方约会应注意选择合适的时间,对于对方的约会应及时回复。互相介绍要得体,应遵循相应的介绍顺序等礼仪。签字仪式的安排要准备充分,签字人的选择要恰当。

商务谈判就本质而言,是一种人际关系的特殊表现,而人的思维习惯、语言艺术、心理需求都以特定的文化为基础。尤其在跨文化谈判中,不同地域、民族、文化的差异必将影响到谈判者的思维、谈判风格和行为,从而影响到整个谈判的进程。因此,从事商务活动尤其是跨国的商务活动必须了解和掌握不同文化间的联系与差异。

思 考 题

一、本章思考题

1. 迎送礼仪有哪些原则?
2. 宴请有哪些种类?宴会程序、礼仪包括哪些?
3. 赠送礼品应注意什么?
4. 名片递接应注意什么?
5. 介绍的顺序有哪些?

二、案例分析题

【案例一】

某商务代表团到外地开洽谈会,当地某知名企业的一位女经理出面接待了他们,当代表团成员们见到这位30多岁的女士时不禁面面相觑,暗想:"她怎么穿了一身童装啊!"原来该女经理为了使自己显得年轻些,穿了一件绒布的带图案的上衣和一条花哨的七分裤,特别是上衣的领子和花边酷似童装的样式,看起来不伦不类。

问题:针对上述案例请你给女经理一些着装的建议。

【案例二】

在参加商务谈判过程中的宴会时,如果是不小心碰洒了东西,千万不要夸张地大叫"小心",也不要跳起来,让身体离桌子远一点,拿餐巾擦桌子,然后,再叫服务员拿来一块餐巾。有两位先生把饮料洒到别人身上了,其处理方式完全不同:刘先生冷静地向对方道歉,并没有亲自帮助擦拭,而是提出由他来承担清洗衣服的费用。顾先生则把自己的餐巾递给对方,叫服务员再拿来一条,等事情处理完了以后,顾先生只字不提这件事。

问题:两位先生的处理方式大相径庭,如果你是当事人,你会如何处理呢?

【案例三】

据报道,一次,辽宁省政府组织驻该省的外资金融机构的20余名代表考察该省的投资环境,整个考察活动是成功的。然而,给这些外资金融机构代表们留下深刻印象的除了各市对引进资金的迫切心情及良好的投资环境外,还有一些令他们费解,同时也令国人汗颜的小片断。在某开发区,在向考察者介绍开发区的投资环境时,不知是疏忽,还是有意安排,由开发区的一个副主任作英语翻译。活动组织者和随行记者都认为一个精通英语的当地领导一定会增强考察者们的投资信心。哪知,这位副主任翻译起来结结巴巴、漏洞百出,几分钟后,不得不换另外一名翻译,但水平同样糟糕。而且,外资金融机构的代表们一个个西装革履、正襟危坐,而这位翻译却穿着一件长袖衬衫,开着领口,袖子卷得老高。考察团中几乎所有的中方人员都为这蹩脚的翻译及其近乎随便的打扮感到难为情。外方人员虽然没有说什么,但下午在某市市内考察,市里另安排了一个翻译时,几个外方考察人员都对记者说:"这个翻译的水平还行。"其言外之意不言而喻。

考察团在考察一家钢琴厂时,主人介绍钢琴的质量如何好,市场上如何抢手,其中一个原因就是他们选用的木材都是从兴安岭林场中专门挑选的一个品种,而且这个品种的树木生长缓慢。一位外资金融机构的代表随口问道:"木材这么珍贵,却拿来做钢琴,环保问题怎么解决?"没想到旁边一位当地陪同人员竟说:"中国人现在正忙着吃饭,还没顾上考虑环保。"一时间,令所有听到这个回答的考察团中方人员瞠目结舌。事后,那个提问的外方金融机构的代表对记者说:"做钢琴用不了多少木头,我只是随便问问,也许他没想好就回答了。"虽然提问者通情达理,然而作为那位率直的回答者口中的"正忙着吃饭"的中国人,却不能不感到羞愧。

在某市,当地安排考察团到一个风景区游览,山清水秀的环境的确令人心旷神怡。外资金融机构的代表刚下车,一位中方陪同人员却把一个带着的或许是变质了的西瓜当着这些外商的面扔到了路旁。这大煞风景的举动令其他中方人员感到无地自容。

(资料来源:周忠兴.商务谈判原理与技巧[M].南京:东南大学出版社,2004.)

问题:在上述案例中,中方接待者的言谈举止有哪些不当之处?

三、实训题

1. 技能训练

在一次商务谈判中,某谈判人员首先进行自我介绍。此时,他最好的介绍方法是什么?

(1)我是×××,请多指教。

(2)我是××集团总裁×××,是××大学毕业的,×××教授是我的老师,×××部长曾是我的同学,我曾在××公司当过总经理。

(3)我是××集团总裁×××,请多指教。

2. 借助网络、图书馆等查阅谈判中由于礼仪与礼节而引发的一些事例并在课堂上交流。

第十章
Chapter 10

商务谈判常用文书

【学习要点及目标】

通过本章的学习,了解谈判方案、谈判备忘录、谈判纪要、意向书、合同的概念、合同的特点;熟悉常用文书的书写结构,掌握简单谈判文书中重要条款的内容。

本章的重点是要求学生掌握商务谈判文书结构特征和基本类型。本章的难点是掌握日常商务谈判文书的实际书写能力。

【引导案例】

写错一字,痛失百万

1993年天津市出了一起"写错一字,痛失百万"的事件。天津某物资公司与广州进出口公司签订了一份金额达500万元进口层板的购销合同。合同规定三个月内交货,并由物资公司先交付广州进出口公司200万元,作为保证合同履行的定金。如果进出口公司违约,将双倍退还定金。可是后来由于国际市场该货物供不应求,广州进出口公司在规定期限内没有按时交货,但是却只将200万元退还给物资公司。物资公司立即按照合同违约状告到法院。法院经认证调查研究,最后裁定广州公司胜诉。当天津物资公司感到疑惑不解和愤愤不平时,法院向其出示了双方签署的原始合同。只见合同上写的200万元是预付款性质的订金,而非起担保作用的定金。天津物资公司这才恍然大悟,原来天津物资公司的签约人一时疏忽,错将"定金"写成了"订金",公司只好自认倒霉,不但是生意没做成,反而造成名誉和经济的双重损失。

(资料来源:王海云.商务谈判[M].北京:北京航空航天大学出版社,2003.)

第一节　商务谈判文书概述

　　商务谈判是进行商务活动中的重要环节，它是参与谈判的双方或多方围绕在商品经济、科学技术、项目合作中寻求各自利益的标的物在一起进行争论或洽商，通过不断调整各自提出的条件，最后达成一项双方或多方都满意的协议的商务活动。在此谈判过程中形成和使用的文书称为商务谈判文书。

　　商务谈判文书是谈判结果的重要载体。谈判文书伴随谈判全过程，是谈判历史的记载，是谈判各阶段不同成果的记录。如遇约定不明或者没有约定的事项，可作为处理问题的依据。

　　根据现代商务惯例和相关法律规范，依据商务文书在谈判中所处的不同环境和各自功用，将常用的谈判文书文分为谈判方案、谈判纪要、谈判备忘录、谈判意向书、合同等。

【案例10.1】

关于引进MT公司矿用汽车的谈判方案

一、谈判背景

　　五年前华能公司从美国MT公司引进矿用汽车，经过试用性能良好。为适应矿山技术改造的需要，打算通过谈判再次引进该公司矿用汽车及有关部件的生产技术。美国MT公司代表于4月3日应邀来京洽谈。

二、具体内容

（一）谈判主题

以适当的价格谈成29台矿用汽车及有关部件生产的技术引进。

（二）目标设定

1. 技术要求

（1）矿用汽车车架运行15 000小时不准开裂；

（2）在气温为40℃的条件下，矿用汽车发动机停止运转8小时以上，再接入220伏的电源后，发动机能在30秒内启动；

（3）矿用汽车的出动率在85%以上。

2. 试用期考核指标

（1）一台矿用汽车试用10个月（包括一个严寒的冬天）；

（2）出动率达85%以上；

（3）车辆运行3 750小时，行程31 250千米；

（4）车辆运量达312 500立方米。

3. 技术转让的内容和深度

(1) 利用购买 29 台矿用车为筹码,美国 MT 公司无偿(不作价)地转让车架、厢斗、举升缸、转向缸、总装调试等技术;

(2) 技术文件包括:图纸、工艺卡片、技术标准、零件目录手册、专用工具、专用工装、维修手册等。

4. 价格

(1) 1996 年购买美国 MT 公司矿用汽车,每台 FOB 单价为 23 万美元;5 年后的今天如果仍能以每台 23 万美元成交,那么将此定为价格下限。

(2) 5 年时间,按国际市场价格浮动 10% 计算,今年成交的可能性价格为 25 万美元,此价格为上限。小组成员在心理上要做好充分准备,争取以价格下限成交,不急于求成。与此同时,在非常困难的情况下,也要坚持不能超过价格上限达成协议。

(三) 谈判程序

第一阶段:就车架、厢斗、举升缸、总装调试等技术附件展开洽谈。

第二阶段:商定合同条文。

第三阶段:价格洽谈。

(四) 日程安排(进度)

4 月 5 日上午 9~12 点,下午 3~6 点为第一阶段谈判时间。

4 月 6 日上午 9~12 点为第二阶段谈判时间。

4 月 6 日晚 7~9 点为第三阶段谈判时间。

(五) 谈判地点

第一、二阶段的谈判安排在公司 12 楼洽谈室。

第三阶段的谈判安排在××饭店 2 楼咖啡厅。

(六) 谈判小组分工

主谈:张××为我方谈判小组总代表,为主谈判。

副主谈:李××为主谈判提供建议,或见机而谈。

翻译:叶××随时为主谈、副主谈担任翻译,还要留心对方的反应情况。

成员 A:负责谈判记录的技术方面的条款。

成员 B:负责分析动向、意图;负责财务及法律方面的条款。

矿用汽车引进小组
2001 年 4 月 1 日

(资料来源:奚华. 实用商务文书写作[M]. 北京:首都经济贸易大学出版社,2002.)

通过阅读案例1.1,你对谈判文书有什么认识?试分析谈判文书与谈判的关系。

一、商务谈判文书的特点

常用的谈判文书分为谈判方案、谈判纪要、谈判备忘录、谈判意向书、合同等。

商务谈判文书具有如下共同特点。

(一)商洽性

无论什么内容的谈判,其目的都是在利己一方的条件下,兼顾对方利益。双方都是为了取得相互利益的满足才坐到一个谈判桌上的。因此,在谈判文书中要体现真诚的商谈精神,同时,谈判文书是提前为谈判准备好的材料,其内容既要受谈判的制约,又要事先做好对项目的指数留有一定的弹性。充分认识谈判文书的商洽性,对发挥谈判的艺术和取得谈判成功具有十分的重要意义。

(二)斗争性

在谈判中除了友好商洽的一面之外,也有斗争性的一面。双方的谈判是一种拼智慧、拼意志以及综合素质的较量,对于重要的原则分歧总要做到知己知彼,要体现谈判的策略与技巧,必须实现拟定谈判文书,并以此作为规划有序、节奏适度的行动纲领。

(三)指向性

谈判的指向性是指谈判的既定目标的确定,指向性对谈判者来说至关重要。它视谈判为系统工程。首先,要达到什么目标?为了达到这一目标采取什么对策?对策如何组织实施?如何安排?这些都体现了指向性。谈判文书就是围绕既定目标制定具体的切实可行的措施,保障系统工程的最后结果就是签订合同。

(四)备忘性

谈判文书的内容既然是整个谈判的指导思想,同时它又在谈判实践中产生,伴随于谈判的始终,成为整个谈判的预期、过程、成果的载体,成为谈判历史可靠、完整的记录。

二、商务谈判文书的素材

文书的素材是构成文书内容的要素,是表现主题的事理。无论哪一种文体,素材都是必不可少的构成要素。在商务谈判文书的写作中,所谓的"素材"就是指为体现主题而使用的具体事物、情况、数据、道理等。如国际贸易谈判,要想使谈判获得成功,就需要通过各种渠道,进行深入细致的市场调查研究,获取大量可靠的材料,使谈判文书的写作建立在真实可靠的数据上。没有真实的素材,很难取得谈判的成功。

(一)谈判文书材料的内容

谈判文书材料的范围很广,凡是可以直接或间接为谈判文书写作服务的材料均可视为谈判材料。作为谈判者不仅应对自己的方针政策、经济技术力量、市场销售情况有清晰了解,还应对对方情况了如指掌。除主观因素外,如对方领导层及谈判人员立场、观点、性格特点、工作能力、经验等,还应了解影响谈判的客观环境因素(参见本书第二章内容)。尽可能多地收集这些材料,可使谈判文书写作更加从容。

(二)谈判文书材料的收集方法

谈判文书素材是多种多样的,在实践中通常采用以下方法。

1. 观察体验

观察是撰稿人的亲眼所见,或借助某种科学仪器对客观事物进行系统而周密的观察。体验是深入现场,亲身经历。观察体验是认识客观事物的基础,也是获取材料的重要途径。

2. 调查采访

调查采访也是帮助人们认识客观事物,获取材料的一个重要方法。调查采访与观察体验商务谈判文书不同,观察体验是以静态的方式进行,只能获得直接的材料;调查采访是以动态的方式,以口头语言或书面语言作为收集材料的手段,借用他人的见闻,从事情发生的现场或知情者那里获取直接或间接的材料。

3. 检索查阅

检索查阅是获取材料的重要手段。检索查阅,就是充分利用图书馆、互联网等,查找各种有用的文献资料。

【阅读资料 10.1】

国际商务谈判中风险的规避

在我国 L 市的一个大型项目中,谈判人员选择了美国的一家中型企业 M 公司作为技术设备供应商。事实证明,这个选择是不慎重的。M 公司技术比较先进,但它的资金实力、商务协调能力比较差,对中国情况不了解,缺乏在中国开展活动的经验。尤其是它与 L 市谈判前在美国刚刚收购了 T 公司,而 T 公司曾向银行借过一笔款项,到期无力偿还,这笔债务就转而由 M 公司承担。然而,M 公司此时亦无足够的资金抵债,于是银行冻结了它的资金,它的各项业务也被迫全部停止,并累与 L 市合同的履行。鉴于这个项目的重要性,本已紧张的工期不能再拖延,最后 L 市只得采取非常措施帮助 M 公司继续履行合同,使其摆脱困境,才使 L 市工程得以完成。

显然,在国际商务合作项目中,除考虑合作伙伴的技术状况之外,考察其资信条件、管理经验等方面的情况,也是一个相当重要的问题。只有选择了合适的伙伴,才有可能保证合作项目达到预定目的。对于那些重要的、敏感的工程,更要寻找信誉良好、有实力的合作伙伴,为此承担稍高的合同价格也是完全值得的。

(资料来源:刘园. 国际商务谈判[M]. 2 版. 北京:对外经济贸易大学出版社,2006.)

第二节　商务谈判方案

商务谈判方案是在谈判之前，为获得理想的谈判效果而预先拟定的有关谈判具体内容、实施步骤、技巧和策略的预备性商务文书。商务谈判活动能否达到预期的目的，不仅靠谈判者在谈判现场对有关策略和技巧的运用发挥如何，更重要的在于谈判之前的充分细致的准备工作，只有认真做好谈判前的文案准备工作，才能使谈判活动取得预期的效果。

一、谈判方案的特点

谈判方案作为商务活动中最常用的一种重要文字工具，具有如下五个特点。

（一）明确的目的性

谈判方案首先要具有明确的目的性。要使做出的方案能够高效、及时地完成某项谈判任务，要围绕谈判任务选择相应的策略、方法、并制定确实可行的措施步骤，以促进目标任务的实现。

（二）较强的预测性

谈判方案是关乎于未来谈判工作的预想和策划，因此，制订方案时应以事实为基础，结合本公司的实际情况，预想谈判进程和可能出现变化因素，运用多种方法合理地计划安排各项工作内容，以保证谈判目标的实现。

（三）实施的可行性

谈判方案对谈判工作具有指导作用，因此，它就必须符合实际，具有可行性，即谈判预期目标预定的太高就难以实现，使方案成为一纸空文；谈判预期目标预定的太低，谈判方案失去意义。

（四）灵活的应变性

制定谈判方案时，还要充分考虑到谈判活动中双方立场的差异和可能出现的变化。因此，谈判方案中的各项计划安排必须留有一定的可回旋余地，以适应不断变化的情况。

（五）相对的约束性

谈判方案一经批准或决定选用，就意味着对谈判相关活动具有约束作用。它会规定相应范围内的单位或个人必须依据方案的内容展开谈判。

【阅读资料10.2】

如何增加我方的谈判力量

谈判力量有众多来源：①在谈判中建立良好的合作关系能增加谈判力量；②理解利益所在能增加谈判力

量;③设计、选择合理的谈判方案能增加谈判力量;④使用合理的客观标准能增加谈判力量;⑤增加其他选择能增加谈判力量;⑥提出仔细设计的承诺条件也会增加谈判力量。

(资料来源:罗杰 费希尔,威廉 尤里,等.理性谈判制胜术[M].李小刚,李宝屏,译.成都:四川人民出版社,1995.)

二、谈判方案的结构

谈判方案的结构由标题、主送机关、正文、落款四部分组成。

(一)标题

谈判方案的标题可以直观方案的性质,使人一看标题就知道本方案是解决什么问题的方案,标题内容要一目了然。谈判方案的标题有以下几种:

第一种,内容+文种。例如:《关于引进××公司加工设备的谈判方案》。

第二种,由谈判双方、谈判内容、文种组成。例如:《××公司与××公司关于加工设备的谈判方案》。

第三种,由介词"与"和谈判对手、谈判内容、文种组成。例如《与美国摩托罗拉公司洽谈手机生产线的谈判方案》。

(二)主送机关

负责审批的单位全称。

(三)正文

1. 开头

谈判方案的开头应简要说明谈判的内容和谈判背景。

2. 主体

谈判方案主体内容有以下五个方面:

(1)写明谈判目的。谈判目的是方案的中心,是谈判活动基本方向。

(2)明确谈判主题。例如《以优惠的条件确定该公司为我服装在欧洲的代理商》。

(3)确定谈判目标。谈判目标是谈判的重点,它可能成为合同的主要内容。要依据可靠的谈判资料,经过周密的研究,找出目标的适度弹性。富有弹性的谈判目标,才能应付谈判中出现的各种莫测的变化,取得谈判的胜利。

(4)制订谈判程序。谈判程序是决定谈判效率高低的重要环节。由于谈判的内容各异,程序也不相同。例如,技术合作的谈判程序,需先谈好技术附件,再谈合同条文,最后谈价格。先把技术附件、合同条文的主要内容谈好,尤其是把有关作价的条件加以明确,再开始谈价格。

(5)组建谈判小组,写明谈判小组的组成人员,包括主谈人、副主谈人、小组成员和保障人员。

(四)落款

要写明方案拟定的单位名称或方案制订人姓名以及方案的拟定日期。

三、商务谈判方案的写作要求

（一）收集信息要详尽

在拟定商务谈判方案前，要注意利用多种信息渠道收集与谈判活动有密切关系的各种信息资料，主要包括双方的基本立场、基本目标、谈判人的素质与个性特点以及市场的总体形势与发展走向。在谈判中，市场形势决定双方的谈判地位和谈判目标，当然谈判人的素质和个性特点也会改变谈判的态势和结局。

（二）谈判目标要明确

在谈判方案中，谈判目标主要包括商品、技术、劳务等的价格；质量、项目、品种、规格等要素的基本要求，以及在情况变动的条件下上述各种要素应该达到的目标。另外，还包括解决与谈判目标相关问题而提出要求和期望。谈判目标要具体明确，便于理解和执行，但又要有一定的机动幅度，并考虑到其他交易条件及意外性风险因素。因此，谈判目标应该是一个完整的具有灵活性的目标体系。

（三）谈判程序要合理

合理的谈判程序，是谈判顺利进行的重要保障。具体的谈判程序，应根据不同的谈判内容和目标来确定。常见的有下面三种安排方法：

第一种是先易后难。这种程序的确定主要考虑到为整个谈判活动创造一个良好的气氛，先将容易谈妥的事项确定下来，可为谈判较困难的问题打下基础。

第二种是先难后易。这种程序的确定主要是为了突出洽谈的重点和难点，先集中谈判各方的精力和时间将重点和难点谈清楚，剩余的问题也就容易取得共识，更容易得到解决。

第三种是混合型，即问题不分主次，把所有的问题都排列出来以供讨论，经过一段时间后，把各种要讨论的意见归纳起来，将已经明确统一的意见放开，再就尚未解决的问题加以讨论，以求最终得到解决。

（四）谈判策略要适当

拟定商务谈判方案，要对谈判各方实力以及影响其实力的各种因素进行认真分析研究后，才能有的放矢的制定谈判策略。例如，分析研究对方最终要达到一个什么目标，对方能够做哪些让步，为实现其目标对方最有利的条件是什么，最不利的因素是什么，从而确定出我方的各级谈判目标，把握谈判中的双方的利益界限，让对方顺应我方的策略作出更大的让步。同时，对谈判对方可能提出的各种要求和问题也要有充分的准备，规划出小组成员在讨价还价中妥协的方法和让步的原则，这样就可以避免因仓促应战而可能出现的被动局面。

（五）规范谈判人员综合素质条件

谈判方案的预期效果是通过谈判人员来实现的。优秀的谈判团队是强强联合、优势互补的策略组合。因此,在组建谈判队伍时应充分考虑备选人员的基本素质,注意考察个人在社会地位、工作职务、个性特点、语言风格等一些外在的因素,从而谋划出奇制胜的谈判策略和应变策略。在策划文书中要根据实际情况,提出对谈判人员的奖惩条件,由此调动谈判人员的工作积极性和创造性。谈判前要对谈判人员进行集体培训和实战演练,增强团队之间的默契配合,以提高谈判胜算的程度。

(六)文字表达要简明

作为书面表达形式,文句措辞要简明,尤其是领导的意图应力求用简明扼要的语言来表述,以便于参照执行。全体谈判人员都必须参加前期的筹备工作,明确己方目的利益和策略意图。

【案例10.2】

××公司与××公司合资谈判方案

一、时间

××年×月×日~××年×月×日

二、地点

××公司总部

三、内容

(一)合资双方已确定的内容

1. 合资公司生产产品、标准配置、选装配置清单、价格、产品技术资料说明。
2. 合资公司生产产品计划。
3. 引进产品国产化进程。
4. 合资公司名称。
5. 合资公司结构图。
6. 双方出资方式。
7. 合资公司年限、年产量、销售量。

(二)合资双方尚需谈判内容

1. 成立××合资公司的经营报告起草。
2. 合资公司地点。
3. 合资公司产品售价。
4. 合资公司产品销售、售后服务,配件供应方式。
5. 董事会人员及高级管理层。
6. 合资公司技术中心。
7. 合资公司工厂建设规划。
8. 合资公司工厂总面积及工厂平面布置图。

9. 合资公司人员工资。
10. 合资公司生产工人培训。
11. 合资公司进口件成本、国产件成本。
12. 合资公司各种费用开支计划。
13. 合资公司各种收入及经营状况。
14. 合资公司产品的许可权。

四、谈判的目标
1. 引进产品散件价格,不能高于国内其他同类合资厂的引进价格。
2. ××公司技术作价,争取谈到最低限。
3. 投资总额为×××万元、注册资本为×××万元。
4. 双方出资形式。

五、谈判程序
第一阶段:商定经营报告的内容。
第二阶段:商定出资形式。
第三阶段:价格洽谈。

六、日程安排(略)

七、谈判小组分工
主谈:×××为我方主谈判代表。
副主谈:×××为主谈判提供建议,或视时机而谈。
成员A:负责谈判记录和技术方面的条款。
成员B:负责分析动向意图、财务及法律方面的条款。
成员C:负责翻译及后勤事务。

××公司合资谈判小组

××年×月×日

(资料来源:乔淑英.商务谈判[M].北京:北京师范大学出版社,2007.)

第三节　商务谈判备忘录

　　商务备忘录,是用于业务磋商过程中或谈判过程中的一种记事性文书。商务谈判备忘录,是指在业务谈判时,经过初步讨论后,记载双方的谅解和承诺,以此提供给进一步洽谈时参考的一种记事性文书。谈判备忘录的内容包括谈判主题、目标、程序、进度、地点、双方人员和暂时性和阶段性的讨论结果等。谈判的方式一般由谈判的内容决定,如经济技术合作谈判,先谈可行性的意见,再谈合同条文;国际贸易谈判,先谈产品目录、技术条件、供货的主要条件,再谈价格。因此,撰写谈判备忘录时要注意对谈判方法的记录。

一、谈判备忘录的特点

（一）事务性

备忘录如实记录谈判中曾经发生过的事实真相，如双方所口头表达的承诺，对提出问题所做出的一致或不一致的意见等。

（二）提醒性

备忘录顾名思义，就是提醒或提示当事人避免忘却、强调注意的特殊文书。

（三）效力的局限性

谈判备忘录，不同于谈判纪要。谈判纪要一经双方签字，即对双方具有一定的约束力，而备忘录一般不具备约束力。纪要所记录的是双方达成的一致性意见，而备忘录所记录的则是双方各自的意见、观点，它有待于在下一次洽谈时进一步磋商。纪要是以"双方一致同意"的语气来表达的，而备忘录是以甲方、乙方各自的语气来表达的。

【阅读资料10.3】

撰写备忘录有什么益处？

好处一：你抢占了先机，占据了主动。你可以决定什么时候写备忘录，用什么方式来写以及何时递送。

好处二：你对这个合约怎样措辞有着直接的主动权。如果我们对于合约的内容有任何问题，我们都会去问文件的起草人。文件的起草人往往具有对合约的最终解释权。毕竟，谁会比宪法的作者更懂得如何解释宪法呢？

好处三：如果你在谈判一开始就打算写一份合约备忘录，那么在谈判的过程中你肯定会全神贯注地倾听对方的每句话并且不断地进行记录。

好处四：你匆匆忙忙记录的笔记，将是后来对正式协议进行修正的依据。你的笔记将最终决定正式合约上的条款。

好处五：因为是麻烦你来起草备忘录，因此对方会对你心存感激。于是，他们不大会在一些小问题上斤斤计较、拖拖拉拉，甚至你的文稿上有些小错误，大多数人都会尽量原谅你而不去吹毛求疵。

（资料来源：[美]科恩.谈判天下[M].谷丹，译.深圳：海天出版社，2006.）

二、谈判备忘录的结构

谈判备忘录的结构与一般会议记录格式大致相同，一般都采用摘要记录，由标题、正文和签署三部分组成。

（一）标题

要求标题完整，例如《中国石油公司与俄国××公司关于××合作的谈判备忘录》、《关于京沪铁路建设合作的备忘录》。

(二) 正文

正文包括以下几个方面的内容：谈判地点、双方单位及参加谈判人员、谈判时间、谈判内容。正文是备忘录的主要部分，一般采用摘要记录的方法，尽可能完整地记录洽谈的问题和结果，如货物的品质、规格、数量、价格、条件等。

(三) 签署

在备忘录后，正文右下角写上双方单位名称，日期(年、月、日)写在签名的下一行。

三、谈判备忘录的写作要求

写作谈判备忘录时要求如下：记录内容须详细、完整，不可随意增减或改动；语言需简洁、平实、准确；必须得到双方的签署，否则将被认为谈判没有结果。

【案例10.3】

关于合资经营××的备忘录

中国××公司××分公司(简称甲方)与×国××公司(简称乙方)的代表，于××年×月×日在中国×市就兴办合资项目进行初步协商，双方交换了意见，达成谅解，双方的承诺如下：

一、依据双方的交谈，乙方同意就合资经营××项目进行投资，投资金额大约×××万美元。投资方式待进一步磋商。甲方所用于投资的厂房、场地、机器设备的作价原则和办法，亦待进一步协商。

二、关于利润的分配原则，乙方认为自己的投入既有资金，又有技术，应该占60%~70%，甲方则认为应该按投资比例分成。没有取得一致意见。但乙方代表表示，利润分配比例愿意考虑甲方的意见，另约定时间进行协商确定。

三、合资项目生产的××产品，乙方承诺在国际市场上销售年产量的45%，甲方希望乙方提高销售量达到70%，其余的在中国国内市场上销售。

四、工厂的规模、合资年限以及其他有关事项，均没有详细地加以讨论，双方都认为待第二项事情向各自的上级汇报确定后，其他问题都好商议。

五、这次洽谈，虽未能解决主要问题，但双方都表达了合作的意愿，期望在今后的两个月再次接触，以便进一步商洽合作事宜，具体时间待双方磋商后再定。

中国××公司××分公司	×国××股份有限公司
代表×××(签章)	代表×××(签章)
××年×月×日	××年×月×日

(资料来源：乔淑英.商务谈判[M].北京：北京师范大学出版社，2007.)

第四节　商务谈判意向书

意向书是经济活动中当事人之间就开展业务而达成的书面协议,是双方合作的愿望或初步设想的文字记录。它是当事人经过平等协商对合作事项达成初步的原则性、方向性意见后签订的备忘文件。它可以在往来信函的基础上形成,也可以在谈判纪要的基础上形成。

一、意向书的特点

意向书不具备法律效力,对立约各方只有信誉约束力。它有以下几个特点。

(一)临时性

意向书只是表达谈判的初步成果,为下一步签订协议书或合同作铺垫。意向书其实仅仅是一份过渡性的建议文书,是一份合作的临时文本,因为它本身并不具有法律的强制约束力。当各方进一步以具有法律效用的合同或者是协议书来明确各方的权利和义务后,意向书的作用将完全消失而不复存在。

(二)概略性

意向书的内容多是概略性、轮廓性的。通常是将当事人议定的共同目的、合作领域和项目、大体的规模等记下来,并不涉及具体细节。这样才可能求同存异,取得较为满意的结果,为进一步研讨留有余地。

(三)灵活性

意向书是迈向成功合作的第一步,它一般总是来自反反复复地协商和争论。有些是围绕利益而谈的,有些是为合作目的而反复让步的。意向书最能体现出商务文书的灵活性,如果对当事人下一步还要再深入谈详细方案和细节,可以在文字上用一些诸如"拟"、"将"、"望"、"加强合作"等不确定的词语来表达,为后续的商洽奠定基础。

(四)与正式合同不同

意向书通常是经济合同的前奏,但两者有下面几项主要区别。

1. 性质不同

经济合同一经签订即具有法律约束力,当事人必须严格按照合同规定履约,违约则必须承担法律责任,发生争议则可请求仲裁或诉诸法院。意向书的签署则不具有法律约束力,当事人一方若有变更或反悔,把意见和理由通知对方即可。

2. 形成的时间不同

意向书的签订在经济合同形成之前,处于签订合同的准备阶段。意向书为当事人进一步协商签订正式合同奠定了基础。

意向书的作用主要在于为后续合作事项做前期准备。这是一种体现各方意向的初步条文,同时它也是各方应当共同遵守的凭证。经济合作有时会遇到彼此还不十分了解,或者认为尚需认真进行调研、评估方可决定的情况,那就可以先签一个意向书,然后再去做一些调查研究工作,在此基础上再作决策,以避免过急签订协议书或合同可能带来的损失。

二、意向书的结构

意向书书写格式有三种:条文式、表格式及条文表格综合式。意向书的结构比较简单,大体可分为三个部分。

(一)标题部分

在文本首页居中写上"意向书"等字样。也可以在"意向书"前面写明合作内容、项目,如《合资兴建××加工厂意向书》。还可以在合作内容、项目前面再加上当事人的名称,如《哈尔滨××电子有限公司与××大学联合开发××产品意向书》。

(二)正文

正文一般包括序言、主体两部分。

1. 序言

在意向书序言部分写明签订意向书的单位名称及在什么时间、什么地点、就什么问题进行了洽谈和探讨。单位名称(全称),并注明甲方、乙方。还要写明签订意向书的目的。双方负责人、总部所在地、企业资质文件(执照编号、副本、批准单位名称及批准时间、信誉资料等)。并用承上启下的惯用语结束引言,导出正文。

例如:中国××厂代表×××与×国××公司代表×××于××年×月×日就×××问题的可能性进行了诚挚的洽谈和探讨。为使我们的业务接触朝着建立合资经营或许可证贸易协议的方向发展,双方一致同意在平等互利的基础上,就如下条款签订本意向书。

2. 主体

意向书主体部分一般以条文形式表述合作各方所达成的具体意向,写明具体的条款。

意向书的内容包括:合作项目的计划规模、投资方式、合资比例、预计经济效益及其利益分配等;所议事项具体实施的步骤、意向各方应尽的义务与承担的责任、意向的有效期限以及对未尽事宜的补充等。有些意向书也对工作日程、预计达到最终协议的时间、意向书的份数、存执情况均做必要的说明。意向书由于不具备按约履行的法律约束力,因此不写违约、不规定时效期限。

落款在正文的右下方写明参与磋商、谈判各方单位的名称、谈判代表姓名、地址、开户银行、账号,并在署名下注明签署意向书的日期。

【案例 10.4】

中外合资(合作)经营企业意向书

中国××公司(以下简称甲方)与××国××公司(以下简称乙方),经过友好协商,一致同意在中国哈尔滨共同举办合资(或合作)经营企业,并达成如下原则协议。

一、拟举办的合营企业暂定名称为新技术产业开发区。地址设在×××。

二、合营企业的经营范围是有限公司;主要产品的生产规模为:×××

三、合营企业的投资总额为×××万美元,注册资本为×××万美元。其中:甲方出资××万美元,占注册资本的××%,包括:

1. 现有厂房和设备作价××万美元;
2. 土地使用权作价××万美元;
3. 技术作价××万美元;
4. 人民币现金折合××万美元。

乙方出资××万美元,占注册资本的××%。包括:

1. 设备作价××万美元;
2. 技术作价××万美元;
3. 外汇现金××万美元。

四、合营期限为××年。在合营期内,甲、乙双方按各自出资额在注册资本中所占比例分享利润并承担风险和亏损。(如采取合作经营方式,可不严格按注册资本所占比例分配权益和责任;双方可根据各自提供的合作条件,通过协商,约定利润分配比例及承担风险办法)

五、自本意向书签订之日起一个月内,双方将按照商定的日程,相互提供有关资料,开展合营准备工作。如一方逾期不履约,另一方有权另找合营对象。

甲方代表	乙方代表
(签字)	(签字)
××年×月×日	××年×月×日

(资料来源:乔淑英.商务谈判[M].北京:北京师范大学出版社,2007.)

三、意向书的写作要求

(一)贯彻平等互利的原则

意向书由于不具有依法履行的法律约束力,因此文字语气要平等,态度要诚挚,以利于进一步协商。

(二)不宜写入己方对关键问题的要求

意向书仅仅是表明双方对某个项目的意愿和趋向,而不是对该项目的完全确认。在编写项目意向书时,不宜写入己方对关键问题的要求,以便在进一步洽谈时进退自如,取得主动。

（三）书写意向书时必须谨慎从事，不可把不适当的诺言写入意向书

意向书是双方未来谈判的依据，因此在书写意向书时，要谨慎斟酌各项内容，防止将不正确或不准确的内容误写入意见书中。

（四）内容具体明确

意向书不能含糊不清、模棱两可，要表达明确，便于执行，有利于双方进一步开展工作。

第五节　商务谈判纪要

商务谈判纪要，是在谈判记录的基础上整理而成的书面记录性文件。集中反映了谈判的基本议题、谈判目的、主要议程、谈判内容和谈判结果，是下一步签订协议或合同的依据。

有些谈判纪要经过会谈双方签字确认后，还可以作为意向书，成为双方领导决策的依据。商务谈判纪要的写作是十分重要的。写作商务谈判纪要需要具备较高的业务素养、较快的反应能力、较强的归纳总结能力及较好的文字处理能力，因为这种文件是属于即时性文件，需要在谈判结束后的即时整理记录并成文，以便双方代表现场签字。

一、商务谈判纪要的特点

商务谈判纪要作为一种业务用文，它产生和存在的依据及其作用方式，则完全基于一种经济利益关联，只在与会双方之间起作用。商务谈判纪要与一般会议纪要相比，具有以下自身特点。

（一）对等性

参与谈判的不管有几方，大家都处于平等的地位，因此，谈判纪要对与会各方的约束作用不存在程度上的差异。它不像一般会议纪要那样，上级领导的决策精神，会对下级单位或部门构成一种无条件的约束。

（二）协商性

会议纪要行文中常用的句式是"会议认为、会议决定、会议听取了、会议号召"等；而谈判纪要的常用句式是"甲方要求、乙方同意、双方一致同意（认为）、双方商定"等。

从两种文书句式中可见，"众议"与"协商"的差别。在"众议"中，有"少数服从多数"的原则起作用；在"协商"中，与会各方的每一点意见都将得到充分的尊重与考虑。

（三）备忘性

会议纪要虽有备忘的作用，但这种文书本身省略了会议中的某些内容。从会议纪要是看不出会议召开全过程的，只是将决议事项、主要结果记录下来。而商务谈判纪要，则需要全面记录谈判中的所有与谈判目的相关的事项，包括双方存在的分歧及双方意欲进一步接触的意愿。尤其在那些尚未达成共识的事项上,商务谈判纪要更充分体现了它的备忘性。

二、商务谈判纪要的结构

商务谈判纪要的基本格式与作为行政机关公文文种的会议纪要大致相同,主要包括三部分:标题、正文、落款。

(一)标题

由谈判事由和文件名称构成,如《关于汽车散件进口价格的会谈纪要》。有的公司备有专门的谈判纪要用纸,文眉印有×公司谈判纪要,并在其下列有"编号"一项,以便于归档检索。

(二)正文

1. 开头

综述谈判情况,具体包括:谈判时间、地点、谈判双方国别、单位名称或谈判代表姓名、谈判目的、议题、取得的主要成果或就哪些问题达成了初步协议。

2. 主体

主体部分归类陈述谈判的具体内容,一般用条文式结构,即分条列项地用文字罗列出谈判的主要内容。通常用以下句式表达,例如:"甲方要求、乙方同意、双方一致同意(认为)、商定"等。有时候为了慎重起见,还需要在正文末尾加上一条"未尽事宜,由双方另行商定"。谈判纪要的主要内容如下。

(1)谈判的目的(议程、议题)。

(2)双方取得一致意见的主要目标及其具体事项。如果是一宗具体的商品交易,那么有关这一交易的商品品种、质量等级、规格、包装、批量、价格、运输方式、付款方式等,都应该写清楚。

(3)双方存在的分歧,特别是分歧的焦点。

(4)新的建议与设想(既包括谈判目的之内的,也包括议题之外的)。

(5)为了留有余地,写明"未尽事宜,另行协商"字样,以便以后具体化或完善其内容。

(三)落款

双方谈判代表签名、谈判日期,为了明确责任谈判纪要的执笔人也要签上自己的名字。

【案例 10.5】

合资经营××产品谈判纪要

谈判人员：

甲方：××省国际信托投资公司总经理××，×××厂厂长×××

乙方：××国（地区）××有限公司经理×××先生

甲乙双方代表于××年×月×日在××市，经过友好协商，对在中国××省××市建立合资经营企业，生产××产品均感兴趣，现将双方意向纪要如下。

一、甲、乙双方愿意共同投资，在中国××省××市建立合资经营企业，生产××产品，在中国境内外销售。

二、甲方拟以土地使用权、厂房、辅助设备和人民币等作为投资；乙方拟以外汇资金、先进的机械设备和技术作为投资。

三、甲、乙双方将进一步做好准备，提出合资经营企业的方案，在×个月内寄给对方进行研究。拟于××年×月×日甲、乙双方，将派代表在×市进行洽谈，确定合资经营企业的初步方案，为进行可行性研究做好准备。

甲方：××省国际信托投资公司　　　　　乙方：××国（地区）××有限公司

代表签字：×××　　　　　　　　　　　代表签字：×××

厂代表签字：×××

××年×月×日　　　　　　　　　　　　××年×月×日

（资料来源：乔淑英.商务谈判[M].北京：北京师范大学出版社，2007.）

三、商务谈判纪要的写作要求

（一）忠实于会谈记录

谈判纪要是依照会谈记录加以整理而形成的一种文件，因而整理者应忠实于谈判记录，准确地加以表述。纪要中涉及的具体谈判业务的原则、事项、步骤等，是要双方共同遵守执行的，因此任何人绝不可随意更改记录内容。

在撰写谈判纪要时必须坚持"忠实"、"严谨"的原则，在业务谈判中用词、造句一般不使用修辞手法。

（二）抓住谈判要点

商务谈判纪要中的"要"即要点，就是谈判要点。这就需要记录者在了解谈判目的之后，做一些事前的准备工作，以便能对标的物的有关项目有比较明确的了解。作为记录人员，注意力必须高度集中，以便对事态发展有深入细致的了解与理解，并利用自己的业务知识、经验，发挥自己的才能，写好谈判纪要。

（三）条理清楚，内容完整

在谈判纪要正文结构方面，大多采用条文式结构。因为一项具体经贸活动往往牵涉到大量的细目,而且每个细目(商品价格、商品质量等)都有各自的限定性要求,一般情况下很难把它们归纳总结到一起,在此情况下,用条文式结构书写谈判纪要正文部分的内容。

(四)语言简洁,词意明确

谈判纪要要求写出谈判的要点,语言必须简明;纪要对双方有一定的约束力,词意必须明确,避免使用可能产生歧义的词语。

第六节 合 同 书

合同书是协议文书中最重要的一种,当事人彼此进行对应的意思表示并达成意愿一致后订立合同,然后再将这种一致的意思通过合同的履行变成现实利益。作为一种法律行为,合同的订立和履行始终受到法律的保护和监督。

一、合同书的概念与作用

(一)概念

《中华人民共和国合同法》(以下简称《合同法》)第二条规定"合同是平等主体的自然人、法人、其他组织之间设立、变更、终止民事权利义务关系的协议。"这一定义表明,合同的本质是两个或两个以上的当事人,意思相合、意愿一致所订立的协议,是他们为实现一定的目的,进行平等协商,对各自权利与义务的书面确认(此处专指书面形式的文字合同)。

合同中最常用的是各类经济合同,它是当事人为达到一定经济目的而签订的明确相互权利义务关系的,具有法律约束力的协议。

(二)作用

《合同法》第一条明确提出:"为了保护合同当事人的合法权益,维护社会经济秩序,促进社会主义现代化建设,制定本法。"这是《合同法》的立法宗旨和立法目的,合同的根本作用也就在这里。合同书的作用主要有以下五条。

(1)有利于保护合同当事人的合法权益。

(2)有利于规范市场交易活动,维护社会经济秩序,促进经济效益提高。

(3)有利于加强国家对企业的管理和监督。

(4)有利于企业加强经济核算和经营管理,提高水平。

(5)有利于发展国内贸易和对外贸易,促进经济技术交流合作。

二、订立合同的基本原则

按照《合同法》第三条至第七条的规定,订立合同有以下基本原则。

(一)平等原则

平等原则指合同当事人的法律地位平等,一方不得将自己的意志强加给另一方。任何一方都不享有特权。地位平等贯穿于合同的签订、变更、履行直至终止的整个过程。

(二)自愿原则

自愿原则指当事人依法享有自愿订立合同的权利,当事人有是否订立合同以及与谁订立合同的自由。任何单位和个人不得非法干预。

(三)公平原则

公平原则指当事人应当遵循公平原则合理确定各方的权利和义务。有偿合同要互利,做到协商一致,不能用欺诈、胁迫的手段和乘人之危强迫对方当事人签订不合理的条款。

(四)合法原则

合法原则指当事人订立、履行合同,应当遵守法律、行政法规,尊重社会公德,不得扰乱经济秩序,损害社会公共利益。订立合同本身就是一种法律行为,只有合法才能具有法律约束力。

(五)诚实信用原则

诚实信用原则指当事人应当依法履行双方订立的合同并且以各自最大能力完成义务和责任。只有重合同、守信用,才能使双方的利益得到保障,同时维护各自的名誉。

三、合同的种类

按照不同的标准可以对合同进行不同的分类。例如,根据表达方式的不同可以将合同分为口头合同与书面合同;按书面形式划分可以将合同分为有条款式合同、表格式合同;根据期限长短可以将合同分为长期、中期、短期或一次性合同。我国《合同法》按内容性质区分,规定了15种合同基本类型。

常见的书面合同形式有以下几种:

(1)正式合同。这种合同条款较多,内容全面,签约各方各执一份作为履约依据。

(2)确认书。亦称简式合同,如销售确认书、订单等。通过函电或面对面谈判,在取得一致意见后,卖方或买方可寄交对方确认书,列明交易条件,作为书面证明。由卖方发出的,称为销售确认书;由买方发出的称为订单。确认书内容一般比正式合同简单。确认书一式两份,由发出的一方填写并签字后寄交对方,对方接到后签字保存一份,将另一份寄回,合同即生效。

(3)电报电传合同。在商务洽谈中,一方的要约为对方所承诺,若买卖双方不愿再签订合同,可用发实盘和接受的函电代替合同。这种合同形式虽非签订的正式文件,也完全符合《联合国国际货物销售合同公约》的规定,在法律上生效。至于国内商务活动中成交额不大或经常发生的交易,以成交的函电代替合同,也被经常使用。另外传真、电子数据交换和电子邮件也可以成为合同的书面形式。

四、合同书的写作

订立合同的过程,就是当事人为实现各自的目标,在平等互利基础上进行讨价还价的谈判过程,而将谈判结果固定为文本就是合同书的写作,其拟定的形式有条文式、表格式和综合式。条文式是用文字分条逐项表述合同条款;表格式适用于大量反复使用的同一种合同;综合式是将条文、表格结合起来使用的形式。

（一）合同书的结构

合同书无论是哪种形式,其基本结构都是由标题、约首、正文、约尾四部分构成。

(1)以合同种类名称作为拟写合同的标题。例如《租赁合同》、《仓储合同》等。

(2)以经营范围或标的加上合同种类名称作为拟写合同的标题。例如《农副产品买卖合同》、《建筑施工物资租赁合同》等。

(3)以时间期限加上合同种类名称作为拟写合同的标题。例如《2006年融资租赁合同》、《2006年第三季度货运合同》等。

(4)以签约单位名称加上合同种类名称作为拟写合同的标题。例如《××公司×研究所技术开发合同》、《××厂××公司出口合同》等。

(5)将以上四种写法结合起来作为拟写合同的标题。

标题的位置在合同首页上方居中。

2. 约首

约首位于标题之下,包括签订合同当事人的名称、合同编号及签约地点、时间等。当事人名称是必须填写的内容。合同编号可有可无,如果经常订立合同,为便于查阅和管理,应有统一编号。签约地点、时间可以写在约首中,也可以放在后面,在约尾中注明。

为使正文叙述方便,当事人名称分别用代称。在约首中,应将当事人名称的全称写在代称的后面。代称通常写成"甲方、乙方","供方、需方","卖方、买方","借款方、贷款方","出租方、承租方","订做方、承揽方","存货方、保管方","发包方、承包方"等。

当事人名称可以左右并列,也可以上下分列。

合同编号一般写在标题下方右侧。

签约地点和签约时间可以写在当事人名称下方,也可以与当事人名称左右并列,将当事人名称写在约首左侧,将签约地点、签约时间写在约首右侧。

3. 正文

正文包括开头和主体两部分。

开头部分也叫签约缘由、引言,写订立合同的目的、根据等。如"为了……根据……经过双方充分协商,特签订本合同,以资共同遵守",下面就进入主体。也可用"主要条款如下"或"条文如下"引入主体。开头应力求简明扼要。

主体部分也叫具体内容部分、基本条款部分，写当事人协商一致的内容，形成合同书的正式条文。每条都要另起一行书写。

4. 约尾

约尾一般包括以下内容：

（1）合同书的有效期（可以列在条文中，也可以放在合同书末尾落款下面）。

（2）条款未尽事宜的处理办法。

（3）合同的份数和保存方法。

（4）合同的附件（一般为表格、图纸、资料、实样等，与合同具有同等法律效力）。

（5）署名落款，注明签约当事人各自单位的全称、代表人姓名（签字），并加盖单位印章或合同专用章。此外还要写上各签约单位的详细地址、电话号码、电报挂号、邮政编码及开户银行和账号。有的合同还有鉴（公）证意见、经办人签字及鉴（公）证机关署名印章。

（二）合同书的基本条款

合同书的条款，是指合同书正文主体部分的内容，它包括三个方面：一是合同书一般应该具备的条款，即《合同法》第12条中列出的8项条款。二是某种类型的合同中所特有的必备条款。这些条款有的是按合同性质必须要具备的，有些是按有关法律法规规定必须要有的。如供用电合同中的"设计、安装、试验与接电"条款，技术合同中的"侵权和保密"条款，仓储保管合同中的"货物损耗标准和损耗处理"条款等。又如《环境保护法》中规定建筑工程承包合同中必须有防止污染的条款，工矿产品购销合同中的包装标准和包装物的供应与回收条款（《工矿产品购销条例》中的规定）。三是当事人一方要求规定的条款或经双方协商的其他条款。在此对《合同法》规定的8项条款进行逐一介绍。

1. 当事人的名称或者姓名和住所

此项条款反映在合同书的约首和约尾中，必须如实写。

2. 标的

标的是指合同中权利和义务所指向的对象，包括货物、劳务、智力成果等。标的是一切合同必备的首要条款，而且必须明确具体地写清楚。

3. 数量

数量是合同标的的具体化，是标的的计量，它直接体现了合同双方权利义务的大小程度，必须明确规定标的的数量、计量单位和计量方法。

合同的数量，是用重量、体积、长度、面积、个数等作为计量单位的。数量可以用基本计量单位，如米、千克、只等。大宗商品可以用万米、万吨、万只等，也可以用包装单位，如箱、包等，但必须注明每个箱、包内含多少基本计量单位。有些产品必要时应当在合同上写明交货数量的正负尾差、合理磅差、自然减量或增量的单位以及计算方法。

4. 质量

质量是指标的特征和优劣程度，是标的内在质量和外观质量的综合指标。凡有统一质量标准的,可按标准执行;没有规定标准的,则由当事人双方协商确定标准,在合同书中说明。技术要求、验收标准也应规定清楚,并封样备验。在合同书中一定要将质量条款明确、具体地写清楚,以免引起纠纷。

5. 价款或者报酬

价款或者报酬是有偿合同中,接受标的一方当事人以货币形式向另一方当事人支付。价款就是产品或商品的价格,在租赁合同中指租金,在借款合同中是指利息;报酬是指从事劳务应得到的酬金,在承揽合同中是指加工费,在保管合同中是指保管费,在运输合同中是指运输费等。在签订合同书时,必须对标的价款或报酬协商一致;并在合同书中明确标明支付的货币名称、数额以及计算标准、支付时间等。

期限是指合同当事人完成合同书所规定的各自义务的时间界限。它是确定合同是否按时履行的标准。合同当事人必须在规定时间内履行自己的义务,否则应承担违约或迟延履行的责任。

地点指合同当事人履行合同义务的具体地点,如交货地、施工地等。履行地点直接关系到履行的义务和费用,对此应作出明确约定,以便按约定地点履行合同。

方式指合同当事人履行义务的方法,一般包括标的的交付方式、价款或者报酬的结算方式以及运输方式、计量方式、验收方式等。当事人订立合同时必须明确具体的履行期限、地点和方式,这些都是很容易引起纠纷的地方,因此,签订合同书时对这三点一定要有具体、明确的规定。

7. 违约责任

违约责任是指当事人一方或各方,由于自身过错而未履行合同义务,依法和依约所应承担的责任。

8. 解决争议的方法

为解决可能在合同履行过程中出现的纠纷和争议,应将合同的变更、解除、争议仲裁等解决纠纷、争议的办法在签订合同时就商定清楚,明确写入条款中。如发生纠纷,首先应通过协商解决,解决不了的,可以通过调解、仲裁或诉讼。

五、涉外经济合同的写作

按照《中华人民共和国合同法》及有关法律规定,涉外经济合同一般应当具备以下条款。
(1)合同当事人的名称、国籍、主营业所或者住所。
(2)合同签订的日期、地点。
(3)合同标的的种类、范围。
(4)合同标的的技术条件、质量、标准、规格、数量。
(5)履行的期限、地点和方式。
(6)价格条件、支付金额、支付方式和各种附带的费用。

(7)合同能否转让或者合同转让的条件。
(8)违反合同的赔偿和其他责任。
(9)合同发生争议时的解决方法。
(10)合同使用的文字及其效力。

上述条款是各类涉外经济合同都应具备的主要条款,但在不同类型的合同中,各条款的具体内容和表述方式是不同的,而且,有些合同除应具备上述条款外,还应根据需要写入其他一些条款。

涉外经济合同所涉及的领域十分广泛,种类很多,而其中使用频率较高,适用范围较大,同时又比较有代表性的是涉外贸易合同。

涉外贸易,又称对外贸易或进出口贸易,是指国内企业或其他经济组织同国外的企业或其他经济组织及个人之间所进行的货物买卖活动。在实施这种货物买卖活动之前,当事人所订立的明确规定双方在贸易中的权利与义务关系的协议书,即为涉外贸易合同。涉外贸易合同通常由以下三部分构成。

1. 首部

涉外贸易合同的首部包括的项目主要如下。

(1)合同名称。可根据贸易活动的内容写为"销售合同"、"代理销售合同"、"订货合同"、"购货合同"、"进口合同"、"出口合同"等,有的还加上货物名称,这是明确合同的性质。

(2)合同编号。为便于对涉外贸易活动进行管理,要为每一份合同编制序号,并在合同中注明。

(3)订立合同实际签订日期和双方当事人。写明当事人的名称、住所、电话号码、电报挂号或电传号。

(4)序言。序言又称开头语,主要用以明确当事人双方同意进行贸易并就有关问题达成协议的意愿,引出协议内容,即正文的各项条款。

2. 正文

这是合同的主要部分,一般由各项条款构成。常写的条款如下。

(1)品质条款。这项条款是合同中比较重要的一项条款。商品的品质直接关系到买方的利益,如在合同履行时发现它不符合合同规定,买方有权退换、索赔或解除合同,因此,这项条款一定要写得具体、明确。

品质条款的内容包括:商品的名称、质量、等级、规格、型号、标准、产地等。

品质条款的订立,应根据实际情况,采用恰当的方式。比如,有些货物的贸易是凭合同规定的规格、标准进行的,订立品质条款,应注明国际通用的标准、规格、等级以及国内或国外有关部门的规定,必要时还要标明有关标准颁布的年代;有些货物的贸易是凭样品进行的,订立品质条款,应注明样品是由哪一方提供的,样品的生产和存放日期、地点等;有些货物的贸易是凭商标或说明书进行的,订立品质条款,则要注明其商标、牌号或说明书。

品质条款的制定,要符合生产和消费实际,要求过高或过低都不利于合同的履行。

(2)数量条款。商品的数量可用重量、体积、面积、容积、长度、件数等单位来表达。表达要精确无误,不能有丝毫含糊,如以"吨"为单位时,要注明是"公吨"还是"长吨"。国际现行的度量衡单位有公制、英制、美制三种,因此,还要明确所用的是哪一种度量衡制度。

(3)价格条款。同以上条款一样,这项条款也是合同的重要条款。商品的每一个计量单位的价格金额叫单价,一批商品的总价格金额叫总价,也叫总值。合同的价格条款一般包括单位和总价两个部分,同时还要注明用何种货币计价。

在价格条款中,为使行文更加简洁,应按国际贸易惯例使用价格术语。如 FOB,即装运港船上交货价或离岸价;CIF,即成本加保险费、运费价。

(4)包装条款。在这项条款中,一般包括商品包装的方式、材料、每个包装单位所包含的商品的数量及包装尺寸、费用负担和标志等内容。包装条款的内容要具体,如有特殊要求,一定要在合同中注明。如这样写"包装:单层新麻袋装,每袋净重 100 千克,皮重不少于 1 千克。所有麻袋必须坚固,适于海洋运输和粗暴搬运。"不仅注明包装材料应为新麻袋,而且注明包装材料必须坚固到"适于海洋运输和粗暴搬运"的程度。包装标志即唛头(Marking),是指在外包装上加印的文字、图形或数字等标志,合同应对包装标志的印刷要求作出规定。

(5)装运条款。在这项条款中,应写明装运时间、装运港和目的港、装运条件等内容。

装运时间,一般应写明双方规定的装运日期,即规定某年某月某日装运或某年某月某日前装运,而不能笼统地写为"近期装运"或"尽快装运",免得在合同的履行中由于双方对此有不同的解释而产生纠纷。

装运港和目的港为哪个港口,也应在合同中清清楚楚地写明。装运港多由卖方指定,目的港多由买方指定,通常 FOB 合同要注明装运港,CIF 合同要注明目的港。

装运条件,包括使用何种运输工具及其由何方租用、准备装运的通知、装货率、不能按时装运的责任及处罚等项目。

(6)保险条款。这项条款主要用以规定由哪一方投保和支付保险费用,有的还要规定投保的险种与保险金额、赔偿责任等。由于 FOB 合同用得较多,也就是买方承担风险的情况比较常见,因此,往往由买方投保。

(7)支付条款。这项条款是合同的重要条款之一。在此必须明确规定用何种货币,在什么时间、地点,以什么样的方式支付货款。支付方式主要有买方汇款、银行托收、信用证支付等几种,究竟采用哪种支付方式,要视买卖双方的情况而定。

(8)检验条款。这项条款通常包括检验机构、检验时间和地点、检验项目、检验方法和标准、检验证书等内容的明确。有的合同还规定复验机构、复验期限、检验费用的负担等项目。

(9)索赔条款。通过检验或复验,如发现商品质量或数量与合同规定的内容不符,买方可提出索赔要求。索赔条款是同检验条款密切相关的,因此在一些合同中,这两个条款合为一个条款。索赔条款主要应当明确当一方违反合同时,另一方有权索赔,即应在规定期限内,以合同中标明的检验机构签发的检验证书为依据,向对方申明赔偿要求和办法。

(10)不可抗力条款。此条款的作用是明确在签订合同之后,如果发生了当事人不能预见或人力不可抗拒的事故,以致影响合同的履行,当事人可根据这一条款,免予承担不履约或延期履约的责任。这项条款的内容主要包括不可抗力事故的范围、后果及出具事故证明的机构、事故发生后通知对方的期限等的规定。

(11)仲裁条款。这项条款用以规定双方发生争议时,应当如何交付第三者仲裁解决。主要包括仲裁地点、仲裁机构、仲裁程序、仲裁效力和仲裁费用等内容。

3. 尾部

尾部是指合同的结尾和落款部分,主要用以标明合同以何种语言制作及合同的份数、法律效力。此外,还有买卖双方的签字。如有附件,要在此注明附件的份数和名称。

六、合同书的写作要求

合同书是法律文书,应依照《合同法》的规定和要求,以认真严肃的态度来起草。写作中微小的疏忽和差错,都可能给以后带来麻烦。写时可参考标准样本或示范文本,力求做到合理规范。合同书写作的基本要求是要遵循法规、符合政策、合乎原则,除此之外,还要注意以下三个方面。

(一)条款完备、具体

合同书所必备的各构成部分不能缺少,反映合同内容的各项条款不能有遗漏。有的条款,如产品技术标准和规格、计量单位、包装标准等,都要写得很具体,切忌含混笼统。

(二)表述准确、严密

合同书文字表述应力求准确、严密,遣词造句要小心斟酌,不可马虎,切忌语义不明,引起歧义。例如,××公司向××县氮肥厂订购化肥,合同中规定:"需方不按期到厂提货满一个月以上,需付堆积费、短途运输费等。"后来就因为这个"等"字发生纠纷。供方认为"等"字表示还需付给保管费、损耗费。需方认为"等"字不包括再付其他费的意思。常有因合同表达歧义而发生纠纷,所以字斟句酌首先要消除歧义。

(三)字迹清楚、文面整洁

合同书订立后,一经签字盖印,即具有法律效力,不能有半点差错。这就必须做到文面整齐干净,字迹清楚工整。一般不许涂改,如果不得已要修改,应在修改处加盖双方当事人印章。

本 章 小 结

谈判常用文书是指在商务谈判中常用到的各种文件形式的总称。根据在谈判中所处的不同环境及各自功用,常见谈判文书主要有谈判方案、谈判备忘录、谈判纪要、谈判意向书、合同等。

谈判方案作为谈判的一种重要的文字工具,具有目的性、预测性、可行性、应变性、约束性等特点。写作要求有收集信息详尽、谈判目的明确、谈判程序合理、谈判策略适当、人员要求确定、文字表达简明。

谈判纪要具有对等性、协商性、备忘性的特点。写作要忠于会谈记录,抓住谈判中的要点。谈判备忘录具有事务性、提醒性的特点。纪要以"双方一致同意"的语气来表达;备忘录以甲方、乙方各自的语气来表达。

意向书不具备法律效力,对立约各方只有信誉约束力。意向书具有临时性、灵活性、概略性的特点。在内容上注意不轻易承诺,不要表现出己方对关键问题要求(底线)。

合同书是谈判的最终结果,必须严格按照法定条款完备、具体、文字语言表述准确、逻辑严密等要求进行写作。

各种文书有其本身特定的表述内容和规范的格式,各种文书中的表达格式将随谈判内容和形式的变化而改变。

思 考 题

一、本章思考题

1. 什么是商务谈判文书?谈判文书有什么作用?谈判文书有什么特点?
2. 谈判文书写作需要收集哪些方面的资料?通过哪些渠道去收集?
3. 商务谈判方案由哪些内容要素构成?
4. 怎样才能写好商务谈判方案?
5. 谈判纪要有什么特点?
6. 怎样才能写好谈判纪要?
7. 备忘录有什么特点?与谈判纪要有什么差别?
8. 怎样才能写好备忘录?
9. 意向书的主要作用是什么?与合同的作用有什么异同?
10. 意向书的写作有哪些注意事项?
11. 合同书的基本条款有哪些?
12. 合同撰写有哪些注意事项?

二、案例分析题

【案例一】

A公司是广西桂林的一家生产快速消费品的中型股份制企业,年生产能力达30万吨,销售量25万吨,销售额5亿多,利润5 000万元。其主要产品销售区域在广西区。目前该公司在广西区的市场份额达到70%,另外30%的市场份额由广西南宁的B公司(20%)和国内其他几家大型公司共同瓜分。近几年随着市场竞争的日趋激烈,竞争对手特别是国内几家大型公司在广西区内的销售投入越来越大,使 A 公司感受到极大的压力。另外随企业的发展,公司也感到产能不足,想另外以投资方式增加公司的产能,为此,有人提出收购或控股 B 公司。经过初步接触了解,B 公司也有被收购的意向。

A 公司领导层对收购 B 公司谈判方案进行了初步的策划。

一、谈判目标

控股 B 公司。

二、资料的收集与准备

为了进行有效的谈判,公司派出了经营管理状况评估、财务评估、法律评估 3 个专家小组到 B 公司,进行了正式谈判前的前期接触,并收集了大量的信息资料。

三、双方谈判的主要争议点

本次谈判中,双方最主要的几项谈判争议点会出现在:购并的方式是全资收购的变更与安置;收购价格;收购款的支付方式;收购以后的交接事宜等。在谈判前期还可能在收购评估公司、收购评估费用、收购谈判议程等方面出现争议。

四、对双方谈判地位的判断

经过调研了解到 B 公司也是一家有 30 万吨产能的中外合资企业,现在年销售量为 5 万吨左右。多年来由于销售形势不好,经济效益较差,后续资金不足,想依靠自己的力量与 A 公司在市场竞争上有所起色,难度很大。由于在市场竞争中,与 A 公司始终是主要对手,B 公司的主要管理层对 A 公司敌意较大,可能产生的情绪性反映比较强烈,也是必须考虑的因素之一。因此,在本次谈判中,B 公司虽有一定的意向,但可能动力不足,处于防守地位,某大公司的介入,也会使该公司的立场趋于强硬,而 A 公司处于主动地位。

五、对 B 公司可能坚持的初始立场及最后底线的分析

B 公司在谈判的各争议点所坚持的底线主要有:在控股比例上,可能会至少要求本公司收购 50% 的股权;在债务上可能会要求全额承担所有债务;在收购价格上其实际底价可能在 3 元/股左右(每股净资产为 2.35 元,初步开盘价为 4.2 元)。

六、本次收购的战略、战术方案

根据有关情况在策略上主要考虑以下几个问题:①谈判议程的安排,主要确定先谈什么,后谈什么;分几个场次进行谈判;在什么地方谈判;每场谈判的级别怎样。②谈判前有关信息披露的时间、程度;是否需要采取某种信息烟幕。③谈判中 B 公司的底线怎样确定,谈判中怎样报盘比较好。④谈判的让步策略怎样等。

(资料来源:卢润德.商务谈判[M].重庆:重庆大学出版,2003.)

问题讨论:

根据所举案例,分别以 A 公司或 B 公司谈判方案策划人员的身份起草一份谈判方案。

第十一章
Chapter 11

国际商务谈判

【学习要点及目标】

通过本章的学习,了解各国文化的差异及其对国际商务谈判的影响和重要作用;掌握与中国贸易往来较多的国家的文化背景及其谈判风格,掌握与各国商人谈判的技巧策略。

本章的重点是要求学生掌握国际商务谈判的含义、特征和基本原则,熟悉国际商务谈判的类型。

本章的难点是树立正确的国际商务谈判理念和正确运用谈判的技巧与能力。

【引导案例】

文化差异与谈判风格

许多谈判者在总结参与国际商务谈判的经验时,无不感叹到由于各国文化差异的影响,往往成为导致谈判失败的"导火索"。为了减少跨文化谈判的风险,提高国际商务谈判的技巧,十分重视了解和掌握不同国家的文化背景及其谈判风格。

1. 尝试婉约方式

咯吱作响的自行车是个真实的故事。一家美国公司和中国一家自行车厂签了订货合同,当美方派来的验货人员在中方的生产厂,测试了几台自行车后,约中方厂长一起骑着自行车在乡村的林荫路上逛了几圈,并婉约地向厂长问起自行车咯吱作响的原因……美方后来按合同约定的时间收到了没有咯吱作响的自行车,并且对货物质量十分满意而又下了一个大订单。

这是典型的美国式矛盾解决方式。就是直接面对问题,及时解决问题。美国的个人主义文化鼓励人们把个人利益放在首位,并积极扭转不利于自己的因素,达到预期的良好局面。正面应对优缺点,在于它使复杂问题简单化和个人化,正如上述自行车的例子,就是将车的质量问题转移到生产车的厂长身上。

与此相反，婉约的应对方式在集体主义文化中是规范化的。大多数的亚洲国家都崇尚这种文化，他们强调社会和谐，总是考虑其他方面的利益。所以，利益冲突的双方都刻意回避矛盾、不愿意直接面对面地向对方提出问题。亚洲国家的谈判者常常依赖中间人协调问题，如果没有中间人，口头冲突也是极其婉约的，常常是以书面形式转达，让信息接受者自己分析问题的结论。婉约的应对可以避免问题针对某一个人。在一个注重"面子"的文化国度里，婉约应对可以避免造成对他人的不尊重。

有事实证明，在当下，婉约应对不仅只适用于"东方文化"环境，同样也适应于"西方文化"环境。美国谈判者在集体主义文化中学到了一个道理：如果你想既顺利地解决问题，又保持良好的人际关系，就试试委婉的应对。

2. 用地位争取让步

《纽约时报》刊登了莱斯利·考夫曼（Leslie Kaufman）一篇关于零售巨头沃尔玛和美国橡胶管家公司（Rubbermaid）的文章。沃尔玛一向以与供应商签订低利润大批量的合同而著称。当橡胶管家公司某个产品的零部件价格上涨时，本来微薄利润被压得微乎其微。于是他们要求与沃尔玛重新签订合同。我们虽然不知道橡胶管家公司谈判的具体要求内容，但是我们可以分析预测不同的处理问题的方案，会得到不同的谈判结果。

当橡胶管家公司以A方案进行谈判时，他们的理由是强调"当初签合同时，我们的原料成本在过去几年中一直很稳定，最近的油价上涨无法预料和掌控。所以，我们要重新谈判"。一个理性的谈判者把自己所看到的现实直白地告诉对方，希望能够说服对方让步。通常这种基于事实性的逻辑论断包含着威胁的意味（即如果你不怎么样，我就会怎么样）和承诺（即如果你同意这样，我就会答应你怎么样）。

沃尔玛和美国橡胶管家公司的谈判反映了一种理性谈判的方式。最终，沃尔玛同意提高橡胶管家公司产品的零售价；但是，橡胶管家公司没有权力阻止沃尔玛把它的产品撤柜并换上其他竞争者的产品。

同样的问题，当橡胶管家公司以B方案进行谈判时，即在亚洲文化中的典型感性说服方式，他们应选择基于关系和义务而不是理性的争论。盛行于亚洲文化的集体主义和等级地位制度可以完美地解释这种情感诉求的"魅力"。

在亚洲的文化中，个人总是位于错综复杂的社会关系网中，情感诉求本身就提醒对方有某种人际关系的存在，而且，如果其中一方有更高的地位，那么，地位高的一方有责任帮助地位稍低的一方。从亚洲文化中我们可以学到，地位意味着有帮助伙伴走出困境的责任。

与非西方国家的人谈判，要深知地位往往比选择更重要。选择会随时间的变化而变，但地位是基于一个长期的角度来判断的。橡胶管家公司对沃尔玛提出的理性要求是对的，因为双方都是"西方文化"环境下的思维模式。如果把沃尔玛换成日本零售商，也许就会有不同的谈判结果了。

3. 用提议来获得信息

所有的谈判者都明白一个道理,要想取得"双赢"谈判结果,就要寻找到最佳的交换信息的方式。但是如何巧妙地让对方透露出更多你所需要的信息呢?

据研究表明,"西方文化"的谈判者,通常在判断对方值得信赖时,会通过直接提问的方式进一步交换信息,以求满足共享信息的偏好。这种方式最终可能发展成涉及多个内容的提议。它反映了西方人直截了当的沟通偏好。

而在"东方文化"的影响下,谈判者通常是用隐含的方式来进一步与对方沟通。通常的做法是通过一个涵盖多个问题的提议,引发对方的解答,并从各种详细的解答中分析和获得自己想要的信息。这种方式最终可能会在一系列的解答中推论得出最有价值的信息,它反映了东方人含蓄婉约的沟通偏好。

在国际商务谈判中,不同文化环境和文化差异,构成了各国商人的浑然不同谈判风格。只有清楚地认识文化差异的存在,并能够掌握和运用文化差异来调整谈判方法和策略,才能保障谈判取得最佳效果并不断提高谈判水平。

(资料来源:王亦飞.谈判制胜策略[M].北京:中央民族大学出版社,1999.)

全球经济一体化进程的加快和中国加入世贸组织对中国经济的影响是巨大的。跨越国界的商务活动越来越多,不同国家经济主体之间商品和劳务的进出口、技术转让、设立独资和合作企业等逐渐成为企业经营活动,特别是以国际市场为主要舞台的跨国公司活动的主要内容。国际商务谈判成为商务谈判的重要组成部分,它是国内商务谈判的延伸和发展。国际商务活动及谈判与国内商务活动及谈判既存在联系又有许多差异,从事跨国经营活动应重视对它的学习与了解。

商业谈判就本质而言,是人际关系的特殊表现,因此,人的思维习惯、语言艺术、心理需要等都以特定的文化为基础。各国都有自己的发展历史和文化背景、风俗习惯,因此,跨国谈判在一定程度上也可以看做是跨文化谈判。跨文化谈判比单一的文化环境下的谈判具有更大的挑战性,除了在文化礼仪、礼节上的差异,更重要的是它属于不同文化思维形式、感情方式及行为方式的谈判。由于受到不同谈判国家的社会价值体系、等级观念、群体意识、风俗习惯、宗教信仰,以及谈判人员自身的综合素质的诸多因素的影响,谈判过程通常是十分复杂的,谈判的结果往往是难以预料的。因为谈判过程可能涉及不同文化规范并且产生"特殊的力量",而这种"特殊力量"可能使许多看似有效的交流功亏一篑。因此,在跨文化谈判中,除了具备基础的谈判技巧以外,还要理解文化差异和掌握各国商人的谈判风格,并确定相应的谈判技巧和态度。

第一节　国际商务谈判概述

国际商务谈判是国际商务活动的重要组成部分,是国际商务理论的主要内容。根据有关研究表明,在国际商务活动过程中,销售人员、企业在各个地区的管理人员、律师以及工程技术人员等50%的工作时间都用于各种各样的商务谈判之中,其中多数是与来自不同文化背景或不同国家的对手之间的谈判。

由此可见,国际商务谈判是一种在对外经贸活动中普遍存在的、解决不同国家商业机构之间不可避免的利害冲突、实现共同利益的必不可少的手段。

由于谈判双方的立场不同,所追求的目标也不同,因此谈判过程充满了复杂的利害冲突。正是这种冲突,才使谈判成为必要。如何解决这些冲突矛盾,正是谈判人员应承担的任务。

一、国际商务谈判的含义

国际商务谈判是指在国际商务活动中,处于不同国家或不同地区的商务活动当事人为了达成某笔交易,彼此间通过信息交流,就交易的各项要件进行协商的行为过程。

国际商务谈判是国内商务谈判的延伸和发展。国内商务谈判和国际商务谈判都是商务活动的必要组成部分,是企业发展国内市场和国际市场业务的重要手段。它与国内商务谈判是一致的,仍然以实现商业利润为目标,以价格谈判为核心。但又具有其自身的特点。

二、国际商务谈判的特点

国际商务谈判既具有一般商务谈判的共同点,又具有其国际经济活动的特殊性,具体表现在以下几个方面。

(一)国际商务谈判具有一般贸易谈判的共性

1. 以经济利益为谈判的目的

谈判的动因是要实现一定的目标和利益。国际商务谈判的目的集中而鲜明地指向经济利益,虽然商务谈判的双方受政治、外交因素的制约,但是他们考虑的是如何在现有政治、外交关系的格局下取得更多的经济利益。

2. 以经济利益作为谈判的主要评价指标

商务谈判本身是一项经济活动,而任何经济活动都讲究经济利益。不仅要核算从谈判中能获得多少经济利益,还要核算谈判的三项成本,即谈判桌上的成本、谈判过程的成本和谈判机会成本。

3. 以价格作为谈判的核心

虽然商务谈判涉及的项目和要素不仅是价格(价格只是谈判内容的一个部分),谈判者的需要和利益也并不仅仅表现在价格上,但是在几乎所有商务谈判中价格都是谈判的核心内容。

这不仅是因为价格的高低最直接、最集中地表明了谈判双方的切身利益,还由于双方在其他条件,如数量、质量、付款形式、付款时间等利益要素上的得失,在很多情况中这些要素都可以折算为一定的价格,并通过价格的升降得到利益的体现或予以补偿。

(二)国际商务谈判的特殊性

1. 国际商务谈判既是一笔交易的商洽,又是一项涉外活动,具有较强的政策性

谈判双方之间的商务关系虽然是一国同别国或地区间经济关系,但却经常涉及一国同该国或地区之间的政治、外交关系。在国际商务谈判中必须贯彻国家相关政策、外交政策、国别政策,并严格执行对外经贸一系列法律和规章制度。

2. 应按国际惯例办事

国际商务谈判商讨的是两个国家或两个地区的企业之间的商务关系,因此在适用的法律方面不能完全以任何一方所在国家或地区的经济法为依据,而是必须以国际经济法为准则,按国际惯例行事。需要仲裁时,仲裁地点与仲裁规则直接相关。一般情况下,规定在哪一国仲裁,就要适用该国的有关仲裁规则和程序。

3. 国际商务谈判涉及面很广

由于受到供求关系的影响,国际市场价格变化多端,竞争激烈,因此必须特别重视调查研究。通过调查研究,了解国外的经济和市场情况。出口业务要了解市场需求,进口业务则要了解国外供应状况。注意对不同国家和地区应根据国别政策区别对待。

4. 影响谈判的因素复杂多样

由于谈判者来自不同的国家和地区,有不同的社会文化背景和政治经济体制,价值观念、思维方式、行为方式、语言及风俗习惯各不相同,从而使影响谈判的因素显得更为复杂。

5. 谈判内容广泛复杂

谈判结果将导致有形或无形资产的跨国转移,因而要涉及国际贸易、国际金融、会计、保险、运输等一系列复杂问题。这对现代国际商务谈判人员的专业知识方面提出了更高要求。

三、国际商务谈判的基本原则

在商务实践中有人认为,谈判的成功与否完全取决于谈判个人综合水平的发挥与技巧的运用,没什么必须遵守的原则。这种看法显然是偏激的,谈判是有原则可以遵循的。一般而言,国际商务谈判应遵循如下基本原则。

(一)客观真诚原则

国际商务谈判要遵循客观真诚的原则,也就是说要服从事实。在掌握第一手材料的前提下,用事实说话。诚实、信用是现代国际商务谈判取得成功的根本。人们总是希望对方能守信用,其实,自己应当首先做到"言必信,行必果",并让对方感到信誉至上。

(二)平等互惠原则

参与国际商务谈判的各方本着平等互惠的原则,这有助于企业同外界建立良好的业务关系,是维持长期业务关系的保障。谈判双方之所以坐到一张谈判桌前,是因为双方都有想得到满足的需求,因此,没有贵贱高低之分。大企业尽管实力强,在与小企业或个人进行洽谈时,双方地位是平等的。

(三)求同存异原则

国际商务谈判双方在利益上存在一致的同时,也存在着分歧。为实现谈判目标,谈判者应遵循求同存异的原则。要正确对待谈判各方在需求和利益上的分歧,明确谈判的目的是双赢。双方需要把谈判的重点放在探求各自的利益上,而不是放在对立的立场和观点上。要在利益分歧中寻求相互补充的契合利益。事实上,正是由于存在着分歧,才使得各方在利益需求上相互补充、相互满足。

(四)公平竞争原则

国际商务谈判通过竞争而达到一致,通过竞争形式的合作达到互利,通过竞争从对方承诺中获得自己尽可能多的利益。这种竞争指的是公平的竞争、合法的竞争、道德的竞争。

(五)讲求经济效益原则

讲求经济效益是国际商务谈判必须遵循的一个基本原则。人们在谈判中,应当讲求经济效益,提高谈判的效率和节约谈判的成本。市场经济运行中的交易成本包含谈判的成本、收集情报的成本、履约的成本和物流的成本。讲求经济效益就是要降低谈判的成本和收集情报的成本,降低履约的成本。

除了上述的基本原则外,国际商务谈判还应遵循灵活原则、入乡随俗原则、最低目标原则等。

【案例 11.1】
我们敬爱的周总理蜚声海内外,他应变机敏、气魄非凡、言辞犀利、柔中有刚,是谈判中能够出色运用语言艺术的典范。有一次,在北京举行的记者招待会上,周总理在介绍了我国经济建设的成就及对外方针后,一位西方记者问道:"中国人民银行有多少资金?"这明显是一种讥笑。对此,周总理婉转地说道:"中国人民银行的货币资金嘛,有18.88元。"这一回答,全场愕然,顿时场内鸦雀无声,静听他细做解释:"中国人民银行发行面额为10元、5元、2元、1元、5角、2角、1角、5分、2分、1分,共10种主辅人民币,合计18.88元。中国人民银行是由中国人民当家做主的金融机构,有全国人民做后盾,信誉卓著,实力雄厚,所发行的货币是世界上最有信誉的一种货币。"一番话,语惊四座。接着,全场爆发出热烈的掌声……

(资料来源:刘文广,张晓明.商务谈判[M].北京:高等教育出版社,2000.)

四、国际商务谈判与国内商务谈判的差异

国内商务谈判双方通常拥有共同的文化背景,生活于共同的政治、经济、文化和社会环境之中。在谈判中,谈判者主要应考虑的是双方公司及谈判者个人之间的某些差异。而在国际

商务谈判中,谈判主体来自不同的国家,由于社会制度、生产力发展水平、法律规定、人们的风俗习惯和文化背景等呈现出较大差异,这种差异不但使人们在谈判过程中的谈判行为产生差异,而且对谈判协议的履行也产生很大影响。与国内商务谈判相比较,国际商务谈判表现出以下几个差异。

（一）语言差异

国际商务谈判中谈判主体语言会呈现出巨大的差异,即使是同一语种,如英语,一些词汇在发音和表意上也因各国文化约定俗成的不同而不同,更不用说不同的语种了。如称呼,中国式的称呼语记录了"上下有义,贵贱有分,长幼有序"的礼制,而英语语言文化里的称呼语却更多地体现出平等与随意。欧美人在称呼语上注重双方的亲近,如在双方相识后,他们会让对方叫姓名以示亲近,而中国人则注重敬意,宁愿保持一定的距离。在商务谈判中,谈判双方在彼此认识之后,常能听到英语一方会说："Just call me Paul."此时,如果中方人员仍按照自己的价值观,为表示尊敬以 Mr. Malone 相称,反而会使对方觉得见外。他会认为你在刻意与他保持距离,不愿与他有更密切的交流。此外,在一种文化中很亲切而恰当的称呼在另一种文化中却会显得很唐突而无礼,如"小/老+姓"结构在汉语中是表示亲切和尊敬的称呼语,但绝不能用"Little/Old+姓"的方式来称呼一个西方人。在国际商务谈判交际中,熟悉彼此语言表意等方面的差异会增进双方的友谊,有利于谈判的顺利进行。

（二）沟通方式差异

国际商务谈判因为谈判者文化差异而使沟通方式不同。而不同文化的人群都有其自己喜欢和习惯的沟通方式。因此,双方要进行深入的接触一定会遇到各种各样的问题。一般而言,在"东方文化"环境背景的国家(或地区),人们的表达较为委婉、间接,如亚洲的中国、日本等；在"西方文化"环境背景的国家(或地区),人们直截了当地表达较为常见。在有些文化群体中,个人受到轻慢冷落或有失面子,是很严重的问题。因此,在谈话中,必须格外小心地避免提出负面的或带有批评的意见或建议。学会如何使用恰当的方式,巧妙地将反对及分歧的意见告知对方是一种非常重要的技巧。学会如何或何时成功地给对方施加压力并机智地提出和解答问题是一种十分重要的沟通技能。

除了表达方式的直接和间接之外,来自不同文化背景的谈判者其体态语的运用和表意也有很大差异。商务谈判中人们常用手势语来表示自己的情感、态度、意见。例如,见面时握手表示欢迎,摆手表示不同意等。但是,由于文化习俗不同,一个简单的手势在不同的国家往往表示不同的意思。竖起大拇指在中国表示"一流的",是友好赞赏的意思,而在新西兰和澳大利亚则是"下流的"的动作。对目光的理解也不一样,如亚洲的日本、韩国在倾听长辈或地位较高的人说话时自然地低头表示尊敬,美国人则认为要直视对方的眼睛才是尊重,低头是一种不礼貌的行为。只有了解和熟悉这些差异,才能在谈判中明确表达肢体语言的特殊含义。

(三) 时间和空间概念上的差异

不同文化背景的人对时间和空间的理解不一样。从大文化圈来看，东西方文化在时间上就有不同的理解。如在北美，美国和墨西哥的时间观大不相同，这使得两国商人容易出现激烈的摩擦。在对待时间的态度上，总的来说，发达国家的人工作和生活节奏快，时间观念强，人们信奉"时间就是金钱"的观念，因而在商务谈判中都很注意守时。但在一些经济落后或是封建意识较为浓厚的国家里，人们往往不太重视时间，有时甚至有意识地拖延时间，以显示其地位的尊贵。在商务谈判中，有的南美国家的商人迟到一两个小时都是有可能的，而在韩国，商务谈判如果是对方选择的会谈地点，他们绝不会提前（哪怕半分钟）到达，总是准时或故意略微迟到。对人际交往空间概念的理解不同国家和文化背景的人也有差异，一个阿拉伯人和美国人交谈，阿拉伯人可能会步步逼近，总嫌对方过于冷淡，而美国人却连连后退，接受不了对方的过度亲热。同是欧洲人，交往时，法国人喜欢保持近距离，而英国人会感到很不习惯，步步退让，维持适合于自己的空间范围。

(四) 决策方式差异

不同文化背景的团体有着自己的谈判决策方式。例如，日本的商务文化是典型的注重团队力量的文化，在谈判场上是自下而上群体决策，虽然"马拉松式"的谈判耗时长，但一经决策后的执行却很迅速，而且每个谈判人员的分工不同协同作战，故绝不能对日方的任何一名谈判人员掉以轻心，并且与日本人谈判必须有耐心。与之不同的是言行持重的英国人，他们看重秩序、纪律，追求自我价值的实现。组织中的权力自上而下，决策多来自于上层，故英国谈判小组中决策人物常常亲自出面且决策迅速。

(五) 法律制度差异

世界各国的法律制度差异很大，法学界根据法律的历史传统将各国法律加以分类，凡具有某种特征和历史传统的某一国法律以及仿效这一法律的其他国家的法律都归属于同一法系。据此，当今世界各国法律主要分为三大法系。

(1) 大陆法系，肇端于古罗马法，完善于资本主义时期的法、德两国而后通行于欧洲大陆各国及其殖民地的法律。

(2) 英美法系，起源于英国，后流传至美国及所有英联邦国家（包括我国香港地区）的法律。

(3) 社会主义法系，开创于前苏联，现通行于各社会主义国家的法律。

无论从历史还是适用范围来看前两种法律传统在世界的影响远大于第三种。正确认识法律制度的差异不可忽视。在差异之外，不同国家法律制度得以遵照执行的程度也有很大不同。在国际商务谈判中，谈判者需要了解和遵守那些自己并不熟悉的法律，了解其执行情况，这样才能使自己的权益受到很好的保护。

（六）经营风险差异

国内商务活动,企业考虑的主要是国内政治、社会、经济等引起的市场变化,而在国际商务谈判中,企业要考虑的经营风险更复杂。因为国际商务谈判涉及的范围更广,国际市场风云变幻,瞬息万变,影响商务活动盈亏的因素更多更复杂。具体如下:

(1)政治风险。指由于政治局势的变化或国际冲突,给有关商务活动的参与者带来可能的危害与损失。在政治风险中,战争风险的危害性最大。

(2)市场风险。国际市场的风险主要包括汇率风险(交易结算风险、买卖外汇风险、会计风险等)、价格风险。

(3)合同风险。由各种原因造成的合同条款不完善,包括质量风险、交货风险、支付风险等。

(4)素质风险。国际商务谈判中,参与者素质的不佳会给谈判造成不必要的损失等。

谈判中要最大限度地规避和控制风险。

（七）谈判认识差异

对于谈判结果,即协议、合同的认识,各文化背景的谈判者也表现出差异。比较典型的例子是日本和美国。在美国,人们通常认为,谈判的首要目的也是最重要的的目的是与对方达成协议,人们将双方达成协议视为一项交易的结束,至少是有关这一交易磋商的结束,双方不应再修改条款;在日本,人们则将与对方达成协议和签署合同视为正式开始了双方之间的合作关系,随条件的变化对双方合作关系作某些调整是十分合理的。

（八）谈判地点差异

面对面的国际商务谈判,不管是在东道主国,还是在合作伙伴国家或在第三地,至少有一方是在自己相对不熟悉的环境里工作,在谈判中会遇到许多问题,如人地生疏、时差、旅途疲劳、较高的费用、难以便捷地获得自己所需要的资料等,这些都需要在谈判前作充分的准备才能顺利地完成任务。

五、国际商务谈判须知

国际商务谈判是国内商务谈判的延伸和发展,它们之间虽然不存在本质的区别,但是,如果谈判人员以对待国内谈判对手,以处理国内商务活动时的逻辑思维去应对国际商务谈判的对手和诸多问题,很多时候会使自己陷入谈判僵局。因此,为了做好国际商务谈判工作,谈判者除了要掌握好商务谈判的基本原理和方法外,还必须注意以下事项。

（一）树立正确的国际商务谈判意识

谈判是利己的合作过程。在谈判中树立正确的谈判意识非常重要,它直接影响到谈判方针的确定、谈判策略的选择,影响到谈判中的行为准则和谈判协议的达成。国际商务谈判与国内商务谈判一样,谈判者必须明确观念。谈判不是"竞技比赛",谈判中存在利益关系也同时存在人际关系,良好的人际关系是实现利益的基础和保障。商务谈判要着眼于当前的交易,更要放眼未来。

(二)作好必要的商务谈判调查和准备

国际商务谈判是跨越国界的谈判,比单纯国内谈判情况要复杂得多。正式谈判之前,作好相关调查和准备是非常必要的。

要充分地分析和了解谈判对手,明确对方企业和谈判者的个人状况,分析政府介入的可能性和政府介入可能带来的问题。

加强对商务活动环境的调研,其中包括交易国国内和国际政治、经济、科技、法律、文化等宏观因素,评估各种潜在的风险及其可能产生的影响效果,拟订各种防范风险的措施。

合理制订谈判计划,包括谈判地点、谈判策略与技巧的选择等。经过充分的论证分析,准备多种谈判备用方案,应对突变情况。

组织选择一支精干高效的谈判小组,注意考察谈判人员的综合素质,分工明确、合作默契,既要具备健康的思想觉悟,又要具备精准的专业技能和较高的文化素养。

(三)认识并尊重文化差异

有数据显示,国际商务往来很多是由于跨文化沟通的障碍造成失败的。国际商务谈判的跨文化特征要求谈判者必须正确认识积极应对文化差异。国际商务谈判和国内商务谈判存在较大的差别,有着不同的社会文化背景和政治经济背景,人们的价值观、思维方式、行为方式、语言及风俗习惯各不相同。在实际谈判过程中,对手的情况千变万化,作风各异,有不拘小节的,也有严谨刻板的;有热情洋溢的,也有沉默寡言的;有果敢决断的,也有多虑多疑的。凡此种种表现,都与一定的社会制度、文化背景有关。文化没有高低贵贱的分别,尊重对方的文化是对国际商务谈判者最起码的要求。从事国际商务谈判的人员应善于从对方的角度看问题,理解对方看问题的思维方式和逻辑判断方式,换位思考当自己跨出国门与他人进行谈判,自己就成为别人眼中的外国人了。

【阅读资料11.1】

同一瀑布前的不同感叹

有一个中国人、一个印度人和一个美国人结伴旅行。一天,他们来到一个大瀑布面前,三个人都同时感到惊讶,但却发出不同的感慨。中国人感叹道:"多么壮观的景色呀!"印度人面对从天而降的瀑布,不禁肃然起敬,喃喃地说:"神的力量真伟大呀!"而那个美国人却另有一番感想,他惋惜地说:"多么可惜的能源呀!白白地流失了,这里本可以建造一座大型发电站。"

(资料来源:章瑞华.现代谈判学[M].杭州:浙江大学出版社,1997.)

(四)熟悉国家政策、国际商法和国际惯例

国际商务谈判要求谈判者,不但要熟悉本国与谈判国(或地区)相关的政策法规,同时还

应该了解或熟悉外交政策和对外经济贸易政策,了解国际商法,遵循国际商务惯例。

(五)良好的外语技能

跨文化交际不可忽视语言的作用,良好的外语技能作为交流磋商必不可少的工具,有利于双方的交流,避免沟通过程中的障碍和误解。许多国家的人都认为,对方懂得自己的语言是对自己民族的尊重。法国人对自己语言的热爱和"保护"众所周知,对在法国不讲法语的外国人,他们的热情与欢迎程度就会降低。学好外语还能更好地了解和熟悉对方的文化,为跨文化交际积累相应的知识。

【案例11.2】

难以接受的礼物

1992年中国一个由12名不同专业专家组成的化工代表团,去美国采购约3 000万美元的化工设备和技术,美国人想方设法令中方满意。其中一项是在第一项谈判后送给中方每人一个小纪念品。纪念品的包装很讲究,是一个漂亮的红色盒子,红色代表发达,大家都很高兴。可当大家高兴地按照美国习惯打开盒子时,每个人的脸色却显得很不自然——里面是一顶高尔夫帽,但颜色却是绿色的。美国商人的原意是签完合同后,大家一块去打高尔夫球。但他们哪里知道,"戴绿帽子"是中国男人最大的忌讳,后来合同没签成。当然,这不是因为美国商人"骂人",而是因为他们工作太粗心,连中国男人忌讳"戴绿帽子"这样的常识都不懂,怎么能放心把几千万美元的项目交给他们呢?

(资料来源:刘白玉.文化差异对商务谈判的影响[J].商业现代化.2005(10).)

第二节 亚洲国家和地区商人谈判风格

在世界地理版图中,亚洲是世界上第一大洲。拥有40多个国家和地区,亚洲国家之间交往频繁,经济关系密切,文化交融,许多国家民族之间的文化有相近之处。与我国商务往来频繁的国家和地区主要有日本、韩国、新加坡、中国香港等。

一、日本商人的谈判风格

(一)民族个性与商务风格

中日两国商务交往频繁,日本是我国最大的贸易伙伴和重要的旅游客源国之一。由于中日两国历史源远流长,日本文化深受中国文化传统的影响,儒家思想文化、道德意识已深深积淀于日本国民的内心深处,并在行为方式中处处体现出来。日本至今还保留着一些我国唐代的礼仪和风俗。

日本是个岛国,资源缺乏,人口密集,具有民族危机感,这就使日本人养成了进取心强,工作认真,事事考虑长远影响的性格。他们慎重、耐心、礼貌地活跃在国际商务谈判的舞台上。

315

他们讲究礼节,彬彬有礼地讨价还价,注重建立和谐的人际关系,重视商品的质量,团体倾向强烈,有强烈的团体生存和发展的愿望。

【案例11.3】

关于发往东京的衬衫"蚂蚁事件"的调查

以制作出口衬衣为主的某制衣厂向日本某商社出口一批衬衫。一天,突然收到该商社发来的退货急电,电文的大意是:贵厂运往东京的衬衫货件内发现有蚂蚁窝存在,并且由此,顾客相继退货,对商社造成很大名誉上的损失。没想到这批货是被称为中国较好的衬衫厂的产品。同时,日方还随电附来两瓶蚂蚁样品,以为佐证。

消息传来,该制衣厂的职工立即行动起来,他们从全厂的各个办公室到方方面面进行了反复的检查,最后得出结论:"蚂蚁事件"不可能是制衣厂内造成的。

面对日方的索赔电文及两瓶蚂蚁样品,该制衣厂为了在国际公众面前澄清事实,维护企业形象,决定以冷静理智的态度处理这起突发事件。该厂首先派人拿着蚂蚁样品,找到某农业大学,请专家帮助查明蚂蚁的来龙去脉。该专家鉴定表明:这种蚂蚁叫"伊氏臭蚁",主要分布在日本的东京、大阪以及四国、九州等地。

中日索赔谈判的代表按预定的时间来到了谈判室。日方首先指出"蚂蚁事件"对日本方面的损失,并且指责中方在制作、包装、发运等环节的措施不当,最后要求赔偿损失。

中方代表为了缓解矛盾,沟通彼此感情,以便争取到对方的理解和支持,他们一直等到对方把话讲完,然后才拿出那两瓶蚂蚁样品,说:"诸位先生,这是贵方给我方的证据,这里的蚂蚁是这起事件的罪魁祸首,这是毋庸置疑的。"主谈人稍作停顿,然后接着说,"可是,这种蚂蚁却是贵方的特产,其学名'伊氏臭蚁',分布在日本的全国各地,这一点是经过专家鉴定的。我们发现了这种蚂蚁,并且请东京大学著名的专家作了考证,认为也是'伊氏臭蚁'。不知贵方如何解释?"

日方代表听后显得急躁不安起来,他们的负责人忙站起来,说:"难道中国就没有'伊氏臭蚁'吗?"中方代表不慌不忙地说:"没有,绝对没有。我们有大量的资料证明这一点。"原来,该厂为了进一步证实国内某农业大学的鉴定结果,从邻近的地区开始,沿着衬衫货件运输的路线,对沿途各站一路寻访,收集到大量的第一手材料。最后,他们行程2万里,使专家的鉴定结果得到论证。中方代表将材料递给日方人员,并且说:"据此推断,衬衫中的蚂蚁窝是货到日本后,在码头存放过程中由当地侵入的。"日方代表面对证据,不得不承认了事实,并且全体代表起立,冲着该制衣厂代表行90度鞠躬礼,表示歉意。同时,他们还向该衬衫厂追加了年100万件衬衫的订货单。至此,一场"蚂蚁事件"得到平息。

(资料来源:王亦飞.谈判制胜策略[M].北京:中央民族大学出版社,1999.)

（二）国际商务谈判风格

1. 关系的重要性

日本人十分重视人际关系。他们相信良好的人际关系会促进业务的往来和发展。他们认为通过一定形式的介绍有助于双方尽快建立业务关系。因此，谈判开始之初，日本商人会想方设法找一位与他们共事的人或有业务往来的公司来作为谈判初始的介绍人。日本人往往通过私人接触建立联系，或通过政府部门、文化机构以及有关的组织安排活动来建立联系。为了进一步了解谈判对手，商务活动中他们也常常邀请谈判对方去饭店或其他场所。

2. 集体决策模式

日本虽然在经济建设和发展模式上"西方化"，但在民族文化内涵方面仍然保持"东方特色"，在国际商务谈判中，其决策方式也与欧美明显不同。日本公司内部实行严格的自下而上的集体决策。日本人把这种决策方式叫做"禀议制"。首先由具体负责该项业务的人员提出书面建议，并顺次提交给主管系长、课长以及部长。在主管负责人传阅并同意之后，还需提交与此有关的部门负责人传阅。最后，根据事务的内容，提交相应级别的领导者裁决。对最初的方案如果有人表示不同意见，将会被退回，并由主管人提出修正案后再次上交。如果修正案还不能被通过，这一方案则在尚未到达裁决者之前，就成了废案。不过，在实际工作中，废案的情况并不多见。因为在提案之前，主管人往往已经征求了各方面的意见。

"禀议制"决定了日本公司内的决策过程相当耗费时间。出访日本的组团很难在 1~2 周内完成谈判。通常情况，与日本公司的谈判可能会延续几个月甚至更长的时间。

3. 时间观念

由于日本商人的决策过程较慢，外国谈判者与日本商人的谈判过程中，想急于求成是不太现实的。日本商人对谈判截止时间的限制不太重视。他们具有超人的谈判耐力，即使在对方的各种压力之下，他们仍然心平气和、沉着冷静应对谈判。要想让日本商人在谈判中畅所欲言，就必须花大量的时间来培养与建立与他们的私人关系。

4. 沟通方式

日本商人最注重"面子"，不喜欢在公共场合发生冲突，在谈判中常采用委婉、间接的交谈风格。他们通常很少用直接的语气表达否定意见。但是，如果日本商人同意了一项提议并作出某种决定后，他们往往坚持自己的主张，很难改变他们的决定。因为改变决定需要得到参与谈判全体成员的同意。

在日本的商业圈里，他们注重礼仪。对对方的感激之情往往借助于馈赠礼品或热情款待来表达。馈赠礼品的时间通常在岁末或其他节假日。他们注重保持关系，在商务交往期间经常通过电话、传真、信件或者电子邮件和贸易伙伴保持密切的联系。

【案例 11.4】

曾有一个美国人从日本进口木制马桶座圈。他初次订货 3 000 个,每个 4 美元。这种木制马桶座圈销路很好,于是他发电给日本厂家,欲将月发货量由 3 000 个改为 8 000 个,日方回电每个要付 7.5 美元。由于这几乎是前一批订货的价格的 2 倍,所以美国人想价格可能是弄错了。他又向对方发电,可回电还是一样,"没错,每个 7.5 美元。"这自然使生意告吹。

几年后,这位美国人把此事讲给一位日本商人听,后者根本不感到意外。他解释说:"你不知道是怎么回事。那家日本公司每月不能交付 8 000 个马桶座圈,他们根本没有这种生产能力。但是,如果对方向你说实话,他就会丢脸。所以他漫天要价,知道你也不可能接受。"

(资料来源:刘白玉. 文化差异对商务谈判的影响[J]. 商业现代化. 2005(10).)

5. 对合同的理解

日本商人对合同约束力认识有自己的标准和原则。他们认为,相互之间的信任在业务往来中最重要,即使有书面形式的合同,其内容也非常简短。他们大量依赖于口头协议。书面协议仅仅是纠纷产生时的参考文件。因为在日本与法律并存的还有各种社会准则。这些社会准则也影响着商务活动。例如,在日本的商业领域,人们尽量避免根据严格的法律条款来解决有关争议或履行义务,而是本着相互信赖的精神,通过协商来解决问题。不过,这并不意味着日本人不信守合同或否定合同的有效性。对日本人来说,社会准则与法律同样重要。

大多数日本公司认为,如果由于客观情况发生了根本变化,造成对方履约异常困难时,强求对方履约是不合适的。在这种情况下放弃合同权利,是解决问题并保持互惠互利关系的最好方法。

【阅读资料 11.2】

与日本人谈判的注意事项

日本人注重面子。面子和一个人的自尊、尊严和声誉有关。如果你表现出幼稚或缺乏自我控制力,例如发脾气,这些都会使你丢面子。如果你对日本合作者表现出强烈的不同意,使他们感到尴尬,当众批评他们或者用其他的方式表示出对他们的不尊重,这些都可能让他们感到"没面子"。要知道,在谈判中不给对方"留面子"可以成为对一个有希望的谈判的最大的、最有杀伤力的破坏。

日本人喜欢送人小礼物,但忌讳送梳子,因为"梳子"和"苦死"谐音;忌送陶瓷、玻璃等易碎品。馈赠中,严禁用 4、6、9 等不吉利的数字(或数量)的礼品。在包装商品时,不要扎蝴蝶结。日本商人对金色的猫和狐狸以及鹤反感,认为他们是"晦气"、"贪婪"与"狡诈"的化身。

(资料来源:乔淑英. 商务谈判[M]. 北京:北京商业大学出版社. 2007.)

二、韩国商人的谈判风格

(一)民族个性与商务风格

韩国位于东亚朝鲜半岛南部,历史上受我国唐代文化影响很大。由于在历史上深受"殖民文化"影响,韩国文化是东西方文化的交融体。韩国人尊老爱幼、谦逊有礼、民族意识强。多数韩国人都擅长于控制自己的情绪,掩饰他们真实的感受。通常韩国人用间接的和逃避性的语言来降低冒犯对方的风险。同样,韩国人希望他们的合作伙伴避免直接地批评或者没有必要的无礼。通常韩国人比日本人更加直接,更加敏感。

韩国以"贸易立国"而著称,韩国商人在长期的贸易实践中积累了丰富的经验,常常在不利于己的贸易谈判中占上风,被西方国家称为"谈判的强手"。与韩国人打交道,一定要选派经验丰富的谈判高手,作好充分准备,并能灵活应变,才能保证谈判的成功。

(二) 商务谈判风格

1. 重视谈判前的咨询与人际关系

在韩国谈判双方开始接触,通常会安排一个正式的介绍会,想直接与不认识的公司或者个人取得联系。最好的介绍者是双方都认识的、有威望的人或者有地位的组织。在韩国有合适的联络人是非常关键的。

韩国人十分注意选择谈判地点,他们一般喜欢选择在有名气的酒店进行会晤,并且特别重视谈判开始阶段的气氛。见面时热情地与对方打招呼,向对方介绍自己的姓名、职务等。他们喜欢主动迎合对方的爱好和建议,以示对对方的尊重。

2. 注重谈判礼仪和创造良好的气氛

韩国人认为建立良好的关系对生意的成功是十分必要的。尤其是建立谈判伙伴个人之间关系是非常关键的。他们常常利用与朋友之间的交谈、一起喝酒、进餐和其他娱乐活动来达到对谈判对手的充分了解。韩国社会是个垂直等级的社会,具有严格的等级制度。在交往中要十分注意对高地位的人,包括年长者和处于较高职位的公司管理人员表示你对他们的尊重。由于韩国民族文化和传统社会习俗影响,很少有妇女达到高层管理职位,所以大多数韩国男士在商务场合不习惯与女士平等地打交道。因此,与韩国人做生意的女士,将会面临着一定的文化障碍。

【案例11.5】

美国一家公司与韩国一家公司进行一次比较重要的贸易谈判,美国派出了认为最精明的谈判小组,大多是30岁左右的年轻人,还有一名女性。但到韩国后,却受到了冷遇,不仅总公司经理不肯出面,就连分部的负责人也不肯出面接待。在韩国人看来,年轻人,尤其是女性,不适宜主持如此重要的会谈。结果,美方不得不撤换了这几个谈判人员,韩国人才肯出面洽谈。

(资料来源:周忠兴. 商务谈判原理与技巧[M]. 南京:东南大学出版社,2004.)

3. 谈判个性

韩国人谈判时很投入,与他们谈判需要耐心。无论你的产品质量多好,若想达成交易却不那么容易,通常需要较长的时间讨价还价,如有什么问题,要耐心等待,在晚些时候提及。通常,首次会晤不要直接谈生意。

他们喜欢横向协商法。即在进入实质性谈判时,先把需要讨论的条款统统罗列出来,然后逐条逐款磋商。有的韩国商人在谈判中将"横向协商法"和"纵向协商法"结合使用,即在磋商前后两部分条款时分别采用纵、横两种协商方法。这主要视条款内容而定,以选择有利于自己的谈判方法为前提。

韩国人在谈判中常采用"声东击西"的策略,即在谈判中利用对自己不太重要的问题吸引和分散对方注意力,在谈判中以率先忍让的假象换取对方最终让步。此外,韩国商人还针对不同的谈判对象,经常使用"疲劳战术"和"限期战术"等。

与韩国商人谈判的注意事项。与韩国人交谈,要避免议论有关社会政治话题。韩国人喜欢单数,忌讳双数,忌用"4"(韩语音同"死");许多楼房的编号严禁用"4"字,军队、医院、餐馆也不用"4"编号;禁止用一个手指指人;站立交谈时不能背手;女子发笑时必须用手掩嘴。

【阅读资料11.3】

韩国的食"礼"

所谓韩国的食"礼"是指韩国人就餐时的礼节。在韩国,吃饭是有一定"吃饭顺序"要求的,它通常是衡量一个人礼貌习惯的方法。同样生活在亚洲的"邻居",中国人、日本人都有端起饭碗吃饭的习惯,但是,韩国人视这种行为是"不规矩"。

在韩国,饭一般装在带盖的圆底饭碗里,吃饭时,现将饭碗盖取下放在桌面上,不能用手端起饭碗,而且也不能用嘴唇直接接触饭碗,左手要"藏在"桌子底下,右手一定要先拿起饭勺,从水泡菜中盛上一口汤喝完,再用勺子吃一口米饭,然后再喝一口汤,再吃一口米饭后,便可以随意地吃任何东西了。

韩国人就餐时,一律使用不锈钢的筷子和勺子。勺子在韩国人饮食生活中比筷子的作用更重要,它负责盛汤、捞汤里的菜、装饭,不用时要架在饭碗或其他食器上,而并不能放在桌面上。筷子只负责夹菜,但不能用它捞汤里的菜。筷子不夹菜时,要放在右手方向的桌面上,两根筷子要摆整齐,2/3 在桌面上,1/3 在桌面外,这是为了便于拿起来再用。

(资料来源:中华美食网,网址:http://www.5eat.com/culture.)

三、新加坡商人的谈判风格

新加坡经济很发达,是亚洲"四小龙"之一。新加坡是连接太平洋和印度洋的要道,地理位置十分重要。新加坡人属于马来人种,其中,中国人占全国人口的70%以上。新加坡商人以华侨为最多,他们乡土观念很强,勤奋、能干、耐劳、充满智慧。他们一般都很愿意与中国内地进行商务洽谈合作。老一代华侨还保持着讲面子的特点,"面子"在商务洽谈中有时具有决定性的意义。年青一代华侨商人虽已具备了现代商人的素质和特点,但是,依然保持了老一代华侨的一些传统特点。例如,在洽谈中,如果遇到重要的决定,往往不喜欢写成书面的字据,但是,一旦订立了契约,则绝对不会违约,而是千方百计地去履行契约。这些都充分体现了华侨商人注重信誉、珍惜朋友之间关系的商业道德。

新加坡商人谦恭、诚实、文明和礼貌,他们在谈判桌上一般会表现出三大特点:一是谨慎,不做没有把握的生意。二是守信用,只要签订合同,便会认真履约。三是看重"面子",特别是对老一代人,"面子"往往具有决定性的作用。值得一提的是,与海外华人进行贸易,采用方言洽谈,有时可以起到一种独特的作用。碰上说潮州话的商人,首先献上一句"自己人,莫客气"的潮州乡音,给人一种宾至如归的感觉,其他像粤语、滇语等同样有助于谈判的进行和成功。

【案例11.6】
西欧有位客商有一次到东南亚某国去谈判一笔交易,开始时双方气氛热烈,谈判进行得很顺利。但当谈判结束,双方要签订协议时,西欧的那位客商由于兴奋得意而架起了二郎腿。谁知此后形势急转直下,对方冷着脸要求与西欧客商重新谈判。原来是西欧客商以跷二郎腿表达自己兴奋得意的心情,而对方则是把对着别人跷二郎腿的体态语看做是对别人的恶意。

(资料来源:张晓豪、焦志忠.谈判控制[M].北京:经济科学出版社,1995.)

与新加坡商人谈判要注意:新加坡人喜欢红色、绿色、蓝色,视黑色为不吉利。在商品上不能用如来佛的形态,禁止使用宗教用语;新加坡人忌黑色和黄色;在数字上忌讳4、7、8、13、37和69;忌讳乌龟图案,认为这是不祥的动物;忌讳说"恭喜发财"之类的话,认为这有教唆他人"发横财"和"不义之财"的意思;忌讳大年初一扫地,认为这一天扫地会把好运气扫掉。

四、阿拉伯商人的谈判风格

由于受地理、宗教、民族等问题的影响,阿拉伯人具有一些共同的特点:以宗教划派,以部族为群,通用阿拉伯语,信仰伊斯兰教,有很强的家庭观念,比较好客。阿拉伯人喜欢用手势或其他动作来表达思想,比较注重信誉。他们不希望通过电话来谈生意。无论小店、大店均可以讨价还价。阿拉伯人的生活深受伊斯兰教影响,他们希望与自己洽谈的外商对伊斯兰教及其历史有些了解。

阿拉伯世界凝聚力的核心是阿拉伯语和伊斯兰教。虽然对这些你不一定精通和信奉,但当你到这些国家访问洽谈时,作些基本了解还是十分必要的。例如,遇到斋月,阿拉伯人在太阳落山之前,既不吃也不喝。你也要做到入乡随俗,在这样的时间里也应尽量避免接触食物和茶,如果主人把这些放在待客的房间里,你也要表示理解并尊重他们的习俗。

阿拉伯人具有沙漠地区民族的传统,表现在下面几个方面。

1. 热情好客

任何人来访,他们都会十分热情地接待。谈判过程也常常被一些突然来访的客人打断,主人可能会抛下你,与新来的人谈天说地。与他们谈判,你必须适应这种习惯,学会忍耐和见机行事。这样,你就会获得阿拉伯人的信赖,这也是达成交易的关键。

2. 不太讲究时间观念

随意中断或拖延谈判,决策过程也较长。但阿拉伯人决策时间长不能归结于他们拖拉和无效率。这种拖延也可能表明他们对你的建议有不满之处,而且尽管他们暗示了哪些地方令他们不满,你却没有捕捉到这些信号,也没有作出积极的反应。这时,他们并不当着你的面说"不"字,而是根本不作任何决定。他们希望时间能帮助他们达到目的,否则,就让谈判的事在置之不理中自然地流产。

3. 做生意喜欢讨价还价

没有讨价还价就不是一场严肃的谈判,喜欢同人面对面地争吵,但不喜欢刚同你一见面就匆忙谈生意。他们认为,一见面就谈生意是不礼貌的。他们希望能花点儿时间同你谈谈社会问题和其他问题,一般要占去15分钟或更多的时间,有时要聊几个小时,因此,你最好把何时开始谈生意的主动权交给阿拉伯人。

【阅读资料11.4】

与阿拉伯商人谈判的注意事项

专家建议,无论是同私营企业谈判,还是同政府部门谈判,代理商是必不可少的。这些代理商操着纯正的阿拉伯语,有着广泛的社会关系网,熟悉民风国情,特别是同你所要洽谈的企业有直接或间接的联系,这些都是你做生意所必需的。阿拉伯人做生意特别重视朋友的关系,许多外国商人都认为,初次与阿拉伯人交往,很难在一两次交谈中涉及业务问题。只有经过长时间的交往,你与他们建立了友谊,才可能真正开始交易谈判。如有中间商从中斡旋,则可大大加快这种进程。如果是中间商替你推销商品,交易也会比较顺利。

中东是一个敏感的政治冲突地区,在谈生意时,要尽量避免涉及政治话题,更要远离女性话题。在任何场合都要得体地表示你对当地人宗教的尊重与理解。

(资料来源:乔淑英.商务谈判[M].北京:北京商业大学出版社.2007.)

第三节 欧洲国家商人谈判风格

欧洲国家众多,人口密集,民族较多,语言习惯各不相同。欧洲大部分国家工业发达,国民生活水平高,中国与欧洲一直保持着非常友好的关系。中国与欧盟的贸易在20世纪90年代曾经下跌,但近5年一直保持15%左右的增长率,特别是随着欧盟的扩大,中国与欧盟25个成员国的贸易进入快速增长期,2005年贸易额达到2 100亿美元。现在,中国已经超过日本,成为欧盟最大、最稳定、最重要的贸易伙伴。

一、英国商人的谈判风格

英国的全称是"大不列颠及北爱尔兰联合王国",它位于欧洲西部,是由大不列颠岛和爱尔兰岛东北部及附近许多岛屿组成的岛国。英国是最早的工业化国家,早在17世纪,它的贸易就遍及世界各地。英国从事贸易的历史较早,范围广泛,其贸易洽谈有自身显著的特点。

(一)民族个性与商务风格

英国人的民族性格是传统、内向、谨慎。他们十分注重礼貌礼节:初次相识时,一般都要握手,无论男女,无论天气多冷,都应先把手套脱掉,脱得越爽快越能体现对对方的尊重。英国人特别欣赏自己的绅士风度,认为这种风度是他们的骄傲。尊重女性,女士优先是社交场合必须遵守的原则,也是他们绅士风度的主要表现。与英国人谈话时他们不喜欢距离过近,一般保持在50厘米以上为宜。在众人面前不要相互耳语,这也被认为是失礼之举。

英国人有很强的民族自豪感和排外心理。初与英国商人交往,开始总感觉有一段距离,可能觉得他们高傲、保守。但随着慢慢地接近,建立起友谊之后,他们会十分珍惜,长期信任你。

【阅读资料11.5】
与英国商人谈判的注意事项

绝大多数英国人忌讳数字"13",认为这个数字不吉利。在交谈中忌讳问别人私事。与英国人聊天不应该涉及有关金钱、婚姻、职业、年龄等私事,也不要问别人属于哪个党派。

忌讳用大象、孔雀图案。英国人认为大象是蠢笨的象征,孔雀是淫鸟和祸鸟。忌讳用人像做服饰图案和商品的装潢。忌讳送百合花,认为百合花意味"死亡"。

(资料来源:乔淑英.商务谈判[M].北京:北京商业大学出版社,2007.)

(二)商务谈判风格

1. 谈判个性

英国人谈判稳健,善于简明扼要地阐述立场、陈述观点,之后便是更多地沉默,表现出平静、自信而谨慎。在谈判中,与英国人讨价还价的余地不大,有时他们采取非此即彼的态度。在谈判关键时刻,他们往往表现得既固执又不肯花大力气争取,使对手颇为头痛。英国人认为,追求生活的秩序与舒适是最重要的,勤奋与努力是第二位的。所以,他们愿意作风险小的买卖。在谈判中如果遇到纠纷,英国商人会毫不留情地争辩。

2. 决策程序

英国商人比较看重秩序、纪律和责任,组织中的权力自上而下流动,等级性很强,决策多来自于上层。比较重视个人能力,不喜欢分权和集体负责。在对外商务交往中,英国人的等级观念使他们比较注重对方的身份、经历、业绩、背景,而不像美国人那样更看重对手在谈判中的表现。所以,在必要的情况下,派较有身份地位的人参加与英国人的谈判,会有一定的积极作用。

3. 沟通方式

英国人以绅士风度闻名世界,常常处变不惊、谈话轻描淡写。对他人和他物英国人所能给的赞赏是"像英国式的"。他们喜欢以他们的文化遗产、喂养的宠物等作为谈论的话题,尽量避免讨论政治、宗教、皇家是非等。初识英国人,最佳、最安全的话题当然是天气。

【阅读资料11.6】
英语国家的称呼

在使用英语的民族中,称呼可分为三种情况。一是较正规的称呼,对年龄较长或地位较高的男女称为 Sir(先生)或 Madam(夫人),不带姓,这是很正式并带有疏远和敬意的称呼,一般情况下称 Mr. 和 Mrs.。带上对方的姓,称男子为××先生,女子为××太太或小姐,这也是较正式的称呼。二是较随便的称呼,在熟人之间往往直呼其名,如约翰、玛丽等,不必称先生、小姐。在青少年当中,初次接触往往就会主动把自己的名字告诉对方,让人家以名字称呼,这样显得亲近些。三是亲密的称呼,即爱称或昵称,父母对子女、兄弟姐妹之间以及同学挚友之间,往往把对方名字的词尾改变,以表爱意,如 John 变为 Jack,James 变为 Jimme,Thomas 变为 Tom 等。总的看来,美国人之间的称呼更随意,英国人之间更严肃些,昵称在美国比在英国更流行。

(资料来源:张世满.旅游与中外民俗[M].天津:南开大学出版社,2002.)

二、法国商人的谈判风格

法国的正式名称是"法兰西共和国",位于欧洲西部。在世界近代史上,法兰西民族在社会科学、文学、科学技术和艺术等方面都有卓越的成就,因此,法国人对本民族的灿烂文化和悠久历史具有强烈的自豪感。

(一) 民族个性与商务风格

法国人乐观、开朗、热情、幽默,注重生活情趣,富有浓郁的人情味、爱国热情和浪漫情怀。他们乐观爱美,十分重视服饰,认为那是个人身份的象征,讲究服装的质地、款式及色彩。巴黎更有时装之都的美誉。他们非常重视相互信任的朋友关系,并以此影响生意。在商务交往上,法国人往往凭借着信赖和人际关系去进行。在未成为朋友之前,他们不会同你进行大宗交易,而且习惯于先用小生意试探,建立信誉和友谊之后,大生意便接踵而至。热情的法国人将家庭宴会作为最隆重的款待,但绝不能将家庭宴会上的交往视为交易谈判的延伸。一旦将谈判桌上的话题带到餐桌上来,法国人会极为不满。

(二) 商务谈判风格

1. 谈判个性

法国商人大多十分健谈,富有感情,话题广泛,而且口若悬河,出口成章。在谈判开始时,他们喜欢聊一些社会新闻及文化方面的话题,以创造一种轻松友好的气氛。否则,将被视为"枯燥无味的谈判者"。法国商人在边聊边谈中慢慢转入正题,在最后作决定阶段,才一丝不苟地谈生意。

在谈判方式的选择上,他们偏爱横向谈判,谈判的重点在于整个交易是否可行,不太重视细节部分。他们喜欢先为谈判协议勾画出一个大致的轮廓,然后再达成原则协议,最后再确定协议中的各项内容。主要问题谈妥后,他们便急于签约。他们认为具体问题可以以后再商量或是日后发现问题时再修改。由此,经常出现昨天签的协议明天就要修改的情况。

2. 坚持在谈判中使用法语

法国人非常尊重自己的传统文化和语言,在商务谈判中多用法语。如果能讲几句法语,将有助于谈判形成良好的气氛。相应的书面材料等也都应该用法语书写,关于你产品的关键性资料也应该被翻译成法语。即使他们英语讲得很好,也是如此,在这一点上很少让步。因此,有专家指出,如果一个法国人在谈判中对你使用英语,那么这可能是你争取到的最大让步。至于为什么这样,原因有很多,可能是法国人爱国的一种表现,更有可能是说法语会使他们减少因语言不通而产生的误会。

3. 决策重个人,效率高

一般情况下,法国公司的组织结构单纯,自上而下的层次不多。他们组织机构明确、简单,实行个人负责制,个人权利很大。在商务谈判中,多由个人对决策负责,谈判的效率较高。法国商人大多专业性强、熟悉产品、知识面广。即使是专业性很强的专业谈判,他们也能一个人独当几面。

4. 时间观念

法国人严格区分工作时间与休息时间。这与日本人工作狂相比有极大的反差。法国人工作时认真投入,讲究效率;休闲时痛快玩耍。他们十分珍惜假期,全体职员都休假,这时候你想做生意是徒劳的。

对别人要求严格,对自己比较随便是法国人时间观念的一大特点。如果你迟到,不论出于何种原因都会受到冷遇,但他们自己却会很自然地找个借口了事。在法国社交场合,有个非正式的习惯,主宾越重要越到得迟。

5. 对合同的态度

法国人比较注重信用,一旦签约,会比较好地执行协议。在合同条款中,他们非常重视交货期和质量条款。在合同的文字方面,法国人往往坚持使用法语。为此,与法国商人签订协议不得不使用两种文字,并且要商定两种文字的合同具有同等的效力。

【阅读资料11.7】

与法国商人谈判的注意事项

法国人交谈中忌讳问别人隐私。

忌墨绿色,因为第二次世界大战期间德国纳粹军服是墨绿色的。

忌讳用黑桃图案,认为不吉祥。

忌讳用仙鹤图案,认为仙鹤图案是蠢汉和淫妇的代称。

忌送香水和化妆品给女人,因为它有过分亲热和图谋不轨之嫌。

(资料来源:张世满.旅游与中外民俗[M].天津:南开大学出版社,2002.)

三、德国商人的谈判风格

德国位于欧洲中部,在世界各民族中,德国民族在文化与学术方面产生的重大人物之多是举世瞩目的。德国是哲学的王国,它造就了康德、黑格尔、费尔巴哈、叔本华、尼采、马克思等哲学家。现代德国是世界上经济实力最强的国家之一,他们的工业极其发达、生产率高,产品质量堪称世界一流,对这一点,德国人一直引以为豪。

(一) 民族个性与商务风格

德语是世界上最富逻辑性的语言之一,它赋予德国人以天下无敌的逻辑思维能力,也赋予了德国人严肃、一丝不苟、重视纪律的特点。德国人天然地具有思辨力强,办事一丝不苟,勤劳认真等优点。在大多数欧洲国家,人们经常在商务会议上开玩笑。他们认为,开玩笑是打破僵局的良方,可以推动会议的进程,以比较少的时间做更多的事情。但德国人认为,谈判桌不是讲笑话的地方,商业活动是严肃的,讲求效率、准时、缜密、方法、毅力和组织。德国人在商务往来中诚实而坦率,他们会直截了当地公开表明自己的反对意见,而不来客气或外交辞令那一套。他们对谈判往往采取一种很正式的方式,着装整齐,座位和发言顺序都是按照等级高低来安排的。德国人重视体面,注意形式,有头衔的商人,一定要称呼他的头衔。

(二) 商务谈判风格

1. 谈判个性

德国人在谈判之前的准备比较充分。他们不仅要研究购买你的产品的问题,而且还包括研究销售产品的公司,公司所处的大环境,公司的信誉、资金状况、管理状况、生产能力等。他们不同于那种只要有利可图就与之做生意的赚钱公司,不喜欢与声誉不好的公司打交道。德国人注重选择合适的谈判对象,很善于和你一起去解决问题。德国人做任何事情都一丝不苟、细心谨慎。他们会把每一个细节、每一步计划都设计得十分周密,并且一步一步地去完成它。德国的谈判方式显得很特别,他们的准备工作往往做得十分充分,一切都尽量达到完美无缺。这与他们的民族性格是相符的。德国人不喜欢含糊其辞,躲躲闪闪。如果他们希望达成这笔交易,就会明确表示自己的意愿,愿意通过谈判来取得合作。在这之中,对于如何交易、谈判的实质问题、中心议题以及要达到一个什么样的目标,德国人都会加以详细考虑,并拟出一份完备的计划表,在谈判的过程中按照这份计划表一步步地去实现。德国人比较聪明,一旦进入实质性谈判,他们善于占据主动,并按照自己的意愿把谈判引入最终阶段。

2. 讲求效率,时间观念强

在商务谈判中,德国人强调个人才能。他们信奉的座右铭是"马上解决"。他们不喜欢对方支支吾吾地用"研究研究"、"考虑考虑"等拖拖拉拉的谈判语言。他们具有极为认真负责的工作态度,高效率的工作程序。个人意见和个人行动对商业活动有重大影响。各公司或企业纪律严明,秩序性强。决策大多自上而下作出,不习惯分权或集体负责。

无论公事还是私事,德国人都非常守时,在商业谈判和交往中忌讳迟到。对迟到者,德国人会毫不掩饰他们的不信任和厌恶。勤奋、敬业是德国企业主的美德。在欧洲,德国人的上班时间最长,8点以前上班,有时要晚上8点才下班。

3. 商务谈判中比较固执己见,不喜欢让步

如果德国人在谈判中已经提出了产品的价格,那么这个价格往往难以改变,因为德国人是经过深思熟虑才提出的,他们会极力坚持自己的意见。你要想讨价难上加难。他们比较缺乏灵活性,不会作出重大让步。与德国人打交道,必须要有充分准备,作好打一场攻坚战的思想准备。

4. 对合同的态度

德国人有"契约之民"的雅称，非常重视和尊重契约。在签订合同之前，他们将每个细节都谈到，明确双方的权利以及义务后才签字。这种 100% 的谈判作风，使得德国商人的履约率在欧洲最高。他们会一丝不苟地按照合同办事，诚实可信。同时，他们也严格要求对方，除非有特殊情况，绝不理会其贸易伙伴在交货和支付方式及日期等方面提出的宽限请求或事后解释。他们重视商权，在德国的法律条款中有严格而明确的商权规定。例如，如果要取消代理契约，必须支付 5 年期间平均交易额的所得利润，否则不能取消代理契约等。

【阅读资料 11.8 】

与德国商人谈判的注意事项

德国人最忌讳的符号是纳粹党的标志或类似符号，与德国人交谈时，不宜涉及纳粹、宗教、党派之争。在公共场合窃窃私语，德国人认为是十分无礼的。他们还忌吃核桃，不随意送人玫瑰花。

（资料来源：乔淑英. 商务谈判[M]. 北京：北京商业大学出版社，2007.）

四、俄罗斯商人的谈判风格

（一）民族个性与商务风格

俄罗斯联邦位于亚欧大陆北部，是欧洲人口最多的国家。俄罗斯人性格豪放开朗，喜欢谈笑，组织纪律性强，习惯统一行动。他们热情好客，与人相见，开口先问好，再握手致意。朋友间行拥抱礼并亲面颊，在社交场合尊重女性。前苏联解体后，俄罗斯在由计划经济向市场经济转变的过程中进程快，但在许多方面还是存在计划经济体制的影响。

【阅读资料 11.9 】

俄罗斯人与伏特加

伏特加是俄国和波兰的国酒，是北欧寒冷国家十分流行的烈性饮料。它的历史悠久，产生于 14 世纪左右，其英文名为 VODKA，出自于俄罗斯的一个港口名 VI—ATKA，含义是"生命之水"。

据说，500 年前俄罗斯的僧侣们酿出这样液体是用来做消毒液的。不知道哪一个好饮的僧侣偷喝了一口"消毒水"，此后 500 年间伏特加便一发不可收拾地成为俄罗斯的第一饮料。俄罗斯人喝伏特加的方式从来不是浅酌，而是真正的杯底朝天的痛饮。有统计显示，平均每个俄罗斯男子每两天就"干掉"一瓶伏特加，温馨的家庭聚餐、快乐的婚礼、悲伤的葬礼，都会见到痛饮伏特加的人们。

其实，500 年间伏特加仿佛就是俄罗斯历史的见证，伴随着俄罗斯人经历了东欧和亚洲君主的铁蹄、沙俄的统治、十月革命、卫国战争以及前苏联解体。俄罗斯将士的骁勇善战和不畏严寒是世界闻名的，度数极高、一点就着的伏特加的作用应该说功不可没。据说，第二次世界大战中，前苏联军队的战功奖励就是每天 100 克伏特加酒。

俄罗斯作家维克托·叶罗费耶夫专门研究了伏特加的历史，他称伏特加酒为"俄罗斯的上帝"，认为它在某种程度上影响着俄罗斯的命运。叶罗费耶夫的观点听上去有些耸人听闻，但其实伏特加这个名字在俄文中就是"生命之水"的意思。

(资料来源：http://gb.Chinabroadcast.cn/index.htm.)

俄罗斯人在商务活动中注重个人之间的关系，愿意与熟人做生意。他们的商业关系是建立在个人关系基础之上的。只有建立了个人关系，相互信任和忠诚，才会发展成为商业关系。没有个人关系，即使是一家优秀的外国公司进入俄罗斯市场，也很难维持其发展。俄罗斯人主要通过参加各种社会活动来建立关系，增进彼此友谊。这些活动包括拜访、生日晚会、参观、聊天等。在与俄罗斯人交往时，必须注重礼节，尊重民族习惯，对当地的风土民情表示出兴趣等。

（二）商务谈判风格

1. 谈判个性

俄罗斯人谈判个性带有明显的计划经济体制的烙印；他们往往以谈判小组的形式出现，等级观念重，责任常常不太明确具体。他们推崇集体成员的一致决策和决策过程的等级化。他们喜欢按计划办事，一旦对方的让步与其原订目标有差距，则难以达成协议。由于俄罗斯人在谈判中经常要向领导汇报情况，因而谈判中决策与反馈的时间较长。

俄罗斯人在商务谈判中缺乏灵活性。由于体制严格的计划性，束缚了人个性能力的发挥。而且这种体制要求经办人员对所购进商品的适用性、可靠性和质量进行审查，并要对所作的决策承担全部责任。因此，他们非常谨慎，缺少敏锐性和创新精神，喜欢墨守成规。

2. 善于讨价还价

俄罗斯人善于寻找合作与竞争的伙伴，善于讨价还价。如果他们想要引进某个项目，首先要对外招标，引来数家竞争者，从而不慌不忙地进行选择。常采取各种"离间"手段，让争取合同的对手之间竞相压价，相互"残杀"，最后从中渔利。

俄罗斯人在讨价还价上堪称行家里手。许多比较务实的欧美生意人都认为，不管报价是多么公平合理，怎样精确计算，他们也不会相信，千方百计地要挤出其中的"水分"，达到他们认为理想的结果。

3. 时间观念与对合同的态度

俄罗斯人比较遵守时间，在商务交往中，需事先预约。

俄罗斯人重视合同。一旦达成谈判协议，他们会按照协议的字面意义严格执行，同时，他们也很少接受对手变更合同条款的要求。在谈判中，他们对每个条款，尤其是技术细节十分重视，并在合同中精确表达各条款。

【阅读资料 11.10】

与俄罗斯商人谈判的注意事项

与俄罗斯人谈判最好不要谈及薪水、婚姻、职业、年龄等私人生活事项，也要回避俄国的政治、经济、民族、宗教、党派、国家关系等话题。在任何情况下都不可以当面问女子年龄。

俄罗斯人忌讳数字13，喜欢马的图案，讨厌兔子和黑猫。他们有"左主凶"，"右主吉"的传统观念，故忌讳用左手递物、进食、握手、抽签等。

（资料来源：乔淑英.商务谈判[M].北京：北京商业大学出版社，2007.）

五、北欧商人的谈判风格

北欧主要是指挪威、丹麦、瑞典、芬兰等国家。这是一个文化、经济高度发达的地区。几个国家地域广阔，人口稀少，社会政治、经济十分稳定，与世界各地的贸易交往也具有较长的历史。

（一）讲究文明礼貌，尊重具有较高修养的商人

北欧人在与外国人交往时比较讲究礼仪。不论是正式，还是非正式谈判，他们如果是东道主，都会安排得有条不紊，尽量让客人满意。

（二）重视产品质量

北欧几个国家的产品质量在世界上是一流的。近几年，他们更倾向于具有高附加值的、高度专业化的产品出口。他们在工作期间严肃认真，一丝不苟，但在娱乐时间绝不工作。

（三）商务谈判风格沉着冷静

北欧人在谈判中不易激动，常常沉默寡言。在不该谈论的时候绝不主动表达自己的意见。他们讲话大都慢条斯理，却有条不紊。即使在十分关键的时刻也不动声色，但他们不喜欢无休止的讨价还价。如果他们与你做生意，主要是因为他们确认你公司的产品在市场上是十分优秀的，他们信得过你。但如果你只为自己利益着想，忽视了他们的利益或建议，他们就会改变对你的看法，很可能放弃与你做生意。

（四）喜欢桑拿浴

洗桑拿浴已经成了他们生活中的一部分。如果与北欧人洽商，被他们邀请洗桑拿浴，说明受到了他们的欢迎，这是个好的开端。但如果不能适应长时间的热气，也要提出来，这不是丢面子的事情。在许多情况下，可以在洗桑拿浴时与他们交谈，这可以免除正式谈判的许多不便。

第四节　美洲国家商人谈判风格

美洲分为北美洲和南美洲。其居民主要是英、法等欧洲国家移民的后裔。美国以南的地区常常被称为拉丁美洲。拉丁美洲各国经济发展水平和经济实力相当悬殊。

【阅读资料11.11】

马平、羊慧明谈如何与美国人谈生意

一、"敲门生意"不好做

马平：在几次飞往太平洋彼岸的旅途中，我们发现飞机上的中国人一次比一次多。在美国各地，到处可见成群结队的大陆考察团，他们大把大把地花钱，让美国人刮目相看。那些对中国庞大市场越来越看好的美国商人也越来越表现出对这些中国客人的尊重，希望能从他们那里得到在中国发展的机会和信息。同美国商人所期望的一样，许多中国人也到美国来寻找发展的机会，中国大陆人在美国办起了上万家公司，各种商务考察、招商活动和产品展示会也越来越频繁。中国商人在美国有成功的，也有不少交了"学费"的。

羊慧明：美国人办事很讲究计划性和前期资料准备工作，你来美国谈生意，一定要有具体的项目，有一个很具体的目标。资料准备工作越细越好，项目可行性论证报告一定要实在、权威，经得起检验，提供的数据不能凭估计弄出一串神仙数字，要经得起对方用计算机检索和数学模型分析。美国人特别注重量化分析，你不能光凭拍脑袋，大而化之估计出几个数据，就写在里面，说预期效益如何如何。美国人不会轻易相信你的，你提供的数据一定要有出处，他们通过计算机互联网络和公司的数据库很容易查到包括中国市场的信息来作比较。如果发现你的数字有水分，你就没有信誉了，他们就不想与你谈下去了。

马平：美国的中介机构，如会计师事务所、律师事务所、投资咨询公司、顾问公司等，他们能否赢得客户，就在于他们提供的分析报告是否权威，预测是否准确。美国公司在与别的公司谈生意之前，首先要做的是资料交换工作。你的市场分析可靠，他们就有兴趣合作。因此，案头工作非常重要。

羊慧明：美国公司的官员说，你们来谈生意，来谈合作项目，最好带上计算机磁盘来，不用带大堆的文字资料，计算机语言最好交流。有的中国公司已经这样做了，经理的助手带个笔记本电脑，公司的什么资料都储存在软盘里，对方要什么可调什么，方便极了。对方也很容易了解你的数字的根据是什么。而且，对方也觉得你的公司，真正是来做事的，而对你增加信任。实际上，一个公司的信誉、形象，在每一个细枝末节都要体现出来。这实际上也是一个公司的"无形资产"。

美国人生活节奏紧张，凡事得预先安排，你去谈生意，得提前一两个月时间与对方讨论好日程安排和洽谈内容。美国人的时间安排得以分钟计，几点几分干什么，都是事先安排好的。迟到、改期或临时敲门去找人家是最不礼貌的，也有损你的信誉。你不能到了打个电话、敲个门就进去，因为对方同样要做准备。你唐突而去，准备又不充分，对方会认为你只是做一般性的考察或是来观光旅游的，不是真来谈生意的，因而对你失去兴趣。

二、了解美国的文化背景

马平：与美国人做生意，得了解美国的文化背景，也就是要入乡随俗，适应美国人的一些办事习惯。

羊慧明：是的，国情不一样，办事习惯也就有很大的差异。美国政企是分开的，谈生意是企业自己的事，中国国有企业还未完全与政府部门分开，谈生意时政府官员往往要起很大的作用。

美国公司的老板出国谈生意，只带一两个人，通常是律师和会计师，一来就马上进入正题，谈完就走，极少有功夫去游山玩水的。

马平：美国人性格外向、坦率，平常喜欢幽默风趣，但人到了谈判桌上还是一板一眼。多数美国商人比较好打交道，他们谈生意比较诚实，说一不二。而中国内地一些公司同美商谈生意，也像对付中国港台商人一样，堤防筑得很高。比如报价，美国人一般不会漫天要价，他们知道那没用，只会吓跑客人，他们报的价一般都是实价。可有的中国内地公司不问市场行情,也不管三七二十一,上桌就先砍价。有个中国经济考察团与美国公司谈判,中方三个代表都重复同一句话:"项目很好,可你们的报价太高!"可人家协议草稿里根本没写报价,无的放矢,闹了一个笑话。当然,美国商人中也有奸商,应当提防。但只要摸透市场行情,心中有数,就不会吃亏。

羊慧明:还有,中国商人同美国商人打交道,没有必要搞铺张奢侈那一套。在东方,特别是在中国香港、台湾和内地,讲排场似乎是一种信誉,是显示公司"实力"的一个机会,请客送礼大吃大喝大搞排场。但若在美国这样讲排场,就不会给美国人留下好印象。你太铺张浪费,他们心里会问:你到底是花公司的钱还是你自己的钱?公司这样消费,他们对你这样的公司就不放心。如果你是个人请客,你钱从哪里来的?他们同样会对你不放心。至于你公司的实力到底怎样,他们不是看你的排场,而是要实实在在了解你账面的数字。你再有实力,也没有必要浪费。洛克菲勒财团最初创业的老板,到世界各地出差只坐经济舱。

三、先找律师后签约

马平:美国大公司的经理参加谈判,常常是一边坐着律师,另一边坐着会计师,可见法律在商务活动中的重要性。美国商人在做一笔生意或一个项目之前,都要先找律师咨询,避免法律上的麻烦。而中国的公司不一样,往往是遇到官司或纠纷的时候才去找律师。有的中国公司也聘有法律顾问,但也主要是养着他们准备打官司,很少让律师参加谈判或决策。

羊慧明:美国是个法制社会,经济生活的方方面面、千头万绪,都是靠法律来规范。法律能最大程度地预见到什么将会发生,能帮助商人规避可能发生的问题和人为风险。美国法律非常庞杂,浩若烟海,平均每个星期联邦和各州新公布的法律文件就有上万页,光是联邦国会每年就要制定上千部法律。法律如此浩瀚,若非专业律师,一般人根本掌握不了那么多法律条款。就是专业律师,靠头脑也容纳不了那么多内容,还得靠电脑。法律完善、严格,事事有法可依,自是好事,但也给人处处布阵的感觉,一不小心你就可能栽到法律的陷阱里去。因此,美国的公司也好,私人也好,不能不依靠律师。美国的律师机构不仅仅帮助客户打官司,更多的是咨询和中介工作。许多商务合作,都是由专业律师机构担任中介撮合的。大的律师机构有成千上万家客户,他们为这些客户提供多方面的服务。比如,他们根据自己掌握的信息,觉得中国的某个项目适合他们的客户去做,他们就会提出建议,而客户也比较相信律师机构。律师机构要想在工作上取得成效赢得客户,不仅仅要帮助客户把好法律关,还要想方设法为客户提供更多的信息咨询服务帮助客户争取利益,否则,他们就会失掉客户。

美国人性格直率,谈生意、定协议、签合同,都是"先小人,后君子"——把丑话说在前头,把可能出现的问题都想到,把双方的义务、权利、责任尽可能细化得非常具体,一旦签了字就得照章办事。

(资料来源:http://www.bioon.com/book/zhonghe/xianliaomei/08-htm.)

一、美国商人的谈判风格

(一)民族个性与商务风格

美国是世界上经济、技术最发达的国家之一。美国人对自己的国家深感自豪,对自己的民族具有强烈的自尊感与荣誉感。这种心理在他们的贸易活动中充分表现出来。美国人的性格通常是外向的,有人将美国人的性格特点归纳为外露、坦率、真挚、热情、自信、滔滔不绝、追求物质上的实际利益。从总体上来说,与美国人做生意,"是"和"否"必须保持清楚,这是一条基本的原则。当无法接受对方提出的条款时,要明白地告诉对方不能接受,而不要含糊其辞,使对方存有希望。

美国是一个移民国家,多数美国人习惯与陌生人做生意。他们做生意时更多考虑的是做生意所能带来的实际利益,而不是生意人之间的私人交情。他们喜欢公事公办,个人交往和商业交往是明确分开的。他们认为,良好的商业关系带来彼此的友谊,而非个人之间的关系带来良好的商业关系。美国人对商品的包装和装潢比较讲究。这是因为在美国,包装与装潢对商品的销路具有重要的影响。只有新奇的、符合国际潮流的包装与装潢,才能激起消费者的购买欲,扩大销售。在美国一些日用品花费在包装装潢上的费用占到商品成本的很大比例。

(二) 美国人的谈判风格

1. 谈判个性

在谈判中,他们精力充沛,感情洋溢,不论是陈述己方观点,还是表明对对方的立场态度,都比较直接坦率。如果对方提出的建议他们不能接受,也是毫不隐讳地直言相告。美国人信奉个人主义的价值观,往往尊重个人的作用和在实际工作中的表现。谈判中他们往往单枪匹马地行动,不愿意总是请示上司。他们自我表现的欲望很强,乐意扮演"牛仔硬汉"或"英雄"的形象,在谈判中表现出大权在握的自信模样,除非有限制,他们能自由地拿主意,"先斩后奏"之事时常发生。在美国人的谈判队伍中,代表团的人数一般不会超过7人,很少见到大规模的代表团。即使是有小组成员在场,谈判的关键决策者通常也只有一两人,遇到问题,他们往往有权作出决定。

2. 时间观念强

美国人秉承单一时间观念文化,把时间看做是有形资产,能够节约、消费、损失、找到、投资和浪费。北方人比南方人更关注准时和计划,他们做事井然有序,有一定的计划性。与美国人约会,早到或迟到都是不礼貌的。对整个谈判过程,他们总有个进度安排,精打细算地规划谈判时间的利用,希望每一阶段逐项达成阶段性的谈判任务。他们一件事一件事、一个问题接一个问题地讨论,直至最后完成整个协议的逐项议价方式被称为"美式谈判"。他们重视时间成本和谈判效率,常用最后期限策略来增加对方的压力,迫使对手让步。

3. 重视契约

美国人重视契约。据有关资料披露:平均每450名美国人就有一名律师,这与美国人解决矛盾纠纷习惯于诉诸法律有直接的关系。由于美国人口的高度流动性,使他们彼此之间无法建立稳固的持久关系,因而只能将不以人际关系为转移的契约作为保障生存和利益的有效手段。他们认为,双方谈判的结果一定要达成书面的法律文件,以明确彼此的权利和义务,将达成书面协议视为谈判成功的关键一步。他们认为合同提供约束力,有安全感。合同一旦签订,他们会认真履约,不会轻易变更或放弃。

4. 谈判风格强硬

美国人有时会把嚣张气势带到谈判桌上。他们往往对对方不屑一顾,好像他们就是天生的主人。谈判中伴随着美国人而来的往往是威压、恐吓、不尊重、警告等强硬态度。由此可见，一些美国人相对而言更崇拜力量，并且不怀疑他们的这套思维方式可以通行世界，在世界的各个角落发生影响，认为只有自己的决定才是正确的，很难听取对方的陈述。这样往往造成谈判气氛紧张。与一些美国人谈判可能是一件不愉快的事情，因为你不得不耐心地听他们的强硬的陈述。与一些美国人打交道，首先要有充分的思想准备，最好是宽怀大度、机敏果断、以柔克刚。

一些美国人谈判喜欢用"不"字，这样的事常常发生在当他犹豫不决之时。他不喜欢说"等等，让我想想"而是干脆地用"不"字加以拒绝。这些人所表现出的最明显特征是虚张声势和强硬态度。

【阅读资料11.12】
与美国商人谈判的注意事项

美国人最忌讳数字"13"和"星期五"。

美国人讨厌蝙蝠，忌讳用蝙蝠做图案的商品包装品，忌讳黑色的猫，认为黑色的猫会给人带来厄运。

一般情况下送礼忌讳送厚礼，忌讳送妇女香水、化妆品或衣物。

美国人十分重视隐私权，忌讳打听别人的私事。

与美国人交际时注意保持适当的距离是十分必要的礼节。美国人认为，个人的空间不容侵犯，因此，碰到别人时，要及时地道歉，坐在他人身边要征得对方的同意。交谈时双方身体保持一定的距离。

（资料来源：乔淑英.商务谈判[M].北京：北京商业大学出版社，2007.）

二、加拿大商人的谈判风格

（一）民族个性与商务风格

加拿大是由移民建设起来的国家，人口中主要是英法移民。加拿大商人中90%是英国系和法国系。英国系和法国系商人在性格和商业风格上有较大的差别。英国系商人较保守，重信用，商谈时较为严谨，在每一个细节尚未了解以前，绝对不会答应要求。而且英国系商人商谈时喜欢设关卡，因此，从洽谈开始到价格确定这段时间的商谈是颇费脑筋的，对此要有耐心。但是，一旦签约，废约的事情很少出现；法国系商人则大不一样，开始接触时非常和蔼可亲，平易近人，款待也很客气大方。但坐下来谈到实际问题时就判若两人，讲话慢吞吞，难以捉摸。因此，要谈出结果来，颇需耐心，即使签了约也仍然存在一种不安全感。

（二）加拿大人谈判风格

1.谈判准备与关系的建立

加拿大是个移民国家，民族众多。各民族相互影响，文化彼此渗透。大多数人性格开朗，强调自由，注重实利，发挥个性，讲究生活舒适。受多元文化的影响，加拿大商人一般懂英、法两种语言。英国系商人重信用、处事较为严谨，必须做好沟通前的准备工作，设计出理想的方案,包括确定主题,收集各种信息资料,并提供足够的论据,以增强其信赖感。要让对方感到你的诚意,这对谈判的顺利进行将起到事半功倍的效果。

2. 时间观念

加拿大人时间观念强,两种加拿大的主流商业文化都要求约会准时。然而,其他的大多数方面,法裔加拿大人不如英裔加拿大人时间观念强。魁北克省的会议议程往往很灵活,计划多少有些随意。

3. 沟通方式

加拿大是冰雪运动大国,人们讨论的话题多与滑雪、滑冰、冰雕、冰球等有关。他们忌讳"13"这个数字,宴请活动不宜安排在这天。他们喜欢蓝色,应邀做客时,可带上一束较高价值的鲜花或蓝色包装的礼品。谈判时不喜欢在商品价格上讨价还价、变来变去,不愿做薄利多销的生意。

4. 对合同的态度

法国系商人对签约比较马虎,往往主要条款谈妥后就要求签字。他们认为次要的条款可以在签字之后再谈。然而往往是由于当时不被重视的次要条款导致日后的纠纷。

【阅读资料11.13】
与加拿大商人谈判的注意事项

与加拿大人谈话时,切忌把加拿大于美国进行比较,尤其是拿美国的优越方面与他们进行比较。切忌询问加拿大客户政治倾向、工资待遇、年龄以及买东西的价格等诸如此类的私人问题,切忌对加拿大客户说"你长胖了"、"你长得胖"等话题,因为一般加拿大商人疏于锻炼,身体比较胖,因此上面的话题会被误认为贬义。

(资料来源:乔淑英.商务谈判[M].北京:北京商业大学出版社,2007.)

三、拉美商人的谈判风格

从15世纪开始,拉丁美洲的绝大多数国家先后沦为西班牙和葡萄牙的殖民地。由于殖民统治长达300多年,这些国家深受西班牙和葡萄牙的社会制度、风俗习惯、宗教信仰和文化传统的影响。拉丁美洲与北美同处一个大陆,但人们的观念和行为方式却差别极大。谈判专家曾这样描述他们:一个北美人已急着想落实计划时,拉美人却刚开始认识你;当北美人想大展宏图时,拉美人却刚想怎样开张;当北美人想让他们的产品占领整个拉美市场时,拉美商人却只关心在国内领土上自己掌握的那一小部分。由此,你可以清楚地看出他们之间的差别是什么。一般来讲,拉美人的生活节奏比较慢。这也在谈判中明显地表现出来。

(1)与拉美人做生意,要表现出对他们的风俗习惯、信仰的尊重与理解,努力争取他们对你的信任。同时,避免流露出与他们做生意是对他们的恩赐的情绪,一定要坚持平等、友好互利的原则。

(2)由于拉丁美洲是由众多的国家和地区构成,国际间的矛盾冲突较多,要避免在谈判中涉及政治问题。

【阅读资料 11.14】
与智利人、委内瑞拉人和阿根廷人做生意的一些提示

将阿根廷人看做是在南美洲的欧洲人,阿根廷人和智利人向欧洲而非美国寻找自己的共性。因此,礼节是习惯,风度和时尚最为关键。

享受午餐。在这三国,午餐是一天中的主餐(通常是 13~15 点;委内瑞拉是 12~13 点),可能持续 1~2.5 小时。晚餐通常在 20~21 点开始,甚至更晚。在餐馆,主人付账单。在拉美没有个人自己付钱的习惯。

建立个人关系。在这三国,不要指望在建立个人关系前做成买卖。可能要走好几趟去建立关系,额外的时间投资以后会带来好处(通常你第一次到访时不会被邀到别人家中)。

讲西班牙语。在这三国,要尊重当地文化,可能的话讲西班牙语,别人会十分欣赏你的。你的努力将传达一种认真和积极的感情。

(资料来源:http://info.china.alibaba.com.)

(3) 在中南美国家中,各国政府对进出口和外汇管制都有不同程度的限制,而且差别较大。一些国家对进口证审查很严,一些国家对外汇进出国境有繁杂的规定和手续。因此,一定要进行认真调查研究,有关合同条款也要写清楚,以免发生事后纠纷。

(4) 和处事敏捷、高效率的北美人相比,中南美人显得十分悠闲、乐观,时间概念也较淡漠。他们的悠闲表现在众多的假期上,常常在洽商的关键时刻,他们要去休假,生意就只好等休假完了再商谈。拉美人也很看重朋友,商业交往常带有感情成分。

(5) 拉美人不重视合同,常常是签约之后又要求修改,合同履约率也不高。特别是不能如期付款。另外,这些国家的经济发展速度不平衡,国内时常出现高通货膨胀率。因此,在对其出口交易中,力争用美元支付。

(6) 拉美地区国家较多,不同国家谈判人员特点也不相同。如阿根廷人喜欢握手,巴西人以好娱乐、重感情而闻名,智利、巴拉圭和哥伦比亚人做生意比较保守等。

总之,只要你不去干预这些国家的社会问题,耐心适应这些国家的商人做生意的节奏,你就会同拉美人建立良好的个人关系,从而保证谈判的成功。

第五节 大洋洲与非洲国家商人谈判风格

一、澳大利亚商人的谈判风格

澳大利亚的人口中 90% 是欧洲系人,其中尤以英国系和法国系为最多。多数人性情沉着,不喜欢生活环境被扰乱。澳大利亚商人非常注重与人交流的第一印象。在谈判中,不喜欢一开始报高价然后再慢慢讨价还价的做法。因此,他们进口货物,大多采用投标的方式,不给对方讨价还价的机会。这是因为他们人少,很重视办事效率,不愿意把时间浪费在讨价还价

上。出于同样的原因,在谈判中澳方派出的谈判人员一般都具有决策权,同时也要求对方如此,否则他们会不高兴,甚至不理你。澳大利亚行业范围狭小,信息传递很快。因此,在谈判中讲话要小心。澳大利亚商人讲究实际,通常注重超额利润,所提出的建议一般非常接近对方可接受的水平。澳大利亚商人责任心极强,精于谈判技巧,不太容易签约,一旦签约,废约的事情则较少发生。澳大利亚的员工一般很遵守工作时间,下班时间一到,就会立刻离开办公室。但是经理一级的人员却都具有很强的责任心,对工作很热情,待人很随和,也愿意接受招待的邀请。需要注意的是,不要以为在一起喝过酒生意就好做了。他们的看法是,招待和生意无关,公私分明。

【案例11.7】

1974年,日本砂糖公司与澳大利亚砂糖交易所签定长期合同,由澳大利亚给日本提供砂糖,并订下砂糖固定价格和交易数量。后来,国际砂糖价格狂跌,日本砂糖公司出现赤字。从1976年7月~1977年11月,在16个月内,日本向澳大利亚多次提出降低砂糖价格的要求,同时日方又采取措施,码头连续三个月拒收澳大利亚砂糖。在砂糖纠纷中,日方以为自己是澳方老主顾了,在日方陷入危机时,澳方理应帮助。已定合同并不重要,主要是情谊,谋求人与人之间的通融性和相互尊重。而澳方则认为合同是神圣的东西,是合理合法的,法律是超越一切人情的固定原理。

(资料来源:蒋春堂.谈判学[M].武汉:武汉测绘科技大学出版社,1994.)

二、新西兰商人的谈判风格

新西兰1907年独立前是英国殖民地,现为英联邦成员国。国民绝大部分是英国移民的后裔,讲英语。新西兰是一个依赖于奶酪产品的农业国,工业产品则大部分依赖进口。新西兰的国民福利水平相当高,因此,在精神上新西兰人过着充裕而满意的生活。但是由于新西兰的税率很高,如一年所得超过100万美元时,税率占45%,每增加100美元,则高达75%,因此,很多员工拒绝加班,过着优雅的生活。新西兰商人责任心很强,注重信誉。新西兰商人进行交易基于公平的原则,做生意不讨价还价,一旦提出一个价格就不能变更。由于经常进口外国产品,商人都变得非常精明。在商谈中,新西兰商人很精明,有时很难对付。

新西兰人见面一般行握手礼。新西兰的毛利人会见客人的最高礼节,则是碰鼻礼。新西兰人守时惜时,待人诚恳热情。新西兰人喜欢狗,珍爱几维鸟,钟爱银蕨。

三、非洲国家商人的谈判风格

一般而言,非洲商人性格刚强生硬,脾气很倔犟,比较好客,自尊心很强。非洲商人与谈判对方见面时,通常的习惯是握手,同时希望对方称呼他们的头衔。非洲各国国内部族中的对立意识很强,非洲各部族内的生活,带有浓厚的家庭主义色彩。但是,非洲诸国在历史、文化等方面有着很大的不同,即使是在各区域内(东非、西非、中非、南非、北非),各国的国情、生活等也都各具特色。

(一) 非洲东部三国商人的谈判风格与禁忌

东部三个国家(坦桑尼亚、肯尼亚、乌干达)建立了经济共同市场,且是西欧共同市场的准加盟国。他们在极力注视着与本国产品有竞争性的外国产品的输入,因而建立关税壁垒以尽量保护本国产品。东非这三个国家除了资源贫乏外,人口也较少,因此,产业很难成长。目前,当地资本虽有所发展,但由于缺乏经验以及商业阅历浅,致使推销网也不够可靠。因此,与当地人洽谈生意时不能草率从事,否则说不定会弄得不可收拾。此外,东非人性格比较强悍。

(二) 尼日利亚商人的谈判风格与禁忌

位于西非的尼日利亚,不为本国的产品所牵制,而是巧妙地运用关税政策,低价进口外国产品,以便为国民提供质优价廉的物品使用。尼日利亚的政治掌权人物全部受过欧美教育,精明强干。此外,西非人的性格比较温和柔顺。

(三) 刚果商人的谈判风格与禁忌

位于非洲中部的刚果(金),是世界上有名的矿产国。刚果(金)商人比较缺乏商业上的知识和技巧,据说有些商人根本就不考虑将他们的产品卖给哪一个国家以及什么时候卖最为有利。其主要的原因是,过去一直是印度人掌握着刚果(金)经济的大部分,当地人无法参与。

(四) 南非商人的谈判风格与禁忌

南非是非洲经济实力较强的国家,工业化进展较快。在谈判中,南非一般派出具有决定权的负责人担负谈判任务,属于权力集中型。因此,商谈不会拖延太多时间。同时,他们也希望对方出面谈判的人具有决定权。南非商人还比较遵守约定,讲究信誉。

本 章 小 结

本章主要讲述了国际商务谈判的含义和特点、国际商务谈判的原则和出国谈判须知常识,重点介绍了亚洲、欧洲、美洲等主要国家的商务风格和谈判个性,目的是增强跨越文化谈判的沟通能力和处理文化差异障碍的技巧,以便能顺利地在国际贸易谈判中取得成功。

思 考 题

一、本章思考题

1. 国际商务谈判与国内商务谈判的重要区别是什么?
2. 以亚洲和欧洲为例比较东西方文化的异同及其对谈判的影响。
3. 在各大洲商务谈判风格的比较学习中,列出我们可以借鉴的技巧策略。
4. 中国人的商务往来有什么特点?就自己所知,简单谈谈中国人谈判的特点和风格。

二、案例分析题

【案例一】不同文化背景的人对同样问题不同处理态度

在餐厅,盛满啤酒的杯中发现了苍蝇。在场的各国人员是这样进行谈判的:

英国人以绅士风度吩咐侍者:"换一杯啤酒来。"

法国人干净利索地将啤酒倾倒一空。

西班牙人不去喝它,只留下钞票,不声不响地离开餐厅。

日本人会让侍者把餐厅经理叫来,训斥一番:"你们就是这样做生意吗?"

沙特阿拉伯人会把侍者叫来,把啤酒杯递给他说:"我请你喝。"

美国人比较幽默,他会对侍者说:"以后请将啤酒和苍蝇分别放置,由喜欢苍蝇的主人自行将苍蝇放进啤酒里,你觉得怎么样?"

(资料来源:方百寿.贸易口才[M].沈阳:辽宁大学出版社,1996.)

问题:你认为上述各国人员的谈判风格如何?

【案例二】笑话里领悟到了什么问题?

几个商人在一条船上开国际贸易洽谈会,突然船开始下沉。船长命令大副说:"快去叫那些人穿上救生衣,跳下船去。"几分钟后,大副回来了,他报告说:"他们不肯跳。"

于是,船长只得亲自出马。不一会儿,他回来告诉大副:"他们都跳下去了。"大副感到十分不解,忍不住问道:"尊敬的船长先生,请问您用了什么方法让他们跳下去了?"

船长十分得意地笑着说:"我告诉英国人跳水是有益于健康的运动,他就跳了。我告诉法国人那样做很时髦,告诉德国人那是命令,告诉意大利人那样做是被禁止的,告诉苏联人这是革命的……"大副急不可耐地追问:"那你是怎么说服那帮美国人的呢?"船长说:"这也很容易,我就说已经帮他们上了高额保险。"

(资料来源:周忠兴.商务谈判原理与技巧[M].南京:东南大学出版社,2004.)

问题:你在上述这个笑话里领悟到了什么问题?

三、实训题

借助网络、图书馆等查阅跨文化交往沟通中的趣事并在课堂上交流。

参考文献

[1] 关兰馨. 第一流的商务谈判[M]. 北京:中国发展出版社,1998.
[2] 孙庆,张福春. 实用商务谈判大全[M]. 北京:企业管理出版社,2000.
[3] 魏大名. 中外营销与谈判诀窍[M]. 北京:中国广播电视出版社,1996.
[4] 石永恒. 商务谈判精华[M]. 北京:团结出版社,2003.
[5] 王海云. 商务谈判[M]. 北京:北京航空航天大学出版社,2003.
[6] 宫捷. 现代商务谈判[M]. 青岛:青岛出版社,2001.
[7] 丁建中. 走出谈判误区[M]. 北京:中信出版社,2000.
[8] 戴永良. 商业谈判要领[M]. 北京:中国戏剧出版社,2001.
[9] 雪映. 谈判签约经典案例[M]. 北京:中国人民公安大学出版社,2001.
[10] 成志明. 涉外商务谈判[M]. 南京:南京大学出版社,1991.
[11] 王淑贤. 商务谈判理论与实务[M]. 北京:经济管理出版社,2003.
[12] CURRY J E. 国际商务谈判[M]. 上海:上海外语教育出版社,2004.
[13] ELLIS M, JOHNSON C. 商务英语教学[M]. 上海:上海外语教育出版社,2002.
[14] 曹菱. 商务英语谈判[M]. 北京:外语教学与研究出版社,2001.
[15] 孙健敏,王丽娟. 谈判技能[M]. 北京:企业管理出版社,2004.
[16] 全英,陈勇. 国际商务谈判[M]. 北京:北方交通大学出版社,2003.
[17] 曹菱. 商务英语谈判[M]. 北京:外语教学与研究出版社,2000.
[18] BAZERMAN M H, MARGARET A NEALE. Negotiating Rationally[M]. New York:the Free Press,1992.
[19] LEWICKI R J, DAVID M S, JOHN W M. Essentials of Negotiation[M]. New York:Times Mirror Higher Education Group,1997.
[20] SALACUSE J W. Making deals in strange places[M]. New York:the Free Press,1992.
[21] MAX H B. A beginner's guide to international business negotiations[M]. Chicago:Negotiation Journal,1998.
[22] ROGER F, WILLIAM U, BRUCE P. Getting to Yes[M]. New York:Houghton Mifflin Company,1991.
[23] 约翰 温科特. 经济谈判的诀窍[M]. 成都:四川人民出版社,1998.
[24] 尼尔伦伯特. 谈判的艺术[M]. 上海:上海翻译出版公司,1997.
[25] 查尔斯. 今日全球商务[M]. 北京:机械工业出版社,1999.
[26] 陈建明. 商务谈判使用教材[M]. 北京:北京大学出版社;中国农业大学出版社,2009.
[27] 张炳达,周琼琼. 商务谈判实务[M]. 上海:上海财经大学出版社,2009.
[28] 樊建廷. 商务谈判[M]. 大连:东北财经大学出版社,2006.

读者反馈表

尊敬的读者:

您好!感谢您多年来对哈尔滨工业大学出版社的支持与厚爱!为了更好地满足您的需要,提供更好的服务,希望您对本书提出宝贵意见,将下表填好后,寄回我社或登录我社网站(http://hitpress.hit.edu.cn)进行填写。谢谢! 您可享有的权益:

☆ 免费获得我社的最新图书书目 ☆ 可参加不定期的促销活动
☆ 解答阅读中遇到的问题 ☆ 购买此系列图书可优惠

读者信息

姓名_____ □先生 □女士 年龄_____ 学历_____
工作单位_____ 职务_____
E-mail _____ 邮编_____
通讯地址_____
购书名称_____ 购书地点_____

---

1. 您对本书的评价

内容质量	□很好	□较好	□一般	□较差
封面设计	□很好	□一般	□较差	
编排	□利于阅读	□一般	□较差	
本书定价	□偏高	□合适	□偏低	

2. 在您获取专业知识和专业信息的主要渠道中,排在前三位的是:

① _____ ② _____ ③ _____

A. 网络 B. 期刊 C. 图书 D. 报纸 E. 电视 F. 会议 G. 内部交流 H. 其他:_____

3. 您认为编写最好的专业图书(国内外)

书名	著作者	出版社	出版日期	定价

4. 您是否愿意与我们合作,参与编写、编译、翻译图书?
_____

5. 您还需要阅读哪些图书?
_____

网址:http://hitpress.hit.edu.cn
技术支持与课件下载:网站课件下载区
服务邮箱 wenbinzh@hit.edu.cn   duyanwell@163.com
邮购电话 0451-86281013   0451-86418760
组稿编辑及联系方式 赵文斌(0451-86281226)   杜燕(0451-86281408)
回寄地址:黑龙江省哈尔滨市南岗区复华四道街10号   哈尔滨工业大学出版社
邮编:150006   传真 0451-86414049